Die Wirkung von internationalen Gerichtsstandsvereinbarungen zugunsten und zulasten Dritter

Schriften zum internationalen Privat- und Verfahrensrecht

Herausgegeben von Rainer Hausmann, Astrid Stadler und Michael Stürner

Band 27

PETER LANG

David Felix Leuthold

Die Wirkung von internationalen Gerichtsstandsvereinbarungen zugunsten und zulasten Dritter

PETER LANG

Bibliografische Information der Deutschen Nationalbibliothek
Die Deutsche Nationalbibliothek verzeichnet diese Publikation in der Deutschen Nationalbibliografie; detaillierte bibliografische Daten sind im Internet über http://dnb.d-nb.de abrufbar.

Zugl.: Münster (Westfalen), Univ., Diss., 2021

Gedruckt auf alterungsbeständigem,
säurefreiem Papier.

D 6
ISSN 1862-099X
ISBN 978-3-631-86184-4 (Print)
E-ISBN 978-3-631-87383-0 (E-PDF)
E-ISBN 978-3-631-87384-7 (EPUB)
DOI 10.3726/b19477

Peter Lang – Berlin · Bern · Bruxelles · New York ·
Oxford · Warszawa · Wien

Diese Publikation wurde begutachtet.

www.peterlang.com

Für Papa.

Die vorliegende Arbeit wurde im Sommersemester 2021 von der Rechtswissenschaftlichen Fakultät der Westfälischen Wilhelms-Universität Münster als Dissertation angenommen. Rechtsprechung und Literatur sind bis September 2020 berücksichtigt.

Das EuGH-Urteil *Delay Fix* aus dem November 2020 wurde der Vollständigkeit halber in die Rechtsprechungsauswertung aufgenommen, konnte allerdings aufgrund der späten Veröffentlichung keinen Eingang mehr in die Entwicklung der Ansätze zur belastenden Drittwirkung finden.

Mein Dank gilt den zahlreichen Menschen, die mich auf meinem – nicht immer ganz einfachen – Weg zum Gelingen dieser Arbeit begleitet haben.

Als erstes möchte ich mich bei meiner Doktormutter und Erstgutachterin Frau Prof. Dr. Bettina Heiderhoff bedanken. Seit dem Anfang dieses Vorhabens stand sie mir stets mit wertvollen Ratschlägen zur Seite und hat die Arbeit mit ihren direkten und auch kritischen Impulsen stets vorangebracht. Zugleich hat sie mir immer die notwendige wissenschaftliche Freiheit gelassen, diese Arbeit eigenständig zu prägen. Des Weiteren gilt mein Dank Herrn Prof. Dr. Thomas Klicka für die zügige Erstellung des Zweitgutachtens und die wertvollen Anregungen.

Während der Erstellung dieser Arbeit haben mir viele Freunde teilweise fachlich, teilweise persönlich sehr viel Rückhalt gegeben. Ohne sie wäre diese Arbeit nie zu dem geworden, was sie heute ist. Besonders danken möchte ich an dieser Stelle Herrn StA Jonas Uelsmann, Herrn Dr. Max Grewe, Frau RR'in Sandra Dittmar, Herrn Jonas Lange sowie Herrn Dr. Jan Bühler. Zudem danke ich Frau Ing. Nehle Hundt, M.Sc., die mir bei der Erstellung, Korrektur und Veröffentlichung dieses Manuskriptes sehr geholfen hat.

Zuletzt danke ich meiner Familie Frau Angelika Leuthold und Herrn Andreas Leuthold sowie Herrn Maximilian Leuthold, die mir durch ihre Unterstützung den Weg, der zu dieser Arbeit geführt hat, bereitet haben. Besonders danke ich meinem Vater, der mir stets ein Vorbild war. Seinem Andenken ist diese Arbeit gewidmet.

Berlin, im November 2021

David Felix Leuthold

Inhaltsverzeichnis

Abkürzungsverzeichnis

a.A.	andere Ansicht
Abs.	Absatz
ABGB	Allgemeines bürgerliches Gesetzbuch
ADS	Allgemeinen Deutschen Seeversicherungsbedingungen
A.C.	Appeal Cases Law Reports
AEUV	Vertrag über die Arbeitsweise der Europäischen Union
a.F.	alte Fassung
AG	Aktiengesellschaft (DE)
öAG	Aktiengesellschaft (A)
AGB	Allgemeine Geschäftsbedingungen
All. E.R.	All England Law Reports
Alt.	Alternative
Anm.	Anmerkung
App. Cas.	Appeal Cases Law Reports (1875 – 1890)
Art.	Artikel (Singular)
Artt.	Artikel (Plural)
AVB	Allgemeine Versicherungsbedingungen
BeckOK	Beck'scher Online-Kommentar
BGB	Bürgerliches Gesetzbuch
BGH	Bundesgerichtshof
BGHZ	Amtliche Entscheidungssammlung des Bundesge- richtshofes in Zivilsachen
BT-Drs.	Drucksache des Deutschen Bundestages
Bull. Civ.	Bulletin Civil de la Cour de Cassation (Amtliche Entscheidungssammlung der Cour de Cassation)
bzgl.	bezüglich
bzw.	beziehungsweise
CA	Cour d'apple (FR)
CA 2006	Company Act 2006 (GB)
Cass. Civ.	Cour de Cassation (Chambre Civil)
Cass. Com.	Cour de Cassation (Chambre Commerciale)
Cass.Ass. Plén.	Cour de Cassation (Assemblée Plénière)
CC	Code Civil
C. com.	Code de Commerce
C. proc. civ.	Code de procédure civile

C.h.	Chancerey Devision Law Reports
CML Rev.	Common Market Law Review
CLJ	The Cambridge Law Journal
D.P.	Dalloz Périodique
ders.	derselbe
ELR	European Law Reporter
EGV	Vertrag zur Gründung der Europäischen Gemeinschaft
EP	Europäisches Parlament
etc.	et cetera
EU	Europäische Union
EuG	Gericht der europäischen Union
EuGH	Europäischer Gerichtshof
EuIPR	Europäisches Internationales Privatrecht
EUV	Vertrag über die Europäische Union
EuZPR	Europäisches Zivilprozessrecht
EuZW	Europäische Zeitschrift für Wirtschaftsrecht
ErwG.	Erwägungsgrund
EVÜ	Übereinkommen von Rom über das auf vertragliche Schuldverhältnisse anzuwendende Recht vom 19. Juni 1980.
EWiR	Entscheidungen zum Wirtschaftsrecht
f.	folgend (Singular)
ff.	folgende (Plural)
Fn.	Fußnote
FS	Festschrift
GA	Generalanwalt am EuGH
GPR	Zeitschrift für das Privatrecht der Europäischen Union
GmbH	Gesellschaft mit beschränkter Haftung (DE)
öGmbH	Gesellschaft mit beschränkter Haftung (A)
HGB	Handelsgesetzbuch
HGÜ	Haager Übereinkommen über Gerichtsstands-vereinbarungen vom 30.06.2005
Hrsg.	Herausgeber
Hs.	Halbsatz
i.E.	im Ergebnis
i.S.d.	im Sinne des
i.S.v.	im Sinne von
i.V.m.	in Verbindung mit
IJPL	International Journal of Procedural Law
IPRax	Praxis des Internationalen Privat- und Verfahrensrechts

IWRZ	Zeitschrift für Internationales Wirtschaftsrecht
JCP	Jurisclasseur périodique (Semaine juridique)
JZ	Juristen/Zeitung
LG	Landgericht
lit.	Litera
lt.	laut
KOM	Europäische Kommission
m.w.N.	mit weiteren Nachweisen
MJECL	Maastricht Journal of European and Comparative Law
MüKo	Münchener Kommentar
n.F.	neue Fassung
NILR	Netherlands International Law Review
NJW	Neue Juristische Wochenschrift
NJW-RR	Neue Juristische Wochenschrift-Rechtsprechungs-Report
No.	Number
Nr.	Nummer
OGH	Oberster Gerichtshof (A)
OLG	Oberlandesgericht (DE)
PHG	Produkthaftungsgesetz (A)
ProdHG	Produkthaftungsgesetz (DE)
QBD	Queen's Bench Devision (Devision des High Court of Justice, UK)
RIW	Recht der Internationalen Wirtschaft
RdTW	Recht der Transportwirtschaft
RL	Richtlinie
RL 2009/138/EG	Richtlinie 2009/138/EG des Europäischen Parlaments und des Rates vom 25. November 2009 betreffend die Aufnahme und Ausübung der Versicherungs- und der Rückversicherungstätigkeit (Solvency II-RL)
RL 1999/44/EG	Richtlinie 1999/44/EG des Europäischen Parlaments und des Rates vom 25. Mai 1999 zu bestimmten Aspekten des Verbrauchsgüterkaufs und der Garantien für Verbrauchsgüter
Rn.	Randnummer
Rs.	Rechtssache
Rev. Crit. DIP	Revue critique de droit internatinal privé
S.	Satz (einer Norm) oder Seite
Sec.	Section
Slg.	Sammlung

sog.	sogenannte/r
TranspR	Transportrecht
Tz.	Textziffer
u.a.	und andere
u.U.	unter Umständen
UGB	Unternehmensgesetzbuch (A)
v.	vom
Verf.	Verfasser
VersR	Zeitschrift für Versicherungsrecht, Haftungs- und Schadensrecht
vgl.	vergleiche
VO	Verordnung
VO Nr. 44/2001	Verordnung (EG) Nr. 44/2001 des Rates vom 22. Dezember 2000 über die gerichtliche Zuständigkeit und die Anerkennung und Vollstreckung von Entscheidungen in Zivil- und Handelssachen (Brüssel I-VO)
VO Nr. 1215/2012	Verordnung (EU) Nr. 1215/2012 des Europäischen Parlaments und des Rates vom 12. Dezember 2012 über die gerichtliche Zuständigkeit und die Anerkennung und Vollstreckung von Entscheidungen in Zivil- und Handelssachen
VO Nr. 593/2008	Verordnung (EG) Nr. 593/2008 des Europäischen Parlaments und des Rates über das auf vertragliche Schuldverhältnisse anzuwendende Recht (Rom I-VO);
VO Nr. 864/2007	Verordnung (EG) Nr. 864/2007 des Europäischen Parlaments und des Rates über das auf außervertragliche Schuldverhältnisse anzuwendende Recht (im Folgenden: Rom II-VO)
VO Nr. 1259/2010	Verordnung (EG) Nr. 1259/2010 des Europäischen Parlaments und des Rates über das auf die Ehescheidung und Trennung ohne Auflösung des Ehebandes anzuwendende Recht (Rom III-VO)
Vol.	Volume
Vorbem.	Vorbemerkungen
z.B.	zum Beispiel
z.T.	zum Teil
Ziff.	Ziffer
ZEuP	Zeitschrift für Europäisches Privatrecht
ZfPW	Zeitschrift für die gesamte Privatrechtswissenschaft

ZHR	Zeitschrift für das gesamte Handelsrecht und Wirtschaftsrecht
ZPO	Zivilprozessordnung (DE)
ZZP Int.	Zeitschrift für Zivilprozess International
ZZP	Zeitschrift für Zivilprozess

Einleitung

Gerichtsstandsvereinbarungen sind im internationalen Rechtsverkehr ein Standard-Tool der Vertragsgestaltung. Durch die Vereinbarung eines abschließenden Gerichtsstandes sichern sich die Parteien rechtlich wie auch wirtschaftlich gegen eine Inanspruchnahme an einer Vielzahl von möglichen Gerichtsständen ab. Das Bedürfnis, durch eine Gerichtsstandsvereinbarung die Gerichtspflichtigkeit zu regeln, ist auch allzu verständlich: Neben den offensichtlichen Aspekten wie der Konfrontation mit einem Verfahren an einem entfernten Ort in fremder Sprache und nach einem unbekannten Verfahrensrecht bestimmt die Wahl des Gerichtsstands auch mittelbar das anwendbare Recht.[1]

Die Sorge, in unbekannten Jurisdiktionen Gerichtsverfahren führen zu müssen, ist auch innerhalb der EU bei internationalen Verträgen groß, sodass Gerichtsstandsvereinbarungen im Wirtschaftsverkehr weit verbreitet sind. Aus einem Report der Europäischen Kommission geht hervor, dass 70 % der grenzüberschreitend agierenden Unternehmen in der EU Gerichtsstandsvereinbarungen in ihre Verträge integrieren. Bei großen Unternehmen (ab einer Anzahl von 250 Mitarbeitern) sind es sogar 90 %.[2]

Ebenso sind Mehrpersonenkonstellationen heute die Realität. Dritte kommen in unterschiedlichen Situationen mit Verträgen in Berührung: Versicherungsverträge werden regelmäßig mit Wirkung für unterschiedliche Unternehmen bzw. Positionen im Unternehmen abgeschlossen. Güter werden während des Transports weiterveräußert. Forderungen aus Verträgen werden gewerbsmäßig zur Kreditsicherung abgetreten. Schulden werden durch Bürgschaften abgesichert oder von anderen übernommen.

Für Parteien und Dritte stellt sich dann die Frage, ob eine Gerichtsstandsvereinbarung auch im Verhältnis zum Dritten wirken kann bzw. muss.

Die Beantwortung dieser Frage soll der Gegenstand der vorliegenden Arbeit sein. Ist es möglich, anhand der bisher ergangenen Rechtsprechung und der Literatur zur Beantwortung dieser Frage allgemeine Grundsätze zu entwickeln, mit denen viele Dreipersonenkonstellationen gelöst werden können?

---

1 Eben deshalb wird die Gerichtsstandsvereinbarung oftmals mit einer Rechtswahlklausel gepaart.

2 Begleitdokument zum Verordnungsvorschlag SEC (2010) 1548 final, 14.12.2010, S. 8.

Die praktische Relevanz der Problematik und die neusten Entscheidungen des EuGH zur Drittwirkung von internationalen Gerichtsstandsvereinbarungen gebieten eine vertiefte Auseinandersetzung mit dem Thema der Drittwirkung von Gerichtsstandsvereinbarungen.

1. Abschnitt: Grundlagen der Untersuchungen

Um in dieser Arbeit die Drittwirkung von internationalen Gerichtsstandsvereinbarungen in Europa untersuchen zu können, müssen zunächst die Grundlagen für die Untersuchung herausgearbeitet werden. Dazu ist der Gegenstand der Untersuchung einzugrenzen. Zu Beginn muss geklärt werden, nach welchem Recht die Drittwirkung einer internationalen Gerichtsstandsvereinbarung in Deutschland zu beurteilen ist. In Betracht kommen dafür grundsätzlich sowohl das europäische Zivilprozessrecht als auch das deutsche Zivilprozessrecht.

Im internationalen Rechtsverkehr gibt es weitere Zuständigkeitsinstrumente, die ebenso wie internationale Gerichtsstandsvereinbarungen geeignet sind, die gewöhnlichen Gerichtsstände abzubedingen oder zu erweitern. Daher muss die internationale Gerichtsstandsvereinbarung sachlich von der Erfüllungsortvereinbarung und auch der Schiedsvereinbarung abgegrenzt werden.

In dieser Untersuchung soll die Drittwirkung behandelt werden, sodass eingangs dargestellt werden muss, wer eigentlich „Dritter" bezüglich der Vereinbarung ist. Dies erfolgt in Abgrenzung zu den Parteien der Gerichtsstandsvereinbarung, zwischen denen die Vereinbarung durch Einigung zustande gekommen ist. Dabei stellt sich an dieser Stelle die Frage, nach welchem Recht diese Einigung zu bewerten ist.

Schließlich können im Rahmen von sog. Multiparteienprozessen Dritte ebenso an Gerichtsverfahren beteiligt werden. Demgemäß muss die hier zu untersuchende Drittwirkung von Multiparteienprozessen abgegrenzt werden.

A. Der rechtliche Rahmen für internationale Gerichtsstandsvereinbarungen

Diese Arbeit betrachtet internationale Gerichtsstandsvereinbarungen, die zwischen Parteien aus Mitgliedsstaaten der EU geschlossen wurden. Eine solche Gerichtsstandsvereinbarung kann in Deutschland nach europäischem Zivilprozessrecht oder nach nationalem Zivilprozessrecht zu beurteilen sein. Daher muss zunächst geklärt werden, nach welchem Recht eine solche internationale Gerichtsstandsvereinbarung zu beurteilen ist.

I. Internationale Gerichtsstandsvereinbarungen in Deutschland

Zunächst werden die unterschiedlichen in dieser Arbeit zu untersuchenden Übereinkommen und Verordnungen im europäischen Zivilprozessrecht ausführlich dargestellt. Hier liegt der Schwerpunkt des 1. Abschnitts. Danach wird ein kurzer Überblick über die Regelungen im deutschen Zivilprozessrecht bezüglich internationaler Gerichtsstandsvereinbarungen gegeben. Im Ergebnis ist das europäische Zivilprozessrecht bezüglich internationaler Gerichtsstandsvereinbarung gegenüber dem nationalen Zivilprozessrecht in Deutschland vorrangig auf internationale Gerichtsstandsvereinbarungen zwischen Parteien aus unterschiedlichen Mitgliedsstaaten der EU anwendbar.

1. Das europäische Zivilprozessrecht

Durch die Gründung der Europäischen Gemeinschaft (EG) sollte für die Mitgliedsstaaten ein einheitlicher Binnenmarkt geschaffen werden. Zu dieser Anfangszeit der EG bereiteten insbesondere die Anerkennung und Vollstreckung von Urteilen innerhalb der Gemeinschaft erhebliche Schwierigkeiten.[3]

Um diesen Zustand zu beenden, trat im Jahr 1968 zunächst das Übereinkommen über die gerichtliche Zuständigkeit und die Vollstreckung gerichtlicher Entscheidungen in Zivil- und Handelssachen (im Folgenden: EuGVÜ) zwischen den damaligen Mitgliedsstaaten in Kraft.

Das Übereinkommen wurde am 01. März 2002 durch die Verordnung des Rates über die gerichtliche Zuständigkeit und die Anerkennung und Vollstreckung von Entscheidungen in Zivil- und Handelssachen (im Folgenden: Brüssel I-VO) ersetzt. Diese wurde wiederum als Verordnung des Europäischen Parlaments und des Rates vom 12. Dezember 2012 über die gerichtliche Zuständigkeit und die Anerkennung und Vollstreckung von Entscheidungen in Zivil- und Handelssachen (im Folgenden: Brüssel Ia-VO) neugefasst. Der rechtliche Kanon für Gerichtsstandsvereinbarungen in Europa wird durch das Luganer Übereinkommen über die gerichtliche Zuständigkeit und die Vollstreckung gerichtlicher Entscheidungen in Zivil- und Handelssachen (im Folgenden: LugÜ) sowie das Haager Übereinkommen vom 30. Juni 2005 über Gerichtsstandsvereinbarungen (im Folgenden: HGÜ) ergänzt.

---

3 Urteile konnten in anderen Mitgliedsstaaten nur nach bilateralen Abkommen und unter großen Schwierigkeiten vollstreckt werden. Vgl. dazu: *Schlosser/Hess*, EU-Zivilprozessrecht, Einl., Rn. 1 ff.

Im Folgenden sollen die unterschiedlichen Übereinkommen und Verordnungen des europäischen Zivilprozessrechts vorgestellt werden, nach denen sich die Drittwirkung von Gerichtsstandsvereinbarungen bestimmen könnte.

a. Das EuGVÜ

Das EuGVÜ trat zunächst nur zwischen den Gründungsstaaten der EG in Kraft. Durch die Erweiterung der EG traten im Rahmen von vier Beitrittsübereinkommen die neuen Mitgliedsstaaten dem EuGVÜ bei. Dabei wurden verschiedene Änderungen im EuGVÜ vorgenommen, sodass die verschiedenen Versionen des EuGVÜ teilweise Unterschiede aufweisen.[4] Das EuGVÜ beinhaltete neben Regelungen über die Anerkennung und Vollstreckung von Urteilen im Zivilverfahren weitreichende Regelungen zum Zivilprozess, insbesondere zur gerichtlichen Zuständigkeit in Verfahren mit Parteien aus unterschiedlichen Mitgliedsstaaten.[5] Nach Art. 17 EuGVÜ konnten die Parteien unter bestimmten Voraussetzungen einen von den Gerichtsständen des Übereinkommens abweichenden Gerichtsstand vereinbaren. Zu möglichen Drittwirkungen einer solchen Gerichtsstandsklausel traf das Übereinkommen dagegen keine explizite Regelung. Die Vorschriften wurden bezüglich der Drittwirkung von Gerichtsstandsvereinbarungen in dieser Zeit allerdings sowohl durch den EuGH als auch in der Literatur umfassend ausgelegt und interpretiert.[6] Zudem wurden zwei verschiedene Studien über die praktische Anwendbarkeit des EuGVÜ verfasst, in denen das Problem der Drittwirkung ebenso Eingang fand.[7]

Rechtlich ist das EuGVÜ nie außer Kraft getreten, hat jedoch durch den Erlass der Brüssel I-VO im Jahr 2001 zwischen den Mitgliedsstaaten der EU faktisch

---

4 Sofern diese Unterschiede in dieser Arbeit aufgegriffen werden, werden die unterschiedlichen Versionen des EuGVÜ durch Hinzufügen der Jahreszahl gekennzeichnet. Vgl. mit Bezug zum EuGVÜ: *Kropholler/von Hein*, Europäisches Zivilprozessrecht, Einl. EuGVO, Rn. 17 ff.; *Dickinson*, in: Dickinson/Lein/James Brussels I Regulation, Rn. 1.11.

5 *Gottwald*, in: MüKo ZPO, Vorb. zu Art. 1 Brüssel Ia-VO, Rn. 1 f.; *Nagel/Gottwald*, Int. Zivilprozessrecht, § 3, Rn. 12.

6 Zu den Entscheidungen des EuGH zum EuGVÜ 1968 und EuGVÜ 1978 siehe in diesem Abschnitt B. I. und II. Zu den Auslegungen und Interpretationen bezüglich der Drittwirkung ausführlich im 3. und 4. Abschnitt der Arbeit.

7 Die Berichte wurden bei den jeweiligen Reformen des Übereinkommens beachtet: *Jenard*-Bericht, 1979, C 59/1 zum EuGVÜ 1968 und der *Schlosser*-Bericht, 1979, C 59/71 zum EuGVÜ 1978.

keine Bedeutung mehr.[8] Gleichwohl hat es für die Entwicklung des europäischen Zivilprozessrechts einen festen Platz: Die mehr als 30-jährige Anwendungspraxis der EuGVÜ hat zunächst die Brüssel I-VO und sodann die heutige Brüssel Ia-VO geprägt. Entscheidungen des EuGH zum EuGVÜ haben zudem wesentlich zum heutigen Verständnis der Drittwirkung von Gerichtsstandsvereinbarungen beigetragen. Im Hinblick auf übereinstimmende Regelungen in der Brüssel I-VO und im EuGVÜ sollte die Rechtsprechung des EuGH zum EuGVÜ hinzugezogen werden. Selbiges gilt im Verhältnis zur heutigen Brüssel Ia-VO.[9]

b. Die Brüssel I-VO

Im Jahr 1999 wurde die justizielle Zusammenarbeit der Staaten in Zivilsachen zur Gemeinschaftsangelegenheit (Art. 65 EGV[10]). Daher entstand das Bedürfnis, das EuGVÜ in eine Verordnung zu überführen, um so eine EU-weite verbindliche Regelung zu schaffen.[11]

In diesem Zusammenhang trat die letzte Fassung des EuGVÜ in geringfügig überarbeiteter Fassung[12] im Jahr 2002 als Brüssel I-VO in Kraft.[13] Die Verordnung regelte den Abschluss einer Gerichtsstandsvereinbarung nunmehr in Art. 23.

Sechs Jahre nach Inkrafttreten der Brüssel I-VO im Jahr 2008 gab die Kommission eine weitere Studie in Auftrag, die die Verordnung und ihre praktische Anwendung kritisch analysieren sollte.[14] Diese Studie, der Heidelberger

---

8 Gemäß Art. 68 Abs. 1 Brüssel I-VO ersetzt die Verordnung das Abkommen, sofern Art. 299 EGV (Art. 52 EUV) nichts anderes bestimmt.

9 *Staudinger,* in Rauscher EuZPR/EuIPR Einl. Brüssel Ia-VO, Rn. 35; *Schlosser/Hess,* EU-Zivilprozessrecht, Einl., Rn. 29; *Hausmann,* in: Simons/Hausmann/Althammer Brüssel I-VO, Einl., Rn. 26; *Rogerson,* in: Dickinson/Lein/James Brussels I Regulation, Rn. 17.02; *O'Malley/Layton/Mercer,* European Civil Practice, Kap. 11 Rn. 11.019.

10 In der Fassung des Vertrags von Amsterdam vom 02.10.1997.

11 *Staudinger,* in Rauscher EuZPR/EuIPR Einl. Brüssel Ia-VO, Rn. 7 ff.; *Schlosser/Hess,* EU-Zivilprozessrecht, Einl., Rn. 18.

12 Eine gute tabellarische Gegenüberstellung der Vorschriften aus Brüssel-I-VO, EuGVÜ und LugÜ 1988 bei: *Schack,* Int. Zivilverfahrensrecht, Rn. 115.

13 *Kropholler/von Hein,* Europäisches Zivilprozessrecht, Einl. EuGVO, Rn. 22; *Geimer/Schütze,* Europäisches Zivilverfahrensrecht, Einl. Rn. 18 ff.; *Hausmann,* in: Simons/Hausmann/Althammer Brüssel I-VO, Einl., Rn. 25; *Nagel/Gottwald,* Int. Zivilprozessrecht, § 3, Rn. 8.

14 *Staudinger,* in Rauscher EuZPR/EuIPR, Einl. Brüssel Ia-VO, Rn. 7; *Nagel/Gottwald,* Int. Zivilprozessrecht, § 3, Rn. 11.

Report[15], analysiert schwerpunktmäßig die praktischen Probleme der Verordnung bei der Anerkennung und Vollstreckung von Urteilen. Das Problem der Drittwirkung von Gerichtsstandsvereinbarungen – zu diesem Zeitpunkt bereits Gegenstand einer Vielzahl von Entscheidungen des EuGH[16] – wurde zwar im Heidelberger Report aufgegriffen, fand jedoch im Ergebnis keinen Eingang in die Reformbestrebungen.[17]

c. *Die Brüssel Ia-VO*

Im Jahr 2010 entwickelten das Europäische Parlament und der Europäische Rat einen Verordnungsvorschlag, der auf einem Vorschlag der Kommission basierte, in dem die Änderungsvorschläge des Heidelberger Reports beachtet wurden.[18] In der Folge wurde im Dezember 2012 die Neufassung der Brüssel I-VO als Brüssel Ia-VO verabschiedet.[19] Die Brüssel I-VO trat damit außer Kraft.

Zentrale Vorschrift für die Vereinbarung eines Gerichtsstands zwischen den Parteien ist nunmehr Art. 25 Brüssel Ia-VO.

Im Ergebnis fand das Problem der Drittwirkung von Gerichtsstandsvereinbarungen, das zu diesem Zeitpunkt durch zahlreiche Entscheidungen des EuGH und durch Abhandlungen in der Literatur durchaus prominent war, durch die Reform vom EuGVÜ zur Brüssel Ia-VO insgesamt überraschend wenig Beachtung.

d. *Das LugÜ*

Das LugÜ hat als Bindeglied zwischen der Freihandelszone und der EU einen gesonderten Platz im europäischen Zivilprozessrecht.

Das Übereinkommen wurde zuerst im September 1988 zwischen den damals 12 Mitgliedsstaaten der EU und 6 Mitgliedern der europäischen Freihandelsassoziation (EFTA)[20] geschlossen und trat 1992 in Kraft.[21] Das Übereinkommen

---

15 Insbesondere auch zu Gerichtsstandsvereinbarungen: *Heidelberger*-Bericht (2008), Rn. 270 ff.

16 Dazu im Einzelnen sogleich im 2. Abschnitt B.

17 *Heidelberger*-Bericht (2008), Rn. 279 f.

18 Eine detaillierte Darstellung des Gesetzgebungsverfahrens bei: *Dickinson,* in: Dickinson/Lein/James Brussels I Regulation, Rn. 1.26 f.

19 *Staudinger,* in: Rauscher Brüssel Ia-VO, Einl. Brüssel Ia-VO, Rn. 7; *Nagel/Gottwald,* Int. Zivilprozessrecht, § 3, Rn. 11; *Schlosser/Hess*, EU-Zivilprozessrecht, Einl., Rn. 14.

20 Zu diesem Zeitpunkt: Österreich, Finnland, Island, Norwegen, Schweden und die Schweiz.

21 *Dickinson,* in: Dickinson/Lein/James Brussels I Regulation, Rn. 1.12; *O'Malley/Layton/Mercer,* European Civil Practice, Rn. 11.008.

wurde als „Parallelübereinkommen" zum EuGVÜ konzipiert, um den EFTA-Staaten die Möglichkeit zu geben, die Vorzüge des Abkommens zu genießen, obwohl ihre Beitritte zur EU nicht absehbar waren.[22] Das Übereinkommen wurde aktualisiert, nachdem die Brüssel I-VO 2002 in Kraft getreten war, um den Vorschriften dieser Verordnung zu entsprechen. Die aktualisierte Fassung des Übereinkommens wurde 2007 mit den EFTA-Staaten Island, Norwegen und der Schweiz verhandelt und trat in der Folgezeit in Kraft.[23] Die gerichtliche Zuständigkeit für eine Streitigkeit mit einer Partei aus den EFTA-Staaten richtet sich daher nach den Vorschriften des LugÜ.[24] Die Parallelität zwischen LugÜ und der Brüssel Ia-VO kann in der Praxis nur umgesetzt werden, wenn auch bei der Auslegung und Anwendung des LugÜ ein Gleichklang zwischen den Mitgliedsstaaten und den EFTA-Staaten erreicht wird.[25] Dazu wurde das 2. Protokoll zum LugÜ 2007 verabschiedet, das die einheitliche Auslegung des LugÜ mit der Brüssel I-VO sicherstellen sollte. Laut Art. 1 des 2. Protokolls sollen die Gerichte der EFTA-Staaten bei der Auslegung des LugÜ „den Grundsätzen gebührend Rechnung"[26] tragen, die in maßgeblichen Entscheidungen der Gerichte der durch das Übereinkommen gebundenen Staaten oder des EuGH zum Übereinkommen oder den Parallelverordnungen entwickelt wurden. Insbesondere kann der EuGH nun, da das LugÜ 2007 echtes Gemeinschaftsrecht darstellt, Fragen zur Auslegung des LugÜ 2007 durch die nationalen Gerichte der EU-Mitgliedsstaaten zur Entscheidung annehmen.[27]

Im Ergebnis ist es daher grundsätzlich denkbar, im Verlauf der vorliegenden Untersuchung auch Quellen und Auslegungen zum LugÜ heranzuziehen.

---

22 *Gottwald,* in: MüKo ZPO, LugÜ Präambel Rn. 2; *Schlosser/Hess,* EU-Zivilprozessrecht, Einl. Rn. 14;

23 Island (2011), Schweiz (2011) und Norwegen (2010) siehe *Dickinson,* in: Dickinson/Lein/James Brussels I Regulation, Rn. 1.13, *Nagel/Gottwald,* Int. Zivilprozessrecht, Rn. 10; *Kropholler/von Hein,* Europäisches Zivilprozessrecht, Einl. EuGVO, Rn. 85 ff.

24 Beide Abkommen werden bei *O'Malley/Layton/Mercer* European Civil Practice, Rn. 11.001 f. gemeinsam behandelt und als „Brussels-Lugano regime" bezeichnet.

25 *Kropholler/von Hein,* Europäisches Zivilprozessrecht, Einl. EuGVO, Rn. 109 f.; *Schlosser/Hess,* EU-Zivilprozessrecht, Einl., Rn. 16; *Hausmann,* in: Simons/Hausmann/Althammer Brüssel I-VO, Einl., Rn. 86 f.; *Nagel/Gottwald,* Int. Zivilprozessrecht, § 3, Rn. 19.

26 In englischer Version: „pay due account to", in französischer Version: „tient dûment compte".

27 *Geimer/Geimer/Geimer,* Int. Zivilprozessrecht, Rn. 247g.; *Kropholler/von Hein,* Europäisches Zivilprozessrecht, Einl. EuGVO, Rn. 109;

Ergebnisse, die bezüglich der Drittwirkung von Gerichtsstandsvereinbarungen für die Brüssel Ia-VO gefunden werden, gelten auch im Anwendungsbereich des LugÜ.

e. Das HGÜ

Das HGÜ wurde im Juni 2005 durch die vertretenen Staaten der Haager Konferenz für Internationales Privatrecht beschlossen. Es enthält Regelungen über den Abschluss ausschließlicher Gerichtsstandsvereinbarungen, sowie einige Vorschriften zur Anerkennung und Vollstreckung ausländischer Entscheidungen. Die EU hat das Übereinkommen 2009 unterzeichnet und schließlich 2015 auch ratifiziert.[28] Das Übereinkommen sollte Gerichtsstandsvereinbarung im Verhältnis zu Parteien aus Drittstaaten abschließend regeln. Das HGÜ ist zwar ein internationales Abkommen, soll aber, da es in allen Mitgliedsstaaten der EU unmittelbar gilt, hier unter das europäische Zivilprozessrecht gefasst werden. Durch die Umsetzung des HGÜ sollte die Regelungslücke, die für internationale Gerichtsstandsvereinbarungen mit Drittstaaten bestand, geschlossen werden.[29] Der Anwendungsbereich des HGÜ beschränkt sich indes auf ausdrückliche Gerichtsstandsvereinbarungen, sodass nicht alle problematischen Fälle mit Drittstaatenbezug erfasst werden können.[30]

Die praktische Relevanz des Übereinkommens im Verhältnis zwischen der EU und Drittstaaten ist derzeit noch begrenzt. Mexiko und Montenegro sind bislang als einzige Drittstaaten dem HGÜ beigetreten.[31] Damit gilt das HGÜ aktuell lediglich für Gerichtsstandsvereinbarungen zwischen Parteien aus der EU und Parteien dieser zwei Drittstaaten. Der Beitritt weiterer Drittstaaten wird zwar erwartet, dennoch sind die Hoffnungen in das Übereinkommen insgesamt gedämpft.[32]

---

28 Eine gute Übersicht zum HGÜ insgesamt, der Entstehungsgeschichte sowie dem Anwendungsbereich bei *Antomo*, NJW 2015, S. 2919 (2919).

29 *Heinrich*, in: Musielak/Voit ZPO, § 38 Rn. 13a; *Weber*, in: Baumbach/Lauterbach/Hartmann ZPO, § 38 Rn. 7.

30 Ausführlich zum Anwendungsbereich des HGÜ mit Beispielen: *Danelzik*, Die Gerichtsstandsvereinbarung, S. 144 ff.

31 Zudem wurde das Abkommen von Dänemark und Großbritannien ratifiziert. Eine Statustabelle mit allen Staaten ist abrufbar unter: https://www.hcch.net/de/instruments/conventions/status-table/print/?cid=98.

32 Vgl. dazu *Schack*, der kaum einen Mehrwert durch den Beitritt der USA zum Übereinkommen sieht: *Schack*, Int. Zivilverfahrensrecht, Rn. 135.

2. *Das deutsche Zivilprozessrecht*

Die Regelungen des deutschen Zivilprozessrechts über die gerichtliche Zuständigkeit im 3. Abschnitt der Zivilprozessordnung sind für die Bestimmung der internationalen Zuständigkeit grundsätzlich ebenfalls anwendbar.[33] Der Anwendungsbereich der Vorschriften wurde durch den Gesetzgeber gerade nicht auf inländische Zuständigkeitsvereinbarungen beschränkt.[34] In § 38 Abs. 2 ZPO können Parteien explizit auch die Zuständigkeit eines Gerichts vereinbaren, wenn zumindest eine Partei keinen allgemeinen Gerichtsstand im Inland hat. Die Vorschrift regelt ebenso den Fall einer internationalen Gerichtsstandsvereinbarung. Sie soll im Interesse des internationalen Rechtsverkehrs allen Parteien die Möglichkeit geben Gerichtsstände zu vereinbaren und orientierte sich, insbesondere bezüglich des Formerfordernisses, an Art. 17 EuGVÜ.[35] Die Vorschriften der ZPO sind daher ebenfalls auf eine internationale Gerichtsstandsvereinbarung in Deutschland anwendbar.

3. *Zwischenergebnis: Europäisches und deutsches Zivilprozessrecht ist auf internationale Gerichtsstandsvereinbarungen anwendbar*

Die aktuellste Verordnung im europäischen Zivilprozessrecht ist die Brüssel Ia-VO, die seit 2012 für die Frage der Drittwirkung von Gerichtsstandsvereinbarungen die relevante Rechtsquelle des europäischen Zivilprozessrechts ist. Das EuGVÜ wird im Verlauf der Arbeit insbesondere bei der Auslegung von Art. 25 Brüssel Ia-VO, der Nachfolgevorschrift von Art. 17 EuGVÜ, relevant werden, da die Drittwirkung von Gerichtsstandsvereinbarungen durch den EuGH in Entscheidungen zu Art. 17 EuGVÜ zuerst behandelt wurde. Die Auslegungen und Interpretationen zu Art. 17 EuGVÜ werden demgemäß rechtshistorisch herangezogen.

Das LugÜ wird parallel zu der Brüssel Ia-VO ausgelegt, sodass auch Rechtsquellen zum LugÜ in dieser Untersuchung ausgewertet werden können. Die gefundenen Ergebnisse gelten dann im selben Umfang auch für die Drittwirkung im Verhältnis zu Parteien aus EFTA-Staaten. In Bezug auf weitere Drittstaaten ist das HGÜ von 2015 auf Gerichtsstandsvereinbarungen mit Parteien aus der EU anwendbar. Aufgrund des limitierten Anwendungsbereiches und der

33 BGH NJW 1972, 1622 (1624); BGH NJW 1976, 1583; BGH NJW 1979, 1104; *Kropholler*, Int. Zivilverfahrensrecht, Rn. 495.

34 *Kropholler*, Int. Zivilverfahrensrecht, Rn. 497.

35 Bericht des Rechtsauschusses, BT-Drs. 7/1384, S. 4.

geringen Ratifizierungsquote in den Drittstaaten bleibt dessen praktische Relevanz indes gering.

Die deutsche ZPO enthält in § 38 ebenso Regelungen, die auf internationale Gerichtsstandsvereinbarungen anwendbar sind.

II. Der Anwendungsvorrang des europäischen Zivilprozessrechts

Wie soeben festgestellt, enthalten sowohl die Brüssel Ia-VO als auch das HGÜ und die ZPO Regelungen, die auf eine internationale Gerichtsstandsvereinbarung anwendbar sind. Daher muss das Verhältnis der Regelungen zueinander, insbesondere das Verhältnis zwischen den Vorschriften der ZPO und der Brüssel Ia-VO geklärt werden.

Für eine internationale Gerichtsstandsvereinbarung mit Parteien aus Mitgliedsstaaten der EU geht die Brüssel Ia-VO als *lex specialis* den ZPO-Vorschriften vor.[36] Dies gilt ebenso für Gerichtsstandsvereinbarungen mit Parteien aus den EFTA-Staaten gemäß dem LugÜ.[37] Für internationale Gerichtsstandsvereinbarungen mit Parteien aus den Drittstaaten Mexiko und Montenegro ist das HGÜ anwendbar. Lediglich wenn beide Parteien ihren Sitz in Deutschland haben, sind die Vorschriften der ZPO auf eine Gerichtsstandsvereinbarung auch bei einem Sachverhalt mit Auslandsbezug vorrangig anzuwenden.[38]

Voraussetzungen des Vorrangs der Brüssel Ia-VO sind die räumliche, zeitliche und sachliche Anwendbarkeit der Verordnung. Demgemäß soll im Folgenden in der gebotenen Kürze der Anwendungsbereich der Brüssel Ia-VO dargestellt werden.

---

36 BGH NJW 1982, 1226; BGH NJW 1980, 2022; OLG Hamm NJW 1990, 652; OLG München NJW 1982, 1951; *Patzina,* in: MüKo ZPO, § 38 Rn. 25, *Heinrich,* in: Musielak/Voit ZPO, § 38 Rn. 14; *Schultzky,* in: Zöller ZPO § 38 Rn. 29; *Weber,* in: Baumbach/Lauterbach/Hartmann ZPO, § 38 Rn. 22; *Dickinson,* in: Dickinson/Lein/James Brussels I Regulation, Rn. 1.08; *Staudinger,* in: Rauscher EuZPR/EuIPR, Einl. Brüssel Ia-VO, Rn. 29.

37 OLG München, NJW-RR 2010, 139; *Patzina,* in: MüKo ZPO, § 38 Rn. 25; *Heinrich,* in: Musielak/Voit ZPO, § 38 Rn. 14; *Weber,* in: Baumbach/Lauterbach/Hartmann ZPO, § 38 Rn. 7.

38 Zwar würde der weite Wortlaut von Art. 25 Brüssel Ia-VO auch einen rein innerstaatlichen Sachverhalt umfassen, aber dem Sinn und Zweck der Verordnung entsprechend sollte ein solcher durch die nationalen Rechtsordnungen geregelt werden. Ebenso: *Patzina,* in: Münchener Kommentar ZPO, § 38 Rn. 25.

1. Anwendungsbereich der Brüssel Ia-VO

Die Brüssel Ia-VO ist auf Gerichtsstandsvereinbarungen zwischen zwei Parteien aus unterschiedlichen Mitgliedsstaaten anwendbar, die auf dem Gebiet der Zivil- und Handelssachen nach dem 10. Januar 2015 geschlossen wurden.

Der sachliche Anwendungsbereich der Verordnung ist gemäß Art. 1 Brüssel Ia-VO auf Zivil- und Handelssachen beschränkt. Durch die positive Definition von Zivil- und Handelssachen sollte dieser Bereich deutlich vom Bereich des öffentlichen Rechts abgegrenzt werden.[39] Explizite Ausnahmegegenstände vom Anwendungsbereich in Zivil- und Handelssachen sind zudem in Art. 1 Abs. 2 Brüssel Ia-VO aufgezählt. Ausgenommen sind beispielsweise Insolvenzverfahren, Unterhaltsverfahren und die Schiedsgerichtsbarkeit. Der Verordnungsgeber wollte laut ErwG. 10 den Anwendungsbereich der Verordnung auf den wesentlichen Teil des Zivil- und Handelsrechts beschränken. Da sich die vorliegende Untersuchung lediglich auf diesen wesentlichen Teil des Zivil- und Handelsrechts, das Vertragsrecht, beschränken soll, ist eine ausführliche Darstellung der Problemfälle des sachlichen Anwendungsbereichs an dieser Stelle nicht geboten.[40]

Die Verordnung ist grundsätzlich anwendbar, wenn die Parteien ihren Sitz in unterschiedlichen Mitgliedsstaaten der EU haben.[41] Der EuGH hat zudem in Sonderfällen auch die Anwendung der Verordnung auf Rechtsstreitigkeiten mit Parteien aus Drittstaaten bestätigt. Bedingung hierfür sei, dass es irgendeinen Anknüpfungspunkt zum Hoheitsgebiet eines Mitgliedsstaats gebe.[42] Da die praktische Relevanz des HGÜ sich auf Gerichtsstandsvereinbarungen mit Parteien aus den Drittstaaten Mexiko und Montenegro beschränkt, ist die Anwendung auf Sachverhalte mit Bezug zu anderen Drittstaaten weiterhin aktuell. Gerichtsstandsvereinbarungen mit Parteien aus Drittstaaten sollen bei der Untersuchung der Drittwirkung von Gerichtsstandsvereinbarungen nicht

---

39 *Illmer*, in: Dickinson/Lein/James Brussels I Regulation, Rn. 2.15; *Schlosser/Hess*, EU-Zivilprozessrecht, Art. 1, Rn. 3.

40 Eine gute Übersicht zum sachlichen Anwendungsbereich und der Ausnahmebereiche findet sich bei: *Mankowski*, in: Rauscher, EuZPR/EuIPR Art. 1 Brüssel Ia-VO, Rn. 1 ff., 40 ff.

41 *Schlosser/Hess*, EU-Zivilprozessrecht, Art. 1, Rn. 2.

42 EuGH, Urteil vom 13.7.2001 - Rechtssache C-412/98 *Group Josi/Universal General Insurance*, Rn. 33 f.; EuGH, Urteil vom 01.03.2005 - Rechtssache C-281/02 *Owusu/Jackson u.A.*, Rn. 23 f.

vertieft analysiert werden, sodass eine weitergehende Darstellung der Drittstaatenproblematik nicht erforderlich ist.[43]

Zeitlich ist die Verordnung gemäß Art. 81 Abs. 2 Brüssel Ia-VO ab dem 10. Januar 2015 anwendbar. Für alle vorherigen Rechtsstreitigkeiten gelten die Brüssel I-VO oder das EuGVÜ, wobei die aktuellste Verordnung stets als Auslegungshilfe hinzugezogen werden sollte.[44]

2. *Zwischenergebnis: Die Brüssel Ia-VO ist für Gerichtsstandsvereinbarungen in Europa vorrangig*

Für die vorliegende Arbeit gilt also, dass das europäische Zivilprozessrecht in Form der Brüssel Ia-VO das einschlägige Recht ist, nach der die Drittwirkung einer internationalen Gerichtsstandsvereinbarung zwischen zwei Parteien aus unterschiedlichen Mitgliedsstaaten der EU zu bewerten ist. Zudem werden die Auslegungen und Interpretationen zum EuGVÜ und der Brüssel I-VO im Rahmen der Analyse rechtshistorisch zu betrachten sein. An einzelnen Stellen der Arbeit können die Auslegungen und Interpretationen zum LugÜ, das grundsätzlich einheitlich mit der Brüssel Ia-VO ausgelegt wird, in die Arbeit eingebunden werden. Die gefundenen Ergebnisse gelten dann ebenso für Gerichtsstandsvereinbarungen mit Parteien aus EFTA-Staaten.

Die Regelungen der ZPO können zwar grundsätzlich auch auf internationale Gerichtsstandsvereinbarungen Anwendung finden, werden aber durch den Vorrang des Unionsrechts verdrängt. Daher werden die Auslegungen und Interpretationen der nationalen Regelungen zum Zivilprozessrecht für die Betrachtung der Problematik der Drittwirkung von Gerichtsstandsvereinbarungen nur am Rande relevant werden.

Voraussetzung für die Untersuchung ist, dass die Verordnung sowohl sachlich, örtlich als auch zeitlich auf den Sachverhalt anzuwenden ist. Im weiteren Verlauf der Arbeit ist davon auszugehen, dass die Brüssel Ia-VO auf die zu überprüfenden Konstellationen anzuwenden ist. Sollten ausnahmsweise bei der

---

43 Zudem kann in Bezug auf Drittstaaten nunmehr auch im Einzelfall das HGÜ anwendbar sein. Zum Verhältnis HGÜ zur Brüssel Ia-VO siehe ausführlich *Antomo*, NJW 2015, S. 2919 (2920).

44 Diese sog. Vorwirkung ist auch zulässig: EuGH, Urteil vom 01.10.2002, Rechtssache C-167/00 – *VfK/Henkel*, Rn. 49; *Staudinger*, in Rauscher Brüssel Ia-VO, Einl. Brüssel Ia-VO, Rn. 12. Besonders deutlich wird dies auch bei der Entscheidung *Société financière*, vgl. dazu ausführlich im 3. Abschnitt C. II.

Darstellung älterer Entscheidungen das EuGVÜ oder die Brüssel I-VO auf den Sachverhalt anwendbar sein, wird dies ausdrücklich angegeben.

B. Abgrenzung der internationalen Gerichtsstandsvereinbarung von anderen Zuständigkeitsinstrumenten

Nachdem der Untersuchungsgegenstand bezüglich der rechtlichen Grundlagen auf das europäische Zivilprozessrecht eingeschränkt wurde, soll im Folgenden der sachliche Untersuchungsgegenstand weiter eingegrenzt werden. Dazu ist die internationale Gerichtsstandsvereinbarung von anderen Rechtsinstrumenten abzugrenzen, die ebenfalls geeignet sind, eine abweichende Gerichtszuständigkeit zu bestimmen. Dabei kommen insbesondere Erfüllungsortvereinbarungen und Schiedsvereinbarungen in Betracht. Sowohl durch eine Gerichtsstandsvereinbarung als auch durch eine Erfüllungsort- oder Schiedsvereinbarung können die regulären Zuständigkeitsregeln der Brüssel Ia-VO abgeändert werden.

I. Erfüllungsortvereinbarung

Der Gerichtsstand des Erfüllungorts ist als einer der besonderen Gerichtsstände innerhalb der Verordnung in Art. 7 Nr. 1 Brüssel Ia-VO normiert.[45] Ein Schuldner einer Leistung kann der Vorschrift entsprechend auch an dem Ort verklagt werden, an dem die Leistung dem Vertrag nach zu erbringen ist. Der Schuldner soll sich nach der Ratio der Norm an dem Ort für die ordnungsgemäße Abwicklung der Leistung verantworten müssen, an dem er nach materiellem Recht die Leistung auch zu erbringen hat. Dadurch soll eine gewisse Sach- bzw. Beweisnähe gewährleistet werden.[46] Die Zuständigkeit durch diesen Gerichtsstand wird also anhand des Erfüllungort aus dem materiell-rechtlichen Rechtsverhältnis und dem darauf anwendbaren Recht bestimmt.

Grundsätzlich ist es zulässig, den Erfüllungsort im Vertrag zwischen den beteiligten Parteien privatautonom zu vereinbaren. Eine solche Vereinbarung ist gemäß Art. 7 Nr. 1 lit b Brüssel Ia-VO im europäischen Zivilprozessrecht ausdrücklich vorgesehen. Allerdings muss die Vereinbarung über den

---

45 In der Brüssel I-VO und dem EuGVÜ war der Gerichtsstand des Erfüllungsortes noch in Art. 5 geregelt.

46 *Leible,* in Rauscher EuZPR/EuIPR, Art. 7 Brüssel Ia-VO, Rn. 9; *Stadler,* in: Musielak/Voit ZPO, Art. 7 EuGVVO n.F., Rn. 1; *Lehmann,* in: Dickinson/Lein/James Brussels I Regulation, Rn. 4.31.

Erfüllungsorts auch nach dem auf den Vertrag anzuwendenden materiellen Recht zulässig sein.[47] Dabei müssen die für eine Gerichtsstandsvereinbarung vorgesehenen Formvorschriften aus Art. 25 Brüssel Ia-VO nicht beachtet werden. Der Erfüllungsort kann also formfrei und ohne die Voraussetzungen für eine Gerichtsstandsvereinbarung vereinbart werden, obwohl die gerichtliche Zuständigkeit ebenso berührt wird.[48]

Allerdings ist bei einer solchen Vereinbarung zu beachten, dass der Erfüllungsort in einem sachlichen Zusammenhang mit der Vertragsdurchführung stehen muss. Der durch die Parteien ausgewählte Ort muss also zu der Leistungserfüllung oder der sonstigen Vertragsabwicklung einen Bezug aufweisen. Das bedeutet, dass eine sog. abstrakte Erfüllungsortvereinbarung, die keinerlei Bezug zur Vertragswirklichkeit aufweist und nur dazu gedacht ist, den Gerichtsstand festzulegen, nicht gemäß Art. 7 Nr. 1 Brüssel Ia-VO zu beurteilen ist.[49] Vielmehr ist eine solche abstrakte Erfüllungsortvereinbarung als Gerichtsstandsvereinbarung zu behandeln und unterfällt mithin auch den Formvorschriften des Art. 25 Brüssel Ia-VO.[50]

Aus diesen Ausführungen ergibt sich die Abgrenzung zwischen einer Erfüllungsortvereinbarung einerseits und einer Gerichtsstandsvereinbarung andererseits mithin bereits deutlich: Wichtigstes Unterscheidungskriterium ist der objektive Bezug der Vereinbarung zur Vertragswirklichkeit. Wird durch die Parteien im Einklang mit dem anwendbaren materiellen Recht im Vertrag ein

47 *Leible,* in Rauscher EuZPR/EuIPR, Brüssel Ia-VO, Art. 7 Rn. 53; *Geimer/Schütze,* Europäisches Zivilverfahrensrecht, Art. 5 Rn. 124; *Stadler,* in: Musielak/Voit ZPO, Art. 7 EuGVVO n.F., Rn. 1; *Jault-Seseke/Weller,* in: Simons/Hausmann/Althammer Brüssel I-VO, Art. 5, Rn. 54.

48 EuGH, Urteil vom 17.01.1980, Rechtssache 56/79, Slg. 1980, 89 - *Zelger/Salinitri,* Rn. 4 ff.; *Leible,* in Rauscher EuZPR/EuIPR, Art. 7 Brüssel Ia-VO, Rn. 53; *Geimer/Schütze,* Europäisches Zivilverfahrensrecht, Art. 5 Rn. 125; *Kropholler/von Hein,* Europäisches Zivilprozessrecht, Art. 5 EuGVO, Rn. 35; *Schlosser/Hess,* EU-Zivilprozessrecht, Art. 7, Rn. 11; *Gottwald,* in: MüKo ZPO, Art. 7 EuZPR/EuIPR, Rn. 42; *O'Malley/Layton/ Mercer,* European Civil Practice, Rn. 15.045.

49 EuGH, Urteil vom 20.02.1997 - Rechtssache C-106/95, Slg. 1997, I-00911- *MSG,* Rn. 35 ff.

50 EuGH, *MSG*, Rn. 35; *Leible,* in Rauscher EuZPR/EuIPR, Art. 7 Brüssel Ia-VO, Rn. 54; *Gottwald,* in: MüKo ZPO, Art. 7 Brüssel Ia-VO, Rn. 43; *Schlosser/Hess*, EU-Zivilprozessrecht, Art. 7, Rn. 11; *Geimer/Schütze,* Europäisches Zivilverfahrensrecht, Art. 5 Rn. 126 ff.; *Kropholler/von Hein,* Europäisches Zivilprozessrecht, Art. 5 EuGVO, Rn. 36; *Jault-Seseke/Weller,* in: Simons/Hausmann/Althammer Brüssel I-VO, Art. 5, Rn. 54; *O'Malley/Layton/ Mercer,* European Civil Practice, Rn. 15.045.

Erfüllungsort vereinbart, der einen konkreten Bezug zur Vertragswirklichkeit aufweist, handelt es sich um eine Erfüllungsortvereinbarung. Fehlt dieser konkrete Bezug auf den Vertragsinhalt und die Vereinbarung dient lediglich der abstrakten Festlegung eines abweichenden Gerichtsstandes, handelt es sich um eine Gerichtsstandsvereinbarung.[51] Die Abgrenzung erfolgt somit anhand des konkreten Bezugs zum Vertrag im Einzelfall durch Auslegung.

Für die vorliegende Arbeit sollen nur solche Vereinbarungen untersucht werden, die abstrakt den Gerichtsstand zwischen den Parteien und möglicherweise auch gegenüber einem Dritten festlegen. Da abstrakte Erfüllungsortvereinbarungen wie soeben dargestellt, rechtlich als Gerichtsstandsvereinbarung ebenso die Anforderungen von Art. 25 Brüssel Ia-VO erfüllen müssen, sind diese von den Ergebnissen dieser Arbeit ebenso umfasst.

Erfüllungsortvereinbarungen, die nicht die Formvoraussetzungen von Art. 25 Brüssel Ia-VO erfüllen müssen, können zwar theoretisch auch Wirkung für und gegen Dritte entfalten. Allerdings würde eine Untersuchung dieser nicht zielführend sein. Durch die Möglichkeit der formlosen Vereinbarung des Erfüllungorts erübrigt sich die Problematik der formgerechten Zustimmung des Dritten. Eine Erfüllungsortvereinbarung wird Vertragsinhalt und hat so nur mittelbar prozessrechtliche Wirkung.[52]

Im Ergebnis sollen also die von der Gerichtsstandsvereinbarung abzugrenzenden reinen Erfüllungsortvereinbarungen vom Untersuchungsgegenstand der vorliegenden Arbeit vollständig ausgenommen werden.

II. Schiedsvereinbarung

Eine Schiedsvereinbarung unterscheidet sich von einer Gerichtsstandsvereinbarung allein dadurch, dass durch eine Schiedsvereinbarung keine staatlichen Gerichte, sondern private Schiedsgerichte für zuständig befunden werden.[53] Durch eine Schiedsvereinbarung wird also die Zuständigkeit der staatlichen Gerichte insgesamt abbedungen, während durch eine Gerichtsstandsvereinbarung lediglich innerhalb der Zuständigkeit der staatlichen Gerichte

---

51 *Kropholler/von Hein*, Europäisches Zivilprozessrecht, Art. 5 EuGVO, Rn. 36; *Gottwald*, in: MüKo ZPO, Art. 7 Brüssel Ia-VO, Rn. 43; *Lehmann*, in: Dickinson/Lein/James Brussels I Regulation, Rn. 4.56; *O'Malley/Layton/Mercer*, European Civil Practice, Rn. 20.019.

52 Im Ergebnis ebenso: *Mohs*, Drittwirkung, S. 13.

53 *Blackaby/Partasides* in: Redfern and Hunter on international arbitration, Rn. 1.40 ff.; *Schwab/Walter* Schiedsgerichtsbarkeit, Kap. 1, Rn. 1, jeweils m.w.N.

eine besondere Vereinbarung darüber getroffen wird, welches der staatlichen Gerichte in den unterschiedlichen Mitgliedsstaaten zuständig sein soll.

Gleichwohl weisen die Zuständigkeitsinstrumente in ihrer Wirkung gewisse Ähnlichkeiten auf. Insbesondere sind die Anforderungen an die Vereinbarung bezüglich der Form und des Inhalts oftmals vergleichbar.[54]

Im europäischen Zivilprozessrecht sind Schiedsvereinbarungen vom Anwendungsbereich der Verordnung gemäß Art. 1 Abs. 2 lit. d) Brüssel Ia-VO explizit ausgeschlossen. Die Mitgliedsstaaten der EU sind alle auch Mitglieder der New York Convention, die die Anerkennung und Vollstreckung von Schiedssprüchen weltweit seit 1959 erfolgreich regelt. Daher bestand lange Zeit kein Bedürfnis, Schiedsvereinbarungen in den Anwendungsbereich der Verordnung aufzunehmen.[55] Aufgrund der Tatsache, dass auch im Schiedsverfahren immer wieder staatliche Gerichte angerufen werden,[56] gab es teilweise Bestrebungen, die Brüssel Ia-VO für Teilbereiche des Schiedsverfahrens – insbesondere zur Bestimmung der zuständigen Gerichte – für anwendbar zu erklären.[57] Die Bestrebungen haben sich allerdings nicht durchgesetzt und es hat keine schiedsbezogenen Änderungen in der Brüssel Ia-VO gegeben.[58] Daher bleiben Schiedsvereinbarungen vom Anwendungsbereich der Brüssel Ia-VO ausgenommen.

Die vorliegende Untersuchung beschäftigt sich mit Gerichtsstandsvereinbarungen und der Wirkung zugunsten oder zulasten Dritter. Schiedsvereinbarungen können allenfalls am Rande relevant werden.[59]

---

54 Siehe dazu ausführlich *Mohs,* Drittwirkung, S. 7 ff., der beide Instrumente bezüglich der Drittwirkung gemeinsam untersucht.

55 *Mankowski,* in Rauscher EuZPR/EuIPR, Art. 1 Brüssel Ia-VO, Rn. 157; *Gottwald,* in: MüKo ZPO, Art. 1 Brüssel Ia-VO, Rn. 24; *Illmer,* in: Dickinson/Lein/James Brussels I Regulation, Rn. 2.43 f.

56 Beispielsweise bei der Klärung der Wirksamkeit einer Schiedsvereinbarung oder bei einstweiligen Verfügungen: *Blackaby/Partasides* in: Redfern and Hunter on international arbitration, Rn. 1.55 ff.; *Schwab/Walter* Schiedsgerichtsbarkeit, Kp. 7, Rn. 12.

57 Insbesondere im Nachgang der Entscheidung *West Tankers* (EuGH, Urteil vom 10.02.2009, Az. C-185/07) wurden diese Fragen kontrovers diskutiert. Vgl dazu ausführlich *Mankwoski,* in: Rauscher EuZPR/EuIPR, Art. 1 Brüssel Ia-VO, Rn. 162 ff.; *Illmer,* in: Dickinson/Lein/James Brussels I Regulation, Rn. 2.52 ff.

58 *Mankwoski,* in: Rauscher EuZPR/EuIPR, Art. 1 Brüssel Ia-VO, Rn. 178 ff.; *Illmer,* in: Dickinson/Lein/James Brussels I Regulation, Rn. 2.71.

59 Teilweise werden Schiedsvereinbarungen aufgrund der vergleichbaren Wirkung bezüglich einzelner Aspekte der Drittwirkungsproblematik vergleichend herangezogen: *Jungermann,* Drittwirkung, S. 158 ff.; *Gebauer,* Zur subjektiven Reichweite, in: FS Schütze,

III. Zwischenergebnis: Internationale Gerichtsstandsvereinbarungen als zentraler Gegenstand der Untersuchung

Die internationale Gerichtsstandsvereinbarung ist ebenso wie die Erfüllungort- oder Schiedsvereinbarung ein Instrument, das geeignet ist, die normalen Zuständigkeitsregeln der Brüssel Ia-VO abzuändern. Die Erfüllungortvereinbarung, die durch den konkreten Bezug zur Vertragswirklichkeit von der Gerichtsstandsvereinbarung abzugrenzen ist, soll von der vorliegenden Untersuchung ausgeschlossen werden. Schiedsvereinbarungen sind vom Anwendungsbereich der Brüssel Ia-VO ausgenommen.

C. Abgrenzung Dritter von den Parteien einer Gerichtsstandsvereinbarung

In der vorliegenden Arbeit soll die Bindung von Dritten an Gerichtsstandsvereinbarungen untersucht werden, an deren Abschluss sie nicht beteiligt waren. Dazu muss zunächst allgemein geklärt werden, wie die Begriffe „Partei" und „Dritter" für die vorliegende Untersuchung zu definieren sind. Der Begriff „Dritter" soll hier in Abgrenzung zum Begriff Partei im Hinblick auf die Gerichtsstandsvereinbarung verstanden werden. Dritter ist also jeder, der nicht Partei der Gerichtsstandsvereinbarung ist. Parteien einer Gerichtsstandsvereinbarung sind diejenigen, zwischen denen das Rechtsgeschäft, also eine formelle sowie materielle Einigung über einen von der Verordnung abweichenden Gerichtsstand, zustande gekommen ist.[60]

Die formelle Einigung über den Gerichtsstand umfasst dabei die Fragen der formwirksamen Einigung im Sinne von Art. 25 Abs. 1 Brüssel Ia-VO, die sich eindeutig anhand der Vorschrift selbst bestimmen lässt. Die materielle Einigung über den Gerichtsstand umfasst dagegen die Aspekte der Einigung, bei denen im Einzelnen umstritten ist, nach welchem Recht diese zu bestimmen sind, wie beispielsweise Willensmängel. Systematisch stehen die Probleme nebeneinander; oftmals bilden sie aber tatsächlich eine Art Einheit, wodurch die Abgrenzung teilweise schwierig ist und künstlich erscheinen mag.[61] Dennoch ist die Trennung auch an dieser Stelle geboten, denn insbesondere bezüglich der materiellen

S. S. 542 (543). Bezüglich der Forderungsabtretung ausführlich: *Mohs,* Drittwirkung, S. 10 ff.

60 Ebenso: *Mankowski,* Seerechtliche Vertragsverhältnisse, S. 246.

61 *Kropholler/von Hein,* Europäisches Zivilprozessrecht, Art. 23 EuGVO, Rn. 27.

Einigung ergeben sich im Rahmen des anwendbaren Rechts Unterschiede. Die materielle Nichtigkeit der Gerichtsstandsvereinbarung beispielsweise aufgrund von Willensmängeln, Problemen der Stellvertretung oder Problemen der Geschäftsfähigkeit sind vom anwendbaren Recht abhängig.[62] Daher stellt sich an dieser Stelle bereits die Frage, nach welchem Recht die materielle Einigung zu betrachten ist.

Dabei sind zwei Fragen des anwendbaren Rechts in dieser Untersuchung strikt zu trennen. Die erste Frage nach der Einigung dient der Feststellung, zwischen wem die Gerichtsstandsvereinbarung (ursprünglich) zustande gekommen ist und nach welchem Recht diese Einigung zu beurteilen ist. Daraus kann dann gefolgert werden, wer Partei und wer Dritter bezüglich der Vereinbarung ist. Davon losgelöst und an dieser Stelle nicht einbezogen ist die zweite Frage, gegenüber wem die Gerichtsstandsvereinbarung Wirkung entfaltet und nach welchem Recht die Wirkung zu bestimmen ist. Diese zentrale Frage für die Drittwirkung soll in den Abschnitten 3 und 4 der vorliegenden Arbeit ausführlich betrachtet werden.

I. Die formelle Einigung

Für eine formelle Einigung gemäß Art. 25 Brüssel Ia-VO müssen die Parteien die Zuständigkeit eines Gerichts vereinbart haben. Für eine Vereinbarung ist der übereinstimmende Wille der Parteien notwendig.[63] Ob eine solche Vereinbarung im Einzelfall vorliegt, muss dem Wortlaut und Sinn und Zweck von Art. 25 Brüssel Ia-VO entsprechend für alle Mitgliedsstaaten einheitlich bestimmt werden. Das Kriterium der formellen Einigung ist also vertragsautonom auszulegen.[64] Für die Bestimmung sieht Art. 25 Brüssel Ia-VO lediglich die Formerfordernisse vor. Um zu bestimmen, ob eine Einigung tatsächlich vorliegt, muss ein Gericht

---

62 Diese Aspekte der materiellen Nichtigkeit werden im Folgenden aufgegriffen. Ein guter Überblick findet sich bei *Mankowski*, in: Rauscher EuZPR/EuIPR, Art. 25 Brüssel Ia-VO, Rn. 57 ff.

63 *Gottwald*, in: MüKo ZPO, Art. 25 Brüssel Ia-VO, Rn. 14; *Kropholler/von Hein*, Europäisches Zivilprozessrecht, Art. 23 EuGVO, Rn. 33; *Stadler*, in: Musielak/Voit ZPO, Art. 25 EuGVVO, Rn. 4.

64 EuGH, Urteil vom 10.03.1992, Rechtssache C-214/89, Slg. 1992, I-1772 – *Powell Duffryn*; *Gottwald*, in: MüKo ZPO, Art. 25 Brüssel Ia-VO, Rn. 14; *Kropholler/von Hein*, Europäisches Zivilprozessrecht, Art. 23 EuGVO, Rn. 30; *Geimer/Schütze*, Europäisches Zivilverfahrensrecht, Art. 23 Rn. 76; *Schlosser/Hess*, EU-Zivilprozessrecht, Art. 25, Rn. 15 ff.; *Garcimartin*, in: Dickinson/Lein/James Brussels I Regulation, Rn. 9.32; *Hausmann*, in: Simons/Hausmann/Althammer Brüssel I-VO, Art. 23, Rn. 60.

also prüfen, ob durch die Form der Gerichtsstandsvereinbarung der Wille der Parteien, sich auf einen Gerichtsstand zu einigen, klar zum Ausdruck kommt.[65]

Für die Bestimmung der Einigung sieht Art. 25 Abs. 1 Brüssel Ia-VO vier unterschiedliche Alternativen vor.[66] Die am einfachsten zu bestimmende und deutlichste Alternative ist die schriftliche Vereinbarung (Art. 25 Abs. 1 lit a 1. Alt Brüssel Ia-VO). Die Parteien müssen sich also schriftlich über einen abweichenden Gerichtsstand geeinigt haben. Partei ist demgemäß jedenfalls derjenige, der durch seine Unterschrift seinen Willen zum abweichenden Gerichtsstand bekundet hat.[67] Dritter ist hingegen derjenige, der die Vereinbarung nicht durch seine Unterschrift formell-wirksam geschlossen hat.

Weitere Alternativen der formwirksamen Einigung gemäß Art. 25 Abs. 1 Brüssel Ia-VO umfassen die sog. „halbe" Schriftlichkeit (Art. 25 Abs. 1 lit a 2. Alt Brüssel Ia-VO), die Vereinbarung nach den Gepflogenheiten der Parteien (Art. 25 Abs. 1 lit b Brüssel Ia-VO) und die Vereinbarung nach einem Handelsbrauch (Art. 25 Abs. 1 lit c Brüssel Ia-VO). Für diese Alternativen gilt ebenso, dass das Vorliegen der jeweiligen Formalternative als Indiz für den Konsens zwischen den Parteien dient.[68] Damit kann auch eindeutig bestimmt werden, wer Partei ist und wer Dritter ist: Partei ist derjenige, der die Formalternative erfüllt; Dritter ist, wer diese nicht erfüllt.

---

65 EuGH, Urteil vom 14.12.1976, Rechtssache 24/76 Slg. 1976, 1831 - *Estasis Salotti,* Rn. 7; EuGH, Urteil vom 06.05.1980, Rechtssache 784/79 Slg. 1979, 1518 – *Porta Leasing,* Rn. 5; *Gottwald,* in: MüKo ZPO, Art. 25 Brüssel Ia-VO, Rn. 14; *Mankowski,* in: Rauscher EuZPR/EuIPR, Art. 25 Brüssel Ia-VO, Rn. 214; *Geimer/Schütze,* Europäisches Zivilverfahrensrecht, Art. 23 Rn. 77; *Garcimartin,* in: Dickinson/Lein/James Brussels I Regulation, Rn. 9.35 ff.; *O'Malley/Layton/Mercer,* European Civil Practice, Rn. 20.45 ff.

66 Die vorliegende Untersuchung soll sich primär nicht mit der Problematik einer formwirksamen Gerichtsstandsvereinbarung befassen. Durch die Konzeption von Art. 25 Brüssel Ia-VO, der für die wirksame Einigung lediglich die Formanforderungen enthält, ist es jedoch unumgänglich, die unterschiedlichen Aspekte dieser Einigung kurz darzustellen und im Verlauf der Arbeit teilweise aufzugreifen.

67 BGH NJW 2006, 1672, Rn. 13 f.; Cour de Cassation 1^e^ Civ, Urteil vom 12.12.2006, Az. 05-21388; *Mankowski,* in: Rauscher EuZPR/EuIPR, Art. 25 Brüssel Ia-VO, Rn. 217 f.; *Kropholler/von Hein,* Europäisches Zivilprozessrecht, Art. 23 EuGVO, Rn. 33; *Hausmann,* in: Simons/Hausmann/Althammer Brüssel I-VO, Art. 23, Rn. 63; *Garcimartin,* in: Dickinson/Lein/James Brussels I Regulation, Rn. 9.35 ff.

68 OLG Hamm, IPRax 2007, 125; *Mankowski,* in: Rauscher EuZPR/EuIPR, Art. 25 Brüssel Ia-VO, Rn. 215.

II. Die materielle Einigung

Schwieriger gestaltet sich hingegen die Bestimmung der materiellen Einigung. Die Frage, welches Recht auf die materielle Wirksamkeit der Gerichtsstandsvereinbarung anzuwenden ist, war lange Zeit Gegenstand von Diskussionen, weil weder Art. 17 EuGVÜ noch Art. 23 Brüssel I-VO Voraussetzungen für die materielle Wirksamkeit enthielten. Deshalb war unklar, ob und inwieweit die Vorschriften die materielle Wirksamkeit durch die Vorgabe der „Einigung" selbst regelten oder ob für die Bestimmung der materiellen Einigung auf nationales Recht zurückgegriffen werden musste.[69] Falls auf nationales Recht zurückgegriffen werden sollte, war zudem umstritten, welches Recht zur Anwendung kommt: Zur Auswahl stehen dabei das anwendbare Sachrecht (*lex causae*)[70] oder das am Ort des angerufenen Gerichts geltende Recht (*lex fori*). Diese Schwierigkeiten wurden zutreffend von *Magnus* als großer Schwachpunkt der Vorschrift identifiziert.[71]

Durch die Neuregelung von Art. 25 Brüssel Ia-VO sollten nunmehr alle Fragen der „materiellen Nichtigkeit" der Gerichtsstandsvereinbarung durch die Anwendung des Rechts des angerufenen Mitgliedsstaates gelöst werden.[72] Dabei bleibt jedoch im Detail fraglich, ob und welche Probleme der materiellen Einigung von dieser Kollisionsnorm umfasst sind. Jedenfalls ist wohl die Frage, zwischen wem die Gerichtsstandsvereinbarung zustande gekommen ist, nicht von der Kollisionsnorm umfasst. Die materielle Nichtigkeit umfasst eher die klassischen Fälle der Willensmängel und nicht die Probleme der materiellen Einigung.[73] Für andere Wirksamkeitsvoraussetzungen wie beispielsweise

---

69 *Geimer/Schütze*, Europäisches Zivilverfahrensrecht, Art. 23 Rn. 81; *Nunner-Krautgasser*, ZZP 127 (2014), S. 461 (471).

70 Die *lex causae* muss nach dem jeweiligen IPR des erkennenden Gerichts gesondert ermittelt werden. Siehe dazu ausführlich im 4. Abschnitt C. I. 3. a.) (2).

71 *Magnus*, Gerichtsstandsvereinbarungen im Vorschlag zur Reform in: FS Hoffmann, S. 664 (667).

72 Gemäß Art. 25 Abs. 1 HS 1 Brüssel Ia-VO wird vermutet, dass die Gerichtsstandsvereinbarung materiell wirksam ist. Derjenige, der sich auf die „materielle Nichtigkeit" der Vereinbarung beruft, muss diese auch beweisen. Vgl. dazu ausführlich: *Nunner-Krautgasser*, ZZP 127 (2014), S. 461 (473 f.); *Simotta*, IJPL 2013, S. 58 (62 ff.); *Simotta*, Zur materiellen Nichtigkeit in: FS Schütze, S. 542 (543).

73 *Mankowski*, in Rauscher EuZPR/EuIPR, Art. 25 Brüssel Ia-VO, Rn. 40, 44 ff.; *Stadler*, in: *Musielak/Voit* ZPO, Art. 7 EuGVVO n.F., Rn. 5; *Simotta*, IJPL 2013, S. 58 (63 f.); *Simotta*, Zur materiellen Nichtigkeit in: FS Schütze, S. 542 (542).

die Geschäftsfähigkeit oder die Stellvertretung bleibt die Anknüpfung trotz der neuen Kollisionsregelung im Einzelnen umstritten.[74]

1. Materielle Einigung richtet sich nach der lex causae

Teilweise wurde angenommen, dass Art. 17 EuGVÜ bzw. Art. 23 Brüssel I-VO lediglich die Zulässigkeit, Form und Wirkung einer Gerichtsstandsvereinbarung regeln würden. Darüber hinausgehende Fragen wie die materielle Wirksamkeit der Einigung seien nach nationalem Recht zu beurteilen.[75] Demnach wurde auch die Frage, zwischen wem die Gerichtsstandsvereinbarung materiell-wirksam zustande gekommen ist, nach dem anwendbaren nationalen Recht beurteilt.[76]

Dazu schien vor allem *Mankowski* auf den ersten Blick zu vertreten, dass die Fragen des Zustandekommens der Gerichtsstandsvereinbarung nicht in Art. 17 EuGVÜ bzw. Art. 23 Brüssel I-VO geregelt war und so ein Rückgriff auf das nationale Recht notwendig sei.[77] Die Einigung sei in der Vorschrift lediglich „rudimentär" geregelt worden und weise ansonsten Lücken auf, die durch die Anwendung des nationalen Rechts geschlossen werden müssten.[78]

Dies könnte in dem Sinne missverstanden werden, als dass *Mankowski* die Frage danach, wer Partei und wer Dritter war, grundsätzlich dem nationalen Recht zuordnen wollte.[79] Folgt man allerdings den Ausführungen *Mankowskis* ergibt sich, dass der Rückgriff auf das nationale Recht vor allem für die (Dritt-) Wirkung der Gerichtsstandsvereinbarung angewandt werden sollte. Dies wird insbesondere dadurch deutlich, dass *Mankowski* mit den erwähnten Lücken wohl die Frage nach der Wirkung gegenüber Dritten meinte. Dafür spricht auch,

---

74 Mit weiteren Nachweisen zu den jeweiligen Ansichten: *Mankowski,* in Rauscher EuZPR/EuIPR, Art. 25 Brüssel Ia-VO, Rn. 40, 44 ff.; *Stadler,* in: *Musielak/Voit* ZPO, Art. 7 EuGVVO n.F., Rn. 5; *Gottwald,* in: MüKo ZPO, Art. 25 Brüssel Ia-VO, Rn. 15.

75 Siehe ausführlich zum Streitstand: *Garcimartin,* in: Dickinson/Lein/James Brussels I Regulation, Rn. 9.60. Für die Anwendung der *lex causea*: *O'Malley/Layton/Mercer,* European Civil Practice, Rn. 20.38; *Staehelin,* Gerichtsstandsvereinbarungen S. 148 ff.; OLG Düsseldorf RIW 1990, 577 (579); OLG Saarbrücken, NJW 1992, 987. Für die Anwendung der *lex fori* wohl allein: Schlussanträge des Generalanwalts *Slynn* vom 24.06.1981, Rechtssache 150/80 Slg. 1981 -01671, S. 1690 (1697 f.).

76 *Jungermann,* Drittwirkung, S. 9.

77 *Mankowski,* in: Rauscher EuZPR/EuIPR, Art 25 Brüssel Ia-VO, Rn. 36 ff.; *Mankowski,* Seerechtliche Vertragsverhältnisse, S. 245; *Mankowski,* IPRax 1996, S. 427 (430 f.). Ähnlich auch: *Jayme/Kohler,* IPRax 1992, S. 346 (353 f.).

78 *Mankowski,* Seerechtliche Vertragsverhältnisse, S. 245.

79 So etwa: *Jungermann,* Drittwirkung, S. 11.

dass die Ausführungen im Kapitel zur (Dritt-)Wirkung von Gerichtsstandsvereinbarungen enthalten sind.[80] Für diese Untersuchung soll allerdings, wie bereits dargestellt, die Frage der Wirkung der Gerichtsstandsvereinbarung von der Frage, wer Partei der Gerichtsstandsvereinbarung ist, getrennt werden.

2. *Materielle Einigung richtet sich nach Art. 25 Brüssel Ia-VO*

Dagegen wurde teilweise angenommen, dass auch die materielle Einigung grundsätzlich aus Art. 17 EuGVÜ bzw. Art. 23 Brüssel I-VO hervorgehe und daher ein Rückgriff auf nationales Recht versperrt sei.[81] Dabei wird zugrunde gelegt, dass die Erfüllung der Formvorschriften als Indikator auch für eine materielle Einigung gelten könne und grundsätzlich eine Regelung im Übereinkommen bzw. der Verordnung vorhanden sei. Der Rückgriff auf das nationale Recht sei lediglich für solche Probleme der materiellen Einigung gerechtfertigt, die gerade nicht in Art. 17 EuGVÜ bzw. Art. 23 Brüssel I-VO geregelt seien.[82] Aufgrund der unmittelbaren Nähe zwischen der formellen und materiellen Einigung sei die Frage, wer Partei der Gerichtsstandsvereinbarung ist, anhand des Übereinkommens bzw. der Verordnung selbst zu beantworten.[83]

Unumstritten ist, dass Art. 25 Abs. 1 Brüssel Ia-VO die formwirksame Einigung zwischen den Parteien verlangt und so die formelle Einigung abschließend regelt.[84] Ist die Form zwischen den Parteien eingehalten, wird vermutet, dass der übereinstimmende Wille zwischen den Parteien gegeben ist. Durch die formelle Einigung wird die materielle Willenseinigung indiziert.[85] Daraus wird geschlossen, dass bei Fragen der materiellen Willenseinigung zwischen den Parteien der Rückgriff auf das nationale Recht trotz Kollisionsregel ausgeschlossen ist, da die formelle Einigung in Art. 25 Brüssel Ia-VO selbst geregelt ist.[86]

---

80 *Mankowski,* Seerechtliche Vertragsverhältnisse, S. 244 f.

81 *Kropholler/von Hein,* Europäisches Zivilprozessrecht, Art. 23 EuGVO, Rn. 28; *O'Malley/Layton/Mercer,* European Civil Practice, Rn. 20.036.

82 So etwa ausdrücklich bezüglich der Abschlussfähigkeit, Willensmängel und Stellvertretung: *Kim,* Int. Gerichtsstandsvereinbarungen, S. 76 ff.; *Kropholler/von Hein,* Europäisches Zivilprozessrecht, Art. 23 EuGVO, Rn. 28.

83 *Kropholler/von Hein,* Europäisches Zivilprozessrecht, Art. 23 EuGVO, Rn. 28; *O'Malley/Layton/Mercer,* European Civil Practice, Rn. 20.036.

84 Siehe dazu in diesem Abschnitt C. I.

85 *Stadler,* in: Musielak/Voit ZPO, Art. 7 EuGVVO n.F., Rn. 3.

86 *Mankowski,* in Rauscher EuZPR/EuIPR, Art. 25 Brüssel Ia-VO, Rn. 63 ff.; *Stadler,* in: *Musielak/Voit* ZPO, Art. 7 EuGVVO n.F., Rn. 5; *Nunner-Krautgasser,* ZZP 127 (2014), S. 461 (475).

3. *Stellungnahme*

Insbesondere auch vor dem Hintergrund des engen Zusammenhangs zwischen der formellen und der materiellen Einigung in Art. 25 Brüssel Ia-VO ist der Ansicht, die materielle Einigung bestimme sich anhand Art. 25 Brüssel Ia-VO selbst vollumfänglich zuzustimmen.

Der enge Zusammenhang zwischen den Formanforderungen und der Frage des Zustandekommens der Vereinbarung spricht dafür, diese rechtlich gleich zu behandeln. Die Einhaltung der Formvorschriften indiziert die Willenseinigung zwischen den Parteien, also auch die materielle Einigung. Aufgrund dieses kaum trennbare Zusammenhanges sollten beide Aspekte gleich behandelt werden.[87] Die Formvorschriften sind mit der Willenseinigung derart stark verbunden, dass eine Trennung praktisch unmöglich ist.[88]

Die Formvorschriften, die in Art. 25 Brüssel Ia-VO nunmehr enthalten sind, sehen nicht mehr lediglich die „klassischen" Formen der Einigung wie beispielsweise die Unterschrift oder die mündliche Vereinbarung mit schriftlicher Bestätigung vor. Vielmehr sieht Art. 25 Brüssel Ia-VO auch solche Einigungen als formell-wirksam an, die beispielsweise aufgrund eines Handelsbrauchs geschlossen wurden. Dies zeigt, dass es in Art. 25 Brüssel Ia-VO nicht lediglich auf die Form ankommt, sondern offensichtlich auch andere Aspekte der Vereinbarung umfasst sind.[89]

Dem allgemeinen Sprachgebrauch entsprechend wird mit dem Begriff „Form" oftmals eine tatsächliche Handlung (beispielsweise das Unterschreiben der Vereinbarung) umschrieben. In Art. 25 Brüssel Ia-VO stellen jedoch nicht alle Alternativen der formellen Einigung auf eine solche tatsächliche Handlung ab. Daher könnte der Begriff „Form" in der Verordnung als allgemeinerer Oberbegriff für das Vorliegen einer Vereinbarung zwischen den Parteien verstanden werden.[90]

Schließlich sprechen auch die Ziele der Verordnung, nämlich die einheitliche Auslegung und Anwendung der Vorschriften für alle betroffenen Personen in den Mitgliedsstaaten, deutlich für eine unionsrechtliche Bestimmung der Begriffe „Partei" und „Dritter". Würde bereits die Frage nach der Vereinbarung dem nationalen Recht der einzelnen Mitgliedsstaaten zugewiesen, bestünde eine

87 Ebenso: *Jungermann,* Drittwirkung, S. 16; *Kröll,* ZZP 2000, S. 135 (144).
88 *Killias*, Gerichtsstandsvereinbarung, S. 200.
89 Ebenso bereits zu Art. 23 Brüssel I-VO: *Jungermann,* Drittwirkung, S. 17.
90 Ähnlich: *Stöve,* Gerichtsstandsvereinbarung nach Handelsbrauch, S. 15.

erhebliche Gefahr der unterschiedlichen Anwendung. Letztendlich führte dies zu Rechtsunsicherheiten, die durch die Verordnung gerade verhindert werden soll.

Im Ergebnis ist also nach Art. 25 Brüssel Ia-VO zu bestimmen, ob und wie die Vereinbarung zwischen den Parteien zustande gekommen ist. Daher ist auch die Frage, wer Partei und wer Dritter bezüglich der Vereinbarung ist, nach der Verordnung zu beantworten. Der Rückgriff auf das nationale Recht ist für diese Frage somit ausgeschlossen.

III. Zwischenergebnis: Formelle und materielle Einigung richten sich nach Art. 25 Brüssel Ia-VO

Die Parteien einer Gerichtsstandsvereinbarung sind also diejenigen, zwischen denen die Gerichtsstandsvereinbarung formell sowie materiell wirksam zustande gekommen ist. Diese Bestimmung der ursprünglichen Parteien ist mit der Anwendung von Art. 25 Brüssel Ia-VO, der die Einigung regelt, möglich. Daher ist der Rückgriff auf nationales Recht bezüglich der Bestimmung der Parteienrolle gesperrt.

D. Abgrenzung der Bindung Dritter von anderen Mehrparteienprozessen

Die vorliegende Untersuchung soll sich mit der Drittwirkung von Gerichtsstandsvereinbarungen befassen. Nicht umfasst vom Gegenstand der Untersuchung sollen Mehrparteienprozesse sein, bei denen Dritte am Gerichtsprozess zwischen zwei Parteien beteiligt werden.

Bei Mehrparteienprozessen ergibt sich die Zuständigkeit des Gerichts allerdings häufig nicht aus einer Gerichtsstandsvereinbarung. Die Zuständigkeit wird vielmehr durch die Brüssel Ia-VO selbst bestimmt. Beispielsweise können bei der sog. passiven Streitgenossenschaft mehrere Beklagte gemeinsam an einem Ort verklagt werden. Der einschlägige Gerichtsstand bestimmt sich dann für alle Beklagten gemäß Art. 8 Nr. 1 Brüssel Ia-VO. Der Gerichtsstand und die Bindung des Dritten an diesen folgen daher nicht aus einer Vereinbarung, sondern unmittelbar aus den gesetzlichen Vorgaben.[91] Für den Fall, dass eine Gerichtsstandsvereinbarung gemäß Art. 25 Brüssel Ia-VO mit einem der Beklagten vorliegt, kann nicht durch Art. 8 Nr. 1 Brüssel Ia-VO von diesem

91 *Leible*, in: Rauscher EuZPR/EuIPR, Art. 8 Brüssel Ia-VO, Rn. 5; *Schlosser/Hess*, EU-Zivilprozessrecht, Art. 8, Rn. 2; Gottwald, in: MüKo ZPO, Art. 8 Brüssel Ia-VO, Rn. 2.

vereinbarten Gerichtsstand abgewichen werden und der Beklagte mit anderen an einem anderen Ort verklagt werden.[92]

Allerdings kann es sich bei der Frage nach der Drittwirkung einer Gerichtsstandsvereinbarung um eine Vorfrage zu Mehrparteienprozessen handeln.[93] Wenn eine Gerichtsstandsvereinbarung auch Wirkung gegenüber dem Dritten entfaltet, kann dieser durch die Vereinbarung in den Prozess gezogen werden. Die Folge der Drittwirkung der Gerichtsstandsvereinbarung kann also ein Mehrparteienprozess sein. Allerdings könnte, wenn die Gerichtsstandsvereinbarung Wirkung gegenüber dem Dritten entfaltet, der Dritte auch ohne die ursprüngliche Partei der Vereinbarung am vereinbarten Gerichtsstand in Anspruch genommen werden. Dann hat die Frage nach der Drittwirkung gerade keinen Mehrparteienprozess zur Folge.

E. Gesamtergebnis zum 1. Abschnitt: Die Grundlagen der Untersuchung

Nach dem im 1. Abschnitt gefundenen Ergebnis ist das europäische Zivilprozessrecht in Form der Brüssel Ia-VO auf die vorliegende Untersuchung anzuwenden. Dabei können Quellen zum LugÜ berücksichtigt werden, da die Verordnung und das Übereinkommen parallel ausgelegt werden. Die gefundenen Ergebnisse können daher auch im Verhältnis zu den EFTA-Staaten gelten. Für die in dieser Arbeit zu prüfenden Konstellationen und Sachverhalte ist davon auszugehen, dass die Brüssel Ia-VO sachlich, örtlich und zeitlich anwendbar ist.

Die von internationalen Gerichtsstandsvereinbarungen durch den objektiven Vertragsbezug abzugrenzenden Erfüllungsortvereinbarungen im Sinne von Art. 7 Brüssel Ia-VO sollen hier nicht weiter untersucht werden. Schiedsvereinbarungen sind zwar grundsätzlich vom Anwendungsbereich der Brüssel Ia-VO ausgeschlossen, können jedoch im Verlauf der Arbeit zur Problematik der Drittwirkung am Rande relevant werden.

Als „Parteien" gelten diejenigen, zwischen denen die Gerichtsstandsvereinbarung formell und materiell zustande gekommen ist. Das auf diese Einigung anwendbare Recht ist das Unionsrecht in Form von Art. 25 Brüssel Ia-VO. Als „Dritte" gelten dagegen diejenigen, mit denen die Vereinbarung nicht zustande gekommen ist. Zudem sollen Mehrparteienprozesse, die beispielsweise durch

92 *Leible,* in: Rauscher EuZPR/EuIPR, Art. 8 Brüssel Ia-VO, Rn. 3; *O'Malley/Layton/Mercer,* European Civil Practice, Rn. 15.134.

93 So ausdrücklich zu Schiedsverfahren: *Mohs,* Drittwirkung, S. 10 ff.

Streitgenossenschaften entstehen, in der vorliegenden Untersuchung nicht behandelt werden. Die Drittwirkung von internationalen Gerichtsstandsvereinbarungen ist allenfalls eine Vorfrage, die sich vor einem Mehrparteienprozess stellt.

2. Abschnitt: Wirkungen einer Gerichtsstandsvereinbarung

Im 2. Abschnitt der Untersuchung sollen zunächst allgemein die Wirkungen einer Gerichtsstandsvereinbarung gemäß Art. 25 Brüssel Ia-VO dargestellt werden. Dies ist essenziell, um im Folgenden untersuchen zu können, ob sich diese Wirkung auch auf Dritte erstrecken kann.

Zudem gilt es, die bisher zu dieser Problematik ergangene Rechtsprechung des EuGH ausführlich darzustellen. Der Gerichtshof hat in unterschiedlichen Konstellationen die Wirkung einer Gerichtsstandsvereinbarung gegenüber Dritten angenommen. Durch die ausführliche Darstellung und Analyse der Rechtsprechung lassen sich erste Rückschlüsse ziehen, wie der EuGH die Wirkung auch gegenüber Dritten begründet.

Schließlich sollen aus der Rechtsprechung Fallgruppen entwickelt werden, die im weiteren Verlauf der Untersuchung zugrunde gelegt werden können, um zu prüfen, ob allgemeine Prinzipien der Drittwirkung in Europa bestehen.

A. Wirkung einer Gerichtsstandsvereinbarung

Eine internationale Gerichtsstandsvereinbarung, die gemäß Art. 25 Brüssel Ia-VO zwischen zwei Parteien geschlossen wird, kann unterschiedliche Wirkungen entfalten. Die Wirkungen der Gerichtsstandsvereinbarungen sind abhängig davon, was die Parteien im Einzelnen vereinbart haben.

Zunächst muss dazu eine Vereinbarung im Sinne von Art. 25 Brüssel Ia-VO vorliegen. Grundlage für eine solche wirksame Vereinbarung ist, dass die Voraussetzungen von Art. 25 Brüssel Ia-VO erfüllt sind. Um bestimmen zu können, ob eine Einigung tatsächlich vorliegt, muss ein Gericht prüfen, ob durch die Form der Gerichtsstandsvereinbarung der Wille der Parteien, sich auf einen Gerichtsstand zu einigen, klar zum Ausdruck kommt.[94] Das Kriterium der Einigung ist vertragsautonom auszulegen. Bei Vorliegen der formwirksamen Einigung soll die materielle Einigung vermutet werden.[95] In Art. 25 Abs. 1 S. 3 Brüssel Ia-VO

94 EuGH, *Estasis Salotti*, Rn. 7; EuGH, *Porta Leasing*, Rn. 5; *Gottwald*, in: MüKo ZPO, Art. 25 Brüssel Ia-VO, Rn. 14; *Mankowski*, in: Rauscher EuZPR/EuIPR, Art. 25 Brüssel Ia-VO, Rn. 215; *Garcimartin*, in: Dickinson/Lein/James Brussels I Regulation, Rn. 9.35 ff.; *O'Malley/Layton/Mercer*, European Civil Practice, Rn. 20.054 ff.

95 Siehe dazu im 1. Abschnitt II.

sind die drei unterschiedlichen Möglichkeiten, eine Gerichtsstandsvereinbarung formell-wirksam abzuschließen, aufgezählt. Zu den unterschiedlichen Formalternativen ergeben sich eigene Formprobleme, die das wirksame Zustandekommen der Gerichtsstandsvereinbarung betreffen. Für die vorliegende Untersuchung werden diese allerdings nur im Überblick behandelt, da die formelle Einigung zwischen den Parteien in den Konstellationen der Drittwirkung oftmals feststeht. Die Schwierigkeiten bei der Drittwirkung der Gerichtsstandsvereinbarung ergeben sich gerade durch die fehlende formelle Einigung bezüglich Dritter.[96] Daher werden die problematischen Aspekte der formellen Einigung in der vorliegenden Untersuchung nur am Rande relevant werden.

Im Folgenden werden zunächst die unterschiedlichen Wirkungen, die eine Gerichtsstandsvereinbarung zwischen den Parteien entfalten kann, erläutert. Abschließend soll überprüft werden, ob auch Dritte mit den beschriebenen Wirkungen einer Gerichtsstandsvereinbarung in Berührung kommen können. Eine Durchbrechung der Wirkung *inter partes* könnte notwendig sein, um Sachverhalte interessengerecht zu lösen.

I. Wirkung zwischen den Parteien

Gerichtsstandsvereinbarungen sind keine schuldrechtlichen Verträge im engeren Sinne, da durch sie Parteien nicht zu einer Leistung verpflichtet werden.[97] Dennoch besteht eine Vergleichbarkeit, denn durch die Vereinbarung können die Parteien sich verpflichten, an einem bestimmten Gericht zu klagen bzw. verklagt zu werden. Die Vereinbarung hat ausschließlich prozessuale Wirkung und die beiden Parteien „schulden" sich gegenseitig die Gerichtspflichtigkeit an einem bestimmten Ort.[98] Der Gerichtsstand wird dann auf Grundlage dieser Vereinbarung bestimmt und nicht anhand der jeweiligen Vorschriften der Brüssel Ia-VO. Der Abschluss einer wirksamen Gerichtsstandsvereinbarung bindet die Parteien an diese Vereinbarung. Sie können sich jeweils darauf berufen und müssen sich diese entgegenhalten lassen. Andere als die Parteien können grundsätzlich nicht

96 Siehe dazu ausführlich im 3. und 4. Abschnitt.

97 In Deutschland werden Gerichtsstandsvereinbarungen überwiegend als Prozessrechtsverträge eingeordnet, die jedoch bzgl. Zustandekommen und Rechtsbeständigkeit wie materiell-rechtliche Verträge zu behandeln sind: BGH NJW 1972, 1622; BGH NJW 1989, 1431; *Patzina,* in: MüKo ZPO, § 38 Rn. 11, *Heinrich,* in: Musielak/Voit ZPO, § 38 Rn. 3; *Schultzky,* in: Zöller ZPO § 38 Rn. 4; *Weber,* in: Baumbach/Lauterbach/Hartmann ZPO, § 38 Rn. 5.

98 Ebenso: *Schultzky,* in: Zöller ZPO § 38 Rn. 4.

von den Wirkungen einer solchen Vereinbarung umfasst werden. [99] Dies entspricht im Kern dem Grundsatz der Relativität der Schuldverhältnisse, der auch in den Rechtsordnungen aller Mitgliedsstaaten anerkannt ist.[100]

Die Parteien können mit ihrer Gerichtsstandsvereinbarung einzelne Gerichtsstände abbedingen (Derogation) oder einzelne Gerichtsstände begründen (Prorogation). Durch die Prorogation wird ein international unzuständiges Gericht für zuständig befunden, wohingegen durch die Derogation ein international zuständiges Gericht für unzuständig befunden wird. Diese Wirkungen hängen in erster Linie davon ab, was die Parteien in ihrer Vereinbarung zum Inhalt bzw. Gegenstand dieser gemacht haben (Ausdruck der Privatautonomie). Falls aus der Vereinbarung der Gegenstand und die Wirkung jedoch nicht oder nicht ausreichend klar hervorgehen, müssen diese durch Auslegung der Vereinbarung anhand des Parteiwillens ermittelt werden.[101] Die Parteien können gemäß Art. 25 Brüssel Ia-VO sowohl die internationale Zuständigkeit als auch die örtliche Zuständigkeit vereinbaren. Falls die örtliche Zuständigkeit nicht bestimmt ist, ist diese anhand des Rechts des international zuständigen Mitgliedsstaats zu ermitteln.[102]

Wenn ein ausschließlicher Gerichtsstand zugunsten eines Mitgliedsstaates vereinbart werden soll, entspricht es der Praxis, alle anderen Gerichte, die aufgrund der Brüssel Ia-VO eigentlich zuständig wären, für unzuständig zu erklären. Art. 25 Abs. 1 S. 1 Brüssel Ia-VO bestärkt diese Tendenz und beinhaltet die widerlegliche Vermutung, dass eine Vereinbarung mit Prorogationseffekt

---

99 *Kropholler/von Hein,* Europäisches Zivilprozessrecht, Art. 23 EuGVO, Rn. 63; *Geimer,* Europäisches Zivilprozessrecht, Art. 23 EuGVO, Rn. 198; *Geimer/Geimer/Geimer,* Zivilprozessrecht, Rn. 1723; *Mankowski,* in Rauscher EuZPR/EuIPR, Art. 25 Brüssel Ia-VO, Rn. 383; *Jungermann,* Drittwirkung, S. 23, *Kim* Gerichtsstandsvereinbarungen, S. 179.

100 In einigen europäischen Rechtsordnungen ist der Grundsatz ausdrücklich normiert, wie in Frankreich (Art. 1199 CC) oder Italien (Art. 1372 II Codice Civile). In Deutschland wird der Grundsatz hingegen aus § 241 BGB abgeleitet. Dazu: *Ellenberger,* in Palandt BGB, Einl. v. § 241 Rn. 5.

101 *Mankowski,* in Rauscher Brüssel Ia-VO, Art. 25 Brüssel Ia-VO, Rn. 242 f.; *Schlosser/Hess,* EU-Zivilprozessrecht, Art. 25, Rn. 37 ff. Zu Art. 23 Brüssel I-VO: *Geimer/Schütze,* Europäisches Zivilverfahrensrecht, Art. 23 Rn. 166 ff.; *Kropholler/von Hein,* Europäisches Zivilprozessrecht, Art. 23 EuGVO, Rn. 90 ff.

102 Wenn beispielsweise die Gerichtsstandsvereinbarung lediglich die Gerichte der Bundesrepublik Deutschland für zuständig erklärt, muss anhand der ZPO im konkreten Streitfall ein örtlich zuständiges Gericht ermittelt werden.

zugunsten eines Gerichts in einem Mitgliedsstaat automatisch die Derogation aller übrigen nach der Verordnung eigentlich zuständigen Gerichte in anderen Mitgliedsstaaten enthält. Die Beweislast dafür, dass (auch) ein anderes als das prorogierte Gericht für den Rechtsstreit zuständig ist, trägt die Partei, die ein anderes Gericht angerufen hat.[103] Gleichwohl ist eine solche Koppelung nicht zwingend notwendig, denn auch eine isolierte Prorogations- bzw. Derogationsvereinbarung ist gemäß Art. 25 Brüssel Ia-VO denkbar und zulässig.[104]

Grenze der Parteiautonomie bei der Vereinbarung von Gerichtsständen sind sog. Prorogations- bzw. Derogationsverbote. Diese sollen üblicherweise im Rechtsverkehr unerfahrene Parteien vor den für sie kaum überschaubaren Auswirkungen einer Gerichtsstandsvereinbarung schützen. Hierbei ist zu beachten, dass gemäß Art. 25 Brüssel Ia-VO lediglich die Prorogations- und Derogationsverbote der Brüssel Ia-VO in Betracht kommen. Verbote aus dem nationalen Recht der Mitgliedsstaaten werden vollständig verdrängt.[105] Innerhalb der Brüssel Ia-VO bestehen solche Einschränkungen zugunsten des Versicherungsnehmers, des Verbrauchers und des Arbeitnehmers (Art. 15, 19 und 23 Brüssel Ia-VO). Diese Prorogations- und Derogationsverbote werden im Rahmen dieser Arbeit insbesondere bei den Gerichtsstandsvereinbarungen in Versicherungsverträgen zugunsten Dritter relevant werden. In diesen Bereichen müssen bei Gerichtsstandsvereinbarungen (auch) zugunsten Dritter diese Schutzwirkungen beachtet werden.[106]

Prorogation und Derogation wirken sich auf die Parteien unterschiedlich aus. Die Tatsache, dass der europäische Verordnungsgeber bestimmte unerfahrene Teilnehmer am Rechtsverkehr vor den Folgen einer Gerichtsstandsvereinbarung schützen möchte, macht besonders deutlich, dass Gerichtsstandsvereinbarungen negative Auswirkungen haben können. Beispielsweise verliert eine Partei durch die Vereinbarung eines ausschließlichen Gerichtsstands womöglich einen für sie günstigen Gerichtsstand. Dadurch wird die Gerichtspflichtigkeit der Partei erweitert, und sie muss an einem Gerichtsstand klagen, der ggf. in einem fremden Mitgliedsstaat liegt. Möglicherweise gewinnt aber eine Partei einen

---

103 Auch zu den Anforderungen an die Beweislast: OLG Köln, IHR 2007, 200.

104 *Geimer/Schütze*, Europäisches Zivilverfahrensrecht, Art. 23 Rn. 137; *Schütze*, Deutsches internationales Zivilprozessrecht, Rn. 167.

105 EuGH, Urteil vom 16.3.1999 – C-159/97 *Castelleti* Rn. 46 f., OLG Hamburg, NJW 2004, 3126 (3128).

106 Siehe ausführlich zum Schutzregime für Versicherungsnehmer, Versicherte und Begünstigte im 3. Abschnitt C. 1. b).

weiteren vorteilhaften Gerichtsstand und somit eine Klagemöglichkeit hinzu, wenn die Vereinbarung eine isolierte Prorogation zugunsten eines zusätzlichen Gerichts enthält.[107]

Schließlich sollte erneut betont werden, dass die soeben beschriebenen Wirkungen der Gerichtsstandsvereinbarung grundsätzlich nur die Parteien dieser Vereinbarung treffen. Die unterschiedlichen Wirkungen sind Ausdruck des Konsenses der Parteien, zwischen denen die Vereinbarung geschlossen worden ist und die Begründung des Gerichtsstands fußt auf eben diesem Willen der Parteien. Andere als die Parteien, die sich durch die Vereinbarung verpflichtet haben, können im Allgemeinen nicht von den Wirkungen dieser Vereinbarungen betroffen sein.

II. Wirkung auch gegenüber Dritten

Die Grundregel, dass Gerichtsstandsvereinbarungen nicht gegenüber Dritten wirken, führt nicht immer zu interessengerechten Ergebnissen. Wie bei schuldrechtlichen Verträgen reicht die *inter partes* Wirkung von Gerichtsstandsvereinbarungen nicht immer aus, um Sachverhalte mit mehreren Beteiligten interessengerecht zu lösen. In unterschiedlichen Konstellationen leiten Dritte Rechte aus Verträgen ab (beispielsweise beim Vertrag zugunsten Dritter) oder sollen an einem bestehenden Vertrag beteiligt werden (beispielsweise bei der Schuldübernahme). In Ausnahmefällen kann und muss der Grundsatz der Relativität also durchbrochen werden, um einen Interessenausgleich zwischen den Parteien herzustellen. Solche Ausnahmen vom Grundsatz der Relativität der Schuldverhältnisse sind in den Rechtsordnungen der Mitgliedsstaaten der EU durchaus anerkannt.[108]

Diese Ausnahmen, die den schuldrechtlichen Grundsatz der Relativität durchbrechen, müssen konsequenterweise auch prozessrechtlich abgebildet werden. Ein materiell-rechtlicher Anspruch, der einem Dritten zustehen soll, muss im Streitfall prozessual durchgesetzt werden. Dann muss geklärt werden, ob der Dritte sich bei der Durchsetzung dieses Anspruchs auf die Gerichtsstandsvereinbarung berufen kann oder gar an diese gebunden ist.[109]

---

107 Genauer zur Aufteilung der Gerichtsstandsvereinbarung in begünstigende und belastende Wirkung siehe in diesem Abschnitt B. VI.

108 Eine rechtsvergleichende Übersicht am Beispiel des Vertrags zugunsten Dritter bei: *Zweigert/Kötz*, Rechtsvergleichung, S. 454 f.

109 Siehe dazu das Zwischenergebnis im 3. Abschnitt A. III. Diese Vorrausetzung erübrigt sich bei einer rügelosen Einlassung im Sinne von Art. 26 Brüssel Ia-VO. Lässt der

Materiell-rechtliche und prozessuale Aspekte der Drittwirkung greifen regelmäßig ineinander: Wenn ein Dritter mit dem Vertragsverhältnis zwischen den Parteien in Berührung kommt und so die Frage entsteht, ob er ebenfalls von der Wirkung der Gerichtsstandsvereinbarung umfasst werden soll, dann ist dabei die materiell-rechtliche Grundkonstellation zur Beantwortung der Frage zu betrachten. Die materiell-rechtliche Konstellation und die Bindung an die Gerichtsstandsvereinbarung verhalten sich gewissermaßen komplementär zueinander. Wenn keine materiell-rechtliche Grundkonstellation den Dritten irgendwie mit dem Vertrag „in Verbindung bringt", stellt sich die Frage der Drittwirkung der Gerichtsstandsvereinbarung nicht.[110]

Ob und wie die prozessuale Bindung des Dritten gemeinsam mit den materiell-rechtlichen Aspekten im Einzelnen erfolgt, soll mit dieser Arbeit untersucht werden.[111] Dazu wird zunächst im Rahmen einer Bestandsaufnahme die Rechtsprechung des EuGH als relevante Auslegungsinstitution für die Brüssel Ia-VO und deren Vorgänger herausgearbeitet.

B. Bestandsaufnahme der EuGH-Rechtsprechung

Der EuGH hat in mehreren Entscheidungen zu den verschiedenen Versionen des EuGVÜ, zur Brüssel I-VO sowie zur Brüssel Ia-VO die zentralen Vorschriften zum Abschluss von Gerichtsstandsvereinbarungen (Art. 17 EuGVÜ, Art. 23 Brüssel I-VO bzw. Art. 25 Brüssel Ia-VO) insbesondere bezüglich der Einbeziehung Dritter umfassend ausgelegt. Der Gerichtshof erkennt in diesen Entscheidungen an, dass die Wirkung *inter partes* nicht immer ausreicht, um Fallkonstellationen mit mehr als zwei Parteien interessengerecht zu lösen. In verschiedenen Konstellationen hat der EuGH in seinen Entscheidungen angenommen, dass eine Gerichtsstandsvereinbarung auch gegenüber Dritten wirksam ist, obwohl diese am Abschluss der Vereinbarung nicht beteiligt waren. In anderen Konstellationen wiederum hat der Gerichtshof die Wirkung gegenüber dem Dritten abgelehnt.

Diese Entscheidungen, die zu den unterschiedlichsten materiell-rechtlichen Konstellationen ergangen sind, sollen als Ausgangspunkt dieser Untersuchung zunächst detailliert dargestellt werden, um einen Überblick zu gewinnen, in

---

Dritte sich auf das Verfahren ohne Rüge der Zuständigkeit ein, wird der Gerichtsstand aufgrund von Art. 26 Brüssel Ia-VO und nicht aufgrund der Vereinbarung begründet.

110 Ebenso: *Gebauer*, Relativität und Drittwirkung, in: FS Martiny, S. 331.

111 Siehe dazu ausführlich den 3. und 4. Abschnitt dieser Arbeit.

welchen Konstellationen der Gerichtshof die Wirkung von Gerichtsstandsvereinbarungen auf Dritte bereits angenommen hat. Das Ziel der Bestandsaufnahme ist es, die unterschiedlichen Entscheidungen des EuGH in Fallgruppen einteilen zu können, um auf der Grundlage dieser Fallgruppen zu überprüfen, inwieweit für die Drittwirkung von Gerichtsstandsvereinbarungen in Europa allgemeine Grundsätze bestehen.

I. EuGVÜ 1968

Der EuGH hat in seiner Entscheidungspraxis zur Frage der Drittwirkung von Gerichtsstandsvereinbarungen bereits frühzeitig Stellung bezogen. Die folgenden Entscheidungen ergingen zum EuGVÜ in der Version von 1968 und geben einen ersten Eindruck von der Position des Gerichtshofs zur Problematik.

1. *Entscheidung Gerling Konzern Spezialversicherung*

In der Entscheidung *Gerling Konzern Spezialversicherung*[112] setzt sich der Gerichtshof erstmalig mit einer Gerichtsstandsvereinbarung in einem Versicherungsvertrag zugunsten Dritter auseinander und stellt darin die Grundsätze für eine Wirkung gegenüber dem Dritten als Kläger auf.

a. Sachverhalt

Der Entscheidung lag ein Versicherungsvertrag zugrunde, der zwischen der Gerling Konzern Spezialversicherung AG sowie weiteren Versicherungsgesellschaften (Versicherer-Pool) und der International Road Transport Union (IRU) als Versicherungsnehmerin zugunsten der einzelnen autorisierten Landesverbände der IRU geschlossen wurde. Mit dem Vertrag wurden zollrechtliche Erleichterungen für bestimmte Transporte gegen Geldstrafen und Nachforderungen abgesichert.

Im Ausgangsrechtsstreit klagte das *Ministero del tesoro* (italienische Schatzministerium), das nach der Liquidation des autorisierten italienischen Landesverbands der IRU dessen Ansprüche weiter verfolgte, gegen den Versicherer-Pool in Rom und verlangte Ersatz der Abgaben und Geldstrafen, die das Schatzministerium der italienischen Zollverwaltung aufgrund unzulässiger Transporte zahlen musste. Dabei berief sich das Schatzministerium auf Artikel 8 des Versicherungsvertrages, der bestimmte, dass „bei Rechtsstreitigkeiten zwischen dem

112 EuGH, Urteil vom 14.07.1983, Rechtssache 201/82, Slg. 1983, 2503 - *Gerling Konzern Spezialversicherung.*

[Versicherer-]Pool und einem der nationalen Verbände, diese berechtigt sind, das zuständige Gericht des Landes, in dem sie ihren Sitz haben, zum Zwecke der Anwendung des Rechts dieses Landes anzurufen".[113]

Die Klägerin berief sich also auf einen für sie günstigen Gerichtsstand aus einer Vereinbarung, an deren Abschluss sie nicht beteiligt war. Weitere Gerichtsstände der EuGVÜ wurden durch die Gerichtsstandsvereinbarung hier nicht ausgeschlossen. Der Versicherer-Pool rügte im Verfahren in Italien die Zuständigkeit des Gerichts, denn gemäß Art. 17 EuGVÜ müsse für eine wirksame Gerichtsstandsklausel diese vom italienischen Landesverband bzw. vom Schatzministerium unterzeichnet worden sein. Die *Corte suprema di cassazione* legte dem Gerichtshof unter anderem die folgende Frage zur Vorabentscheidung vor:

b. *Vorlagefrage*

„Vermag im Falle eines Vertrages, der von den Vertragsparteien ordnungsgemäß unterzeichnet und von einer von ihnen für sich selbst und zugunsten Dritter geschlossen worden ist, die in diesem Vertrag enthaltene Klausel über eine abweichende gerichtliche Zuständigkeit für Prozesse, die von diesen begünstigten Dritten geführt werden können, auch zugunsten dieser Dritten das Schriftformerfordernis des Artikels 17 des Brüsseler Übereinkommens vom 27. September 1968 über die gerichtliche Zuständigkeit und die Vollstreckung gerichtlicher Entscheidungen in Zivil- und Handelssachen zu erfüllen?

Tritt die Wirkung der Begründung der Zuständigkeit des angerufenen Gerichts, die sich nach Artikel 18 des genannten Übereinkommens aus der Einlassung des Beklagten auf das Verfahren ergibt, auch dann ein, wenn der Beklagte bei der Aufnahme des Prozesses vorab die Unzuständigkeit des Gerichts geltend macht und sich außerdem nur hilfsweise in der Sache verteidigt?"[114]

c. *Schlussanträge und Entscheidung*

In den Schlussanträgen stellt Generalanwalt *Mancini* zunächst fest, dass es sich um eine Fallkonstellation handelt, die mit dem Wortlaut des Art. 17 EuGVÜ nur unzureichend zu lösen ist. Zwar beinhalte die Vorschrift ein strenges Schriftformerfordernis, jedoch gelte dies dem Wortlaut nach nur für die Parteien. Eine Auslegung, die den Wortlaut der Vorschrift auf Dritte erweitert, hält *Mancini* für abwegig. Der Sinn und Zweck des Schriftformerfordernisses, nämlich eine Partei vor dem übereilten Abschluss einer Gerichtsstandsklausel zu schützen, stünde

113 EuGH, *Gerling Konzern Spezialversicherung*, Rn. 6.
114 EuGH, *Gerling Konzern Spezialversicherung*, S. 2506.

einer Ausweitung auf Dritte gerade nicht entgegen. Begünstitge Dritte, die sich als Kläger auf eine für sie günstige Vereinbarung berufen und sonst keine Belastungen und Risiken des Vertrags tragen, seien unter diesen Gesichtspunkten gerade nicht schutzbedürftig. Daher empfiehlt *Mancini*, die erste Frage so zu beantworten, dass ein Dritter sich als Kläger auf eine solche Gerichtsstandsvereinbarung berufen darf.[115]

Der Gerichtshof folgt in seiner Entscheidung dieser Einschätzung des Generalanwalts und legt Art. 17 EuGVÜ so aus, dass ein Dritter, der Begünstigter eines Vertrages ist, sich auf eine zu seinen Gunsten vereinbarte Gerichtsstandsvereinbarung berufen kann, obwohl er am Abschluss des Vertrages nicht beteiligt war und der Klausel nie schriftlich zugestimmt hat.[116] Die gemäß Art. 17 EuGVÜ erforderliche Schriftform bezwecke insbesondere, dass die Einigung über den vereinbarten Gerichtsstand klar und deutlich zum Ausdruck kommt und feststeht.[117] Ein Erfordernis für den begünstigten Dritten, der sich auf die zwischen den Parteien vereinbarte Klausel berufen will, ebenfalls dieser Schriftform zu genügen, ergebe sich daraus gerade nicht.[118]

Diese Auslegung werde – so der EuGH – auch durch die Vorschriften über die Zuständigkeit in Versicherungssachen gestützt: Durch diese solle der Versicherte, der oftmals der schwächere Vertragspartner sei und sich vorformulierten Verträgen gegenübersehe, geschützt werden. Gemäß Art. 12 Nr. 2 EuGVÜ könne von den besonderen Zuständigkeitsvorschriften in Versicherungssachen ebenfalls abgewichen werden, wenn dem Versicherungsnehmer, Versicherten oder Begünstigten die Befugnis eingeräumt werde, andere als die in diesem Abschnitt aufgeführten Gerichte anzurufen.

Diese Vorschrift zeige deutlich, dass das Übereinkommen die Möglichkeit vorsehe, Gerichtsstandsvereinbarungen nicht nur zugunsten des Versicherungsnehmers, sondern auch zugunsten des Versicherten oder eines anderen Begünstigten abzuschließen. Es wäre eine zusätzliche Belastung für einen solchen Dritten, wenn man verlange, dass dieser der Klausel noch gesondert zustimmen müsse, da der Vertragspartner seine Zustimmung bereits zum Ausdruck gebracht habe.[119]

---

115 Schlussanträge des Generalanwalts *Mancini* vom 08.06.1983, Rechtssache 201/82 Slg. 1983, 2519.

116 EuGH, *Gerling Konzern Spezialversicherung*, Rn. 10.

117 EuGH, *Gerling Konzern Spezialversicherung*, Rn. 13; mit Verweis auf die Urteile: EuGH, *Estasis Salotti*, Rn. 7; EuGH, *Porta Leasing*, Rn. 5.

118 EuGH, *Gerling Konzern Spezialversicherung*, Rn. 14.

119 EuGH, *Gerling Konzern Spezialversicherung*, Rn. 16 f.

Insgesamt ist Art. 17 EuGVÜ nach dem Gerichtshof so auszulegen, dass sich auch ein Dritter Kläger auf eine Gerichtsstandsvereinbarung in einem Vertrag zu seinen Gunsten berufen kann, obwohl dieser dem Vertrag nicht formellwirksam zugestimmt hat.

2. *Entscheidung Tilly Russ*

Der Gerichtshof beschäftigte sich in der Entscheidung *Tilly Russ*[120] das erste Mal mit einer Gerichtsstandsvereinbarung, die in einem Konnossement enthalten war. Konnossemente, auch als Seefrachtbriefe bezeichnet, werden in der folgenden Rechtsprechungsauswertung noch häufiger Gegenstand maßgeblicher Entscheidungen des Gerichtshofs sein. Ein Konnossement ist ein Wertpapier, das den Anspruch auf das Abladen von Gütern verbrieft, die im Rahmen eines Seefrachtvertrags transportiert werden. Daher sind in dieser Konstellation üblicherweise drei Parteien beteiligt: Der Verfrachter, der die Güter gegen Entgelt auf einem Schiff transportiert. Der Befrachter, in dessen Auftrag die Güter transportiert werden und schließlich der Inhaber des Konnossements, der durch dieses berechtigt ist, die Güter zu empfangen.[121]

a. *Sachverhalt*

Der Vorlage liegt ein Rechtsstreit zwischen den belgischen Aktiengesellschaften Haven & Vervoerbedrijf Nova (Nova) und der deutschen Partenreederei ms. Tilly Russ (Tilly Russ) zugrunde.

Die belgische Gesellschaft kaufte in Amerika Holz, das von der Tilly Russ von Toronto nach Amsterdam verschifft wurde. Für den Transport wurden durch den Verfrachter zwei Konnossemente ausgestellt, in denen die Nova als *notify party* angegeben war. Bei Löschung der Ladung in Antwerpen fiel auf, dass die Ladung teilweise beschädigt sowie unvollständig war. Daraufhin erhob Nova vor einem Gericht in Antwerpen Klage auf Schadensersatz. Tilly Russ rügte im Verfahren die Zuständigkeit des Antwerpener Gerichts, denn auf der Rückseite der Konnossemente in den allgemeinen Geschäftsbedingungen befand sich eine Gerichtsstandsvereinbarung, die jedwede Rechtsstreitigkeiten an die Gerichte der Hansestadt Hamburg verwies. Dennoch erklärte sich das Antwerpener Gericht für zuständig und gab der Klage statt. Das Gericht der nächsten Instanz

---

120 EuGH, Urteil vom 19.6.1984, Rechtssache 71/83, Slg. 1984, 2417 – *Tilly Russ*.

121 Siehe zum Seefrachtvertrag und Konnossement eingehend die Darstellung im 4. Abschnitt A. I.

bestätigte dieses Urteil, sodass Tilly Russ am *Hof van Cassatie* Beschwerde erhoben. Daraufhin legte der *Hof van Cassatie* dem EuGH folgende Frage vor.

b. Vorlagefrage

„Kann unter Berücksichtigung der insoweit allgemein geltenden Handelsbräuche das dem Befrachten vom Verfrachter ausgestellte Konnossement als eine „schriftliche Vereinbarung“ oder „schriftlich bestätigte Vereinbarung“ zwischen den Parteien im Sinne von Artikel 17 des Übereinkommens vom 27. September 1968 über die gerichtliche Zuständigkeit und die Vollstreckung gerichtlicher Entscheidungen in Zivil- und Handelssachen angesehen werden, und, wenn ja, gilt dies auch im Verhältnis zum Drittinhaber des Konnossements?“[122]

c. Schlussanträge und Entscheidung

In den Schlussanträgen des Generalanwalts *Slynn*[123] geht dieser zunächst vertieft auf die Rechtsverhältnisse zwischen Befrachter, Verfrachter und Drittinhaber des Konnossements ein. Insbesondere beschäftigt sich der Generalanwalt verstärkt mit der Frage nach den Handelsbräuchen bei Seefrachtverträgen. Dabei empfiehlt *Slynn* dem Gerichtshof insbesondere bei Geschäftsbeziehungen im Seehandelsrecht, das von weit zurückreichenden Handelsbräuchen geprägt ist, die Anforderungen an die Formwirksamkeit zu lockern.[124]

Bei der Frage der Drittwirkung geht der Generalanwalt auch auf die zuvor ergangene Entscheidung *Gerling* ein, kommt aber zu dem Ergebnis, dass die hier vorliegende Konstellation eine andere ist. Die Gerichtsstandsvereinbarung werde nicht von einem Begünstigten gegenüber einer der Vertragsparteien geltend gemacht, sondern von einer Vertragspartei gegenüber einem Dritten, der die Leistung als Erwerber erhalte. Diese Frage könne nicht mit den Grundsätzen aus der *Gerling*-Entscheidung beantwortet werden.[125]

In der hier vorliegenden Konstellation sei die Frage zu beantworten, ob der Inhaber eines Konnossements Rechtsnachfolger des Befrachters wird. Wenn also der Drittinhaber des Konnossements dieses durch Indossament, Abtretung oder auf sonstige Weise vom Befrachter übertragen bekomme, dann sei eine Gerichtsstandsvereinbarung ebenfalls zwischen dem Drittinhaber und dem Verfrachter

---

122 EuGH, *Tilly Russ*, Rn. 6.

123 Schlussanträge des Generalanwalts *Slynn* vom 21.03.1984, Rechtssache 71/83 Slg. 1984, I-2439.

124 Schlussanträge GA *Slynn*, S. 2442 ff.

125 Schlussanträge GA *Slynn*, S. 2443.

gültig. *Slynn* empfiehlt dem Gerichtshof daher, die Bindung des Dritten als Inhaber des Konnossements zu bejahen und für die Rechtsnachfolge auf das anwendbare nationale Recht abzustellen.[126]

In seiner Entscheidung geht der Gerichtshof ebenfalls zunächst auf die Frage der Formwirksamkeit einer Gerichtsstandsvereinbarung in einer Klausel in allgemeinen Geschäftsbedingungen von Konnossementen ein. Lediglich wenn eine formwirksame Einigung zwischen den Parteien vorläge, sei die Gerichtsstandsvereinbarung wirksam und könne ihre Wirkung auch gegenüber Dritten entfalten. Er kommt zu dem Ergebnis, dass Gerichtsstandsklauseln in Konnossementen den Anforderungen von Art. 17 Abs. 1 EuGVÜ regelmäßig, auch wenn sie lediglich auf der Rückseite abgedruckt sind, genügen, wenn beide Parteien schriftlich zugestimmt haben.[127] Die Klausel sei auch dann wirksam, wenn sie erwiesenermaßen Bestandteil von früheren ausdrücklichen mündlichen Verhandlungen zwischen den Parteien war und der Verfrachter das Konnossement später unterzeichnet. Auf die Unterschrift des Befrachters könne in dem Fall verzichtet werden.[128] Schließlich sei auch die Anforderung, dass frühere mündliche Verhandlungen zwischen den Parteien existierten, entbehrlich, wenn das Konnossement Bestandteil von laufenden Geschäftsbeziehungen zwischen Befrachter und Verfrachter ist und diese Beziehungen in ihrer Gesamtheit den allgemeinen Geschäftsbedingungen unterfallen, in der regelmäßig die streitige Gerichtsstandsklausel zu finden sei. Es verstieße gegen Treu und Glauben, wenn die andere Partei das Bestehen der Gerichtsstandsklausel leugnen würde.[129]

Im zweiten Teil der Frage sollte der EuGH klären, ob die Gerichtsstandsklausel auch Gültigkeit zwischen dem Verfrachter und dem Drittinhaber hat, also hier zwischen der Tilly Russ und der Nova. Der Gerichtshof kommt zu dem Ergebnis, dass, sobald ein Drittinhaber nach nationalem Recht in die Rechte und Pflichten des Befrachters tritt, diesem auch eine Gerichtsstandsklausel entgegengehalten werden könne, soweit diese wirksam zwischen Befrachter und Verfrachter vereinbart wurde.

Der Gerichtshof führt an, dass sobald eine wirksame Vereinbarung im Verhältnis zwischen Verfrachter und Befrachter vorläge und der Drittinhaber wirksam nach nationalem Recht in die Rechte und Pflichten des Befrachters eingetreten sei, es dem Dritten nicht mehr gestattet werden könne, sich der Verpflichtung

---

126 Schlussanträge GA *Slynn,* S.2443 f.
127 EuGH, *Tilly Russ*, Rn. 16.
128 EuGH, *Tilly Russ*, Rn. 17.
129 EuGH, *Tilly Russ*, Rn. 18.

aus der Gerichtsstandsklausel mit der Begründung zu entziehen, er habe nicht schriftlich zugestimmt. Die formellen Anforderungen in Art. 17 Abs. 1 EuGVÜ dienten dem Schutz einer Partei vor solchen Gerichtsstandsklauseln, die unbemerkt in einen Vertrag eingeführt werden. Eine Partei, die als Dritter in die Rechte und Pflichten einer Vertragspartei eintrete und so auch Rechte aus dem Vertrag ableite, bedürfe diesem Schutz hier gerade nicht.[130]

Es gingen also – so der EuGH – nicht nur die Rechte des Befrachters auf den Dritten über, sondern auch dessen Pflichten einschließlich der Gerichtsstandsvereinbarung aus den allgemeinen Geschäftsbedingungen im Konnossement. Außerdem könne in einem solchen Fall das Konnossement dem Dritten nicht mehr Rechte verleihen, als der Befrachter ursprünglich hatte. Dem Befrachter stünde regelmäßig lediglich der (wirksam vereinbarte) Gerichtsstand aus dem Konnossement zur Verfügung. Daher könne auch dem Drittinhaber, der alle seine Rechte aus dem Konnossement ableite, kein weitergehendes Recht, also insbesondere kein weiterer Gerichtsstand zur Verfügung stehen.[131]

Im Ergebnis legt der EuGH also in einer vollkommen anderen Konstellation als die der Entscheidung *Gerling*, Art. 17 EuGVÜ so aus, dass auch der Drittinhaber eines Konnossements als Rechtsnachfolger des Befrachters an eine Gerichtsstandsvereinbarung, an deren Abschluss er nicht beteiligt war, gebunden wird.

II. EuGVÜ 1978

Nach dem Beitritt weiterer Mitgliedsstaaten zur EU, ergingen zum EuGVÜ neue Entscheidungen zu den leicht veränderten Vorschriften, und die Rechtsprechung des EuGH wurde weiterentwickelt.

1. *Entscheidung Powell Duffryn*

In der Entscheidung *Powell Duffryn*[132] musste sich der EuGH mit einer Gerichtsstandsvereinbarung befassen, die im Rahmen einer Aktionärsversammlung mit Wirkung für und gegen alle Aktionäre in die Satzung einer Gesellschaft aufgenommen wurde. Auch in diesem Fall setzte sich der Gerichtshof mit der Frage auseinander, ob Dritte an eine Gerichtsstandsvereinbarung gebunden werden können, ohne dass bezüglich dieser eine Einigung im Sinne von Art. 17 Abs. 1 EuGVÜ vorliegt.

---

130 EuGH, *Tilly Russ*, Rn. 24.
131 EuGH, *Tilly Russ*, Rn. 25.
132 EuGH, *Powell Duffryn*.

a. Sachverhalt

Die Vorlagefragen ergaben sich in einem Rechtsstreit zwischen der englischen Gesellschaft Powell Duffryn plc (Powell) und dem Insolvenzverwalter der deutschen Aktiengesellschaft IBH-Holding AG (IBH). Die Powell hatte im September 1979 im Rahmen einer Kapitalerhöhung Aktien der IBH erworben. Bei der nächsten Hauptversammlung der Aktionäre der IBH wurden durch Zuruf Änderungen der Satzung der IBH beschlossen, die unter anderem auch eine Gerichtsstandsvereinbarung zugunsten der Gerichte am Sitz der Gesellschaft in Mainz umfassten. Nachdem das Insolvenzverfahren über das Vermögen der IBH eröffnet wurde, wollte der Insolvenzverwalter die Powell unter anderem auf die Rückzahlung von zu Unrecht ausgeschütteten Dividenden in Anspruch nehmen. Dazu verklagte der Insolvenzverwalter die Powell vor dem LG Mainz. Nachdem das Landgericht die Einrede der Unzuständigkeit der Beklagten zurückgewiesen hatte, legte diese Berufung am OLG Karlsruhe ein.[133]

a. Vorlagefrage

Das OLG Karlsruhe setzte das Verfahren aus und legte dem Gerichtshof unter anderem folgende Fragen vor:

„Stellt die in einer Satzung einer Aktiengesellschaft enthaltene Regelung, aufgrund deren sich der Aktionär durch Zeichnung oder Erwerb von Aktien für alle Streitigkeiten mit der Gesellschaft oder deren Organen dem ordentlichen Gerichtsstand der Gesellschaft unterwirft, die Vereinbarung eines Gerichtsstandes zwischen dem Aktionär und der Gesellschaft im Sinne von Artikel 17 des Übereinkommens dar?

Ist diese Frage unterschiedlich zu beantworten, je nachdem, ob der Aktionär anlässlich einer Kapitalerhöhung selbst zeichnet oder bereits bestehende Aktien erwirbt?

Falls die Frage zu 1) bejaht wird:

Wahrt die Zeichnung und Übernahme von Aktien anlässlich der Kapitalerhöhung einer Aktiengesellschaft durch schriftliche Zeichnungserklärung das Schriftformerfordernis des Artikels 17 Absatz 1 des Übereinkommens im Hinblick auf eine in der Satzung der Gesellschaft enthaltene Gerichtsstandsklausel?“[134]

---

133 EuGH, *Powell Duffryn*, Rn. 2 f.

134 EuGH, *Powell Duffryn*, Rn. 4.

b. Schlussanträge und Entscheidung

Von den Vorlagefragen ist vor allem die erste Frage für die Drittwirkung einer Gerichtsstandsvereinbarung relevant. Wie der Generalanwalt *Tesauro* zutreffend bereits in den Schlussanträgen feststellt, ist die entscheidende Frage nicht, ob ein Aktionär, der einer Gerichtsstandsvereinbarung bei einer Hauptversammlung tatsächlich zugestimmt hat, gebunden werden soll, sondern ob ein Aktionär auch dann gebunden wird, wenn er einer solchen Klausel tatsächlich nicht zugestimmt hat. Für den Fall, dass ein Aktionär die Aktie erworben habe und nicht an der Versammlung teilgenommen habe oder gar bei der Versammlung seinen Widerspruch gegen die Gerichtsstandsvereinbarung erklärt habe, fehle es an einer Einigung im Sinne von Art. 17 Abs. 1 EuGVÜ.[135]

Diese Bedenken des Generalanwalts seien allerdings laut Gerichtshof nicht zu teilen: Der Aktionär, der mit Erwerb der Aktie Gesellschafter der Aktiengesellschaft wird, sei durch den Gesellschaftsvertrag bzw. die Gesellschaftssatzung gebunden. Sinn und Zweck des Einigungserfordernisses sei unter anderem der Schutz vor heimlich in den Vertrag eingeführten Klauseln. Wenn also ein Aktionär der Klausel nicht zugestimmt oder ihr sogar widersprochen habe, aber dennoch seine Gesellschaftereigenschaft beibehielte, erkläre er sich einverstanden mit dem Vertrag. Es würde, so *Tesauro* zu einer einigermaßen paradoxen Situation führen, wenn die Gerichtsstandsklausel nur gegenüber den Aktionären gelten würde, die ihr auch zugestimmt haben.[136]

Dieser Einschätzung folgt der EuGH auch in seiner Entscheidung. Zunächst stellt der Gerichtshof fest, dass die in der Satzung einer Aktiengesellschaft enthaltene Gerichtsstandsklausel eine Vereinbarung im Sinne von Art. 17 EuGVÜ darstellt.[137] Sodann geht der Gerichtshof auf die Problematik der Einigung ein und stellt klar, dass die Zustimmung eines Aktionärs zur Gerichtsstandsklausel unerheblich für die Wirksamkeit der Klausel auch gegenüber diesem Aktionär sei. Dadurch, dass jemand Aktionär einer Gesellschaft werde und bleibe, erkläre er sich damit einverstanden, dass sämtliche Bestimmungen der Gesellschaftssatzung und die nach dieser gefassten Beschlüsse der Gesellschaftsorgane für ihn gelten, selbst wenn er ihnen nicht explizit zugestimmt habe.[138] Eine andere Auslegung von Art. 17 Abs. 1 EuGVÜ würde dazu führen, dass für Rechtsstreitigkeiten,

135 Schlussanträge des Generalanwalts *Tesauro* vom 20.11.1991, Rechtssache C-214/89, Slg. 1991, I-1756, 1761.

136 Schlussanträge GA *Tesauro*, Slg. 1991, I-1756, 1762.

137 EuGH, *Powell Duffryn*, Rn. 13 f.

138 EuGH, *Powell Duffryn*, Rn. 19.

die aus demselben rechtlichen Verhältnis zwischen den Aktionären und der Gesellschaft herrühren, unterschiedliche Zuständigkeiten begründet würden. Dies verstieße gegen den Grundsatz der Rechtssicherheit: Wenn also für und gegen einzelne Aktionäre, die der Klausel nicht zugestimmt haben, die Gerichtsstandsvereinbarung keine Wirkung entfalte, dann würde dies dazu führen, dass gegenüber diesen Aktionären ein anderer Gerichtsstand gelte. Dann wäre – gewendet auf diesen Fall – für Rechtsstreitigkeiten aus dem Gesellschaftervertrag für Aktionäre, die dem Gesellschaftsvertrag zugestimmt haben, das LG Mainz gemäß der Vereinbarung zuständig. Für Rechtsstreitigkeiten aus demselben Gesellschaftervertrag für Aktionäre, die nicht zugestimmt haben, wäre dagegen ein anderes Gericht nach dem EuGVÜ zuständig. Solche unterschiedlichen Zuständigkeiten bergen die Gefahr unterschiedlicher Entscheidungen zu Rechtsstreitigkeiten aus demselben rechtlichen Verhältnis und könnten zu erheblicher Rechtsunsicherheit führen.[139]

Die zweite Frage wird vom Gerichtshof dahingehend beantwortet, dass die Form aus Art. 17 Abs. 1 EuGVÜ auch dann gewahrt sei, wenn die Klausel in mündlicher Verhandlung auf einer Sitzung beschlossen werde und später in der Gesellschaftssatzung verschriftlicht werde. Die Satzung müsse allerdings frei zugänglich sein. Das heißt, dass sie entweder am Sitz der Gesellschaft oder an einer öffentlichen Stelle einzusehen sein müsse.[140]

Der EuGH legt nunmehr neben Versicherungsverträgen und Konnossementen in einer dritten materiell-rechtlichen Konstellation, nämlich für Gesellschaftsverträge, Art. 17 EuGVÜ so aus, dass die Gerichtsstandsvereinbarung auch gegenüber einem Dritten gelte, selbst wenn dieser der Vereinbarung aktiv widersprochen hat.

2. *Entscheidung Castelletti*

Fünfzehn Jahre nach der Entscheidung *Tilly Russ* äußerte sich der EuGH erneut zur Problematik der Drittwirkung von Gerichtsstandsvereinbarungen in Konnossementen. Auf den ersten Blick ist die Entscheidung *Castelletti*[141] lediglich eine Bestätigung der Entscheidung *Tilly Russ*, jedoch birgt sie einige Besonderheiten, die im Folgenden dargestellt werden sollen.

---

139 EuGH, *Powell Duffryn*, Rn. 20.
140 EuGH, *Powell Duffryn*, Rn. 28.
141 EuGH, Urteil vom 16.3.1999 Rechtssache C-159/97 Slg. 1999, 1597 - *Castelletti*.

a. Sachverhalt

In dem der Vorlagefrage zugrunde liegenden Ausgangsrechtsstreit verlangte die italienische Gesellschaft Transporti Castelletti Spedizioni Internazionali SpA (Castelletti) von der ebenfalls in Italien ansässigen Hugo Trumpy SpA (Trumpy) Schadensersatz für Schäden, die aufgrund von Schwierigkeiten beim Abladen von Waren in Savona (Italien) entstanden waren. Das Frachtgut wurden von verschiedenen argentinischen Befrachtern aufgrund von Konnossementen auf ein von der Reederei der Trumpy betriebenes Schiff verladen, um an die Castelletti ausgeliefert zu werden. Castelletti erhob daraufhin Klage beim *Tribunale Genua* auf Zahlung von Schadensersatz und Zinsen.[142]

Die Beklagte rügte unter Berufung auf die Gerichtsstandsklausel in den Konnossementen, wonach der *High Court of Justice* in London zuständig war, die Unzuständigkeit des Gerichts in Genua. Diese Klausel war kleiner, aber lesbar in Englisch verfasst und bildete die letzte Angabe auf der Rückseite der Konnossemente. Auf der Vorderseite der Konnossemente befand sich zudem jeweils ein Kasten, in dem die Eigenschaften der verladenen Güter einzutragen waren, sowie ein deutlicher Hinweis auf die allgemeinen Geschäftsbedingungen auf der Rückseite. Die Unterschrift des ursprünglichen Befrachters stand allerdings oberhalb dieses Hinweises.[143]

Das *Tribunale Genua* gab der Zuständigkeitseinrede der Beklagten statt und vertrat die Auffassung, die Gerichtsstandsklausel sei, obwohl sie in einem vom Befrachter nicht unterzeichneten Formular stehe, gemäß den internationalen Handelsbräuchen wirksam. Dieses Urteil wurde später durch die *Corte d'appello Genua* bestätigt, jedoch mit anderslautender Begründung. In Anbetracht sämtlicher Konnossemente entschied das Berufungsgericht, die vom Befrachter auf der Vorderseite angebrachte Unterschrift bedeute, dass die Klägerin sämtliche Klauseln einschließlich derjenigen auf der Rückseite zugestimmt habe. Daraufhin erhob die Klägerin Beschwerde bei der *Corte suprema di cassazione* und machte geltend, der ursprüngliche Befrachter habe lediglich den oberhalb seiner Unterschrift stehenden Klauseln zugestimmt, also gerade nicht der Gerichtsstandsklausel. Die *Corte suprema di cassazione* setzte daraufhin das Verfahren aus und legte dem Gerichtshof insgesamt vierzehn Fragen vor.[144]

---

142 EuGH, *Castelletti*, Rn. 5 f.
143 EuGH, *Castelletti*, Rn. 7 ff.
144 EuGH, *Castelletti*, Rn. 9 f.

b. Vorlagefrage

An dieser Stelle soll nur die für die Drittwirkung entscheidende erste Vorlagefrage vollständig wiedergegeben werden:

„In seiner Rechtsprechung zum ursprünglichen Wortlaut des Artikels 17 hat der Gerichtshof auf die Notwendigkeit hingewiesen, anhand der in dieser Vorschrift festgelegten Voraussetzungen für die Wirksamkeit einer Gerichtsstandsklausel die tatsächliche Einigung der Vertragsparteien über die Zuständigkeitsvereinbarung festzustellen und zu schützen, und zwar auch im Fall der anerkannten Wirksamkeit der Klausel, wenn das Konnossement, in dem sie enthalten ist, Teil der laufenden Geschäftsbeziehungen zwischen den Parteien ist und sich daraus ergibt, daß diese Beziehungen Allgemeinen Geschäftsbedingungen (einer der Vertragsparteien, nämlich des Verfrachters) unterliegen, die eine solche Klausel enthalten.

Da jedoch mit dem neuen Wortlaut der Vorschrift ein „normatives" Kriterium wie das des Handelsbrauchs eingeführt wurde (das als solches vom Willen der Parteien unabhängig ist, zumindest bezogen auf den einzelnen Vertrag), stellt sich folgende Frage: Genügt die Voraussetzung der (tatsächlichen) Kenntnis oder der auf schuldhaftem und nicht entschuldbarem Nichtwissen beruhenden Unkenntnis, um die Gerichtsstandsklausel (in allen Geschäftsbeziehungen, die derjenigen im vorliegenden Fall ähneln) ständig wieder wirksam werden zu lassen? Braucht also nicht mehr der Wille der Parteien festgestellt zu werden, obwohl in Artikel 17 das Wort „geschlossen" verwendet wird, das sich auf eine Willenserklärung und somit auf „Handelsbräuche" (übliche Klausel) bezieht?"[145]

c. Schlussanträge und Entscheidung

In den Schlussanträgen äußert Generalanwalt *Léger* zunächst sein Erstaunen über die ungewöhnlich große Anzahl von Vorlagefragen. Es scheine gerade so, als wolle die *Corte suprema di cassazione* den Gerichtshof dazu anhalten, die gesamte zu Art. 17 EuGVÜ ergangene Rechtsprechung noch einmal zu überprüfen. Im Endeffekt würden die Fragen darauf hinauslaufen, dass der Gerichtshof alle drei Wirksamkeitsvoraussetzungen einer Gerichtsstandsvereinbarung im Sinne von Art. 17 Abs. 1 EuGVÜ in dem vorgelegten Fall prüfen solle.[146] Zudem würden einige der gestellten Fragen durch andere Entscheidungen des

---

145 Zu den übrigen Vorlagefragen der *Corte suprema di cassazione* siehe ausführlich: EuGH *Castelletti*, Rn. 12.

146 Schlussanträge des Generalanwalts *Léger* vom 22.09.1998, Rechtssache C-159/97, S. I-1600, I-1605 f.

Gerichtshofs zu Art. 17 EuGVÜ bereits beantwortet.[147] Um dem Gerichtshof einen Weg aufzuzeigen, wie die Fragen beantwortet werden können, teilt *Léger* die Fragen in Themenbereiche auf. Zur Drittwirkung der Gerichtsstandsvereinbarung, die zwischen den Parteien nach den Voraussetzungen des neuen Art. 17 EuGVÜ durch einen Handelsbrauch zustande gekommen ist, rät der Generalanwalt dem Gerichtshof auch hier, den Dritten nach den gleichen Vorgaben wie in der Entscheidung *Tilly Russ* an die Gerichtsstandsvereinbarung zu binden.[148]

Der Gerichtshof folgt bei der Beantwortung der Vorlagefragen insbesondere bezüglich der Drittwirkung den Empfehlungen des Generalanwalts. Zunächst musste der EuGH allerdings den größten Teil der vierzehn Vorlagefragen zur Form und zu Handelsbräuchen im Verhältnis zwischen Befrachter und Verfrachter klären.

Die Anforderungen an die Vermutung einer Einigung im Sinne von Art. 17 EuGVÜ, wenn Handelsbräuche zwischen den Parteien vorliegen sowie die Anforderungen an Handelsbräuche selbst würden im Verhältnis zwischen den Parteien relevant. Insbesondere die Einschränkungen, einen Beteiligten formlos an eine Gerichtsstandsvereinbarung in allgemeinen Geschäftsbedingungen über Handelsbräuche zu binden, wurden durch den Gerichtshof eingehend erläutert.[149]

Innerhalb der Fragen zur Kenntnis der Parteien von Handelsbräuchen stellt der Gerichtshof letztlich klar, dass – in Fortführung seiner Rechtsprechung in der Rechtssache *Tilly Russ* – dem Drittinhaber eines Konnossements eine Gerichtsstandsklausel aus den allgemeinen Geschäftsbedingungen entgegengehalten werden kann. Voraussetzung hierfür sei, dass der Drittinhaber nach nationalem Recht in die Rechte und Pflichten des Befrachters eintritt und die Gerichtsstandsklausel wirksam zwischen den ursprünglichen Parteien zustande gekommen ist. Dazu verweist der Gerichtshof auf Randnummer 24 seiner Begründung in der Entscheidung *Tilly Russ.* Der Gerichtshof habe an dieser Stelle bereits festgestellt, dass eine wirksam zwischen den Parteien geschlossene Gerichtsstandsklausel im Konnossement dem Dritten entgegengehalten werden könne, wenn dieser nach dem anwendbaren nationalen Recht mit Erwerb des

147 Schlussanträge *Léger*, S. I-1605.

148 Schlussanträge *Léger*, S. I-1615 ff.

149 Die ungewöhnlich detaillierten Vorlagefragen des italienischen Gerichts wurden durch den Gerichtshof ausführlich beantwortet. Es sind jedoch oft Fragen, die diese spezielle Fallkonstellation betreffen und für die Zielrichtung der Arbeit nicht relevant sind. Ausführlich zu diesen Aspekten: EuGH *Castelletti*, Rn. 13 – 41 u. 43 - 52.

Konnossements in die Rechte und Pflichten des Befrachters eingetreten sei.[150] Die Entscheidung bestätigt also die in der Rechtssache *Tilly Russ* aufgestellten Grundsätze der Drittwirkung bei Eintritt in die Rechte und Pflichten durch den Dritten.

Dabei sei zudem die Formalternative, nach der sich hier die Parteien geeinigt haben, im Verhältnis zum Dritten nicht entscheidend. Die Wirksamkeit der Klausel bestimme sich allein im Verhältnis zwischen Befrachter und Verfrachter, sodass auch eventuell einschlägige Handelsbräuche nur zwischen diesen Parteien bestehen müssen. Die Nationalität der ursprünglichen Parteien sei dabei irrelevant.[151] Der Gerichtshof stellt also für die wirksame Einigung auch für den Fall, dass die Einigung durch den Nachweis von Handelsbräuchen ersetzt wird, allein auf die ursprünglichen Parteien ab. Liegt diese Einigung vor, ist der Eintritt in die Rechte und Pflichten anhand des anwendbaren nationalen Rechts zu prüfen.

III. EuGVÜ 1989

Im Rahmen der weiteren EU-Beitritte wurde das Übereinkommen überarbeitet und der Wortlaut von Art. 17 EuGVÜ wiederholt verändert. Auch in dieser Zeit hat der Gerichtshof in zwei Entscheidungen eine Auslegung bezüglich der Drittwirkung von Gerichtsstandsvereinbarungen vorgenommen und seine bisherige Rechtsprechung dabei bezüglich der Gerichtsstandsvereinbarungen in Konnossementen fortentwickelt. Bezüglich der Drittwirkung von Gerichtsstandsvereinbarungen in Versicherungsverträgen hat der Gerichtshof die Drittwirkung hingegen eingeschränkt.

1. Entscheidung Coreck

In der Entscheidung *Coreck*[152] bestätigt der Gerichtshof seine Rechtsprechungslinie zur Drittwirkung von Gerichtsstandsklauseln in Konnossementen erneut.

a. Sachverhalt

In dieser Entscheidung wurde dem EuGH ein Verfahren vom *Hoge Raad der Nederlande* zur Vorabentscheidung vorgelegt.

---

150 In Randnummer 24 der Entscheidung *Tilly Russ* stellt der EuGH den Grundsatz der Drittwirkung bei Konnossementen auf. EuGH, *Castelletti*, Rn. 41.

151 EuGH, *Castelletti*, Rn. 42.

152 EuGH, Urteil vom 9.11.2000, Rechtssache C-387/98, Slg. 2000, I-9263 – *Coreck*.

Die Deutsche Gesellschaft Coreck Maritime GmbH (Coreck) mit Sitz in Hamburg führte als Verfrachterin einen Seetransport von China nach Rotterdam durch. Dazu schloss sie mit dem Befrachter einen Frachtvertrag und stellte mehrere Konnossemente aus, die in den allgemeinen Geschäftsbedingungen eine Klausel enthielten, welche die Rechtsstreitigkeiten an den Ort verweist, an dem der Verfrachter seinen Hauptsitz hat.[153] Inhaberin der Konnossemente war die niederländische Gesellschaft Handelsveem BV. Als beim Abladen der Ware Schäden entdeckt wurden, erhob die Handelsveem zusammen mit dem Eigentümer und dem Versicherer der Waren bei der *Rechtbank Rotterdam* Klage gegen die Coreck auf Zahlung von Schadensersatz und Zinsen. Die Coreck machte unter Berufung auf die Gerichtsstandsklausel geltend, dass das angerufene Gericht unzuständig sei. Die *Rechtbank Rotterdam* lehnte die Anwendung der Klausel ab und bejahte ihre Zuständigkeit, da eine solche Klausel nur dann gültig sei, wenn das zuständige Gericht auf einfache Weise bestimmt werden könne, was hier nicht der Fall sei. Der *Gerechtshof Den Haag* bestätigte daraufhin die erstinstanzliche Entscheidung. Der *Hoge Rand der Nederlanden*, bei dem die Coreck Rechtsmittel eingelegt hatte, setzte das Verfahren aus und legte dem EuGH vier ausführliche Fragen vor. [154] Dabei sind für die Problematik der Drittwirkung die beiden letzten Fragen von Relevanz. Die ersten beiden Fragen befassen sich hauptsächlich mit der Problematik der Bestimmbarkeit des zuständigen Gerichts aufgrund der Gerichtsstandsvereinbarung und sollen daher hier nicht im Detail behandelt werden.[155]

b. Vorlagefrage

„Führt der Umstand, dass die Gerichtsstandsklausel im Konnossement zwischen Verfrachter und Absender als gültig zu betrachten ist, dazu, dass die Klausel auch in Ansehung jedes Drittinhabers des Konnossements gültig ist, oder ist das nur bei einem Drittinhaber des Konnossements der Fall, der bei Erhalt des Konnossements nach dem anwendbaren nationalen Recht Rechtsnachfolger des Absenders geworden ist?

Können dann — unterstellt, dass die in das Konnossement aufgenommene Gerichtsstandsvereinbarung zwischen dem Verfrachter und dem Absender als gültig zu betrachten ist —, für die Beantwortung der Frage, ob die Vereinbarung gegenüber einem Drittinhaber eines Konnossements gültig ist, neben dem

153 EuGH, *Coreck*, Rn. 4 f.
154 EuGH, *Coreck*, Rn. 7 ff.
155 EuGH, *Coreck*, Rn. 9 ff.

Inhalt des Konnossements auch besondere Umstände des Falles wie die besondere Kenntnis des betroffenen Drittinhabers eines Konnossements oder dessen langandauernde Beziehung zum Verfrachter eine Rolle spielen, und wenn ja, kann dann von dem Drittinhaber eines Konnossements verlangt werden, dass er sich, wenn der Inhalt des Konnossements ihm nur unzureichende Klarheit über die Gültigkeit der Vereinbarung verschafft, über die besonderen Umstände des Falles informiert?

Falls die Frage 3a im letztgenannten Sinn zu beantworten ist, nach welchem Recht ist dann zu entscheiden, ob der Drittinhaber eines Konnossements bei dessen Erhalt Rechtsnachfolger des Absenders geworden ist, und was muss gelten, wenn im betreffenden nationalen Recht weder gesetzlich noch in der Rechtsprechung die Frage beantwortet wird, ob der Drittinhaber des Konnossements bei dessen Erhalt Rechtsnachfolger des Absenders wird ?“[156]

c. *Schlussanträge und Entscheidung*

Aus den Schlussanträgen des Generalanwalts geht bereits deutlich hervor, dass die Drittwirkung von Gerichtsstandsvereinbarungen in der Rechtsprechung des EuGH durchaus als anerkanntes Prinzip gelten kann. Die Drittwirkung einer Gerichtsstandsvereinbarung sei im Sinne der Entscheidung *Tilly Russ* stets dann gegeben, wenn diese wirksam zwischen Verfrachter und Befrachter zustande gekommen ist und der Drittinhaber nach anwendbarem nationalem Recht als Rechtsnachfolger in die Rechte und Pflichten des Befrachters eintritt.[157]

Diese Prinzipien gelten, laut *Albers*, unabhängig von den Umständen des Einzelfalls. Lediglich für den Fall, dass im anwendbaren nationalen Recht eine Rechtsnachfolge ausgeschlossen ist, müsse das erkennende Gericht prüfen, ob eine Drittwirkung tatsächlich möglich ist.[158] Demgemäß empfiehlt der Generalanwalt dem Gerichtshof, die Frage nach der Drittwirkung mit Verweis auf die Rechtsprechung in den Entscheidungen *Tilly Russ* und *Castelletti* entwickelten Prinzipien der Drittwirkung zu beantworten. Für die vierte Frage empfiehlt *Albers*, diese an das erkennende Gericht zurückzuverweisen, denn die Bestimmung des anwendbaren nationalen Rechts obliege dem nationalen Gericht.[159]

---

156 EuGH, *Coreck*, Rn. 9.

157 Schlussanträge des Generalanwalts *Alber* vom 23.5.2000 -Rechtssache C-387/98 S. I-9355 (I-1956).

158 Schlussanträge *Alber*, S. I-9356.

159 Schlussanträge *Alber*, S. I-9357 ff.

Der Gerichtshof schließt sich der Meinung des Generalanwalts zur Drittwirkung von Gerichtsstandsvereinbarungen an. Zunächst stellt er fest, dass Art. 17 Abs. 1 EuGVÜ in einem solchen Fall nur dann anwendbar sei, wenn mindestens eine der Parteien des ursprünglichen Vertrags ihren Wohnsitz im Hoheitsgebiet eines Vertragsstaats hat, und die Parteien vereinbart haben, ihre Rechtsstreitigkeiten vor Gerichten in einem dieser Vertragsstaaten auszutragen.[160]

Bezüglich der Drittwirkung der Vereinbarung genügt dem Gerichtshof der einfache Hinweis darauf, dass er bereits festgestellt habe, dass die in einem Konnossement enthaltene Gerichtsstandsklausel, soweit sie im Verhältnis zwischen dem Befrachter und dem Verfrachter gemäß Art. 17 EuGVÜ gültig ist, dem Drittinhaber des Konnossements entgegengehalten werden könne, soweit der Inhaber des Konnossements nach dem anwendbaren nationalen Recht in die Rechte und Pflichten des Befrachters eingetreten sei. An dieser Stelle verweist der Gerichtshof auf die einschlägigen Randnummern in den Rechtssachen *Tilly Russ* (Randnummer 24) und *Castelletti* (Randnummer 41).[161]

Ist also der Drittinhaber in die Rechte und Pflichten eingetreten, müsse nicht geprüft werden, ob der Dritte der Gerichtsstandsklausel zugestimmt habe. Auf den Drittinhaber würden alle Rechte und Pflichten aus dem Konnossement übergehen und somit auch die Pflichten aus der Gerichtsstandsvereinbarung.[162] Wenn dagegen nach dem anwendbaren nationalen Recht, der am ursprünglichen Vertrag nicht beteiligte Dritte nicht in die Rechte und Pflichten einer der ursprünglichen Parteien eintreten würde, habe das angerufene Gericht im Hinblick auf die Erfordernisse des Art. 17 Abs. 1 EuGVÜ zu prüfen, ob er der entgegengehaltenen Gerichtsstandsklausel in irgendeiner Form zugestimmt habe.[163]

Der Gerichtshof beschränkt sich in diesem Urteil auf wenige Ausführungen zur Drittwirkung und verweist erneut auf die Urteile *Tilly Russ* und *Castelletti*. Dadurch wird deutlich, dass auch der Gerichtshof die Fallgruppe der Drittwirkung von Gerichtsstandsvereinbarungen in Konnossementen als gefestigte Rechtsprechung ansieht.

---

160 EuGH, *Coreck*, Rn. 19 ff.

161 In den Randnummern der Entscheidungen *Tilly Russ* und *Castelletti* hat der Gerichtshof den Grundsatz der Drittwirkung bei Gerichtsstandsvereinbarungen in Konnossementen aufgestellt bzw. fortgeführt. EuGH, *Coreck*, Rn. 23.

162 EuGH, *Coreck*, Rn. 25.

163 EuGH, *Coreck*, Rn. 26.

Darüber hinaus entwickelt der Gerichtshof diese Rechtsprechung fort, indem er feststellt, dass auch bei Nichteintritt in die Rechte und Pflichten nach nationalem Recht weiter geprüft werden muss, ob der Dritte im Sinne von Art. 17 EuGVÜ der Gerichtsstandsvereinbarung zugestimmt hat.[164] Damit geht der Gerichtshof über die Schlussanträge des Generalanwalts *Alber* hinaus, der mit Verweis auf die Schlussanträge in der *Tilly Russ*-Entscheidung eine neue schriftliche oder schriftlich bestätigte Vereinbarung zwischen Inhaber des Konnossements und Verfrachter gefordert hatte.[165] Der Gerichtshof entscheidet also zum ersten Mal, dass ein Dritter auch ohne Rechtsnachfolge nach nationalem Recht an eine Gerichtsstandsvereinbarung gebunden werden kann, wenn er der Klausel zugestimmt hat.

2. *Entscheidung Société financière*

Mit der Entscheidung *Société financière*[166] bestätigt der EuGH die in der *Gerling*-Entscheidung aufgestellten Grundsätze und stellt darüber hinaus klar, dass einem begünstigten Dritten, der Versicherter ist, keine weiteren Klagemöglichkeiten genommen werden dürfen.

a. *Sachverhalt*

Eine Baufirma errichtete in Frankreich eine Käseproduktionsstätte und verwendete dabei Platten, die durch die Société financière et industrielle du Peloux (SFIP) hergestellt wurden. Die Platten waren fehlerhaft und mussten mit erheblichem Kostenaufwand ausgetauscht werden. Daraufhin wurde die SFIP durch die Geschädigten in Anspruch genommen. SFIP war zu diesem Zeitpunkt unter anderem über ihre belgische Muttergesellschaft Recitel SA bei der AXA Belgium nachrangig versichert. Der Konzernversicherungsvertrag, dessen Begünstige die SFIP ist, enthielt eine Gerichtsstandsklausel zugunsten der Gerichte am Sitz der Recitel SA in Belgien. Als die SFIP unter anderem die AXA Belgium vor französischen Gerichten in Anspruch nahm, rügte der Versicherer die Zuständigkeit des Gerichts unter Verweis auf die Gerichtsstandsvereinbarung aus dem Konzernversicherungsvertrag.[167] Das französische Gericht verwies SFIP daraufhin

---

164 EuGH, *Coreck*, Rn. 26.

165 Schlussanträge *Alber*, Rn. 60 ff. mit Verweis auf Schlussanträge *Slynn*, S. 2444.

166 EuGH, Urteil vom 12.05.2005, Rechtssache C-112/03 Slg. 2005, I-3707 - *Société financière et industrielle du Peloux.*

167 „Bei Streitigkeiten über den vorliegenden Vertrag unterwirft sich die Gesellschaft der Gerichtsbarkeit am Sitz des Versicherungsnehmers."

an ein belgisches Gericht, wogegen SFIP Rechtsmittel einlegte. Daraufhin legte die Rechtsmittelinstanz, die *Cour d'appel Grenoble*, dem Gerichtshof folgende Frage vor.

b. Vorlagefrage

„Ist ein Versicherter, der Begünstigter eines Versicherungsvertrags ist, der zu seinen Gunsten zwischen einem Versicherungsnehmer (Unterzeichner) und einem Versicherer abgeschlossen wurde, die beide ihren Sitz in demselben Mitgliedstaat haben, an eine Klausel gebunden, mit der die Gerichte dieses Staates für zuständig erklärt werden, wenn er dieser Klausel nicht persönlich zugestimmt hat, der Schaden in einem anderen Mitgliedstaat eingetreten ist und er vor den Gerichten dieses anderen Mitgliedstaats auch Klage gegen dort ansässige Versicherer erhoben hat?“[168]

c. Schlussanträge und Entscheidung

Der Generalanwalt *Tizzano* stellt zunächst fest, dass es im vorliegenden Fall um den besonderen Fall einer Gerichtsstandsvereinbarung in Versicherungssachen nach Art. 12 Nr. 3 EuGVÜ handelt. Demnach können Versicherungsnehmer und Versicherte, die ihren Sitz oder gewöhnlichen Aufenthalt in demselben Mitgliedsstaat haben, einen Gerichtsstand in diesem Mitgliedsstaat für den Fall vereinbaren, dass das schädigende Ereignis im Ausland eintritt. Daher stellt *Tizzano* zunächst die Besonderheiten und Schutzrichtung des 3. Abschnitt des EuGVÜ über die Zuständigkeit in Versicherungssachen heraus. In diesem Schutzregime zugunsten des Versicherungsnehmers bzw. Begünstigten knüpfe Art. 12 EuGVÜ 1968 strenge Voraussetzungen an die Gültigkeit von den Zuständigkeiten des 3. Abschnitts abweichender Gerichtsstandsvereinbarungen. Der Schutz des Versicherungsnehmers würde ausgehebelt, wenn es – wie hier – möglich wäre, dem begünstigten Dritten sowohl den Gerichtsstand des Wohnsitzes als auch den Gerichtsstand des Schädigungsortes zu nehmen, da der Dritte dann nur am vereinbarten Gerichtsstand klagen könne. Daher rät der Generalanwalt *Tizzano*, die Frage abweichend von der *Gerling*-Entscheidung dahingehend zu beantworten, dass der begünstigte Dritte nicht an die Gerichtsstandsklausel gebunden sei, an deren Abschluss er nicht beteiligt war.[169]

---

168 EuGH, *Société financière*, Rn. 20.

169 Schlussanträge des Generalanwalts *Tizzano* vom 16.12.2004, Rechtssache C-112/03 Slg. 2005, I-3707.

Der EuGH folgt den Einschätzungen des Generalanwalts und sieht keine Bindung des begünstigten Dritten an die Gerichtsstandsvereinbarung zwischen Versicherungsnehmer und Versicherer. Ebenso wie *Tizzano* stellt der Gerichtshof zunächst – anders als noch in der *Gerling*-Entscheidung – auf den besonderen Schutzcharakter des eigenständigen Regimes des 3. Abschnitts ab. Durch dieses Regime werde, wie der Gerichtshof wiederholt festgestellt habe, der Versicherungsnehmer als wirtschaftlich schwächere Partei vor den Konsequenzen eines oftmals vollständig vorformulierten Vertrages inklusive Gerichtsstandsklausel geschützt. Dies bedeute auch, dass die Privatautonomie, die das Grundprinzip der Gerichtsstandsvereinbarungen sei, zu diesem Zweck beschränkt werden müsse.[170] Der Abschluss von Gerichtsstandsvereinbarungen in Versicherungsverträgen werde durch Art. 17 Abs. 4 EuGVÜ mit Verweis auf Art. 12 EuGVÜ eingeschränkt. Demnach könnten nur solche Gerichtsstandsvereinbarungen in Versicherungssachen geschlossen werden, die nicht Art. 12 EuGVÜ zuwiderlaufen. Eine Gerichtsstandsvereinbarung, die gemäß Art. 12 Nr. 3 EuGVÜ geschlossen werde, habe eine Derogationswirkung bezüglich des Gerichtsstands des Schädigungsortes; der Versicherungsnehmer behalte aber den Gerichtsstand des Wohnortes. Daher, so führt der EuGH aus, werde der Versicherungsnehmer in dieser Konstellation ausreichend geschützt, denn er behalte den Gerichtsstand an seinem Wohnort. Es sei ihm also erlaubt, auf eine der beiden gewählten Schutzformen der Verordnung zu verzichten, nicht aber auf beide.[171]

Im Lichte dieser Erwägungen prüft der EuGH nunmehr, ob ein begünstigter Dritter, der seinen Sitz in einem anderen Mitgliedsstaat hat, an eine solche Klausel gebunden ist. Für diesen begünstigen Dritten habe die Gerichtsstandsklausel weitreichendere Konsequenzen, denn er verliere den Gerichtsstand des Schädigungsorts und werde an den Gerichtsstand am Sitz des Versicherungsnehmers und Versicherers verwiesen. Dieser Ort sei, anders als in der zwei Parteien-Konstellation, gerade nicht der Sitz des Dritten. Somit würde der Dritte in dieser Konstellation beide Schutzmöglichkeiten verlieren. Dies ist, so der Gerichtshof, nicht mit den Grundsätzen des Schutzregimes des 3. Abschnitts zu vereinbaren.[172]

Schließlich geht der EuGH noch auf die vorgebrachte Vergleichbarkeit mit der *Gerling*-Entscheidung ein. In diesem Fall sei es um eine Gerichtsstandsvereinbarung gegangen, die gemäß Art. 12 Nr. 2 EuGVÜ einen zusätzlichen

170 EuGH, *Société financière*, Rn. 29 f.
171 EuGH, *Société financière*, Rn. 31 f.
172 EuGH, *Société financière*, Rn. 39 f.

fakultativen Gerichtsstand lediglich zugunsten des Versicherungsnehmers vorgesehen habe. Daher entspreche es gerade dem Schutzzweck des 3. Abschnitts, dem begünstigen Dritten in diesem Fall die Möglichkeit zu geben, sich auf die Gerichtsstandsvereinbarung zu berufen.[173] Damit bestätigt der EuGH implizit für den Fall der Vereinbarung eines zusätzlichen Gerichtsstands zugunsten einer Partei, dass auch der begünstigte Dritte sich auf diesen Gerichtsstand berufen können soll.

IV. Brüssel I-VO 2002

Seit das Übereinkommen durch die Brüssel I-VO ersetzt wurde, sind Gerichtsstandsvereinbarungen nunmehr in Art. 23 Brüssel I-VO normiert. Der Wortlaut von Art. 17 EuGVÜ wurde dabei im Wesentlichen unverändert übernommen. In den Entscheidungen zur Brüssel I-VO verschwimmt die bis hierher klare Rechtssprechungslinie des EuGH bezüglich der Drittwirkung beim Eintritt in die Rechte und Pflichten. Bei der Anwendung auf andere materiell-rechtliche Konstellationen neben dem Konnossement scheint der Gerichtshof von den Grundsätzen teilweise abzuweichen.

1. *Entscheidung Refcomp*

In der Entscheidung *Refcomp*[174] musste sich der EuGH das erste Mal mit der Drittwirkung von Gerichtsstandsvereinbarungen bei Direktansprüchen innerhalb von Vertragsketten beschäftigen.

a. Sachverhalt

Die französische Gesellschaft Doumer bzw. die Versicherung der Doumer, die AXA, beide mit Sitz in Frankreich, machten gesamtschuldnerische Direktansprüche gegen die Glieder einer Vertragskette in Frankreich geltend. Doumer hatte im Zuge von Renovierungsarbeiten Kühlkompressoren verbaut, die durch die italienische Gesellschaft Refcomp hergestellt und durch die italienische Gesellschaft Climaveneta zusammengesetzt wurden. Schließlich wurden die fertigen Kühlkompressoren durch die französische Gesellschaft Emerson an Doumer verkauft und geliefert. Es kam zu Störungen an den Kompressoren, die laut eines Sachverständigengutachtens auf Fabrikationsfehler zurückzuführen waren. Die AXA, die der Doumer den Schaden bereits ersetzt hatte, machte

173 EuGH, *Société financière*, Rn. 42.

174 EuGH, Urteil vom 07.02.2013, Rechtssache C-543/10 - *Refcomp.*

nun Direktansprüche gegen Refcomp, Climaveneta und Emerson vor dem *Tribunal de grande instance* in Paris geltend. Refcomp rügte die Zuständigkeit des Gerichts unter Berufung auf eine Gerichtsstandsvereinbarung zugunsten der italienischen Gerichte aus dem Vertrag mit Climaveneta. Die Einrede sowie die später erhobene Berufung wurden durch die Gerichte zurückgewiesen, sodass die *Cour de Cassation* sich schließlich mit dem Fall befasste und ihn dem EuGH vorlegte.[175]

b. *Vorlagefrage*

Im Wesentlichen stellt die *Cour de Cassation* hier zwei aufeinander aufbauende Fragen:

„Entfaltet eine zwischen dem Hersteller und dem Käufer einer Ware im Rahmen einer Kette von Verträgen innerhalb der Gemeinschaft gemäß Art. 23 der Verordnung geschlossene Gerichtsstandsvereinbarung ihre Wirkungen gegenüber dem späteren Erwerber und, wenn ja, unter welchen Bedingungen?

Entfaltet die Gerichtsstandsvereinbarung ihre Wirkungen gegenüber dem späteren Erwerber bzw. seinem Versicherer, auf den seine Rechte übergegangen sind, selbst wenn Art. 5 Nr. 1 der Verordnung auf die Klage des späteren Erwerbers gegen den Hersteller nicht anwendbar sein sollte, wie der Gerichtshof im Urteil vom 17. Juni 1992, Handte, C-26/91, Slg. 1992, I-3967, entschieden hat?“[176]

c. *Schlussanträge und Entscheidung*

In den detaillierten Schlussanträgen ordnet der Generalanwalt *Jääskinen* die vorgelegte Frage zur Reichweite von Art. 23 Brüssel I-VO zunächst in den Kontext der bisher ergangenen Rechtsprechung des Gerichtshofs ein. Die hier vorliegende Konstellation sei mit keiner der bereits entschiedenen Rechtssachen vergleichbar. Dazu führt der Generalanwalt zu den verschiedenen Auslegungsansätzen des Gerichtshofs zu Art. 17 EuGVÜ bzw. Art. 23 Brüssel I-VO aus.[177] Insbesondere die Auslegung in den Entscheidungen zu Konnossementen könne nicht über den spezifischen Anwendungsbereich im Seefrachtvertragsrecht ausgedehnt werden. Der spätere Erwerber in einer Vertragskette würde im Gegensatz zum Drittinhaber eines Konnossements nicht in das ursprüngliche

175 EuGH, *Refcomp*, Rn. 7 f.
176 EuGH, *Refcomp* Rn. 8.
177 Schlussanträge des Generalanwalts *Jääskinen* vom 18.10.2012, Rechtssache C-543/10, Rn. 43 f.

Rechtsverhältnis eintreten. Dies gelte auch dann, wenn dem Dritten nach der französischen Rechtsordnung ein Direktanspruch zustehe. Das Gericht müsse daher bezüglich eines solchen Dritten prüfen, ob er tatsächlich sein Einverständnis mit der fraglichen Klausel erklärt hat.[178]

Der Gerichtshof folgt den Einschätzungen des Generalanwalts und hält die Auslegung von Art. 17 EuGVÜ bzw. Art. 23 Brüssel I-VO in anderen Entscheidungen zu Gerichtsstandsvereinbarungen in Satzungen einer Aktiengesellschaft oder in Konnossements für nicht auf diese Konstellation übertragbar.[179] In einer Kette von das Eigentum übertragenden Verträgen sei das Nachfolgeverhältnis zwischen dem ursprünglichen und dem späteren Erwerber nicht, wie beim Konnossement, als Übertragung eines einzelnen Vertrags mit sämtlichen Rechten und Pflichten zu bewerten. Die vertraglichen Pflichten der Parteien könnten sich von Vertrag zu Vertrag unterscheiden, sodass die vertraglichen Ansprüche, die der spätere Erwerber gegen den unmittelbaren Verkäufer geltend machen kann, nicht notwendigerweise dieselben seien, die der Hersteller im ersten Vertrag mit dem Käufer vereinbart hat. [180] Zudem sei bei solchen das Eigentum übertragenden Verträgen bezüglich der Beziehung zwischen Hersteller und späterem Käufer gerade keine Übereinstimmung der nationalen Rechtsordnungen zu verzeichnen. Unter diesen Umständen ergäben sich in den verschiedenen Mitgliedsstaaten voneinander abweichende Lösungen für dieselbe Konstellation. Dadurch würde das Ziel einer Vereinheitlichung der Vorschriften über die gerichtliche Zuständigkeit erheblich beeinträchtigt.[181]

Aus diesen Gründen entschied der Gerichtshof, dass eine im Vertrag zwischen Hersteller und Erwerber vereinbarte Gerichtsstandsvereinbarung dem späteren Erwerber nur entgegengehalten werden kann, wenn feststeht, dass dieser tatsächlich zugestimmt hat. Da die erste Vorlagefrage verneint wurde, erübrigt sich die Beantwortung der zweiten Vorlagefrage.[182]

2. *Entscheidung CDC Hydrogene*

In der Entscheidung *CDC Hydrogen*[183] behandelte der EuGH nicht primär die Frage der Bindung eines Dritten durch eine Gerichtsstandsvereinbarung.

---

178 Schlussanträge *Jääskinen*, Rn. 52 f.

179 EuGH, *Refcomp*, Rn. 32 f.

180 EuGH, *Refcomp*, Rn. 37.

181 EuGH, *Refcomp*, Rn. 38 f.

182 EuGH, *Refcomp*, Rn. 41 ff.

183 EuGH, Urteil vom 21.05.2015, Rechtssache C-352/13 – *CDC Hydrogen Peroxide.*

Dennoch wurde in der hier vorliegenden materiell-rechtlichen Konstellation der Abtretung einer Forderung das Prinzip der Rechtsnachfolge Dritter durch den EuGH erneut thematisiert.

a. Sachverhalt

Die belgische Gesellschaft CDC machte aus abgetretenem Recht Ansprüche von Kartellgeschädigten gegen verschiedene Kartellanten im sog. Wasserstoffperoxid-Kartell im Ausgangsverfahren vor dem LG Dortmund geltend. Die Ansprüche wurden von 71 im EWR ansässigen papierverarbeitenden Industrieunternehmen an CDC abgetreten. CDC behauptete, dass diese Unternehmen im durch die Kommission festgestellten Kartellzeitraum Wasserstoffperoxid von den beklagten Unternehmen bezogen hätten und ihnen so ein Schaden entstanden sei. Die Belieferungsverträge enthielten laut den Beklagten teilweise Schieds- bzw. Gerichtsstandsklauseln. Insbesondere weil nach dem Abschluss eines Vergleichs mit einer Beklagten der Gerichtsstand am LG Dortmund nach Art. 6 Nr. 1 Brüssel I-VO fraglich erschien, setzte das Landgericht das Verfahren aus und legte dem EuGH drei Fragen vor.[184]

b. Vorlagefragen

„Ist Art. 6 Nr. 1 der Verordnung Nr. 44/2001 so auszulegen, dass bei einer Klage, mit der eine im Gerichtsstaat ansässige Beklagte und weitere in anderen Mitgliedsstaaten der Europäischen Union ansässige Beklagten gemeinsam auf Auskunft und Schadensersatz in Anspruch genommen werden wegen eines von der Europäischen Kommission festgestellten, in mehreren Mitgliedsstaaten unter unterschiedlicher örtlicher und zeitlicher Beteiligung der Beklagten begangenen einheitlichen und fortgesetzten Verstoßes gegen Art. 81 EG/Art. 101 AEUV und Art. 53 EWR-Abkommen, eine gemeinsame Verhandlung und Entscheidung zur Vermeidung widersprechender Entscheidungen in getrennten Verfahren geboten ist?

Ist dabei zu berücksichtigen, wenn die Klage gegen die im Gerichtsstaat ansässige Beklagte nach Zustellung an sämtliche Beklagten und vor Ablauf der richterlich gesetzten Fristen zur Klageerwiderung und vor Beginn der ersten mündlichen Verhandlung zurückgenommen wird?

Ist Art. 5 Nr. 3 der Verordnung Nr. 44/2001 so auszulegen, dass bei einer Klage, mit der von in verschiedenen Mitgliedsstaaten der Europäischen Union

184 EuGH, *CDC*, Rn. 10 f.

ansässigen Beklagten Auskunft und Schadensersatz verlangt wird wegen eines von der Europäischen Kommission festgestellten, in mehreren Mitgliedsstaaten unter unterschiedlicher örtlicher und zeitlicher Beteiligung der Beklagten begangenen einheitlichen und fortgesetzten Verstoßes gegen Art. 81 EG/Art. 101 AEUV und Art. 53 EWR-Abkommen, das schädigende Ereignis in Bezug auf jeden Beklagten und auf alle geltend gemachten Schäden oder einen Gesamtschaden in denjenigen Mitgliedsstaaten eingetreten ist, in denen Kartellvereinbarungen getroffen und umgesetzt wurden?

Lässt bei auf Schadensersatz wegen einer Zuwiderhandlung gegen das Kartellverbot des Art. 81 EG/Art. 101 AEUV und Art. 53 EWR-Abkommen gerichteten Klagen das unionsrechtliche Gebot effektiver Durchsetzung des Kartellverbots es zu, in Lieferverträgen enthaltene Schieds- und Gerichtsstandsklauseln zu berücksichtigen, wenn dies zur Derogation eines nach Art. 5 Nr. 3 und/oder Art. 6 Nr. 1 der Verordnung Nr. 44/2001 international zuständigen Gerichts gegenüber allen Beklagten und/oder für alle oder einen Teil der geltend gemachten Ansprüche führt?"[185]

c. *Schlussanträge und Entscheidung*

Die ersten beiden Fragen, die hauptsächlich den Anwendungsbereich von Art. 5 und Art. 6 Brüssel I-VO im Kartellschadensersatzverfahren mit mehreren Beklagten betreffen, wurden vom Gerichtshof im Rahmen einer ausführlichen Auslegung beantwortet. Insbesondere sei der Gerichtsstand gemäß Art. 6 Nr. 1 Brüssel I-VO auch dann gegeben, wenn der sog. Ankerbeklagte wegfalle.[186] Ebenso könnten Kartellgeschädigte gemäß Art. 5 Nr. 3 Brüssel I-VO an dem Ort klagen, an dem das betreffende Kartell definitiv gegründet wurde oder gegebenenfalls eine spezifische Absprache getroffen wurde.[187]

In seinen Schlussanträgen geht Generalanwalt *Jääskinen* bei der dritten Frage interessanterweise gar nicht darauf ein, dass die Gerichtsstandsklauseln, die zwischen den Unternehmen und Kartellanten geschlossen wurden, zunächst auch Wirkung gegenüber CDC entfalten müssten. Die Ausführungen beschränken sich an dieser Stelle darauf, ob eine allgemein gehaltene Gerichtsstandsklausel

185 EuGH, *CDC*, Rn. 11.

186 Mit dem Ankerbeklagten ist der Beklagte gemeint, durch den die Zuständigkeit als Streitgenosse gemäß Art. 8 Nr. 1 Brüssel Ia-VO am bestimmten Ort begründet wird. Dieser Beklagte „verankert" das Verfahren an diesem Gerichtsstand auch für alle anderen Beklagten. Vgl. dazu: *Schlosser/Hess*, EU-Zivilprozessrecht, Art. 8, Rn. 2.

187 Siehe ausführlich zu beiden Vorlagefragen: EuGH, *CDC*, Rn. 15 f.

in Lieferverträgen auch Ansprüche auf Schadensersatz aufgrund von Wettbewerbsverstößen umfasst.[188]

Der Gerichtshof hingegen erkennt diese Problematik und weist darauf hin, dass das vorlegende Gericht zunächst überprüfen muss, ob die Gerichtsstandsvereinbarung auch Wirkung gegenüber der Klägerin entfalte. Eine Gerichtsstandsvereinbarung gelte nämlich zunächst lediglich zwischen den Parteien, die dem Abschluss eindeutig im Sinne von Art. 23 Brüssel I-VO zugestimmt haben. Die Bindung eines Dritten sei ein Sonderfall und der Gerichtshof verweist auf seine *Tilly Russ*-Rechtsprechung. Lediglich wenn der Dritte nach dem in der Sache anwendbaren nationalen Recht in alle Rechte und Pflichten der ursprünglichen Vertragspartei eintrete, könne dem Dritten eine Gerichtsstandsvereinbarung entgegengehalten werden, der er nicht ausdrücklich zugestimmt hat.[189] Nur sofern das vorlegende Gericht zu dem Schluss komme, die Klausel könne der Klägerin auch im Ausgangsverfahren entgegengehalten werden, wäre zu prüfen, ob diese auch Ansprüche aus dem Vertrag umfasse, die aufgrund von wettbewerbswidrigem Verhalten der Vertragspartner entstanden sind.[190]

Daraufhin betont der Gerichtshof erneut, dass die Auslegung einer Gerichtsstandsvereinbarung bezüglich der in ihren Geltungsbereich fallenden Rechtsstreitigkeit stets Sache der nationalen Gerichte sei. Allerdings führt der EuGH sodann aus, dass Rechtsstreitigkeiten, die Kartellschadensersatz betreffen, wohl für Unternehmen beim Abschluss eines Liefervertrags kaum vorhersehbar seien. Dem Unternehmen sei die Beteiligung des Vertragspartners an einem Kartell nicht bekannt. Eine solche allgemeine Gerichtsstandsvereinbarung würde daher laut EuGH eher nicht zu einer Derogation der Zuständigkeit führen.[191] Insgesamt lässt das Urteil daher wohl erkennen, dass der EuGH die Rechtsprechung zu Konnossementen auch auf die Forderungsabtretung übertragen würde. Die Hinweise an das erkennende Gericht lassen sich zumindest so interpretieren, insbesondere weil der Generalanwalt die Problematik gar nicht erkannt hatte.

---

188 Schlussanträge des Generalanwalts *Jääskinen* vom 11.12.2014, Rechtssache C-352/13, Rn. 93 ff.

189 EuGH, *CDC*, Rn. 64 ff.

190 EuGH, *CDC*, Rn. 66.

191 EuGH, *CDC*, Rn. 67 f.

3. *Entscheidung Profit Investment*

Mit der Entscheidung *Profit Investment*[192] hatte der EuGH eine Dreipersonenkonstellation im Bereich der Wertpapieremissionen zu beurteilen. Diese Entscheidung befasst sich wiederum explizit mit der Problematik der Drittwirkung von Gerichtsstandsvereinbarungen.

a. *Sachverhalt*

Die italienische Gesellschaft Profit Investment erhob in Mailand (Italien) Klage gegen die Commerzbank, die italienische Gesellschaft Profit Holding, die englische Gesellschaft Redi sowie die französische Gesellschaft E3 aufgrund von Schadensersatzforderungen nach einem Wertpapiergeschäft. Profit hatte durch die Commerzbank herausgegebene Schuldverschreibungen, die die Redi am Primärmarkt gezeichnet hatte, am Sekundärmarkt von Redi erworben. Die Schuldverschreibungen waren Teil eines Emissionsprogramms, dessen wirtschaftliche und rechtliche Bedingungen in einem Emissionsprospekt enthalten waren, der von der Dubliner Börse genehmigt und veröffentlicht wurde. Im Prospekt war unter anderem eine Gerichtsstandsvereinbarung zugunsten der englischen Gerichte enthalten. Im Verfahren vor der *Tribunale de Milano* rügte die Commerzbank die Zuständigkeit des Gerichts, woraufhin Profit die *Corte suprema di Cassazione* anrief um die Frage der Zuständigkeit vorab zu klären. Die *Corte suprema di Cassazione* setzte daraufhin das Verfahren zunächst aus und legte dem EuGH drei Fragen vor.[193]

b. *Vorlagefrage*

„Kann von einer Beziehung zwischen verschiedenen Klagen im Sinne von Art. 6 Nr. 1 der Verordnung Nr. 44/2001 ausgegangen werden, wenn der Gegenstand der mit den beiden Klagen geltend gemachten Ansprüche und der Titel, auf dessen Grundlage die Rechtsansprüche geltend gemacht werden, verschieden sind und zwischen den Ansprüchen kein Abhängigkeitsverhältnis und keine rechtlich-logische Unvereinbarkeit besteht, die eventuelle Zuerkennung eines der beiden Ansprüche sich aber möglicherweise faktisch auf den Umfang des Interesses auswirken könnte, zu dessen Wahrung die andere Klage eingereicht worden ist?

Kann das in Art. 23 Abs. 1 Buchst. a der Verordnung Nr. 44/2001 aufgestellte Schriftformerfordernis für eine Gerichtsstandsklausel als erfüllt angesehen

192 EuGH, Urteil vom 20.04.2016, Rechtssache C-366/13 - *Profit Investment*.

193 EuGH, *Profit Investment*, Rn. 10 f.

werden, wenn eine solche Klausel in dem einseitig vom Emittenten einer Schuldverschreibung erstellten Prospekt enthalten ist, so dass die Gerichtsstandsvereinbarung auf Streitigkeiten mit jedem nachfolgenden Erwerber dieser Obligationen über deren Gültigkeit anwendbar ist, oder kann, wenn dies nicht der Fall ist, davon ausgegangen werden, dass die Aufnahme der Gerichtsstandsklausel in das Dokument zur Regelung einer Schuldverschreibung, die grenzüberschreitend gehandelt werden soll, eine internationalen Handelsbräuchen entsprechende Form im Sinne von Art. 23 Abs. 1 Buchst. c dieser Verordnung darstellt?

Ist die Wendung „Vertrag oder Ansprüche aus einem Vertrag" in Art. 5 Nr. 1 der genannten Verordnung so zu verstehen, dass sie sich ausschließlich auf Streitigkeiten bezieht, in denen vor Gericht die Rechtsbeziehung aus dem Vertrag geltend gemacht werden soll, und auf eng mit dieser Rechtsbeziehung zusammenhängende Streitigkeiten, oder erstreckt sie sich auch auf Streitigkeiten, bei denen die Klagepartei, statt sich auf den Vertrag zu berufen, das Bestehen einer rechtsgültigen Vertragsbindung bestreitet und die Erstattung eines Betrags begehrt, der aufgrund eines Titels gezahlt worden ist, der nach ihrer Aussage ohne rechtlichen Wert ist?"[194]

c. *Schlussanträge und Entscheidung*

Der Generalanwalt *Bot* stellt in seinen Schlussanträgen zunächst fest, dass die zweite Frage vor der dritten Frage und ersten Frage zu beantworten ist, da, falls die Gerichtsstandsvereinbarung auch gegenüber Profit Investment Wirkung entfalte, die englischen Gerichte zuständig wären.[195] Im Folgenden ordnet der Generalanwalt die vorliegende Konstellation in die bereits ergangene Rechtsprechung zur Drittwirkung ein. Dabei wirft er die Frage auf, ob eine Gerichtsstandsklausel im Wertpapierprospekt, ähnlich wie solche in Satzungen von Aktiengesellschaften (*Powell*) oder in Seekonnossementen (*Tilly Russ, Castelletti, Coreck*) auch dem späteren Erwerber der Wertpapiere entgegengehalten werden könne oder ob im vorliegenden Fall keine vertragliche Beziehung zwischen Erst- und Letzterwerber (*Refcomp*) bestehe.[196] Hierzu sieht *Bot* die fehlende vertragliche Beziehung zwischen Erst- und Letzterwerber als zwingenden Grund dafür, dass im vorliegenden Fall der Letzterwerber nicht an die Gerichtsstandsvereinbarung aus dem Emissionsprospekt gebunden werden kann. Der Gerichtshof habe zwar

194 EuGH, *Profit Investment*, Rn. 19.

195 Schlussanträge des Generalanwalts *Bots* vom 23.04.2015, Rechtssache C-366/13, Rn. 26 f.

196 Schlussanträge *Bots*, Rn. 47 f.

in seiner Rechtsprechung Ausnahmen von den strengen Anforderungen an die Einigung gemacht, diese Rechtsprechung jedoch zuletzt in der Entscheidung *Refcomp* begrenzt und klargestellt, dass diese Ausnahmen jeweils dem besonderen Charakter der zugrunde liegenden (materiell-rechtlichen) Rechtsbeziehungen geschuldet sei.[197]

Dies sah der Gerichtshof hingegen anders und entschied, dass im vorliegenden Fall der letzten Zeichnerin der Wertpapiere (Profit) die Gerichtsstandsvereinbarung zwischen der Emittentin (Commerzbank) und der ersten Zeichnerin und Weiterverkäuferin (Redi) die Gerichtsstandsvereinbarung entgegengehalten werden kann.

Zunächst gibt der Gerichtshof die ergangene Rechtsprechung, die auch der Generalanwalt in den Schlussanträgen zu Rate gezogen hat, zusammenfassend wieder. Dabei unterteilt der EuGH zwischen den Entscheidungen zu Seekonnossementen einerseits und zur Aktiengesellschaft andererseits.[198] Aus dieser Rechtsprechung ergebe sich, dass sobald ein Substitutionsverhältnis vorläge, das vorlegende Gericht eine Zustimmung des Dritten nicht mehr zu prüfen brauche. Das vorlegende Gericht müsse dann lediglich prüfen, ob die Gerichtsstandsvereinbarung zwischen der Emittentin und der Weiterverkäuferin gemäß Art. 23 Abs. 1 Brüssel I-VO durch eine wirksame Einigung zustande gekommen ist. Der Gerichtshof verweist dazu lediglich auf die zu Konnossementen und Aktiengesellschaften ergangene Rechtsprechung, ohne eine Anwendung auf den hier vorliegenden Fall genauer zu prüfen. [199]

In den folgenden Ausführungen prüft der Gerichtshof eingehend, ob und wie die Gerichtsstandsvereinbarung zwischen der Emittentin und der Verkäuferin wirksam im Sinne von Art. 23 Abs. 1 Brüssel I-VO zustande gekommen ist. Schließlich führt der Gerichtshof zur ersten und dritten Vorlagefrage aus, obwohl dies aufgrund der Beantwortung der zweiten Frage nicht geboten gewesen wäre: Dabei geht es vertieft um die Bewertung, ob die Nichtigkeitserklärung eines Vertrags unter dem Begriff „Vertrag oder Ansprüche aus dem Vertrag" zu subsumieren ist.[200] Die Ausführungen sind für die vorliegende Arbeit nicht von Bedeutung und sollen deshalb an dieser Stelle nicht dargestellt werden.

---

197 Schlussanträge *Bots*, Rn. 52 f.

198 EuGH, *Profit Investment*, Rn. 33 ff.

199 EuGH, *Profit Investment*, Rn. 36.

200 EuGH, *Profit Investment*, Rn. 52 ff.

4. *Entscheidung Assens Havn*

In der Entscheidung *Assens Havn*[201] musste sich der Gerichtshof erneut mit einer Gerichtsstandsvereinbarung befassen, die in einem Versicherungsvertrag enthalten war.

a. *Sachverhalt*

Der dänische Hafenbetreiber Assens Havn machte direkte Ansprüche gegen die Versicherung der in Liquidation befindlichen dänischen Gesellschaft Skåne aufgrund von Schäden geltend, die entstanden waren, als der von Skåne gecharterte Schlepper im Hafen von Assens (Dänemark) ein Manöver durchführte. Zwischen Skåne und der englischen Versicherungsgesellschaft Navigators Management wurde ein Versicherungsvertrag geschlossen, der als zuständige Gerichte die Gerichte von England und Wales bestimmte. Das angerufene Gericht, das *Sø- og Handelsret* (Gericht für Handelssachen, Kopenhagen), wies die Klage mit Verweis auf die Gerichtsstandsvereinbarung ab. Gegen diese Entscheidung hat Assens Havn Rechtsmittel beim Berufungsgericht, dem *Højesteret,* eingelegt. Das *Højesteret* setzte das Verfahren aus und legte dem EuGH eine Frage zur Entscheidung vor.[202]

b. *Vorlagefrage*

„Ist Art. 13 Nr. 5 in Verbindung mit Art. 14 Nr. 2 Buchst. a der Verordnung Nr. 44/2001 dahin auszulegen, dass ein Geschädigter, der nach nationalem Recht berechtigt ist, Klage unmittelbar gegen die Versicherungsgesellschaft des Schädigers zu erheben, an eine Gerichtsstandsvereinbarung gebunden ist, die der Versicherer und der Versicherungsnehmer nach Art. 13 Nr. 5 in Verbindung mit Art. 14 Nr. 2 Buchst. a der Verordnung Nr. 44/2001 wirksam geschlossen haben?“[203]

c. *Schlussanträge und Entscheidung*

In diesem Verfahren entschied der Gerichtshof ohne Schlussanträge. Der Gerichtshof betont zunächst erneut, dass auf dem Gebiet des Versicherungsvertragsrechts stets ein gewisses Ungleichgewicht zwischen den Parteien herrsche. Um dieses Ungleichgewicht auszugleichen, würden auf dem Gebiet besondere

---

201 EuGH, Urteil vom 13.06.2017, Rechtssache C-368/16 - *Assens Havn*.
202 EuGH, *Assens Havn*, Rn. 18 f.
203 EuGH, *Assens Havn*, Rn. 26.

Regeln über die gerichtliche Zuständigkeit gelten.[204] Diese besonderen Regeln schützten die wirtschaftlich schwächere Partei. Der Gerichtshof verweist an dieser Stelle auch auf die Entscheidung *Société financière* und führt aus, dass die Möglichkeit, Vereinbarungen über die Zuständigkeit zu treffen, hinsichtlich des Ziels den wirtschaftlich Schwächeren zu schützen, stark eingeschränkt bleiben soll.[205]

Unter diesem Aspekt entscheidet der Gerichtshof daher, dass eine Gerichtsstandsvereinbarung zwischen einem Versicherer und einem Versicherungsnehmer dem geschädigten Dritten, der einen versicherten Schaden erlitten hat, nicht entgegengehalten werden kann, wenn er eine Klage unmittelbar gegen den Versicherer vor dem Gericht des Ortes, an dem das schädigende Ereignis eingetreten ist, oder vor dem Gericht des Ortes, an dem er seinen Wohnsitz hat, erheben will. Eine Erstreckung der Bindungswirkung auf den geschädigten Dritten könnte den Zweck des 3. Abschnitts der Verordnung beeinträchtigen.[206]

5. *Entscheidung Leventis*

In der Entscheidung *Leventis*[207] befasste der EuGH sich mit einer Gerichtsstandsvereinbarung, die in einem Vertrag zwischen zwei Gesellschaften enthalten war. Dabei wurde durch das vorlegende Gericht gefragt, ob eine solche Gerichtsstandsvereinbarung auch die Gesellschafter persönlich bindet, wenn sie als Stellvertreter der Gesellschaft gehandelt haben.

a. Sachverhalt

Die Malcon Navigation, eine Gesellschaft maltesischen Rechts, leitete ein Schiedsverfahren in London (Vereinigtes Königreich) gegen die maltesische Gesellschaft Brave Bulk Transport ein, um Schadensersatz aufgrund eines Chartervertrags zu erhalten. Brave Bulk Transport verfolgte zugleich eigene Schadensersatzansprüche gegen den irakischen Staat. Während dieses Verfahrens unterzeichneten die Gesellschaften einen privatschriftlichen Vertrag, in dem sich Brave Bulk Transport verpflichtete, Malcon Navigation über den Verlauf des Verfahrens gegen den irakischen Staat zu informieren und im Fall eines Vergleichs 20 % der

204 EuGH, *Assens Havn*, Rn. 30.
205 EuGH, *Assens Havn*, Rn. 36.
206 EuGH, *Assens Havn*, Rn. 40 ff.
207 EuGH, Urteil vom 28.06.2017, Rechtssache C-436/16 - *Leventis.*

ist, nicht von den Vertretern einer dieser Gesellschaften geltend gemacht werden könne, um die Zuständigkeit eines Gerichts für die Entscheidung einer Schadensersatzklage zu bestreiten.[215]

6. *Entscheidung Balta*

Nachdem die Brüssel I-VO durch die neugefasste Brüssel Ia-VO ersetzt wurde, ist die zentrale Vorschrift für den Abschluss einer Gerichtsstandsvereinbarung, Art. 25 Brüssel Ia-VO blieb dabei größtenteils unverändert.

In der Entscheidung *Balta*[216] musste sich der Gerichtshof wiederum mit einer Gerichtsstandsvereinbarung in einem Versicherungsvertrag zugunsten Dritter befassen. Eine Besonderheit dieser Entscheidung ist, dass ein sog. Großrisiko im Sinne von Art. 16 Brüssel Ia-VO versichert war. Bei solchen Großrisikoversicherungsverträgen gilt gemäß Art. 15 Nr. 5 Brüssel Ia-VO eine Ausnahme von den strengen Anforderungen an Gerichtsstandsvereinbarungen in Versicherungssachen, da der Verordnungsgeber davon ausgeht, dass die Parteien solcher Verträge in der Regel gleichwertige Parteien sind.[217] Der Gerichtshof sollte in der Entscheidung *Balta* bewerten, ob diese Privilegierung auch bezüglich Dritter gelten kann.

a. *Sachverhalt*

Die Grifs SIA (lettische Rechtsform der GmbH) und die Versicherungsgesellschaft ASS Balta, beide mit Sitz in Lettland, schlossen einen Haftpflichtversicherungsvertrag, der auch die Haftung eines Dritten – der Tochtergesellschaft Grifs UAB (litauische Rechtsform der GmbH) – mit Sitz in Litauen umfasste. Die Grifs UAB war am Abschluss des Vertrags nicht beteiligt und stimmte den Versicherungsbedingungen, in denen auch eine Gerichtsstandsvereinbarung zugunsten der lettischen Gerichte enthalten war, nicht zu. Bei dem versicherten Risiko handelte es sich unstreitig um ein Großrisiko im Sinne von Art. 16 Nr. 5 EuGVVO.

Bei der Grifs UAB trat 2012 ein zivilrechtlicher Haftungsfall ein, und sie nahm Balta vor dem Regionalgericht in Vilnius, Litauen auf den Haftungsbetrag in Anspruch. Das Regionalgericht verwies auf die Gerichtsstandsvereinbarung in den Versicherungsbedingungen und erklärte sich für unzuständig. Grifs legte daraufhin Rechtsmittel beim Berufungsgericht von Litauen ein, welches

---

215 EuGH, *Leventis*, Rn. 43.

216 EuGH, Urteil vom 29.02.2020, Rechtssache C-803/18 - *Balta*.

217 *Staudinger*, in Rauscher EuZPR/EuIPR, Art. 15 Brüssel Ia-VO, Rn. 11. Siehe zu Großrisikoversicherungen ausführlich im 3. Abschnitt C. II. d.

der Ansicht war, der Grifs stehe als Versicherte gemäß Art. 11 Brüssel Ia-VO auch der Gerichtsstand am eigenen Sitz in Litauen zur Verfügung. Balta legte gegen diese Entscheidung Rechtsmittel am vorlegenden Gericht, dem obersten Gerichtshof von Litauen ein. Das vorlegende Gericht betonte, dass es der Ansicht sei, bei der versicherten Tätigkeit handle es sich um ein Großrisiko im Sinne von Art. 16 Nr. 5 Brüssel Ia-VO. Beide am Vertrag beteiligten Parteien seien wirtschaftlich leistungsfähig, und es müsse ihnen freistehen, von den Vorschriften des 3. Abschnitts durch Vereinbarung abzuweichen.[218]

Daher setzte der oberste Gerichtshof das Verfahren aus und legte dem EuGH folgende Frage vor:

b. *Vorlagefrage*

„Sind Art. 15 Nr. 5 und Art. 16 Nr. 5 der Verordnung Nr. 1215/2012 dahin auszulegen, dass im Fall einer Versicherung von Großrisiken eine Gerichtsstandsklausel, die in einem Versicherungsvertrag enthalten ist, der zwischen dem Versicherungsnehmer und dem Versicherer abgeschlossen worden ist, einem nach diesem Versicherungsvertrag Versicherten entgegengehalten werden kann, der dieser Klausel nicht ausdrücklich zugestimmt hat und seinen gewöhnlichen Aufenthalt oder seine Niederlassung in einem anderen Mitgliedstaat als dem des Versicherungsnehmers und des Versicherers hat?“[219]

c. *Schlussanträge und Entscheidung*

In diesem Verfahren entschied der Gerichtshof ebenso ohne Schlussanträge. Der Gerichtshof stellt zunächst fest, dass es für die Entscheidung der Vorlagefrage allein auf die Auslegung von Art. 15 Nr. 5 i.V.m. Art. 16 Brüssel Ia-VO ankomme. Dazu seien die Entscheidungen und Auslegungen des Gerichtshofs zu den Vorgängervorschriften in der Brüssel I-VO ebenso relevant. Der EuGH stimmt ferner dem vorlegenden Gericht zu, dass der im Verfahren relevante Versicherungsvertrag einen Großrisikoversicherungsvertrag im Sinne von Art. 16 Nr. 5 Brüssel Ia-VO darstelle.[220]

Nunmehr müsse geprüft werden, ob eine Gerichtsstandsvereinbarung, die in einem solchen Vertrag enthalten sei, auch den versicherten Dritten binde, der nicht Vertragspartei sei und den Versicherungsbedingungen nicht zugestimmt habe. Dazu müssten der Wortlaut der Vorschriften, die Systematik der

---

218 EuGH, *Balta,* Rn. 15 ff.
219 EuGH, *Balta,* Rn. 24.
220 EuGH, *Balta,* Rn. 25 ff.

Regelungen für Versicherungssachen in der Verordnung sowie die zugrunde liegenden Ziele ausgelegt werden.[221]

Der EuGH stellt dazu als Erstes heraus, der Wortlaut von Art. 15 Nr. 5 Brüssel Ia-VO würde abstrakt von dem „Versicherungsvertrag" sprechen und im Gegensatz zu den vorhergehenden Nummern nicht die Parteien der Vereinbarung erwähnen. Dieser Unterschied könne allerdings mit der Entstehungsgeschichte der Vorschrift erklärt werden. Bei der Reform des EuGVÜ habe man sich mit einigen Schwierigkeiten auf einen Katalog von Versicherungsverträgen geeinigt, da man sich nicht auf abstrakt-generelle Abgrenzungskriterien habe einigen können. Es hätte dabei nicht möglich sein sollen, solche Vereinbarungen Dritten entgegenzuhalten.[222]

Mit Verweis auf die Gesetzessystematik betont der Gerichtshof, der Gerichtsstand am eigenen Sitz in Art. 11 Brüssel Ia-VO sei gerade zum Schutz des Versicherten für diesen erweitert worden, ohne dabei nach den versicherten Risiken zu unterscheiden. Dieser Schutz sei unwirksam, wenn dem Versicherten dieser Gerichtsstand ohne seine Zustimmung genommen werden könne.[223]

Ferner führt der EuGH die Entscheidungen *Société financière* und *Assens Havn* an, in denen bereits festgestellt worden sei, dass durch die Wirkung von Gerichtsstandsvereinbarungen gegenüber Dritten das Ziel der Verordnung, die wirtschaftlich schwächere Partei zu schützen, nicht beeinträchtigt werden dürfe und dadurch die Möglichkeit, in Versicherungssachen Zuständigkeitsvereinbarungen zu treffen, stark eingeschränkt worden sei. Nunmehr sei zu prüfen, ob dies auch im gleichen Maße für Großrisikoversicherungsverträge gelten könne.[224]

Es sei insoweit unstreitig, dass der Verordnungsgeber es Versicherungsnehmern und Versicherern erlaubt, Zuständigkeitsvereinbarungen für Großrisikoversicherungen zu treffen, da er davon ausgeht, zwei gleichwertige Partner würden hier eine solche Vereinbarung schließen. Daraus könne indes nicht geschlossen werden, dass auch der dritte Versicherungsnehmer im gleichen Ausmaß wirtschaftlich leistungsfähig und ein gleichwertiger Partner sei. Daher hänge die Bewertung, ob eine Partei als wirtschaftlich schwächere angesehen werden könne, nicht allein davon ab, dass der zugrundeliegende Vertrag ein Großrisikoversicherungsvertrag sei. Die Möglichkeit, durch eine

---

221 EuGH, *Balta,* Rn. 31 f.

222 EuGH, *Balta,* Rn. 33 f. mit Verweis auf den *Schlosser*-Bericht, Rn. 140.

223 EuGH, *Balta,* Rn. 35.

224 EuGH, *Balta,* Rn. 36 ff.

Gerichtsstandsvereinbarung von den Zuständigkeitsregeln abzuweichen, gelte daher nur für die Vertragsparteien und nicht für einen versicherten Dritten.[225]

Eine einzelfallbezogene Beurteilung der Frage, ob eine wirtschaftlich schwächere Partei die Vereinbarung tatsächlich abgeschlossen hat, komme ebenso nicht in Betracht. Zwar müsse ausgeschlossen werden, dass der besondere Schutz nicht auf solche Parteien ausgedehnt werden dürfe, die ihn tatsächlich nicht benötigen. Dies sei jedoch nur für solche Parteien anzunehmen, die im Versicherungssektor selbst tätig seien. Im vorliegenden Fall sei Grifs eindeutig nicht im Versicherungssektor tätig.[226]

Demgemäß sei auf die Vorlagefrage zu antworten, dass auch für einen Großrisikoversicherungsvertrag dem dritten Versicherungsnehmer eine darin enthaltende Gerichtsstandsvereinbarung nicht entgegengehalten werden dürfe, es sei denn, es handle sich um eine im Versicherungssektor selbst tätige Partei.[227]

7. *Entscheidung Delay Fix*

In der Entscheidung *Delay Fix*[228] hat sich der Gerichtshof zuletzt mit der Drittwirkung von Gerichtsstandsvereinbarungen befasst.

a. *Sachverhalt*

Die polnische Gesellschaft Passenger Rights, jetzt DelayFix, mit Sitz in Warschau – eine auf den Forderungseinzug spezialisierten Gesellschaft – an die Fluggäste mit Ansprüchen auf Ausgleichszahlung nach der Fluggastrechte-VO[229] abtreten hatte von der irischen Fluggesellschaft Ryanair mit Sitz in Dublin eine solche Forderung gegen Ryanair, die von einem Fluggast an Delay Fix abgetreten wurde, in Höhe von 250 Euro gelten gemacht.

Eine entsprechende Klage erhob die Delay Fix beim Sąd Rejonowy dla m. st. Warszawy w Warszawie (Rayongericht Warschau, Polen.

Ryanair erhob die Einrede der Unzuständigkeit der polnischen Gerichte mit der Begründung, dass die Klausel 2.4 ihrer allgemeinen Beförderungsbedingungen,

---

225 EuGH, *Balta,* Rn. 39 ff.

226 EuGH, *Balta,* Rn. 44 ff.

227 EuGH, *Balta,* Rn. 46.

228 EuGH, Urteil vom 18.11.2020, Rechtssache C-519/19 - *Delay Fix.*

229 VO (EG) Nr. 261/2004 des Europäischen Parlaments und des Rates vom 11.2.2004 über eine gemeinsame Regelung für Ausgleichs- und Unterstützungsleistungen für Fluggäste im Fall der Nichtbeförderung und bei Annullierung oder großer Verspätung von Flügen und zur Aufhebung der VO (EWG) Nr. 295/91.

denen der Fluggast mit dem Kauf seines Online-Tickets zugestimmt habe, die Zuständigkeit der irischen Gerichte festlege. Nach Ansicht von Ryanair ist DelayFix als Abtretungsempfänger der Forderung des Fluggasts an diese Klausel gebunden.

Mit Beschluss vom 15.02.2019 wies das angerufene Gericht diese Einrede der Unzuständigkeit zurück, da zum einen die Gerichtsstandsklausel in dem Beförderungsvertrag zwischen dem Fluggast und der Fluggesellschaft missbräuchlich im Sinne der Klausel-RL sei und zum anderen DelayFix als Abtretungsempfänger der Forderung des Fluggasts nach der Annullierung des Fluges an eine solche Klausel nicht gebunden sei.

Ryanair legte gegen diesen Beschluss bei dem vorlegenden Gericht ein Rechtsmittel ein. Sie war der Auffassung, DelayFix könne sich, da sie kein Verbraucher sei, nicht auf den für Verbraucherverträge vorgesehenen gerichtlichen Schutz berufen.

b. *Vorlagefrage*

„Sind Art. 2 Buchst. b, Art. 3 Abs. 1 und 2 sowie Art. 6 Abs. 1 der Richtlinie 93/13 sowie Art. 25 der Verordnung Nr. 1215/2012 – soweit es um die Prüfung der Gültigkeit einer Gerichtsstandsvereinbarung geht – dahin auszulegen, dass sich auf die fehlende individuelle Aushandlung von Vertragsklauseln und die Anwendung missbräuchlicher Vertragsklauseln in einer Gerichtsstandsvereinbarung auch der Enderwerber einer Forderung berufen kann, der diese im Wege der Abtretung von einem Verbraucher erworben hat, selbst aber kein Verbraucher ist?“[230]

c. *Schlussanträge und Entscheidung*

In diesem Verfahren entschied der Gerichtshof ebenso ohne Schlussanträge.

Zunächst stellt der Gerichtshof die Grundlagen der Wirkung von Gerichtsstandsvereinbarungen – die mitterweile als vollständig etabliert gelten dürften – dar. Demgemäß müsse das erkennende Gericht zunächst prüfen, ob die Gerichtsstandsklausel tatsächlich Gegenstand einer Willenseinigung zwischen den Parteien war, die klar und deutlich zum Ausdruck kommen muss; die Formerfordernisse nach Art. 25 Abs. 1 Brüssel Ia-VO sollen insoweit gewährleisten, dass die Einigung tatsächlich feststeht. Infolgedessen könne eine in einen Vertrag aufgenommene Gerichtsstandsklausel ihre Wirkung grundsätzlich nur im

230 EuGH, *Delay Fix*, Rn. 23.

Verhältnis zwischen den Parteien entfalten, die dem Abschluss dieses Vertrags zugestimmt haben.[231]

Der Gerichtshof stellt anschließend fest, dass weder DelayFix noch Ryanair einer in dem Vertrag enthaltenen Gerichtsstandsvereinbarung zugestimmt haben. Daher handle es sich vorliegend um eine Komnstellation der Wirkung gegenüber Dritten.[232] In solchen Kostellationen sei der Dritte lediglich dann an die Vereinbarung gebunden, wenn dieser nach dem in der Sache anwendbaren nationalen Recht in alle Rechte und Pflichten der ursprünglichen Vertragspartei eingetreten sei, könne der Dritte ausnahmsweise gebunden werden.[233]

Zu diesem anwendbaren Recht zähle laut Gerichtshof auch die verbraucherschützenden Richtlinien wie auch die Richtlinie zu missbräuchlichen Klauseln in Verbraucherverträgen.[234] Diese Richtlinie sei auf alle Wirtschaftszweige anwenbar, damit auch auf Vertragsschlüsse zum Transport von Passagieren im Luftverkehr.[235]

Vorliegend wurde der Beförderungsvertrag, auf dem die von DelayFix geltend gemachte Forderung beruht, ursprünglich zwischen einem Gewerbetreibenden, nämlich der Fluggesellschaft, und einem Fluggast geschlossen, und nichts deutet darauf hin, dass Letzterer seinen Flugschein zu anderen als privaten Zwecken gekauft hätte.[236]

Eine Klausel – die als ausschließlichen Gerichtsstand den Sitz des Gewerbetreibenden vorschreibt – sei nach ständiger Rechtsprechung des Gerichtshofs als rechtsmissbräuchlich anzusehen. Imn einzelfall müsse dies aber das vorlegende Gericht dies prüfen.[237]

Im Ergbnis sei daher die Vorlagefrage dahingehend zu beantworten, dass eine Fluggesellschaft eine Gerichtsstandsklausel, die in einem zwischen ihr und einem Fluggast geschlossenen Beförderungsvertrag enthalten ist, einer Inkassogesellschaft, an die der Fluggast seine Forderung abgetreten hat, nicht entgegenhalten kann, um die Zuständigkeit eines Gerichts für die Entscheidung einer gegen sie auf der Grundlage der Fluggastrechte-VO erhobenen Klage auf eine Ausgleichsleistung in Abrede zu stellen, es sei denn, dass nach den Rechtsvorschriften des

231 EuGH, *Delay Fix*, Rn. 41 f.
232 EuGH, *Delay Fix*, Rn. 43 ff.
233 EuGH, *Delay Fix*, Rn. 47.
234 Richtlinie 93/13/EWG des Rates vom 5. April 1993 über mißbräuchliche Klauseln in Verbraucherverträgen.
235 EuGH, *Delay Fix*, Rn. 52.
236 EuGH, *Delay Fix*, Rn. 56.
237 EuGH, *Delay Fix*, Rn. 57 ff.

Staates, dessen Gerichte in dieser Klausel bestimmt sind, die Inkassogesellschaft in alle Rechte und Pflichten der ursprünglichen Vertragspartei eingetreten ist, was zu prüfen Sache des vorlegenden Gerichts sei.[238]

V. Zwischenergebnis: Der Gerichtshof bindet Dritte regelmäßig in unterschiedlichen Konstellationen an Gerichtsstandsvereinbarungen

Der EuGH hat, wie soeben gezeigt, in einigen Konstellationen die Bindung Dritter an Gerichtsstandsvereinbarungen angenommen und sie in anderen Konstellationen abgelehnt. Der Gerichtshof hat durch eine Auslegung von Art. 25 Brüssel Ia-VO bzw. der Vorgängervorschriften aus dem EuGVÜ oder der Brüssel I-VO die Bindung des Dritten umfassend begründet. Dabei machten die Generalanwälte in ihren Schlussanträgen immer wieder deutlich, dass der Wortlaut der Vorschrift selbst nicht auf Dritte erweitert werden kann. Dem folgte der Gerichtshof in den Entscheidungen.

Gemeinsam haben alle Entscheidungen, dass der EuGH stets die Einigung, die in Art. 25 Brüssel Ia-VO vorgeschrieben ist, aber bezüglich des Dritten fehlt, begründen oder ersetzen musste. An die unterschiedlichen Konstellationen, die der Drittwirkung von Gerichtsstandsvereinbarungen zugrunde liegen, scheint der EuGH unterschiedliche Anforderungen zu stellen, da der Dritte in einigen Fällen von der Gerichtsstandsvereinbarung zu profitieren scheint, während er in anderen Fällen offenkundig gegen seinen Willen an diese gebunden werden soll. Es handelt sich also um zwei unterschiedliche Konstellationen, die im Folgenden dieser Arbeit zugrunde gelegt werden können: Diese Konstellationen lassen sich in die Kategorien „Gerichtsstandsvereinbarung zugunsten Dritter“ und „zulasten Dritter“ einteilen. Dabei sind drittbegünstigende Gerichtsstandsvereinbarungen oftmals solche, in denen der Dritte selbst Rechte aus dem Vertrag ableitet, also zumeist beim Vertrag zugunsten Dritter. Die drittbelastenden Gerichtsstandsvereinbarungen sind dagegen solche, in denen der Dritte entgegen seinem Willen an die Gerichtsstandsvereinbarung gebunden werden soll, zum Beispiel als Rechtsnachfolger.

Der EuGH nimmt diese Aufteilung zwar nicht explizit in den Entscheidungen selbst vor, sondern scheint nur die Drittwirkung als allgemeine Kategorie

238 EuGH, *Delay Fix*, Rn. 63.

zugrunde zu legen. In den Schlussanträgen der Generalanwälte wird die Unterscheidung jedoch oftmals ebenso vorgenommen.[239]

Abgesehen von dieser sehr groben Aufteilung in drittbegünstigende und drittbelastende Wirkung erscheinen die unterschiedlichen Entscheidungen auf den ersten Blick auch in diesen Konstellationen recht unterschiedlich.

Für die drittbegünstigende Drittwirkung sind zum Versicherungsvertrag zugunsten Dritter insgesamt lediglich zwei Urteile ergangen. Im ersten Urteil nahm der Gerichtshof eine Drittbindung an, während im zweiten Urteil bei einem ähnlichen Sachverhalt keine Bindung angenommen wurde. Für einen Geschädigten, der Direktansprüche geltend machte, wurde durch den EuGH ebenfalls keine Bindung angenommen. Dadurch wird zunächst deutlich, dass sich der Dritte wohl durch die materiell-rechtliche Grundlage, nämlich dem Versicherungsvertrag zugunsten Dritter, auf die Vereinbarung berufen kann. Im Folgenden wird also der Vertrag zugunsten Dritter genauer zu betrachten sein. Zudem sollen die drei Urteile im 3. Abschnitt dieser Arbeit detailliert aufgegriffen werden, um den Widerspruch zwischen den Entscheidungen aufzuklären und bezüglich der begünstigenden Drittwirkung zu einem Ergebnis zu kommen.

Die Entscheidungen zur drittbelastenden Drittwirkung lassen zunächst eine klare Linie des EuGH erkennen. Der Gerichtshof scheint bis zur Entscheidung *Refcomp* dem folgenden Grundsatz zu folgen: Ein Dritter wird auch zu seinen Lasten an eine Gerichtsstandsvereinbarung gebunden, wenn er nach anwendbarem nationalen Recht als Rechtsnachfolger in die Rechte und Pflichten der Partei eintritt. Zudem werden Gesellschafter an Gerichtsstandsvereinbarungen in Gesellschaftsverträgen gebunden, auch wenn sie der betreffenden Vereinbarung nicht zugestimmt haben. In der Entscheidung *Refcomp* weicht der Gerichtshof von der Linie ab und versagt die Bindung für den Fall der Rechtsnachfolge nach nationalem Recht bei der Durchgriffshaftung in Vertragsketten. In der Entscheidung *Profit Investment* bindet der EuGH wiederum in einer vergleichbaren Konstellation einer Vertragskette im Wertpapierrecht einen Dritten an die Gerichtsstandsvereinbarung. Die Bindung der Dritten leitet sich also bei den drittbelastenden Gerichtsstandsvereinbarungen aus der materiell-rechtlichen Konstellation ab, die nach anwendbarem nationalen Recht den Dritten in die Rechte und Pflichten einer Partei eintreten lässt.

---

239 Besonders deutlich wird dies in den Schlussanträgen des Generalanwalts *Jääskinen*, der von begünstigenden und belastenden Gerichtsstandsvereinbarungen je nach Entscheidung des EuGH auszugehen scheint. Vgl. dazu: Schlussanträge *Jääskinen* Rn. 43 ff.

Daraus folgt, dass im 4. Abschnitt der Arbeit zunächst ebenfalls die materiell-rechtlichen Konstellationen, die für eine Rechtsnachfolge und im Gesellschaftsrecht in Betracht kommen, im Überblick dargestellt werden müssen. Schließlich soll der Versuch unternommen werden, zu ermitteln, ob die allgemeinen Kriterien des Gerichtshofs insbesondere bezüglich der Drittbindung von Rechtsnachfolgern vor dem Hintergrund der Entscheidungen *Refcomp* und *Profit Investment* heute noch Gültigkeit besitzen.

Der EuGH scheint zwar durch die einzelnen Entscheidungen für einige Konstellationen eine Lösung der Problematik der Drittwirkung gefunden zu haben, dennoch lassen sich auf den ersten Blick keine allgemeinen Lösungen aus der Rechtsprechung ableiten.

Trotz dieser Schwierigkeiten kann nicht der Rückschluss gezogen werden, dass die Brüssel Ia-VO ungeeignet ist, um die wichtigen Drei- oder Mehrparteienkonstellationen zu lösen.[240] Hier eine spezifische Regelung zu fordern, die Dritte einschließt, erscheint zunächst wenig zielführend. Zudem ist auf europäischer Ebene zurzeit kein Wille zum Erlass einer solchen spezifischen Regelung erkennbar, obwohl die Problematik der Drittwirkung von Gerichtsstandsvereinbarungen – wie auch die vorangegangene Bestandsaufnahme zeigt – durchaus bekannt ist. Dennoch wird im weiteren Verlauf der Bearbeitung kritisch zu prüfen sein, ob hiermit nicht doch Rechtssicherheit und -vorhersehbarkeit gestärkt werden könnten.[241]

Für den Gang der vorliegenden Untersuchung ergibt sich aus der Bestandsaufnahme der EuGH-Rechtsprechung zur Thematik für die Untersuchung folgendes Vorgehen:

Die für eine Drittwirkung relevanten Konstellationen sollen in Drittwirkung zugunsten und zulasten Dritter aufgeteilt werden.

Die materiell-rechtlichen Grundkonstellationen sind für die Drittwirkung von erheblicher Bedeutung. Daher sollen in den einzelnen Abschnitten die relevanten materiell-rechtlichen Konstellationen dargestellt werden.

Schließlich müssen die zu den unterschiedlichen Problematiken der Drittwirkung ergangenen Urteile des EuGH im 3. und 4. Abschnitt der Arbeit kritisch analysiert werden, um im Ergebnis überprüfen zu können, ob sich allgemeine Kriterien für eine Drittwirkung zugunsten und zulasten Dritter ableiten lassen.

---

240 So etwa angedeutet bei *Bens*, Multi-Party Disputes, S. 68 ff.; *Hess*, IPRax 2010, S. 116; *Watt*, IPRax 2010, S. 111.

241 Siehe dazu ausführlich im 5. Abschnitt B.

C. Gesamtergebnis zum 2. Abschnitt: Die Wirkungen einer Gerichtsstandsvereinbarung

Eine Gerichtsstandsvereinbarung, die wirksam zwischen zwei Parteien zustande gekommen ist, entfaltet ihre Wirkung zunächst zwischen diesen beiden Parteien. Für die wirksame Vereinbarung der Gerichtsstandsvereinbarung müssen die Formanforderungen in Art. 25 Abs. 1 S. 3 Brüssel Ia-VO durch die Parteien erfüllt werden. Durch die formell-wirksame Einigung wird auch die materielle Einigung indiziert, es sei denn, eine Partei rügt die Nichtigkeit der Gerichtsstandsvereinbarung.

Die Wirkung der Gerichtsstandsvereinbarung bestimmt sich in erster Linie der Privatautonomie entsprechend nach dem Willen der Parteien. Die Parteien können einzelne Gerichtsstände abbedingen (Derogation) oder neue Gerichtsstände hinzufügen (Prorogation). Gemäß Art. 25 Brüssel Ia-VO gilt eine Vermutung für eine ausschließliche Gerichtsstandsvereinbarung. Bei einer Vereinbarung mit Prorogationswirkung wird also die Derogationswirkung für alle anderen Gerichtsstände vermutet.

Die Wirkung der Gerichtsstandsvereinbarung kann sich auch auf Dritte erstrecken. Das Prinzip der Relativität der Schuldverhältnisse, das in den unterschiedlichen Rechtsordnungen der Mitgliedsstaaten gleichsam gilt, wird bei einer solchen Drittwirkung durchbrochen. Für diese Durchbrechung muss es eine materiell-rechtliche Begründung geben, die sich dann in einem zweiten Schritt auch prozessrechtlich auswirkt. Die Frage der Drittwirkung der Gerichtsstandsvereinbarung verhält sich komplementär zur materiell-rechtlichen Begründung der Drittwirkung. Bei der Lösung der Problematik sind also sowohl prozessrechtliche als auch materiell-rechtliche Aspekte zu beachten.

Durch die Auswertung der EuGH-Rechtsprechung zur Problematik der Drittwirkung einer Gerichtsstandsvereinbarung hat sich die Annahme bestätigt, dass nur durch eine Durchbrechung des Prinzips der Relativität der Schuldverhältnisse Fallgruppen mit Beteiligung Dritter interessengerecht gelöst werden können. Der Gerichtshof hat nämlich in unterschiedlichen Konstellationen das Prinzip der Relativität durchbrochen und Dritte an Gerichtsstandsvereinbarungen gebunden. Dabei kam der materiell-rechtlichen Konstellation, die dem jeweiligen Fall zugrunde lag, ein erheblicher Stellenwert zu. Der EuGH legt dabei Art. 17 EuGVÜ und Art. 23 Brüssel I-VO aus, greift aber auch auf das anwendbare nationale Recht zurück, um die fehlende Einigung zu überwinden. Gleichzeitig macht der Gerichtshof immer wieder deutlich, dass Dritte vom Wortlaut der Vorschrift nicht umfasst werden. Für die Frage nach der Einordnung der

Drittbindung scheint der Gerichtshof auf das anwendbare nationale Recht abzustellen.

Zur weiteren Untersuchung der Problematik sollen die Konstellationen, in denen eine Drittbindung durch den EuGH bereits angenommen oder verweigert wurde, in zwei Kategorien aufgeteilt werden. Zum einen die begünstigende Drittwirkung der Gerichtsstandsvereinbarung, die vor allem beim Versicherungsvertrag zugunsten Dritter relevant wird. Das Problem der drittbegünstigenden Gerichtsstandsvereinbarung soll hier im 3. Abschnitt bearbeitet werden.

Zum anderen in die belastende Drittwirkung der Gerichtsstandsvereinbarung, die in den unterschiedlichsten materiell-rechtlichen Konstellationen vorkommt. Das Problem der drittbelastenden Drittwirkung soll hier im 4. Abschnitt bearbeitet werden.

3. Abschnitt: Die Wirkung der Gerichtsstandsvereinbarung zugunsten Dritter

Die Wirkung einer Gerichtsstandsvereinbarung zugunsten Dritter ist, wie die Bestandsaufnahme der Rechtsprechung des EuGH bereits deutlich zeigte, hauptsächlich im Rahmen des Vertrags zugunsten Dritter relevant. Daher sollen die drittbegünstigenden Konstellationen auch hier anhand des Vertrags zugunsten Dritter erläutert werden.

Zunächst soll daher der Vertrag zugunsten Dritter, der ein Bestandteil der unterschiedlichen nationalen Rechtsordnungen der Mitgliedsstaaten ist, im Rahmen eines Rechtsvergleiches dargestellt werden. Dies ist für die vorliegende Arbeit wichtig, denn wie bereits gezeigt, haben die materiell-rechtlichen Grundlagen des Vertragsverhältnisses Einfluss auf die prozessualen Wirkungen. Die Argumente für eine Bindung Dritter leiten sich aus dem materiell-rechtlichen Verhältnis zwischen den Parteien ab. Zum besseren Verständnis sollen in dieser Arbeit die der Drittbindung zugrunde liegenden materiell-rechtlichen Konstellationen ausführlicher erläutert werden.[242]

Im Folgenden sollen sodann mit Bezug zur soeben dargestellten EuGH-Rechtsprechung drei unterschiedliche Fallgruppen entwickelt werden. Anhand dieser Fallgruppen soll überprüft werden, ob es sich bei diesen Konstellationen tatsächlich um solche handelt, die den Dritten begünstigen. Die Abgrenzung zwischen begünstigender und belastender Drittwirkung ist für einige Fallgruppen schwierig, denn auch in diesem Rahmen greifen materiell-rechtliche und prozessuale Aspekte ineinander. Hierbei die materiell-rechtlichen Aspekte auszuklammern wäre verfehlt, da so eine tatsächlich begünstigende Wirkung fälschlicherweise als Belastung des Dritten eingeordnet werden könnte. Oftmals wird auch bei ausführlicher Beschäftigung mit der Thematik für eine belastende Wirkung einfach auf die prozessrechtliche Position des Dritten abgestellt.[243] In dieser Arbeit wird jedoch ein differenzierter Ansatz verfolgt.

---

242 Anders bei *Jungermann*, die den Vertrag zugunsten Dritter im Rahmen der Rechtsvergleichung der Drittwirkung von Gerichtsstandsvereinbarungen lediglich im Überblick darstellt, vgl. *Jungermann*, Drittwirkung, S. 84 ff.

243 So etwa: *Jungermann*, Drittwirkung, S. 74; *Killias*, Gerichtsstandsvereinbarung, S. 284; *Kim*, Gerichtsstandsvereinbarungen, S. 183.

Schließlich soll für die als drittbegünstigend eingeordnete Konstellationen analysiert werden, wie der Dritte an die Gerichtsstandsvereinbarung gebunden werden kann. Allein dadurch, dass diese Konstellationen als tatsächlich drittbegünstigend eingeordnet werden, können Dritte nicht an die Vereinbarung gebunden werden. Es muss für jede der entwickelten Fallgruppen geprüft werden, ob und wie der Dritte an die Vereinbarung gebunden werden soll. Dazu müssen die einschlägigen Vorschriften des EuGVÜ ausgelegt werden und die Interessen der Parteien in einen angemessenen Ausgleich gebracht werden.

A. Rechtsvergleichende Darstellung des Vertrags zugunsten Dritter

Entscheidend für das Verständnis der Drittbindung auf europäischer Ebene ist, wie in Deutschland und den anderen Mitgliedsstaaten die materiell-rechtlichen Grundkonstellationen rechtlich bewertet werden.

Die Darstellung des Vertrags zugunsten Dritter ist notwendig, weil bei der Argumentation für und gegen eine Drittbindung auch Argumente aus dem Vertrag zugunsten Dritter abgeleitet werden. Da die Arbeit aus der deutschen Perspektive die Drittwirkung betrachtet, soll die deutsche Rechtslage ausführlich dargestellt werden, während die Rechtslage in den anderen Mitgliedsstaaten lediglich im Überblick und beispielhaft dargestellt wird. Durch die Darstellung der deutschen Perspektive sowie der Perspektive von ausgewählten Mitgliedsstaaten kann sichergestellt werden, dass die aus der materiell-rechtlichen Konstellation abgeleiteten Argumente innerhalb der EU gleichermaßen anerkannt sind. Der EuGH selbst hat vor allem zur Klärung unbestimmter Rechtsbegriffe einen solchen rechtsvergleichenden Ansatz verfolgt. Wenn in den einzelnen Rechtsordnungen keine Übereinstimmung über eine rechtliche Bewertung bestehe, müsse dies stets bei der Auslegung berücksichtigt werden.[244] Ebenso verhält es sich hier: Zwar soll nicht ein unbestimmter Rechtsbegriff durch den Gerichtshof betrachtet werden, aber durch Auslegung geklärt werden, ob ein Dritter zu seinen Gunsten an eine Gerichtsstandsvereinbarung gebunden werden kann, die in einem Vertrag zu seinen Gunsten enthalten ist. Die Bewertung des Vertrags zugunsten Dritter in Europa muss, wenn Argumente, die bei einer solchen Auslegung zum Tragen kommen, aus dieser materiell-rechtlichen Konstellation abgeleitet werden, Anerkennung in den unterschiedlichen Mitgliedsstaaten

244 EuGH, Urteil vom 6. Oktober 1976, Rechtssache 12/76, Slg. 1976, 1473 - *Tessili*.

finden.[245] Im Folgenden soll zunächst der Vertrag zugunsten Dritter als Rechtsinstrument aus der deutschen Perspektive eingeführt und erläutert werden. Im zweiten Schritt soll dann mit Bezug auf andere europäische Rechtsordnungen anhand ausgewählter Beispiele gezeigt werden, dass unter den Mitgliedsstaaten der Vertrag zugunsten Dritter größtenteils gleichbehandelt wird. Schließlich soll daraus abgeleitet werden, wie der Vertrag zugunsten Dritter in Europa als Rechtsfigur behandelt wird.

I. Verträge zugunsten Dritter in Deutschland

Aufgrund des besonderen Dreiecksverhältnisses, das für den Vertrag zugunsten Dritter begriffswesentlich ist, stellen sich in jedem Stadium der Vertragsabwicklung eine Reihe komplex-er Rechtsfragen.[246] Der praktische Anwendungsbereich für den Vertrag zugunsten Dritter ist heutzutage kaum noch einzugrenzen. Die Schwerpunkte der praktischen Anwendung liegen etwa im Versicherungs- oder Frachtrecht, wobei eine Vielzahl weiterer Anwendungsbereiche auf unterschiedlichen Rechtsgebieten denkbar ist.[247] Die vorliegende Arbeit soll sich jedoch schwerpunktmäßig mit der Rechtsfigur des Vertrags zugunsten Dritter in der Form des Versicherungsvertrags (Versicherung auf fremde Rechnung) beschäftigen. Versicherungsverträge stellen zudem den wirtschaftlich wichtigsten Anwendungsbereich des Vertrags zugunsten Dritter dar.[248] So sollen nachfolgend die wesentlichen Grundzüge des Vertrags zugunsten Dritter und die für die Gerichtsstzuständigkeit und Versicherungsverträge besonders relevanten Probleme dargestellt werden.

1. Grundzüge des Vertrags zugunsten Dritter

Als berechtigenden Vertrag zugunsten Dritter wird jeder Vertrag bezeichnet, der einen der Vertragspartner zu einer Leistung an einen Dritten dergestalt verpflichtet, dass dieser die Leistung aus eigenem Recht fordern kann. Im BGB ist der Vertrag zugunsten Dritter in § 328 BGB normiert. Der Vertrag zugunsten Dritter ist kein selbstständiger Vertragstyp, sondern eine Form der Gestaltung

---

245 Ebenso: *Jungermann,* Drittwirkung, S. 78; *Killias,* Gerichtsstandsvereinbarungen, S. 38 f.

246 So zutreffend: *Krauskopf,* Vertrag zugunsten Dritter, Rn. 1.

247 Ein guter Überblick über typische Anwendungsbereiche bei: *Gottwald,* in: MüKo BGB, § 328 Rn. 36 f.

248 *Gottwald,* in: MüKo BGB, § 328 Rn. 94; *Klumpp,* in: J. von Staudingers Kommentar BGB, § 328, Rn. 317 ff.; *Bayer,* Vertrag zugunsten Dritter, S. 143.

und Modifikation eines Vertrags, die vorgibt, dass mindestens ein Empfänger einer Leistung nicht Partei, sondern Dritter ist.[249] In Deutschland wird zwischen einem echten und unechten Vertrag zugunsten Dritter unterschieden. Ob ein echter Vertrag zugunsten Dritter vorliegt ist im Zweifel durch Auslegung zu ermitteln.[250] Für die vorliegende Arbeit ist lediglich der echte Vertrag zugunsten Dritter relevant, da nur durch diesen eigene Rechte für den Dritten begründet werden.

a. Struktur des Vertrags zugunsten Dritter

Der eigentliche Vertrag kommt zwischen dem Schuldner (Versprechender) und dem Gläubiger (Versprechensempfänger) zustande. Die Besonderheit des Vertrags liegt darin, dass ein Dritter aus diesem Vertrag ein Forderungsrecht erhält. Der Vertrag deckt also die Forderung des Dritten, weshalb das Schuldverhältnis zwischen Versprechendem und Versprechensempfänger auch als Deckungsverhältnis bezeichnet wird.[251]

Zwischen diesen beiden Parteien und dem Dritten besteht tatsächlich kein Rechtsverhältnis im engeren Sinne. Um die Beziehung zwischen dem Dritten und den Parteien besser beschreiben zu können, wird diese jedoch gebräuchlich auch (Schuld)Verhältnis genannt.

Das Verhältnis zwischen dem Versprechensempfänger und dem Dritten wird als Valutaverhältnis bezeichnet. Aus diesem Verhältnis lässt sich der Grund für die Zuwendung an den Dritten ermitteln.[252] Der Zweck einer Drittbegünstigung im Versicherungsrecht ist oftmals die sog. Vorsorgefunktion: Für einen Dritten soll durch den Vertrag sogleich oder unter eindeutigen Voraussetzungen eine sichere Rechtsposition geschaffen werden.[253] Aus welchen Gründen

---

249 *Grüneberg,* in: Palandt BGB, § 328, Rn. 1; *Klumpp,* in: J. von Staudingers Kommentar BGB, § 328, Rn. 1; *Krauskopf,* Vertrag zugunsten Dritter, Rn. 12.

250 Der unechte Vertrag zugunsten Dritter ermächtigt den Schuldner lediglich zur Leistung an einen Dritten und begründet keine Rechte für den Dritten: vgl. *Klumpp,* in: J. von Staudingers Kommentar BGB, § 328, Rn. 2.

251 BGH NJW 1984, 2156; *Gottwald,* in: MüKo BGB, § 328 Rn. 25; *Klumpp,* in: J. von Staudingers Kommentar BGB, § 328, Rn. 8; *Hadding,* in: Soergel BGB, § 328, Rn. 16; *Janoschek,* in: Bamberger/Roth BGB, § 328, Rn. 7; *Krauskopf,* Vertrag zugunsten Dritter, Rn. 20.

252 *Klumpp,* in: J. von Staudingers Kommentar BGB, § 328, Rn. 10; *Krauskopf,* Vertrag zugunsten Dritter, Rn. 21; *Bayer,* Vertrag zugunsten Dritter, S. 286 f.

253 *Gottwald,* in: MüKo BGB, § 328 Rn. 10; *Klumpp,* in: J. von Staudingers Kommentar BGB, Vorb. zu § 328, Rn. 18; *Janoschek,* in: Bamberger/Roth BGB, § 328, Rn. 12.

der Versprechensempfänger dem Dritten eine Leistung zuwendet, berührt den Schuldner nicht und ist damit für das Deckungsverhältnis nicht relevant. Die Zuwendung des Anspruchs erfolgt also abstrakt. Das Deckungsverhältnis und das Valutaverhältnis (Zuwendungsverhältnis) sind voneinander unabhängig.[254]

Darüber, wie das Verhältnis zwischen Versprechendem und Drittem zu titulieren ist, besteht Uneinigkeit. Häufig wird es als Vollzugsverhältnis, direktes Zuwendungsverhältnis oder Drittverhältnis bezeichnet.[255] Die Bezeichnung dieser Beziehung als Verhältnis kann zu dem Missverständnis führen, den Dritten als eine Art Partei des Vertrags zugunsten Dritter zu sehen. Die Rolle des Dritten in diesem Dreiecksverhältnis ist jedoch differenzierter zu betrachten. Die Besonderheit des Vertrags zugunsten Dritter ist gerade, dass der Dritte das Recht an der Leistung erwirbt, ohne dass er selbst irgendeinem Vertrag zugestimmt hat. Einer wie auch immer gearteten Beteiligung des Dritten bedarf es nicht. [256]

b. Rechtsstellung des Dritten

Insbesondere für die vorliegende Arbeit problematisch ist die Frage, welche Pflichten aus dem Vertrag zugunsten Dritter den Begünstigten treffen. Wenn ein Dritter durch den Vertrag zugunsten Dritter vertraglich in die Gläubigerstellung einrückt und so die Rechte, aber auch die Pflichten der Partei übernimmt, könnte sich daraus ergeben, dass der Dritte auch an die Gerichtsstandsvereinbarung gebunden wird.[257] Wie weit die Gläubigerpflichten des Dritten reichen sollen, wird unterschiedlich bewertet. Es muss also zunächst erörtert werden, welche Rechtsstellung der Dritte im Vertrag zugunsten Dritter innehat.

(1) Dritter erwirbt Forderungsrecht

Zum einen wird vertreten, dass der Dritte durch den Vertrag zugunsten Dritter nicht vollständig in die Gläubigerstellung einrückt. Der Dritte erwirbt nach dieser

---

254 *Gottwald,* in: MüKo BGB, § 328 Rn. 29; *Krauskopf,* Vertrag zugunsten Dritter, Rn. 1633; *Klumpp,* in: J. von Staudingers Kommentar BGB, § 328, Rn. 18 f.

255 *Gottwald,* in: MüKo BGB, § 328 Rn. 30; Kritisch zu allen Begriffen: *Gernhuber,* Das Schuldverhältnis, S. 479.

256 *Grüneberg,* in: Palandt BGB, § 328, Rn. 5; *Klumpp,* in: J. von Staudingers Kommentar BGB, Vorb. zu § 328, Rn. 53 ff; *Janoschek,* in: Bamberger/Roth BGB, § 328, Rn. 16; *Gernhuber,* Das Schuldverhältnis, S. 468. Dagegen alleine *Hadding,* der eine „konkludente" Annahme des Dritten durch Nichtzurückweisung voraussetzt. *Hadding,* in: Soergel BGB, § 328, Rn. 16.

257 Siehe zu dieser Frage ausführlich in diesem Abschnitt C. II. 1. a.

Ansicht lediglich ein sog. „abgespaltenes Forderungsrecht“[258] – d. h. der Dritte wird zwar formell Gläubiger des zu seinen Gunsten begründeten Anspruchs, rückt aber nicht in die Stellung einer Vertragspartei ein.[259] Die Wirkungen des Vertrags zugunsten Dritter werden daher zwischen Versprechensempfänger und dem Dritten aufgeteilt: Der Versprechensempfänger ist und bleibt Vertragspartner des Versprechenden, während der Dritte auf fremde Rechnung ein (materielles) Forderungsrecht erwirbt.[260] Der Dritte kann wie ein Gläubiger auch die Leistung an sich selbst im eigenen Namen vom Schuldner fordern. Zwischen dem Dritten und dem Versprechenden entsteht jedoch kein Vertragsverhältnis, insbesondere treffen den Dritten nicht die gleichen vertraglichen Pflichten wie den Gläubiger. Der Dritte hat eine „eigentümliche Rechtsstellung“[261] inne, die nicht mit anderen Rechtsstellungen vergleichbar ist, die das BGB kennt.

Diese Schwierigkeit lässt sich gut anhand der Vorschriften zur Mehrheit von Gläubigern verdeutlichen: Gemäß § 335 BGB kann der Versprechensempfänger auch beim echten Vertrag zugunsten Dritter die Bewirkung der Leistung an den Dritten durch den Versprechenden verlangen, sofern nicht vereinbart wurde, dass dem Dritten das ausschließliche Forderungsrecht zustehen soll. Das heißt, dass sowohl der Versprechensempfänger als auch der Dritte die Leistung an den Dritten vom Versprechenden fordern. Diese aufgeteilte Gläubigerstellung zwischen Versprechensempfänger und Drittem ist kaum systematisch in das Schuldrecht einzuordnen. Es kann sich weder um Mitgläubiger handeln (§ 432 BGB), denn der Schuldner muss nicht an den Versprechensempfänger und den Dritten gemeinschaftlich leisten. Noch kann es sich um Gesamtgläubiger handeln (§ 428 BGB), denn der Schuldner kann gerade nicht beliebig an den Versprechensempfänger oder den Dritten leisten. Diese Schwierigkeiten der Einordnung haben zur Folge, dass sich unterschiedliche Bezeichnungen dieser aufgespaltenen Gläubigerstellung ergeben haben.[262] Die Problematik der

---

258 Formulierung nach BGHZ 54, 145/147.

259 So die wohl herrschende Meinung: BGHZ 54, 145/147; BGH, NJW-RR 1993, 770/771; *Grüneberg*, in: Palandt BGB, § 328, Rn. 5; *Gottwald*, in: MüKo BGB, § 328 Rn. 30; *Klumpp*, in: J. von Staudingers Kommentar BGB, § 328, Rn. 23; *Bayer*, in: Erman BGB, § 328, Rn. 37; *Janoschek*, in: Bamberger/Roth BGB, § 328, Rn. 16.

260 Zutreffend: *Bayer*, Vertrag zugunsten Dritter, S. 213.

261 Besonders treffend zur Formulierung: *Papanikolaou*, Schlechterfüllung, S. 38.

262 Etwa: „Gläubigermehrheit besonderer Prägung“ bei *Gernhuber*, Das Schuldverhältnis, S. 491; „im Gesetz nicht näher geregelte Art einer Mehrheit von Forderungs-, insbesondere Klageberechtigten“ bei *Larenz*, Schuldrecht, S. 223 oder „besondere Art der Forderungsmehrheit“ bei *Bayer*, in: Ermann BGB Kommentar, § 335 BGB, Rn. 3.

genauen Umschreibung dieser Rechtsposition des Dritten verdeutlicht lediglich, dass die §§ 422 ff. BGB keine unmittelbare Anwendung finden können.[263]

Der Dritte erwirbt durch den Vertrag zugunsten Dritter ein eigenes abgespaltenes Forderungsrecht, kann daher Leistung vom Schuldner im eigenen Namen verlangen. Diese besondere Gläubigerstellung des Dritten umfasst lediglich das Forderungsrecht, ohne dass der Dritte darüber hinaus als Gläubiger dem Schuldner verpflichtet ist. Das Forderungsrecht teilt sich der Dritte mit dem Versprechensempfänger, und es entsteht eine besondere Art der Forderungsmehrheit, die in die Systematik des Schuldrechts nicht einzuordnen ist.

(2) Dritter wird Rechtsnachfolger der Vertragspartei

Demgegenüber wird vor allem von *Dörner* bezüglich der Rechtsübertragung durch den Vertrag zugunsten Dritter vertreten, dass der Dritte in Anlehnung an die Forderungszession vollständig in die Rechte und Pflichten des Versprechensempfängers eintritt. Der Dritte erwirbt mit bestandsfestem Rechtserwerb die Position, die vorher der Versprechensempfänger innehatte. Dies hat zur Folge, dass der Dritte nicht lediglich die Rechte, sondern auch die Pflichten des Versprechensempfängers vollständig erwirbt.[264]

Die Analogie zur Zession begründet *Dörner* insbesondere mit der vergleichbaren Interessenlage und der auch beim Vertrag zugunsten Dritter vorliegenden Mehrheit von Gläubigern, die die herrschende Ansicht nur unzureichend erkläre: Dem Sinn und Zweck der Vorschriften nach behalte der Versprechensempfänger die Möglichkeit, selbstständig auf die Erfüllung des Anspruchs aus dem Hauptvertrag durch den Schuldner zu bestehen. Der Dritte muss sich dann nicht selbst um die Durchsetzung seines Anspruchs kümmern. Dabei handelt der Versprechensempfänger allerdings wohl vor allem im eigenen Interesse, denn er möchte seine eigene Verpflichtung gegenüber dem Dritten erfüllen und hofft, ggf. die vom Dritten versprochene Gegenleistung zu erhalten.[265] Ähnlich gehe die herrschende Meinung bei einer offenen Sicherungszession davon aus,

263 Ausführlich auch zu den unterschiedlichen Bezeichnungen: *Bayer*, Der Vertrag zugunsten Dritter, S. 217.

264 *Dörner*, Dynamische Relativität, S. 171 ff.; Zustimmend *Hadding*, in: Soergel BGB Kommentar, § 328, Rn. 14.

265 *Dörner*, Dynamische Relativität, S. 171; Zustimmend zur Vergleichbarkeit mit der Zession auch *Krauskopf*, Vertrag zugunsten Dritter, Rn. 83.

dass der Zedent auch ohne Einziehungsermächtigung befugt bleibt, Zahlung an den Zessionar zu verlangen.[266]

Gemäß § 335 BGB würde dem Versprechensempfänger zwar im eigenen Interesse, aber nur neben dem Anspruch des Dritten, eine Einwirkung auf die Leistungsabwicklung gestattet. Dagegen würde dem Dritten sowohl die Durchsetzung des Anspruchs als auch ein Abwarten auf die Einflussnahme des Versprechensempfängers ermöglicht. Demnach ziele der Sinn und Zweck der Vorschrift jedenfalls nicht darauf ab, die Position des Dritten zu schwächen.[267]

Daraus folgert *Dörner*, dass beim Versprechensempfänger keine Gläubigerrechte verbleiben, denn diese gehen in ihrer Gesamtheit auf den Dritten über. Der Versprechensempfänger behalte sich im Verhältnis zum Schuldner lediglich zusätzliche Rechte vor, wie beispielsweise Gestaltungsrechte. Dies spreche dafür, dass der Dritte als Gläubiger die Rechtsstellung des Versprechensempfängers „übernimmt", also Vertragspartei wird, während beim Versprechensempfänger keine Gläubigerrechte verbleiben.[268]

(3) Stellungnahme

Im Ergebnis ist die Ansicht von *Dörner* abzulehnen. Der Dritte wird beim Vertrag zugunsten Dritter nicht Rechtsnachfolger des Versprechensempfängers und erwirbt somit auch nicht die gleichen Rechte oder Pflichten wie die Vertragspartei. Vielmehr ist der herrschenden Ansicht zuzustimmen, die die Rechtsstellung des Dritten als Sonderposition einordnet, bei der im Einzelfall zu entscheiden ist, welche Rechte und Pflichten den Dritten als Gläubiger des abgespaltenen Forderungsrechts treffen sollen. Anhand der Pflichten des Dritten in dieser Sonderstellung kann dann differenziert auch das Prozessrisiko bestimmt werden. Den Dritten im gleichen Umfang wie die Partei zu binden, trägt den Besonderheiten des Vertrags zugunsten Dritter nicht ausreichend Rechnung. Einerseits nimmt der Dritte beispielsweise bei der Leistungsabwicklung die Pflichten des Gläubigers zur Annahme der Leistung wahr und sollte daher in dieser Hinsicht auch wie ein Gläubiger behandelt werden. Andererseits kommt der Dritte nicht mit der Gegenleistung in Berührung und sollte daher bezüglich der Gegenleistungspflicht nicht wie ein Gläubiger behandelt werden.

Zudem kann die Begründung von *Dörner* im Ergebnis nicht überzeugen:

---

266 Bei der offenen Sicherungszession wird der Schuldner über die Abtretung informiert: *Dörner,* Dynamische Relativität, S. 171 m.w.N.

267 *Dörner,* Dynamische Relativität, S. 171.

268 *Dörner,* Dynamische Relativität, S. 172.

Zuzustimmen ist *Dörner* in der Hinsicht, dass die Vorschriften der §§ 328 ff. BGB nicht darauf abzielen, die Rechtsposition des Dritten zu schwächen. Im Gegenteil, beim Vertrag zugunsten Dritter geht es gerade darum, dem Dritten überhaupt eine Rechtsposition zu verschaffen. Jedoch ist im Vertrag zugunsten Dritter die Rechtsposition des Versprechensempfängers als Schuldner sowie als Gläubiger angelegt. Diese Position ist für den Versprechensempfänger über das Recht, Leistung an den Dritten zu verlangen, hinaus relevant, denn beispielsweise kann er nur als Gläubiger Gestaltungsrechte ausüben, die dem Dritten gerade nicht übertragen werden sollen. Sich, wie *Dörner* behauptet, als Versprechensempfänger diese Rechte lediglich vorzubehalten, erscheint auf Kosten der Rechtssicherheit den Versprechensempfänger zu benachteiligen. Zudem ist ein Parteiwechsel auch nicht im Interesse des Versprechenden: Im Rahmen der Privatautonomie hat sich dieser seinen Vertragspartner, nämlich den Versprechensempfänger ausgesucht. Zwar ist dem Versprechenden bei Vertragsschluss bewusst, dass an den Dritten geleistet werden soll und dieser die Leistung auch von ihm verlangen kann. Daher ist sich der Versprechende auch des Risikos bewusst, das einer Leistungsabwicklung zwischen ihm und dem Dritten innewohnt. Darüber hinaus ergibt sich jedoch für den Versprechenden in keiner Weise, dass der Dritte im gleichen Umfang wie der Vertragspartner Gläubiger mit allen Rechten und Pflichten werden soll.

Schließlich ist auch der Vergleich mit der Forderungszession, den *Dörner* anführt, wenig überzeugend: Wie *Klumpp* zutreffend anmerkt, wird auch bei einer Forderungsabtretung der Zessionar nicht neuer Vertragspartner im engeren Sinne.[269] Bei der Abtretung einer Forderung findet zwar ein Gläubigerwechsel aufgrund des Abtretungsvertrags statt, aber der neue Gläubiger erwirbt die Forderung mit allen Rechten und Pflichten und wird nicht neuer Vertragspartner des Schuldners. Vertragspartner des Schuldners bleibt der Zedent. Es handelt sich bei der Forderungsabtretung also um einen Wechsel der Rechtszuständigkeit bezüglich der Forderung und nicht um einen Wechsel der Gläubiger.[270]

2. *Prozessrisiko des Dritten*

Um später bestimmen zu können, ob eine Gerichtsstandsvereinbarung den Dritten auch in seiner Position als Beklagter binden kann,[271] soll an dieser Stelle

269 *Klumpp,* in: J. von Staudingers Kommentar BGB, § 328, Rn. 23.

270 *Busche,* in: J. von Staudingers Kommentar BGB, § 398, Rn. 27; *Larenz,* Schuldrecht, S. 577 ff. Siehe ausführlich zu den Rechtsfolgen der Abtretung nach deutschem Recht im 4. Abschnitt A. IV. 1.

271 Siehe dazu ausführlich in diesem Abschnitt C. II. 1.

zunächst abstrakt erläutert werden, ob und in welchem Ausmaß der Begünstigte eines Vertrags zugunsten Dritter durch die Parteien in Anspruch genommen werden kann. Welchem Prozessrisiko der Dritte ausgesetzt ist, hängt davon ab, in welchem Umfang dem Dritten in seiner Rolle als „limitierter Gläubiger“ gegenüber dem Versprechenden die Pflichten des Versprechensempfängers auferlegt werden können. Wie soeben dargestellt, wird der Dritte gerade nicht Vertragspartei, sondern erwirbt lediglich ein abgespaltenes Forderungsrecht. Daher können den Dritten keine Hauptpflichten aus dem Vertragsverhältnis treffen, denn der Dritte wird gerade nicht Vertragspartner des Schuldners. Der Dritte ist nämlich zu keiner Gegenleistung verpflichtet.[272] Daraus folgt, dass der Dritte nicht aufgrund der Hauptleistungspflicht in Anspruch genommen werden kann, also nicht durch die Parteien auf Erfüllung verklagt werden kann.

Das Verhältnis zwischen dem Dritten und dem Schuldner wird als vertragsähnliches Vertrauensverhältnis beschrieben.[273] Präziser wird dagegen umschrieben, welche Rechte und Pflichten sich aus diesem Vertrauensverhältnis für den Dritten ergeben sollen:

Der Dritte hat das Recht Ansprüche des Leistungsstörungsrechts geltend zu machen, die einzelne Forderungen betreffen, wie etwa §§ 280 Abs. 1, Abs. 2, 286 BGB jedoch keine, die den Vertrag als Ganzes infrage stellen (beispielsweise der Rücktritt, § 323 BGB) oder die den Leistungsaustausch zwischen Schuldner und Versprechensempfänger betreffen, wie etwa Schadensersatz statt der Leistung.[274]

Zudem treffen den Dritten alle Pflichten, die in Verbindung mit der Leistungsabwicklung mit dem Schuldner stehen, wie beispielsweise Nebenpflichten gemäß § 241 Abs. 2 BGB. Dies ergibt sich bereits aus der Rücksichtnahmepflicht für „jeden Teil“, also nicht lediglich die Vertragsparteien.[275] Zudem kann

---

272 So eindeutig allein: *Janoschek*, in: Bamberger/Roth BGB, § 328, Rn. 17. Allerdings lässt sich aus den Argumentationen der anderen Vertreter der gleiche Schluss ziehen: *Grüneberg*, in: Palandt BGB, § 328, Rn. 5; *Gottwald*, in: MüKo BGB, § 328 Rn. 30; *Klumpp*, in: J. von Staudingers Kommentar BGB, § 328, Rn. 23; *Bayer*, in: Erman BGB, § 328, Rn. 37.

273 BGH, NJW 2005, 3778; *Grüneberg*, in: Palandt BGB, § 328, Rn. 7; *Gottwald*, in: MüKo BGB, § 328 Rn. 25.

274 *Klumpp*, in: J. von Staudingers Kommentar BGB, § 328, Rn. 23; *Grüneberg*, in: Palandt BGB, § 328, Rn. 5.

275 BGH, NJW 2005, 3778; *Gottwald*, in: MüKo BGB § 328 Rn. 31; *Klumpp*, in: J. von Staudingers Kommentar BGB, § 328, Rn. 25; *Grüneberg*, in: Palandt BGB, Einf. vom § 328, Rn. 5; *Janoschek*, in: Bamberger/Roth BGB, § 328, Rn. 20; *Larenz*, Schuldrecht, § 17 I, S.223; *Looschelders*, Schuldrecht AT, Rn. 1057 ff.

der Dritte durch schuldhafte Nichtannahme der Leistung in Annahmeverzug geraten.[276]

Bezüglich des Prozessrisikos bedeutet dies also, dass der Dritte vom Versprechenden lediglich aufgrund von Nebenpflichtverletzungen in Anspruch genommen werden kann. Daher ist der Dritte im Verhältnis zu den Parteien eher einem geringen Prozessrisiko ausgesetzt. Es sind praktisch kaum Situationen denkbar, in denen der Dritte durch die Parteien in Anspruch genommen wird und dieser Anspruch gerichtlich durchgesetzt werden soll. In Betracht kommt allerdings die Feststellungsklage auf Nichtbestehen des Forderungsrechtes des Dritten.

Häufiger kommt es in der Praxis hingegen vor, dass der Dritte den Versprechenden beispielsweise aufgrund von Ansprüchen aus dem Leistungsstörungsrecht verklagt. Dabei sind dann die problematischen Fragen der Wirkung der Gerichtsstandsvereinbarung äußerst relevant. Denn wenn im Vertrag zwischen Versprechensempfänger und Versprechenden eine Gerichtsstandsvereinbarung enthalten ist, wird der Versprechenden sich in einem Prozess, den der Dritte etwa am Gerichtsstand des eigenen (Wohn-)Sitz anstrebt, stets versuchen, sich auf die Gerichtsstandsvereinbarung zu berufen. Die soeben dargestellte Ansicht, die davon ausgeht, dass der Dritte nicht in die Rechte und Pflichten der Partei eintritt, sondern vielmehr ein abgespaltenes Forderungsrecht erwirbt, kommt zum Ergebnis, dass auch die mit dem Forderungsrecht verbundenen Modalitäten, wie die Gerichtsstandsvereinbarung, den Dritten ebenfalls umfassend bindet.[277] Es handelt sich dabei gerade nicht um eine unzulässige Vereinbarung zulasten Dritter, sondern um eine Beschränkung des Anspruches bezüglich der Durchsetzung.[278] Daher wird nach der Rechtslage in Deutschland ein Dritter im Vertrag zugunsten Dritter stets an die Gerichtsstandsvereinbarung gebunden. Wenn der Dritte sein Forderungsrecht gerichtlich an einem derogierten Forum gegen die Parteien gelten machen will, muss er damit rechnen, dass der Einrede der Unzuständigkeit stattgegeben wird und er so am vereinbarten Gerichtsstand klagen muss.

---

276 *Klumpp,* in: J. von Staudingers Kommentar BGB, § 328, Rn. 25.

277 *Gottwald,* in: MüKo BGB § 328 Rn. 89; *Klumpp* in: J. von Staudingers Kommentar BGB, § 328, Rn. 368; *Hadding,* in: Soergel BGB Kommentar, § 328, Rn. 64; *Janoschek,* in: Bamberger/Roth BGB, § 328, Rn. 44; *Krauskopf,* Der Vertrag zugunsten Dritter, Rn. 1041.

278 *Klumpp* in: J. von Staudingers Kommentar BGB, § 328, Rn. 368.

II. Verträge zugunsten Dritter in anderen europäischen Rechtsordnungen

Im Folgenden soll der Vertrag zugunsten Dritter exemplarisch in ausgewählten Rechtsordnungen in anderen Mitgliedsstaaten dargestellt werden. Die Auswahl erfolgt, um jeweils ein Rechtssystem in der EU, aus dem germanischen, romanischen und *Common-Law*-Rechtskreis[279] bewerten und mit der Rechtslage in Deutschland vergleichen zu können.

1. Verträge zugunsten Dritter in Österreich

Im ABGB ist der Vertrag zugunsten Dritter in §§ 881 f. ABGB geregelt. Dabei hat sich der österreichische Gesetzgeber an der Regelung im BGB orientiert.[280] Daher erwirbt auch gemäß § 881 Abs. 1 ABGB bei einem echten Vertrag zugunsten Dritter der Dritte ein eigenes Forderungsrecht durch den Vertrag und kann die Leistung vom Schuldner fordern.[281]

Im österreichischen Recht ist die genaue Rechtsposition des Dritten ähnlich wie in Deutschland umstritten. So wird zwar der Dritte Gläubiger der Forderung, jedoch liegt weder eine Gesamtgläubigerschaft vor, noch kann der Dritte Gestaltungsrechte ausüben. Er rückt also nicht in die Rechte und Pflichten des Versprechensempfängers ein.[282] Damit könnte man sagen, dass auch nach

---

279 Dazu soll hier das Recht von England und Wales herangezogen werden. Das gesamte Vereinigte Königreich – so auch England und Wales – ist seit dem 01.02.2020 aus der EU ausgetreten. Das Austrittsabkommen sieht eine Übergangsphase zunächst bis zum 31. Dezember 2020 vor, in der das EU-Recht im und gegenüber dem Vereinigten Königreich grundsätzlich fortgilt. Über die Rechtsbeziehungen danach wird derzeit zwischen dem Vereinigten Königreich und der EU verhandelt. Würde es zu einem „harten" Austritt kommen, also keine Regelung bezüglich der Fortgeltung der Brüssel Ia-VO getroffen, dann würde im Verhältnis zwischen der EU und dem Vereinigten Königreich das EuGVÜ 1996 gelten. Vgl. dazu ausführlich: *Lehmann/Zetsche*, JZ 2017, S. 62 (70 f.). Daher ist davon auszugehen, dass die hier zu entwickelnden Grundsätze der Drittwirkung auch im Verhältnis zu Parteien aus dem Vereinigten Königreich weiterhin gelten und eine Befassung mit dem Recht von England und Wales angebracht ist.

280 Auch zur Entstehungsgeschichte: *Zweigert/Kötz*, Rechtsvergleichung, S. 458.

281 *Riedler*, in: Schwimann/Kodek ABGB Praxiskommentar, § 882 Rn. 6; *Dullinger*, in Rummel/Lukas ABGB, § 881, Rn. 1, 8 ff.

282 So die wohl herrschende Meinung: *Riedler*, in: Schwimann/Kodek ABGB Praxiskommentar, § 882 Rn. 6; *Kalss*, in: Kletecka/Schauer AGBG-ON, §§ 881, 882 Rn. 13.

österreichischer Rechtslage der Dritte eine Art Forderungsrecht erwirbt, das von der gewöhnlichen Gläubigerstellung abweicht.

Der Dritte erwirbt auch nach österreichischem Recht das Recht ohne eigenes Zutun, eine Annahme ist nicht erforderlich. Gemäß § 882 Abs. 1 ABGB kann der Dritte das Recht durch ausdrückliche oder konkludente Erklärung gegenüber dem Versprechenden und Versprechensempfänger rückwirkend ausschlagen.[283] Damit ist die Rechtslage bezüglich des Vertrags zugunsten Dritter in Österreich gut mit der eben ausführlich dargestellten deutschen Rechtslage vergleichbar.

Bezüglich der Frage, ob nach österreichischem Recht eine Gerichtsstandsvereinbarung auch gegenüber dem Dritten wirken kann, finden sich keine Hinweise in Literatur oder Rechtsprechung. Allerdings hat der OGH bezüglich Schiedsvereinbarungen entschieden, dass diese beim Vertrag zugunsten Dritter auch Wirkung gegenüber dem Dritten entfalten.[284] Der Dritte muss das Recht entweder so ausüben, wie er es erhalten hat, also mit der Schiedsklausel oder es ausschlagen.[285] Diese Grundsätze lassen sich wohl auf die Gerichtsstandsvereinbarung übertragen.[286] Demgemäß entfaltet auch nach österreichischer Rechtslage eine Gerichtsstandsvereinbarung im Vertrag zugunsten Dritter Wirkung gegenüber dem Dritten.

2. *Verträge zugunsten Dritter in Frankreich*

Das französische Recht kennt ebenfalls einen Vertrag zugunsten Dritter[287], der im Code Civil nunmehr in Art. 1205 ff. CC geregelt ist.[288]

Nach französischer Rechtslage kommt der eigentliche Vertrag ebenfalls zwischen Versprechendem (*promettant*) und Versprechensempfänger (*stipulant*) zustande. Der Dritte (*tiers bénéficiaire*) ist auch hier in keiner Weise am Abschluss des Vertrags beteiligt. Damit stellt der Vertrag zugunsten Dritter

283 *Riedler,* in: Schwimann/Kodek ABGB Praxiskommentar, § 882 Rn. 6 m.w.N.

284 OGH, Urteil vom 13.06.1995, Az. 4 Ob 533/95.

285 „Bei einem Vertrag zugunsten Dritter sind Schiedsklausel und Rechtseinräumung nicht in dem Sinn teilbar, daß der Dritte das eine ausschlagen, das andere aber annehmen könnte. Die Schiedsklausel bestimmt vielmehr, wie das eingeräumte Recht geltend zu machen ist, so daß der Dritte nur die Möglichkeit hat, das so gestaltete Recht auszuüben oder zurückzuweisen." OGH, Urteil vom 13.06.1995, Az. 4 Ob 533/95.

286 Ebenso: *Jungermann,* Drittwirkung, S. 90.

287 Französisch: „stipulation pour autrui".

288 Bis zur Zivilrechtsreform im Jahr 2016 war der Vertrag zugunsten Dritter noch in Art. 1121 CC geregelt. Dadurch wird teilweise in älteren Publikationen noch auf diese Vorschriften verwiesen.

eine Abweichung vom Prinzip der Relativität der Schuldverhältnisse dar, die in Art. 1199 CC normiert ist, aber zugleich eine Ausnahme in Abs. 2 enthält, die explizit auf den Vertrag zugunsten Dritter verweist.[289]

Der Dritte erwirbt im französischen Recht „ein direktes Recht gegen den Versprechenden“ [290] und kann die Leistung daher selbst fordern, ohne jedoch Partei des Hauptvertrags zu werden.[291] Wie weit dabei im Einzelnen die Rechte und Pflichten für den Dritten reichen sollen, ist auch im französischen Recht umstritten. Grundsätzlich kann ein Vertrag zugunsten Dritter nach französischem Recht keine Pflichten für den Dritten begründen.[292] Zwar hat die *Cour de Cassation* auch Ausnahmen von diesem Grundsatz zugelassen, wobei es sich hierbei stets um Fälle handelte, in denen der Dritte der Begünstigung zugestimmt hatte.[293]

Im Vergleich zur Rechtslage in Deutschland ist im Code Civil in Frankreich deutlich mehr zum Vertrag zugunsten Dritter ausdrücklich geregelt. Eine explizite Annahme der Drittbegünstigung ist im deutschen Recht beispielsweise nicht vorgesehen. Die Rechtsprechung der *Cour de Cassation* zu der Rechtsstellung des Dritten und eventuellen Pflichten kann im Vergleich zur deutschen Rechtslage als strenger charakterisiert werden.

3. *Verträge zugunsten Dritter in England und Wales*

Im Gegensatz zu den anderen Rechtsordnungen hat das englische Recht[294] erhebliche Schwierigkeiten mit der Anerkennung des Vertrags zugunsten Dritter[295] als universal verwendbares Rechtsinstitut.[296] In einer Grundsatzentscheidung hatte das *House of Lords* im Jahr 1915 das Prinzip der *privity of contract*

289 *Malaurie/Aynès/Stoffel-Munck*, Les obligations, Rn. 815.

290 „Les tiers a un droit direct contre le promettant.“ *Malaurie/Aynès/Stoffel-Munck*, Les obligations , Rn. 818.

291 *Malaurie/Aynès/Stoffel-Munck*, Les obligations, Rn. 818.

292 So die herrschende Meinung: Cour des Cassation Civ. 3e, Urteil vom 10. April 1972, Az. D.1974.21 mit Anm. *Larroumet*.

293 Cour de Cassation, Civ 1er, Urteil vom 21. November 1978, Az. D.1980.309 mit Anm. *Carreau*.

294 The Common Law Legal System of England and Wales.

295 Englisch: „agreement in favor of a third party“.

296 So auch zutreffend: *Zweigert/Kötz*, Rechtsvergleichung, S. 463.

etabliert, das besagt, dass nur eine Partei des Vertrags Rechte aus diesem Vertrag ableiten kann.[297]

Dieses sehr strenge Prinzip schließt sowohl Verträge zulasten Dritter als auch Verträge zugunsten Dritter aus. Während Verträge zulasten Dritter auch in den anderen dargestellten Rechtskreisen ausgeschlossen sind, ist das praktische Bedürfnis für Verträge mit Drittbegünstigung eine Realität, der sich auch das englische Recht nicht verschließen kann. Daher kennt auch das englische Recht zahlreiche Ausnahmen von der *doctrine of privity of contract*, die jedoch als Rechtsprinzip bis heute bestehen bleiben soll.[298] Die Ausnahmen lassen sich in zwei Kategorien einteilen: Zum einen solche, die durch die Rechtsprechung in England im Laufe der Zeit etabliert wurden und zum anderen solche, die durch den Gesetzgeber vorgesehen wurden.[299]

Die wichtigste Ausnahme, die durch die Rechtsprechung entwickelt wurde, ist der soeben bereits ausführlich dargestellte *trust*, durch den zwei Parteien einer Dritten einen Vermögensgegenstand übertragen können.[300] Diese Ausnahme wurde bereits in der als Grundsatzentscheidung angesehenen *Dunlop v. Selfridge* durch das Gericht erwähnt[301] und dann durch spätere Entscheidungen weiterentwickelt und die Voraussetzungen für einen direkten Anspruch des Dritten aufgestellt.[302] Die Ausnahme soll allerdings nur insoweit gelten, als dass Geld oder Eigentum als Vermögenswerte betroffen sind.[303]

Die wichtigste Ausnahme, die der Gesetzgeber vorgesehen hat, ist der *Contracts Rights of Third Parties Act 1999*, der hauptsächlich die Möglichkeit des Dritten vorsieht, seine Rechte aus einem Vertrag zugunsten Dritter gegen die Parteien durchzusetzen.[304] Gemäß Sec. 1 kann ein Dritter, der nicht Vertragspartei

297 „My Lords, in the law of England certain principles are fundamental. One is that only a person who is a party to a contract can sue on it. Our law knows nothing of a jus quaesitum tertio arising by way of contract." *Dunlop v. Selfridge,* [1915] A.C. 847, 853.

298 *Burrows,* English private law, Rn. 8.293; *Birks*, English privat law, Rn. 8.290.

299 *O'Sullivan,* Law of Contract, Rn. 6.21 ff.

300 *Burrows,* English private law, Rn. 8.303; *Henrich/Huber,* Englisches Privatrecht, S. 67.

301 „Such a right may be conferred by way of property, as, for example, under a trust, but it cannot be conferred on a stranger to a contract as a right to enforce the contract in personam." *Dunlop v. Selfridge,* [1915] A.C. 847, 853.

302 *Les Affréteurs Réunis SA v Leopold Walford Ltd* [1919] A.C. 801; *Vandepitte v Preferred Accident Insurance Corporation* [1933] A.C. 70; Re Sinclair's Life Policy [1938] C.h. 799.

303 *Southern Water Authority v Carey* [1985] 2 All E.R. 1077, 1083.

304 Auch zur Entstehungsgeschichte: *Peel/Treitel,* Contracts, Rn. 19-001 f.

ist, eigene Rechte aus einem Vertrag zwischen dem Versprechenden (*promisor*) und dem Versprechensempfänger (*promisee*) geltend machen, wenn der Vertrag dies ausdrücklich vorsieht oder dem Dritten ein Vorteil gewährt werden soll.[305] Zwar wird der Dritte durch diese Vorschrift nicht (fiktionale) Partei des Vertrags, jedoch sollen ihm durch Sec. 1 (5) die gleichen Rechte zustehen, die auch der Partei zustehen. Im Gegenzug können gemäß Sec. 3 dem Dritten auch durch den Versprechenden alle Obligationen – wie beispielsweise eine Freistellungsklausel – entgegenhalten werden, wenn sie mit der Durchsetzung des Anspruchs unmittelbar verknüpft sind.[306]

Zudem ist in Sec. 8 explizit die Wirkung von Schiedsvereinbarungen auch für den Dritten geregelt. Zunächst war im Gesetzgebungsverfahren vorgesehen, dass Gerichtsstandsvereinbarungen von der Anwendung explizit ausgenommen werden sollen. Letzlich wurde das Gesetz jedoch ohne die Ausnahme durch das Parlament verabschiedet.[307] Nunmehr wird auch durch die Erläuterungen zum Gesetz angenommen, dass Gerichtsstandsvereinbarungen eingeschlossen sind und auch Wirkung gegenüber den begünstigten Dritten entfalten.[308]

Trotz der Anerkennung des Vertrags zugunsten Dritter durch den *Third Party Rights Act* von 1999 spielen die durch Richterrecht geschaffenen Ausnahmen immer noch eine zentrale Rolle im englischen Recht. Insbesondere in den Fällen, in denen die Voraussetzungen für den Anspruch des Dritten nach dem Act nicht gegeben sind, sind die durch Richterrecht geschaffenen Ausnahmen nützlich.[309]

Insgesamt kann also auch nach englischem Recht ein Vertrag zugunsten Dritter so geschlossen werden, dass der Dritte die Forderung selbst durchsetzen kann. Im Gegensatz zu den anderen Rechtskreisen ist im englischen Recht eine deutlichere Nähe zwischen den Parteien und dem Dritten zu beobachten. Der Dritte hat nicht, wie in Deutschland, Österreich oder Frankreich eine gesonderte Position inne, sondern die gesetzlichen Regelungen sehen vor, dass der Dritte wie eine Partei des Vertrags zu behandeln ist. Dadurch kann er alle Rechte aus dem Vertrag durchsetzen, muss sich aber auch die Pflichten aus dem Vertrag

---

305 Der genaue Begriff lautet „purport to confer a benefit". Dazu reicht es nicht aus, dass durch die Erfüllung des Vertrags die Position des Dritten irgendwie verbessert wird. Vielmehr müssen die Bedingungen des Vertrags auch zugunsten des Dritten ausgehandelt worden sein. Vgl. dazu ausführlich: *Burrows,* English private law, Rn. 8.304.

306 *Burrows,* English private law, Rn. 8.308.

307 Ausführlich dazu auch *Jungermann,* Drittwirkung, S. 96; *Andrews,* in: CLJ 60 (2), S. 353 (363 f.).

308 *Andrews,* in: CLJ 60 (2), S. 353 (364).

309 *O'Sullivan,* The Law of Contract, Rn. 6.86.

entgegenhalten lassen, sofern diese in direkter Verbindung zur Durchsetzung der Ansprüche stehen.

III. Zwischenergebnis: Verträge zugunsten Dritter werden in Europa allgemein anerkannt und gleichbehandelt

Der Vertrag zugunsten Dritter ist in den unterschiedlichen nationalen Rechtsordnungen der überprüften Mitgliedsstaaten als Rechtsfigur gleichermaßen anerkannt und wird überwiegend ähnlich behandelt. Grundsätzlich wird in keiner der dargestellten Rechtsordnungen der Dritte durch den Vertrag zugunsten Dritter vollumfänglich Vertragspartei. Vielmehr wird der Dritte in unterschiedlichem Ausmaß an die Rechte und Pflichten aus dem Vertrag gebunden. Deutlich zeigt sich an dieser Stelle der bekannte Unterschied zwischen den Civil Law Rechtskreisen (Deutschland, Österreich und Frankreich) und dem Common Law (England). Zudem ist in allen überprüften Mitgliedsstaaten die Bindung des Dritten an eine Gerichtsstandsvereinbarung im Vertrag zu seinen Gunsten möglich und gleichermaßen anerkannt.

Insgesamt wird deutlich, dass die materiell-rechtliche Grundlage, die für eine Drittwirkung von Gerichtsstandsvereinbarungen zugunsten Dritter entscheidend ist, in den großen Rechtskreisen der EU gleichermaßen anerkannt ist.

B. Die drittbegünstigenden Gerichtsstandsvereinbarungen

Die Begriffe „drittbegünstigende Gerichtsstandsvereinbarung“ oder „Gerichtsstandsvereinbarungen zugunsten Dritter“ werden in der Literatur oft synonym verwendet.[310] Eine allgemeine Definition findet sich leider nicht. Häufig wird lediglich festgestellt, dass es sich im konkreten Fall um eine drittbegünstigende Gerichtsstandsvereinbarung handeln soll, wenn der Dritte an die Gerichtsstandsvereinbarung gebunden wird. Es wird also vom gewünschten Ergebnis auf die Definition geschlossen.[311]

In dieser Arbeit soll dagegen ein anderer Ansatz verfolgt werden. Im Folgenden soll zunächst allgemein umschrieben werden, wie eine drittbegünstigende Gerichtsstandsvereinbarung zu charakterisieren ist und erläutert werden, dass

---

310 *Killias*, Gerichtsstandsvereinbarungen, S. 245; *Jungermann*, Drittwirkung, S. 51 ff.; *Kim*, Gerichtsstandsvereinbarungen, S. 182.

311 EuGH, *Gerling Konzern Spezialversicherung*, Rn. 10; EuGH, *Société financière*, Rn. 20; *Kim*, Internationale Gerichtsstandsvereinbarungen, S. 181; *Killias*, Gerichtsstandsvereinbarungen, S. 247; *Jungermann*, Drittwirkung, S. 51 f.

solche Vereinbarungen gemäß der Brüssel Ia-VO möglich sind. Dabei wird an dieser Stelle bereits deutlich, dass es sich bei einer drittbegünstigenden Gerichtsstandsvereinbarung um eine Art Sonderkonstellation zu handeln scheint, die vom Normalfall der belastenden Vereinbarung abweicht. Denn regelmäßig ist eine Gerichtsstandsvereinbarung, die geeignet ist, die Gerichtspflichtigkeit des Dritten zu erweitern, auch belastend für diesen. Die Gerichtsstandsvereinbarung zugunsten Dritter belastet den Dritten auf den ersten Blick nicht und stellt daher eine Sonderkonstellation dar, die im Folgenden zunächst allgemein erläutert werden soll. Dann werden anhand dieser Charakteristika in einer Gesamtschau auf Grundlage der Rechtsprechung des EuGH drei unterschiedliche Fallgruppen gebildet, in denen die Gerichtsstandsvereinbarungen tatsächlich drittbegünstigenden Charakter aufweisen. Erst in einem zweiten Schritt wird dann überprüft, ob für die einzelnen Fallgruppen eine Bindung des Dritten erfolgen soll und die Vereinbarung auch gegenüber dem Dritten wirken kann.

I. Die drittbegünstigende Gerichtsstandsvereinbarung ist als Sonderfall zulässig

Drittbegünstigende Gerichtsstandsvereinbarungen sind solche Vereinbarungen, die ausnahmsweise entweder explizit oder implizit Dritte begünstigen, die am Abschluss der Vereinbarung nicht beteiligt sind. Dass es möglich ist, Gerichtsstandsvereinbarungen, die tatsächlich drittbegünstigend sind, abzuschließen, ergibt sich dabei aus den Vorschriften selbst.

In Art. 17 Abs. 3 EuGVÜ war ursprünglich die Begünstigung einer der Parteien der Gerichtsstandsvereinbarung ausdrücklich erwähnt.[312] Daher wurden auch drittbegünstigende Gerichtsstandsvereinbarungen teilweise unter dieser Regelung subsumiert.[313] Die Fallgruppen der drittbegünstigenden Gerichtsstandsvereinbarungen mit Verweis auf Art. 17 Abs. 3 EuGVÜ einzuschränken,[314] greift entscheidend zu kurz und wird der Komplexität der Problematik nicht gerecht.

Deutlich wird aus Art. 17 Abs. 3 EuGVÜ allerdings, dass die Verfasser des Übereinkommens die drittbegünstigende Gerichtsstandsvereinbarung zu dieser Zeit als Sonderfall einzuordnen schienen. Die Vorschrift greift nämlich

---

312 Art. 17 Abs. 3 EuGVÜ 1968: „Ist eine Gerichtsstandsvereinbarung nur zugunsten einer der Parteien getroffen worden, so behält diese das Recht, jedes andere Gericht anzurufen, das aufgrund dieses Übereinkommens zuständig ist."

313 Sehr umfangreich: *Jungermann*, Drittwirkung, S. 51.

314 So etwa: *Jungermann*, Drittwirkung, S. 51 ff.

eindeutig zu kurz, um alle drittbegünstigenden Konstellationen zu beschreiben, war bereits zu Zeiten des EuGVÜ umstritten und sorgte für Verwirrung. Letztlich wurde Art. 17 Abs. 3 EuGVÜ abgeschafft.[315] Doch allein die explizite Normierung der begünstigenden Gerichtsstandsvereinbarung, die so auch bereits in anderen bilateralen Zuständigkeitsabkommen enthalten war[316], lässt den Rückschluss zu, dass die reguläre Gerichtsstandsvereinbarung als belastend eingestuft wurde. Die Begünstigung einer Partei wurde wohl als Sonderkonstellation gesehen, die daher explizit normiert werden sollte.[317] Die Möglichkeit, eine drittbegünstigende Vereinbarung abzuschließen, ergibt sich jedoch bereits aus dem in Art. 17 Abs. 1 EuGVÜ selbst verankerten Prinzip der Privatautonomie, sodass eine Normierung des Sonderfalls nicht notwendig wäre.

Auch in der aktuellen Version der Verordnung bleiben drittbegünstigende Gerichtsstandsvereinbarungen daher ohne die Sonderregelung möglich. Gemäß Art. 25 Abs. 1 S. 2 Brüssel Ia-VO sind Abweichungen von der tatsächlichen Vermutung einer ausschließlichen Vereinbarung grundsätzlich möglich.[318] Allein der Gedanke der Privatautonomie gebietet, dass eine Abweichung von der ausschließlichen Vereinbarung auch zugunsten der Parteien geschaffen werden kann.[319] Die Privatautonomie genießt heute herausragende Bedeutung und wurde durch die Reformen der Regelung stetig gestärkt.[320] Daraus ergibt sich, dass es ebenso für die Parteien denkbar und möglich ist, einen an der Vereinbarung unbeteiligten Dritten durch die Vereinbarung zu begünstigen. Neben

315 *Kropholler/von Hein,* Europäisches Zivilprozessrecht, Art. 23 EuGVO, Rn. 93; *Hausmann,* in: Simons/Hausmann/Althammer Brüssel I-VO, Art. 23, Rn. 125; *Kohler,* IPRax 1986, S. 340 (341).

316 Beispielsweise der Benelux-Vertrag 1960, Art. 5, vgl. *Jenard*-Bericht 1979, C-59/38, S. 38.

317 Vgl. *Jenard*-Bericht 1979, C-59/38, S. 38.

318 „Dieses Gericht oder die Gerichte dieses Mitgliedstaats sind ausschließlich zuständig, sofern die Parteien nichts anderes vereinbart haben."

319 Zu Art. 25 Abs. 1 S. 2 Brüssel Ia-VO: *Schlosser/Hess,* EU-Zivilprozessrecht, Art. 25 EUGVVO, Rn. 33; *Stadler,* in: Musielak/Voit ZPO, Art. 25 EuGVVO n.F., Rn. 4a. Zu Art. 23 Abs 1 S. 2 EuGVVO: *Kropholler/von Hein,* Europäisches Zivilprozessrecht, Art. 23 EuGVO, Rn. 93; *Geimer,* in *Schütze/Geimer* Europäisches Zivilverfahrensrecht, Art. 23 Rn. 168; *Hausmann,* in: Simons/Hausmann/Althammer Brüssel I-VO, Art. 23, Rn. 125; *Jungermann,* Drittwirkung, S. 51.

320 Im Zuge dieser Reformen und zugunsten der Privatautonomie wurde auch Art. 17 Abs. 3 EuGVÜ gestrichen. Arbeitspapier der Europäischen Kommission KOM (1999) 348 endg. zu Art. 23.

einer ausschließlichen Drittbegünstigung kommt auch eine Drittbegünstigung gemeinsam mit einer der Parteien in Betracht.

Daher sind drittbegünstigende Gerichtsstandsvereinbarungen sowohl gemäß den Vorschriften des EuGVÜ als auch der Brüssel Ia-VO möglich. Einer Normierung als Sonderfall wie zu Anfang in Art. 17 Abs. 3 EuGVÜ vorgesehen, hätte es nicht bedurft. Für diese Arbeit wird jedoch deutlicher, dass die drittbegünstigende Gerichtsstandsvereinbarung im Vergleich zu der drittbelastenden Gerichtsstandsvereinbarung als Sonderfall einzuordnen ist. Im Folgenden sollen die Fallgruppen, die als eine solche Sonderkonstellation einzuordnen sind herausgearbeitet werden.

II. Die unterschiedlichen Fallgruppen der begünstigenden Gerichtsstandsvereinbarung

Als Fallgruppen der Drittbegünstigung sind drei unterschiedliche Szenarien zu nennen: Die ausschließliche Erweiterung der Klagemöglichkeiten des Dritten, die Erweiterung der Klagemöglichkeiten des Dritten bei gleichzeitiger Einschränkung anderer Gerichtsstände und die Begünstigung eines Dritten im Rahmen von *trust*-Bedingungen. Die Einteilung in die Fallkonstellationen soll auch anhand von Beispielen erläutert werden, um zu verdeutlichen, wie der Dritte im Einzelnen begünstigt wird.

1. Isolierte Erweiterung der Klagemöglichkeiten

Eine Zuständigkeitsvereinbarung zugunsten Dritter liegt vor, wenn allein eine zusätzliche Klagemöglichkeit für einen Dritten in der Vereinbarung vorgesehen ist und so der Dritte einen Gerichtsstand für Klagen gegen die Parteien erhält. Eine solche Zuständigkeitsvereinbarung ist in jedem Fall dann drittbegünstigend, wenn der Dritte einen „eigenen" konkurrierenden Gerichtsstand erwirbt.

Eine solche Vereinbarung liegt etwa vor, wenn die Parteien übereinkommen, dass ein Dritter eine oder beide Parteien vor dem eigentlich unzuständigen Gericht eines Mitgliedstaats verklagen kann. Gleichzeitig behält der Dritte alle weiteren Gerichtsstände, die ihm nach der Verordnung zustünden. Es handelt sich also um eine Vereinbarung mit Prorogationswirkung ohne Derogationseffekt.

A und B schließen in einem Vertrag eine Gerichtsstandsvereinbarung zugunsten der französischen Gerichte ab. Darin vereinbaren sie zudem explizit, dass der Dritte Leistungsempfänger C sowohl A als auch B zusätzlich vor deutschen Gerichten verklagen kann. Weiterhin kann C die beiden Parteien auch an einem allgemeinen oder besonderen Gerichtsstand verklagen, der sich aus der Brüssel Ia-VO ergibt. Der Dritte C erhält so zusätzlich zu allen anderen Gerichtsständen einen für ihn ausschließlich vorteilhaften Gerichtsstand in Deutschland.

Eine solche Drittbegünstigung liegt dann vor, wenn sich, wie im Beispiel, die Drittbegünstigung direkt aus der Vereinbarung ergibt. Das ist jedenfalls dann unproblematisch der Fall, wenn aus dem Wortlaut der Vereinbarung hervorgeht, dass dem Dritten neben den normierten Gerichtsständen ein zusätzlicher konkurrierender Gerichtsstand eingeräumt werden soll.[321]

In der Praxis wird eine solche eindeutige Regelung durch die Parteien jedoch oftmals fehlen. Wenn sich die Begünstigung für den Dritten nicht unmittelbar aus der Vereinbarung selbst ergibt, muss im Wege der Auslegung der Wille der Parteien ermittelt werden. Der Wille kann sich dabei aus den Gesamtumständen ergeben, wie etwa aus dem Inhalt des Hauptvertrags und den Umständen des Vertragsschlusses.[322] Eine Drittbegünstigung mag dann vorliegen, wenn der Hauptvertrag als Vertrag zugunsten eines Dritten ausgestaltet ist, der seinen allgemeinen Gerichtsstand in einem anderen Mitgliedsstaat hat als die Parteien. Wenn also C Begünstigter des Vertrags zwischen A und B ist und seinen allgemeinen Gerichtsstand in Deutschland hat, könnte sich aus dem Vertrag der Wille der Parteien ergeben, dass für Klagen des Begünstigten C der Gerichtsstand in Deutschland gilt, auch wenn die Gerichtsstandsvereinbarung für A und B einen anderen Gerichtsstand vorsieht. Die genaue Formulierung der Gerichtsstandsklausel muss in einem solchen Fall diese Auslegung zulassen. Wenn der Wortlaut der Klausel generell gehalten ist und beispielsweise nur auf einen „allgemeinen Gerichtsstand am Sitz der Beteiligten“ verweist, kann eine solche Auslegung im Einzelfall auch zugunsten des Dritten zulässig sein.

Eine Gerichtsstandsvereinbarung zugunsten Dritter liegt damit vor, wenn sich entweder unmittelbar aus oder durch Auslegung der Vereinbarung ergibt, dass dem Dritten ein zusätzlicher konkurrierender Gerichtsstand eingeräumt werden soll.

---

321 *Jungermann,* Drittwirkung, S. 52.

322 EuGH, Urteil vom 24.06.1986 – Rechtssache 22/85 - *Anterist/Crédit Lyonnais,* Rn. 14: „Der gemeinsame Wille, eine der Parteien zu begünstigen, muß sich daher klar aus dem Wortlaut der Gerichtsstandsvereinbarung oder aus der Gesamtheit der dem Vertrag zu entnehmenden Anhaltspunkte oder der Umstände des Vertragsschlusses ergeben.“

2. Erweiterung der Klagemöglichkeiten mit Einschränkungen

Ferner liegt eine Zuständigkeitsvereinbarung zugunsten eines Dritten vor, wenn der Dritte einen eigenen Gerichtsstand erhält, gleichzeitig aber einen oder alle allgemeinen und besonderen Gerichtsstände nach der Verordnung verliert. Die Vereinbarung entfaltet also eine Prorogationswirkung zugunsten des Dritten bei gleichzeitiger Derogation der weiteren Gerichtsstände.

Die Gerichtsstandsvereinbarung ist in diesem Fall von Anfang an so eng mit dem Anspruch aus dem Hauptvertrag verknüpft, dass im Rahmen einer Gesamtbetrachtung der Dritte begünstigt wird: Der Dritte erhält eine Forderung aus dem Vertrag, deren prozessuale Durchsetzung mit der Vereinbarung geregelt wird.

A und B schließen einen Vertrag, in dem C als Dritter begünstigt wird. Der Vertrag wird so ausgestaltet, dass C seinen Anspruch aus dem Vertrag jederzeit selbst geltend machen kann. A und B haben ihren allgemeinen Gerichtsstand an ihrem Sitz in Frankreich, sodass sie einen ausschließlichen Gerichtsstand zugunsten der französischen Gerichte vereinbart haben. Nach dem Willen der Parteien soll auch C seinen Anspruch nur an diesem Gerichtsstand einklagen können, nicht aber an einem anderen Gerichtsstand.

Eine solche Konstellation wird aufgrund der Derogationswirkung oft auch als belastend gesehen, da dem Dritten zumindest ein Gerichtsstand genommen wird.[323] Bei näherer Betrachtung ist jedoch eine feinere Unterteilung geboten.

Der Dritte erhält durch einen Vertrag zugunsten Dritter eine Forderung, dessen gerichtliche Durchsetzung durch die enthaltene Gerichtsstandsvereinbarung geregelt ist. Dadurch wird der Dritte nicht schlechter gestellt, als er ohne die Forderung stünde. Insbesondere wenn er in einer Aktivposition ist, also die Forderung als Kläger am Gerichtsstand geltend macht, wird ihm der Gerichtsstand gerade nicht aufgezwungen. Obwohl in der Literatur größtenteils Einigkeit darüber besteht, dass in diesem Fall eine Gerichtsstandsvereinbarung Drittwirkung entfalten soll, wird die Wirkung immer noch überwiegend und ohne nähere Begründung als drittbelastend beschrieben.[324] Zum Teil wird aber diese Konstellation auch der Fallgruppe der drittbegünstigenden Gerichtsstandsvereinbarungen zugeordnet.[325]

---

323 So beispielsweise *Jungermann*, die sogar die Einschränkung der Klagemöglichkeit des Dritten als Teil der Definition einer belastenden Drittwirkung sieht: *Jungermann,* Drittwirkung, S. 74. Zur Definition der Drittbelastung in dieser Arbeit im 4. Abschnitt A. I.

324 *Jungermann,* Drittwirkung, S. 74 f.; *Geimer*, NJW 1985, S. 533 (534); *Mankowski,* IPRax 1996, S. 427 (431).

325 *Heiss*, IPRax 2005, S. 497 (497).

Dem ist vollumfänglich zuzustimmen. Dadurch, dass der Drittbegünstigte materiell-rechtlich eine Forderung erhält, ist im Rahmen einer Gesamtbetrachtung davon auszugehen, dass der Dritte begünstigt wird. Die Tatsache, dass dem Dritten dabei im Zweifel alle weiteren Gerichtsstände nach der Verordnung genommen werden, vermag diese Einordnung nicht zu beeinflussen. Dem Dritten standen ursprünglich keine Gerichtsstände aus dem Rechtsverhältnis zu, denn er war daran (noch) nicht beteiligt. Erhält er durch den Vertrag nunmehr das Recht, die Leistung selbst unmittelbar zu fordern, stünde ihm ein regulärer Gerichtsstand aus der Verordnung zu. Wenn aber der Vertrag von Beginn an mit einer Gerichtssvereinbarung ausgestaltet ist, wird dem Dritten kein Gerichtsstand genommen. Daher ist es nur konsequent, diese Konstellation entgegen der verbreiteten Ansicht in der Literatur auch der Drittbegünstigung zuzuordnen. Ob und wie in dieser Konstellation der Dritte im Einzelnen gebunden werden kann, muss dann im nächsten Teil der Arbeit geklärt werden.[326]

3. *Gerichtsstandsvereinbarung zugunsten* trust *Begünstigter*

Bei der dritten Sonderkonstellation handelt es sich um eine Gerichtsstandsvereinbarung zugunsten eines *trust* Begünstigten. Dieser Sonderfall ist in Art. 25 Abs. 3 Brüssel Ia-VO ausdrücklich normiert und enthält eine Regelung für Gerichtsstandsvereinbarungen, die in *trust-Bedingungen* (*trust deed*) enthalten sind. Ein *trust* ist ein Rechtsinstrument des *Common Law,* mit dem Vermögensgegenstände zugunsten eines Dritten verwaltet werden. Dem deutschen Recht ist die Rechtsfigur des *trust* eher fremd, während sie insbesondere im englischen und irischen Recht, in dem ihr Ursprung liegt, weiterhin ein fester Bestandteil der Rechtsordnung ist. Zunehmend wird die Rechtsfigur aber auch in anderen kontinentaleuropäischen Rechtsordnungen zur Vermögensverwaltung relevant.[327]

Die Konstellationen, die sich im Rahmen von *trust* Vereinbarungen ergeben, sind den soeben erarbeiteten Fallgruppen insoweit ähnlich, als dass sie ebenfalls eine Drittbegünstigung beinhalten. Daher sind sie im Ergebnis der Fallgruppe der Drittbegünstigung zuzuordnen.

Durch eine *trust* Vereinbarung überträgt der Eigentümer (*settelor*) einen Vermögensgegenstand (Sachen oder Rechte) auf eine Vertrauensperson (*trustee*).[328]

---

326 Siehe dazu ausführlich in diesem Abschnitt C.

327 Insbesondere bzgl. des schweizerischen Rechts: *Huber*, Gerichtsstands- und Schiedsgerichtswahl, Rn. 148 f. m.w.N.

328 In Deutschland wird die Vertrauensperson in diesem Zusammenhang auch häufig als Treuhänder bezeichnet. Diese Bezeichnung ist jedoch insoweit irreführend, als

Diese wird auch Eigentümer, allerdings mit dem Zusatz *at law*, und übt ihre Rechte in einer durch den *settelor* vorgeschriebenen Weise zugunsten eines oder mehrerer Dritter (*beneficiary*) aus.[329] Eine Besonderheit des *trust* ist, dass er nicht durch eine Einigung zwischen Eigentümer und Vertrauensperson begründet werden muss. Es genügt ein einseitiger Rechtsakt der Errichtung durch den Eigentümer.[330] Dadurch rechtfertigt sich auch die Sonderregelung für *trust-Bedingungen*, da die Gerichtsstandsvereinbarungen nach Art. 25 Abs. 1 Brüssel Ia-VO keine einseitigen Rechtsgeschäfte vorsehen.[331]

Eine Gerichtsstandsvereinbarung, die in *trust-Bedingungen* enthalten ist, betrifft nicht lediglich den Eigentümer und die Vertrauensperson, der die Vermögenswerte übertragen wurden und der die Bedingungen bekannt sind, sondern auch den Begünstigten des *trust*. Zwar handelt es sich bei Streitigkeiten, die das Innenverhältnis des *trust* bzw. die Rechte und Pflichten aus den Bedingungen betreffen, um Streitigkeiten, die einen zum Zeitpunkt der Vereinbarung feststehenden Personenkreis betreffen. Dennoch ist der Begünstigte als ein, am ursprünglichen Rechtsgeschäft nicht beteiligter Dritter und nicht als Partei der Vereinbarung anzusehen.

A errichtet nach englischem Recht einen trust, wählt als Vertrauensperson B aus und überträgt diesem die Vermögenswerte. In die trust-Bedingungen hat A einseitig eine Gerichtsstandsvereinbarung zugunsten der englischen Gerichte eingefügt. Begünstigter des trust ist C mit allgemeinem Gerichtsstand in Deutschland. Gemäß Art. 25 Abs. 3 Brüssel Ia-VO kann A sowohl die Vertrauensperson B als auch den Dritten C nun für Streitigkeiten aus dem Innenverhältnis des trust ausschließlich vor englischen Gerichten verklagen und auch nur dort durch B und C verklagt werden.

---

dass man so eine Identität mit dem deutschen Rechtsinstitut der Treuhand annehmen könnte. Art. 25 Abs. 3 Brüssel Ia-VO bezieht sich jedoch nur auf den *trust* im Common Law.

329 *Henrich/Huber*, Englisches Privatrecht, S. 109.

330 An dieses einseitige Rechtsgeschäft sind Anforderungen zu stellen. Der Eigentümer muss erklären, die Vermögensgegenstände in einen *trust* einzubringen und diese zusammen mit den *trust-Bedingungen* an eine Vertrauensperson zu übertragen. Aus den Bedingungen muss sich der begünstigte Dritte zumindest ermitteln lassen. Andernfalls wäre die Einrichtung des *trust* nicht erfolgreich. Siehe sausführlich zur Einrichtung des *trusts* im englischen Recht: *Burrows*, English privat law, Rn. 4.140 ff.; *Henrich/Huber*, Englisches Privatrecht, S. 110 ff.

331 *Schlosser*-Bericht, Rn. 178, *Mankowski*, in Rauscher EuZPR/EuIPR, Art. 25 Brüssel Ia-VO, Rn. 298.

Die Vertrauensperson B ist insoweit nicht als Dritter anzusehen, da im Verhältnis zwischen A und B – wenn auch keine Einigung aber – eine implizite Einverständniserklärung mit den *trust-Bedingungen* und auch mit der Gerichtsstandsvereinbarung besteht. Die Vertrauensperson kann das Amt des *trustee* ablehnen bzw. jederzeit niederlegen, sodass in der Ausübung des Amtes eine implizite Einverständniserklärung mit den Bedingungen und auch der Gerichtsstandsvereinbarung zu sehen ist.[332] Der Begünstigte C hingegen ist als Dritter anzusehen, da er seine Position als *beneficiary* nur unter den festgeschriebenen Bedingungen erwirbt, wie sie der Eigentümer vorschreibt. Damit hat er keine Möglichkeit, Einfluss auf die Bedingungen zu nehmen und kann einer Gerichtsstandsvereinbarung auch nicht zustimmen. Die Position des begünstigten Dritten als *beneficiary* ist für den Dritten ähnlich vorteilhaft wie die eines Dritten bei einem echten Vertrag zugunsten Dritter: Der Begünstigte eines *trust* erhält Ansprüche und Rechte auf die Vermögenswerte nur unter den Bedingungen, die der Eigentümer aufstellt. In diesen Bedingungen kann der Eigentümer dann auch die gerichtliche Durchsetzbarkeit dieser Ansprüche regeln. Die Bedingungen sind dem Dritten spätestens dann bekannt, wenn er sich mit seinen Ansprüchen aus dem *trust* befasst. Demnach hat der Dritte die freie Wahl, seine Ansprüche unter den Bedingungen durchzusetzen oder auf diese zu verzichten. Zudem kann der Begünstige absehen, wo und durch wen er aufgrund der *trust-Bedingungen* verklagt werden kann. Der Dritte kann also seine Risiken abschätzen und bewerten. Daher erhält der begünstigte Dritte eines *trust* ebenso wie der begünstigte Dritte eines Vertrags mit eigenem Forderungsrecht einen Vorteil, der die Nachteile der verlorenen Gerichtsstände aufwiegt.

Darüber hinaus ist eine Anwendung von Art. 25 Abs. 3 Brüssel Ia-VO auf andere Fallgruppen der begünstigenden Drittwirkung ausgeschlossen. Andere Dritte, die nicht im Innenverhältnis des *trust* stehen, sind nicht durch die Gerichtsstandsvereinbarung gebunden. Im Außenverhältnis, etwa gegenüber Gläubigern des Begünstigten, entfaltet eine Gerichtsstandsvereinbarung in *trust-Bedingungen* keine Bindungswirkung.[333] Daraus ergibt sich, dass Art. 25 Abs. 3 Brüssel Ia-VO auch nicht auf weitere Fallgruppen der Drittbegünstigung angewendet wird. Es handelt sich um einen

---

332 *Harris*, The Trust, in: FS North, S. 187 (207); *Mankowski*, in Rauscher EuZPR/EuIPR, Art. 25 Brüssel Ia-VO, Rn. 298.

333 Zur gleichlautenden Vorschrift in Art. 23 Abs. 4 LugÜ: *Huber*, Gerichtsstands- und Schiedswahl, Rn. 149; *O'Malley/Layton/Mercer*, European Civil Practice, Kap. 7 Rn. 20.106.

abschließenden Sonderfall. Dafür spricht bereits der Wortlaut der Vorschrift, der eindeutig Gerichtsstandsvereinbarungen in „schriftlich niedergelegten *trust*-Bedingungen" bezeichnet. Sinn und Zweck der Regelung sprechen ebenfalls dafür. So wollte der europäische Verordnungsgeber eine bis dahin gänzlich unbekannte Rechtsfigur, die mit dem Beitritt des Vereinten Königreiches und Irlands in der EU relevant wurde, in der Verordnung regeln. Es bestand Sorge, dass ohne diese Regelung kontinental-europäische Richter einer Gerichtsstandsvereinbarung, die in *trust*-Bedingungen enthalten ist, keine Beachtung schenken würden, da aus ihrer Sicht die Einigung fehle.[334] Daher ist Art. 25 Abs. 3 Brüssel Ia-VO nur auf *trust*-Instrumente im Sinne des Common Law anwendbar. Es besteht kein Spielraum für eine analoge Anwendung auf weitere vergleichbare einseitige Rechtsgeschäfte.[335] Der EuGH hat sich bislang nicht ausdrücklich mit der Frage beschäftigt. In den Schlussanträgen des Generalanwalts *Jääskinen* in der Entscheidung *Refcomp* lehnt dieser jedoch den Vorschlag der deutschen Bundesregierung, den Anwendungsbereich des Art. 23 Abs. 4 Brüssel I-VO auf Vertragsketten zu erweitern, eindeutig ab.[336]

Daher handelt es sich bei Gerichtsstandsvereinbarungen in *trust-Bedingungen* zugunsten eines Dritten um einen Sonderfall der begünstigenden Drittwirkung, der nicht auf andere Fallkonstellationen übertragbar ist.

III. Zwischenergebnis: Die Fallgruppen der drittbegünstigenden Vereinbarungen

Der EuGH hat sich in seiner Entscheidungspraxis mit der Problematik von Gerichtsstandsvereinbarungen in Verträgen zugunsten Dritter befasst und in unterschiedlichen Einzelfällen Dritte an solche Gerichtsstandsvereinbarungen gebunden. Diese Fälle lassen sich unter dem Oberbegriff „begünstigende Drittwirkung" zusammenfassen und stellen im Vergleich zur „belastenden Drittwirkung" eine Sonderkonstellation dar.

Die drei unterschiedlichen Fallkonstellationen, die hier als tatsächlich drittbegünstigend eingeordnet werden sollen, sind diese drei Konstellationen, die im Folgenden der Arbeit als einzige drittbegünstigende Konstellationen zugrunde gelegt werden sollen:

---

334 *Schlosser*-Bericht, Rn. 178.

335 *Mankowski,* in: Rauscher EuZPR/EuIPR, Art. 25 Brüssel Ia-VO, Rn. 308; *Magnus,* in: Magnus/Mankowski Brussels Ibis, Art. 25, Rn. 169.

336 Schlussanträge *Jääskinen*, Rn. 43.

1. Dem Dritten wird ein weiterer konkurrierender Gerichtsstand zugestanden.
2. Dem Dritten wird ein weiterer Gerichtsstand zugestanden, aber mindestens ein weiterer Gerichtsstand wird derogiert.
3. Dem Dritten wird bei Errichtung eines *trust* im Sinne des Common Law ein Gerichtsstand zugestanden.

Nunmehr bleibt zu analysieren, wie Dritte in diesen drei Fallkonstellationen an Gerichtsstandsvereinbarungen zwischen zwei Parteien gebunden werden können.

C. Die Bindung Dritter an die Gerichtsstandsvereinbarung

Ein Dritter, der nicht am Abschluss der Gerichtsstandsvereinbarung beteiligt war und keinen Einfluss auf den Inhalt nehmen konnte, könnte in den soeben dargestellten Fallkonstellationen dennoch an die Gerichtsstandsvereinbarung gebunden sein.

Diese mögliche Bindung des Dritten soll dabei in zwei Gruppen unterteilt werden. Zum einen die einfache Bindung des Dritten, zum anderen die umfassende Bindung des Dritten. Unter dem Begriff „einfache Bindung" werden die Fälle gefasst, in denen sich der Dritte selbst auf die Gerichtsstandsvereinbarung beruft. Für den Dritten, der sich selbst auf die Gerichtsstandsvereinbarung beruft, entsteht lediglich ein rechtlicher Vorteil. Daher könnte der Begriff „Bindung" an dieser Stelle irreführend sein, da er suggeriert, dass der Vorgang hier gegen den Willen des Dritten erfolgt. Dennoch ist es auch an dieser Stelle angebracht von der Bindung des Dritten an die Gerichtsstandsvereinbarung zu sprechen. Denn zum einen kann erst durch die formelle Bindung des Dritten an die Vereinbarung wirksam die Zuständigkeit durch Art. 25 Brüssel Ia-VO begründet werden, unabhängig von einem Vorteil oder Nachteil für den Dritten. Zum anderen können durch die einheitliche Terminologie die Unterschiede zwischen den beiden Gruppen der Drittbindung besser verdeutlicht werden.

Mit dem Gegenbegriff „umfassende Bindung" sind die Fälle gemeint, in denen sich nicht der Dritte, sondern eine Partei auf den vereinbarten Gerichtsstand beruft oder dem Dritten durch die Vereinbarung ein besonderer Gerichtsstand aberkannt wird.

Eine solche Bindung Dritter ist in beiden Fallgruppen problematisch, denn der Dritte hat der Gerichtsstandsvereinbarung faktisch nicht zugestimmt. Er war beim Abschluss nicht beteiligt und konnte so keinen Einfluss auf den vereinbarten Gerichtsstand nehmen.[337]

---

337 Siehe ausführlich zur Wirkung der Gerichtsstandsvereinbarung im 2. Abschnitt I.

Die Formanforderungen, die bezüglich des Dritten fehlen, aber in Art. 25 Brüssel Ia-VO aus unterschiedlichen Gründen vorgesehen sind, müssen also entweder durch diesen Dritten ebenfalls erfüllt werden oder im Wege der Auslegung durch andere Kriterien ersetzt werden.[338] Nur wenn es gelingt die fehlende Einigung mit dem Dritten zu überwinden, kann der Dritte auch formell-wirksam mit der Folge einer Drittwirkung an die Vereinbarung gebunden werden. Dabei müssen die Interessen der Parteien und die Interessen des Dritten stets berücksichtigt und in einen angemessenen Ausgleich gebracht werden. Der EuGH hat in seiner Rechtsprechung, die unter dem Oberbegriff „drittbegünstigende Drittwirkung" zusammengefasst werden kann, einige Grundsatzentscheidungen getroffen, die unter Berücksichtigung der Literatur in diesem Teil kritisch analysiert werden sollen. Die Vorschriften der Abkommen und Verordnungen, die für Gerichtsstandsvereinbarungen in drittbegünstigenden Konstellationen relevant sind, müssen dazu ausgelegt werden. Die in der Bestandsaufnahme ausführlich dargestellte Rechtsprechung des EuGH, die mitgliedsstaatliche Rechtsprechung sowie die zum Thema relevante Literatur müssen dabei berücksichtigt werden. Schließlich soll entschieden werden, in welchen Fallkonstellationen eine Bindung begünstigter Dritter interessengerecht ist, um im Ergebnis allgemeine Kriterien zur Drittbindung entwickeln zu können.

Im Folgenden soll zunächst dargestellt werden, ob Dritte in den soeben beschriebenen Konstellationen an die Gerichtsstandsvereinbarung zwischen den Parteien formell-wirksam gebunden werden können. Dazu soll die Bindung des Dritten in zwei unterschiedliche Kategorien eingeteilt werden: Die einfache sowie die umfassende Bindung Dritter an Gerichtsstandsvereinbarungen.

I. Die einfache Bindung Dritter an die Gerichtsstandsvereinbarung

Die Bindung Dritter an eine Gerichtsstandsvereinbarung, durch die für diese eine weitere Klagemöglichkeit geschaffen wird, ohne die anderen Klagemöglichkeiten aus der Verordnung zu beschränken, ist grundsätzlich möglich. Die Bindung des Dritten an die Gerichtsstandsvereinbarung ohne wirksame Zustimmung könnte sich dabei durch Auslegung der Abkommen und Verordnungen ergeben. Die Entscheidungen, die der EuGH zur Bindung Dritter

338 Hier sollen die Fälle ausgenommen werden, in denen der Dritte der Gerichtsstandsvereinbarung zugestimmt hat. Durch die (auch nachträgliche) Erfüllung der Formanforderung wird ebenfalls stets eine Zuständigkeit auch für den Dritten begründet. Vgl. dazu: *Mankowski*, in: Rauscher EuZPR/EuIPR, Art. 25 Brüssel Ia-VO, Rn. 159.

bei der Erweiterung der Klagemöglichkeiten getroffen hat, befassen sich mit Art. 17 EuGVÜ und Art. 23 Brüssel I-VO. Durch Einführung der Brüssel I-VO wurde das EuGVÜ zwar außer Kraft gesetzt, aber die Auslegungen und Interpretationen des Gerichtshofs zur früheren Version der Vorschrift sind dennoch von besonderer Bedeutung für die vorliegende Arbeit. In den ersten Entscheidungen legte der EuGH den Grundstein für die Drittwirkung zugunsten Dritter, wodurch die rechtshistorische Betrachtung der Entscheidungen sowie der Literatur zu Art. 17 EuGVÜ für die Auslegung von Art. 25 Brüssel Ia-VO zu Hilfe genommen werden soll.[339]

Zunächst wird daher die frühere Auslegung von Art. 17 EuGVÜ in einer Übersicht dargestellt. Sodann wird die aktuelle Vorschrift des Art. 25 Brüssel Ia-VO ausgelegt und dahingehend analysiert, ob eine Entwicklung stattgefunden hat. Dabei wird zugleich die zu Art. 23 Brüssel I-VO ergangene Rechtsprechung und Literatur mit einbezogen. Schließlich soll in einer eigenen Betrachtung das Ergebnis überprüft und bewertet werden.

1. Einfache Bindung Dritter ist mit dem EuGVÜ vereinbar

Der EuGH hat in seiner Grundsatzentscheidung *Gerling* erstmalig 1983 festgestellt, dass ein Dritter sich auf eine Gerichtsstandsvereinbarung, die gemäß Art. 17 EuGVÜ zwischen den Parteien geschlossen wurde, zu seinen Gunsten berufen kann.[340] Dabei musste der Gerichtshof die fehlende formell-wirksame Zustimmung des Dritten überwinden und die Bindung an die Gerichtsstandsvereinbarung im Wege der Auslegung begründen. Insbesondere der Wortlaut und der Sinn und Zweck der Vorschrift sind hier von besonderer Bedeutung. Zudem waren bereits zu diesem Zeitpunkt im 3. Abschnitt des Übereinkommens spezielle Vorschriften zum Schutz von Versicherungsnehmern vorgesehen, die für die Auslegung relevant sind. Eine Vielzahl der drittbegünstigenden Fallkonstellationen kommt im Rahmen von Versicherungsverträgen vor. Um einen umfassenden Schutz der Versicherungsnehmer zu gewährleisten, sind diese Vorschriften bei der Auslegung von Art. 17 EuGVÜ zu berücksichtigen.

a. Auslegung des Wortlauts von Art. 17 EuGVÜ

Eine Bindung des Dritten könnte sich aus dem Wortlaut von Art. 17 Abs. 3 EuGVÜ ergeben.[341] Der Wortlaut dieser Vorschrift wurde zur begünstigenden

339 Siehe ausführlich zu den Vorschriften 1. Abschnitt I. 1.

340 EuGH, *Gerling*, Rn. 19 ff.

341 Siehe zu Art. 17 Abs. 3 EuGVÜ in diesem Abschnitt B. I.

Drittwirkung ausführlich ausgelegt und oftmals auf Dritte erweitert.[342] Tatsächlich blieb die Reichweite von Absatz 3 für die relevante Frage der Drittbindung aber überschaubar, denn zum einen galt der Absatz bereits zu Zeiten des EuGVÜ als schwierig.[343] Zum anderen setzten sich weder der Generalanwalt *Mancini* in den Schlussanträgen noch der Gerichtshof in der Entscheidung *Gerling* ausführlich mit Absatz 3 der Vorschrift auseinander.[344] Eine ausführliche Auseinandersetzung mit Absatz 3 – wie etwa bei *Jungermann* – ist daher an dieser Stelle nicht geboten.

Eine Bindung des Dritten könnte durch die Erweiterung des Wortlauts von Art. 17 Abs. 1 EuGVÜ auf Dritte erfolgen. Problematisch ist hierbei, dass der Wortlaut eindeutig von einer Einigung zwischen den Parteien spricht. Fraglich ist, ob damit auch eine Einigung mit dem Dritten gemeint sein kann. Unabhängig davon, ob der Begriff „Partei" in Art. 17 Abs. 1 EuGVÜ im Einzelnen als „Partei des Prozesses" oder „Partei der Vereinbarung" interpretiert werden soll[345], kann der Begriff jedenfalls nicht auf Dritte erweitert werden. Wie Generalanwalt *Mancini* bereits in seinen Schlussanträgen zur Entscheidung *Gerling* sehr deutlich formulierte, könne der Begriff „Parteien" unmöglich nicht am Vertrag beteiligte Dritte umfassen: Es sei ausgeschlossen, dass der Begriff „Parteien" im Übereinkommen nicht im technischen Sinne verwendet wird.[346] Der Begriff „Partei" kann unmöglich „Dritte" umfassen und somit der Wortlaut von Art. 17 Abs. 1 EuGVÜ auch nicht auf Dritte erweitert werden.

Auf den ersten Blick spricht der Wortlaut von Art. 17 Abs. 1 EuGVÜ deshalb eher dagegen, dass eine Begünstigung Dritter gemeint sein kann. Bei genauerer Betrachtung ergibt sich jedoch, dass der Wortlaut letztlich ambivalent ist: Er

---

342 Zur Auslegung dieser Vorschrift ausführlich *Jungermann*, Drittwirkung, S. 57.

343 „führte zu erheblichen Auslegungsproblemen" *Hausmann*, in: Simons/Hausmann/Althammer Brüssel I-VO, Art. 23, Rn. 125; „galt als Missglückt" *Kohler*, IPRax 1986, S. 340 (341).

344 Schlussanträge GA *Mancini*, S. 2521 f,; EuGH, *Gerling* , Rn. 10 ff.

345 Dazu siehe ausführlich im 1. Abschnitt B.

346 Schlussanträge *Mancini* im Wortlaut: „In der Tat ist es ausgeschlossen, daß eine Rechtsquelle dieser Art einen Begriff — „Parteien" — in untechnischem Sinne verwendet, von dem jeder Jurastudent im ersten Studienjahr bereit wäre zu schwören, daß er unmöglich den Begriff des Dritten mit ein- schließt. Unter „Parteien" versteht Artikel 17 des Brüsseler Übereinkommens somit die unmittelbar an dem Vertrag Beteiligten, d. h. die Personen, die gemeinsam den Vertrag zustande gebracht haben, die eine, in dem sie den Anstoß zur Begründung einer Verpflichtung gegenüber dem Dritten gab, und die andere, in dem sie diese Verpflichtung übernahm."

lässt die Begünstigung eines Dritten zwar nicht eindeutig zu, schließt diese jedoch auch nicht ausdrücklich aus.[347] Die Interpretation des Wortlauts durch *Mancini* lässt nämlich, wie gezeigt, den Rückschluss zu, dass der Dritte durch die Formulierung der Vorschrift gar nicht gemeint sein kann. Die Einigung muss sich dem Wortlaut nach lediglich auf die „Parteien“ beziehen. Daraus kann man auch ableiten, dass sich das von Art. 17 Abs. 1 EuGVÜ aufgestellte Formerfordernis nicht auf Dritte erstreckt. Der Wortlaut von Art. 17 Abs. 1 EuGVÜ kann also so interpretiert werden, dass Dritte nicht umfasst sind und diese daher einer Gerichtsstandsvereinbarung nicht zugestimmt haben müssen.[348] Im Ergebnis steht der Wortlaut von Art. 17 Abs. 1 EuGVÜ einer Bindung des Dritten daher nicht entgegen.

b. Auslegung nach Sinn und Zweck

Nach dem Sinn und Zweck von Art. 17 Abs. 1 EuGVÜ ist eine formelle Zustimmung des begünstigten Dritten nicht erforderlich. Die formelle Zustimmung der Parteien zur Gerichtsstandsvereinbarung wurde durch den Verordnungsgeber vorgeschrieben, um die Parteien vor dem übereilten Abschluss einer Gerichtsstandsvereinbarung zu schützen. Zudem soll die Einigung über den ausgehandelten Gerichtsstand klar und deutlich zum Ausdruck kommen und feststehen.[349] Die Parteien des Vertrags müssen daher die Formvorschriften in jedem Fall einhalten, damit bei einem etwaigen Rechtsstreit die Einigung über den Gerichtsstand nachvollzogen werden kann und so Rechtssicherheit besteht.[350] Der Sinn und Zweck der Formvorschriften ist also der Schutz der Parteien, insbesondere der wirtschaftlich schwächeren Partei, sowie die Sicherstellung der Einigung. Damit haben die Formanforderungen sowohl eine Schutzfunktion als auch eine Beweisfunktion.[351]

Die Einigung über den vereinbarten Gerichtsstand steht auch bei der Fallkonstellation mit Drittbegünstigung zwischen den Parteien fest. Die Parteien haben eine Vereinbarung abgeschlossen, die einen konkurrierenden Gerichtsstand zulässt. Der Beweisfunktion ist damit genüge getan. Wenn sich der begünstigte

347 So etwa: *Jungermann,* Drittwirkung, S. 57.

348 Ebenso: *Kaye,* Civil Jurisdiction and Enforcement of Foreign Judgments, S. 1065.

349 EuGH, *Gerling Konzern Spezialversicherung*, Rn. 13; EuGH, *Estasis Salotti*, Rn. 7; EuGH, *Porta Leasing*, Rn. 5.

350 EuGH Urteil vom 24.06.1981, Rechtssache 150/806 Slg. 1981, 1671 – *Elefanten Schuh,* Rn. 24 f.

351 EuGH *Estasis Salotti*, Rn. 8 f.

Dritte nunmehr auf diesen vereinbarten Gerichtsstand berufen möchte, um eine Partei zu verklagen, dann steht die formelle Einigung über den Gerichtsstand zwischen den Parteien bereits fest und die Beweisfunktion ist erfüllt.

Die Schutzfunktion des Formerfordernisses, die eine Partei vor überraschenden und übereilten Gerichtsstandsvereinbarungen bewahren soll, auf den Dritten zu erweitern, ist in dieser Fallkonstellation nicht notwendig. Der Dritte trifft zu diesem Zeitpunkt die Entscheidung, den vereinbarten Gerichtsstand zu nutzen und die anderen Gerichtsstände der Verordnung ungenutzt zu lassen. Ebenso wie bei der Genehmigung eines Rechtsgeschäfts durch den Vertreter ohne Vertretungsmacht,[352] entscheidet sich hier der Dritte bewusst dafür, die Wirkung der Gerichtsstandsvereinbarung gegen sich gelten zu lassen. Daher ist die Gerichtsstandsvereinbarung für den Dritten weder überraschend noch trifft er die Entscheidung übereilt, sich auf eben diese zu berufen. Der Dritte muss in dieser Fallkonstellation somit nicht wie eine Partei geschützt werden. Nach dem Sinn und Zweck des Formerfordernisses ist nicht erkennbar, warum dem Dritten auferlegt werden soll, zu irgendeinem Zeitpunkt die Form einzuhalten.[353]

Im Gegenteil würde es den Dritten ungebührend belasten, eine solche Einigung zu verlangen oder dem Dritten die Berufung auf den für ihn günstigen Gerichtsstand zu verweigern. Denn die Klagemöglichkeiten des Dritten werden in diesem Fall lediglich erweitert, sodass der Dritte auch nur begünstigt wird. Der begünstigte Dritte leitet alle seine materiellen Rechte und Ansprüche aus der Vereinbarung zwischen den Parteien ab, ohne dass er dieser Vereinbarung formell-wirksam zugestimmt hat. Ebenso kann der Dritte ein prozessuales Recht, nämlich den vereinbarten Gerichtsstand aus der Vereinbarung ableiten. Eine formell-wirksame Zustimmung des Dritten nur für diese Klausel zu verlangen, würde den Dritten, aber auch die Parteien belasten. Der Vorteil des drittbegünstigenden Vertrags ist gerade, dass der Dritte nicht an den Vertragsverhandlungen beteiligt werden muss. Nunmehr den Dritten nur bezüglich der Gerichtsstandsvereinbarung in die Verhandlungen einzubeziehen, um eine formell-wirksame Zustimmung zu erwirken, würde diesen Vorteil entwerten. Die formell-wirksame Zustimmung des Dritten zu verlangen, würde im Ergebnis eine unnötige Erschwerung bedeuten.[354]

---

352 In Deutschland geregelt in § 184 BGB. Ausführlich zur Bindung des Vertreters ohne Vertretungsmacht im 5. Abschnitt A. IV.

353 Ebenso: *Jungermann,* Drittwirkung, S. 71; *Killias,* Gerichtsstandsvereinbarungen, S. 247; *Kim,* Gerichtsstandsvereinbarungen, S. 182.

354 *Fricke,* VersR 2006, S. 1283 (1283), *Heiss,* Gerichtsstandsfragen in Versicherungssachen, in: *Reichert-Facilides/Fritz* (Hrsg) Versicherungsrecht in Europa, S. 139 ff.

c. Auslegung unter Berücksichtigung des 3. Abschnitts der Brüssel Ia-VO

In Fallkonstellationen, in denen Dritte begünstigt werden, handelt es sich oftmals um Vertragsverhältnisse zwischen Versicherern und Versicherungsnehmern. Daher müssen bei der Auslegung von Art. 17 EuGVÜ auch die speziellen Vorschriften zum Schutz von Versicherten und Versicherungsnehmern im 3. Abschnitt des Übereinkommens berücksichtigt werden. Gemäß Art. 17 Abs. 2 EuGVÜ können Gerichtsstandsvereinbarungen in Versicherungsverträgen nur unter den Voraussetzungen von Art. 12 EuGVÜ geschlossen werden. Art. 12 EuGVÜ soll verhindern, dass der Versicherer seine Verhandlungsmacht nutzt, um durch eine Gerichtsstandsvereinbarung die Gerichtsstände der Verordnung, die dem Schutz des Versicherten bzw. des Begünstigten dienen, zu derogieren. Daher wird durch Art. 17 Abs. 2 i.V.m. Art. 12 EuGVÜ ein weitergehendes Schutzregime zugunsten des Versicherten bzw. des Begünstigten geschaffen, das bei der Drittbindung unbedingt zu beachten ist. Der Dritte ist als Begünstigter des Versicherungsvertrags zu schützen.

Die Vorschriften stehen dem Auslegungsergebnis letztlich nicht entgegen.[355] Art. 12 Abs. 1 Nr. 2 EuGVÜ stellt klar, dass eine Gerichtsstandsvereinbarung zugunsten des Versicherten bzw. des Begünstigten weiterhin möglich bleibt, wenn ein konkurrierender Gerichtsstand für den Versicherten bzw. den Begünstigten zusätzlich zu den Gerichtsständen des 3. Abschnitts geschaffen wird. Demgemäß entspricht es auch dem Schutzregime des 3. Abschnitts, eine Gerichtsstandsvereinbarung zugunsten des Versicherten bzw. des Begünstigten zuzulassen.[356] Der Begünstigte eines Versicherungsvertrags ist meist der wirtschaftlich am schlechtesten gestellte Rechtsteilnehmer, der sich häufig vorformulierten Vertragswerken gegenübersieht, die zwischen Versicherer und Versicherungsnehmer geschlossen werden. Indem dem Begünstigten das Recht gegeben wird, sich auf die für ihn günstigste Klausel zu berufen, wird dieser gerade vollumfänglich geschützt. Eine formwirksame Zustimmung des begünstigten Dritten zu verlangen würde dem Dritten diese vorteilhafte Rechtsposition nehmen. Daher spricht die Auslegung von Art. 17 Abs. 2 i.V.m. Art. 12 EuGVÜ im Ergebnis ebenfalls

---

Ebenso zur Rechtslage nach Art. 12 LugÜ ausführlich: *Killias,* Gerichtsstandsvereinbarungen, S. 245 ff.

355 EuGH, *Gerling Konzern Spezialversicherung,* Rn. 18; EuGH, *Sociéte financière,* Rn. 30 f.

356 *Jungermann,* Drittwirkung, S. 69 ff.; mit Bezug auf Art. 17 EuGVÜ auch: *Kropholler/von Hein,* Europäisches Zivilprozessrecht, Art. 23, Rn. 65; *Auer,* in: Geimer/Schütze Int. Rechtsverkehr, Art. 23 EuGVO, Rn. 58.

nicht dagegen, den begünstigten Dritten auch ohne formell-wirksame Zustimmung die Berufung auf die Gerichtsstandsvereinbarung zu erlauben.

2. Einfache Bindung Dritter ist mit Art. 25 Brüssel Ia-VO vereinbar

Die Auslegung der im Zuge der Reformen veränderten Vorschriften kann gemeinsam anhand der aktuellsten Vorschrift erfolgen. Der Wortlaut von Art. 23 Brüssel I-VO und Art. 25 Brüssel Ia-VO unterscheidet sich lediglich geringfügig. Diese Unterschiede können bei einer gemeinsamen Auslegung ausreichend berücksichtigt werden. Zudem ist zur Fallgruppe der Erweiterung der Klagemöglichkeiten nach der *Gerling* Entscheidung keine weitere Rechtsprechung des EuGH zu dieser Fallgruppe ergangen, sodass die Literatur sich auch bei der Auslegung der neuen Vorschriften hauptsächlich auf die Ergebnisse zu Art. 17 EuGVÜ bezieht. Im Folgenden soll demnach Art. 25 Brüssel Ia-VO unter Berücksichtigung der soeben dargestellten Auslegung und Interpretation von Art. 17 EuGVÜ ausgelegt werden.

a. Auslegung des Wortlauts

Im Zuge der Reformen der Vorschrift wurde der Wortlaut der Vorschriften verändert und der missglückte Absatz 3 aus Art. 17 EuGVÜ, der eine Begünstigung für eine Partei ausdrücklich regelte, nicht in Art. 23 Brüssel I-VO übernommen. Der neue Wortlaut von Art. 25 Abs. 1 S. 2 Brüssel Ia-VO ermöglicht es den Parteien unmissverständlich von der Vermutung für die Ausschließlichkeit der Gerichtsstandsvereinbarung abzuweichen.[357] Dadurch wird für die Parteien die Möglichkeit geschaffen, eine ausdrückliche Vereinbarung über einen konkurrierenden, fakultativen oder optionalen Gerichtsstand zu treffen oder auch einzelne Gerichtsstände der Verordnung isoliert abzubedingen. Daher können die Parteien auch einen konkurrierenden Gerichtsstand zugunsten einer Partei oder eines Dritten vereinbaren. Der Wortlaut der Vorschriften, der weiter gefasst ist als die Vorgängervorschrift in Art. 17 Abs. 3 EuGVÜ, stärkt so die Privatautonomie der Parteien.

Der Wortlaut von Art. 25 Abs. 1 S. 1 Brüssel Ia-VO, der auch hier die (formell-wirksame) Einigung der Parteien voraussetzt, ist allerdings unverändert geblieben. Wie bereits zu Art. 17 Abs. 1 EuGVÜ ausgeführt, kann auch der Wortlaut

357 *Schlosser/Hess*, EU-Zivilprozessrecht, Art. 25, Rn. 33; *Kropholler/von Hein,* Europäisches Zivilprozessrecht, Art. 23 EuGVO, Rn. 93 ff.; *Auer*, in: Geimer/Schütze Int. Rechtsverkehr, Art. 23 EuGVO, Rn. 146; *Hausmann,* in: Simons/Hausmann/Altthammer Brüssel I-VO, Art. 23, Rn. 124.

von Art. 25 Abs. 1 S. 1 Brüssel Ia-VO keine verbindliche Antwort auf die Frage der Drittwirkung liefern.[358] Im Ergebnis steht der Wortlaut der Vorschrift der einfachen Bindung des Dritten jedenfalls nicht entgegen.

b. Auslegung nach Sinn und Zweck

Das Auslegungsergebnis des EuGH in der Sache *Gerling* zu Art. 17 EuGVÜ wurde in der Literatur begrüßt und auch im Zuge der verschiedenen Reformen und Änderungen der Vorschrift für die neuen Vorschriften übernommen.[359] Der Gerichtshof stellte in seiner Entscheidung gerade nicht die Besonderheiten des Vertrags zugunsten Dritter in Versicherungssachen, und so den 3. Abschnitt des Übereinkommens, in den Vordergrund. Im Nachgang zum Urteil wurde daher in der Literatur zunächst angenommen, dass der begünstigte Dritte an eine Gerichtsstandsvereinbarung, an deren Abschluss er nicht beteiligt war, gebunden ist.[360] In der Entscheidung *Gerling* stellte der Gerichtshof auf den Sinn und Zweck der Formvorschriften in Art. 17 Abs. 1 EuGVÜ ab. Die formell-wirksame Zustimmung der Parteien hat insbesondere eine Schutz- und Beweisfunktion. Eben diese Anforderungen an die Form wurden im Zuge der Reformen und Neufassungen der Vorschriften immer weniger streng formuliert und ausgelegt. Beispielsweise war nach der Fassung des Art. 17 EuGVÜ stets „halbe" Schriftlichkeit erforderlich, das heißt, dass eine mündliche Vereinbarung immer schriftlich bestätigt werden musste.[361] Diese strenge Anforderung galt auch für Kaufleute,

---

358 Ebenso ausdrücklich zu Art. 23 EuGVO: *Jungermann,* Drittwirkung, S. 56.

359 Zu Art. 25 Brüssel Ia-VO bislang: *Gottwald,* in Müko ZPO, Art. 25 Brüssel Ia-VO, Rn. 55; *Schlosser/Hess,* EU-Zivilprozessrecht, Art. 25, Rn. 43; *Stadler,* in: Musielak/Voit ZPO, Art. 25 EuGVVO n.F., Rn. 4a. Zu Art. 23 EuGVO: *Geimer,* Europäisches Zivilprozessrecht, Art. 23 EuGVO, Rn. 206; *Kropholler/von Hein,* Europäisches Zivilprozessrecht, Art. 23 EuGVO, Rn. 93 ff.; *O'Malley/Layton/Mercer,* European Civil Practice, Rn. 20.020 f.; *Garciamartin,* in: Dickinson/Lein/James Brussels I Regulation, Rn. 9.80.

360 Siehe zu Art. 17 EuGVÜ: *Nagel/Gottwald.* Internationales Zivilprozessrecht (Vorauflage, 4. Auflage), Rn. 241; *Kropholler,* Zivilprozeßrecht (Vorauflage, 5. Auflage), Art. 17 Rn. 56; *Mankowski,* IPRax 1996 S. 427 (431); *Geimer,* NJW 1985, S. 533; *Geimer/Schütze,* Internationale Urteilsanerkennung, § 96 XXIII 4; *Kohler,* IPRax 1983, S. 256 (260).

361 EuGH, Urteil vom 14.12.1976 Rechtssache 25/76 Slg. 1976, 1852 – *Segoura,* Rn. 12; EuGH, *Estasis Salotti,* Rn. 12 ff.

bis sie erstmalig durch das erste Beitrittsabkommen aufgeweicht wurde.[362] Nunmehr können Kaufleute auch Gerichtsstandsvereinbarungen in einer Form abschließen, die internationalen Handelsbräuchen entspricht, sodass diese gegebenenfalls sogar mündlich erfolgen können. Mit Einfügen dieser Möglichkeit zum Abschluss ohne schriftliche Bestätigung – insbesondere auf Betreiben des Vereinigten Königreichs – sollte der restriktiven Auslegung von Art. 17 EuGVÜ durch den EuGH begegnet werden.[363] Dem musste sich der EuGH anpassen und wendete in der Folge die neuen Vorschriften entsprechend liberal an.[364]

Diese Entwicklung im Bereich der Formvorschriften wurde in der Literatur teilweise mit Sorge betrachtet. So sprach *Gaudemet-Tallon* 1991 bereits von einer Entwicklung, die Anlass zu einiger Unruhe sei und von einer Gefahr, die von Gerichtsstandsvereinbarungen ausginge, die formfreier abgeschlossen werden können.[365] Diese Sorgen sind insbesondere bezüglich der begünstigenden Drittwirkung nicht zu teilen. Hier profitiert der begünstigte Dritte eher von der Entwicklung, denn – wie bereits erwähnt – belastet es den Dritten ungebührend, die Formanforderungen erfüllen zu müssen.

Daher sind im Zuge der Reform des EuGVÜ die Anforderungen an die Formvorschriften deutlich aufgeweicht worden und der EuGH hat in seiner Rechtsprechung die Auslegung entsprechend dieser Entwicklung anpasst und berührt auch die begünstigende Drittwirkung. Wenn bereits unter den strengen Formanforderungen des EuGVÜ der Gerichtshof eine Einigung zwischen den Parteien zur Erfüllung der Anforderungen für ausreichend erachtete, dann muss dies umso mehr für die gelockerten Formanforderungen der nachfolgenden Verordnungen gelten. Der EuGH selbst bestätigt das Auslegungsergebnis in der Entscheidung *Société financière* implizit auch für Art. 23 Abs. 1 Brüssel I-VO und macht deutlich, dass auch unter den reformierten Vorschriften die Bindung eines Dritten zu seinen Gunsten möglich bleiben soll.[366] Daher sind auch dem Sinn und Zweck entsprechend Art. 25 Abs. 1 Brüssel Ia-VO dahingehend

---

362 *Geimer,* Europäisches Zivilprozessrecht, Art. 23 EuGVO, Rn. 95; *Auer*, in: Geimer/Schütze Int. Rechtsverkehr, Art. 23 EuGVO, Rn. 126 ff.; *Garciamartin,* in: Dickinson/Lein/James Brussels I Regulation, Rn. 9.50 ff.

363 *Kropholler/von Hein,* Europäisches Zivilprozessrecht, Art. 23 EuGVO, Rn. 51; *Auer*, in: Geimer/Schütze Int. Rechtsverkehr, Art. 23 EuGVO, Rn. 126 ff.; *Garciamartin,* in: Dickinson/Lein/James Brussels I Regulation, Rn. 9.50 ff.

364 EuGH, Urteil vom 20.02.1997 Rechtssache C-106/95 Slg. 1997, I-932 – *MGS*, Rn. 18 ff.

365 *Gaudement-Tallon,* Gerichtsstandsvereinbarungen im Brüsseler Übereinkommen in: Tebbens/Kennedy/Kohler/Capotorti, Internationale Zuständigkeit, S. 117 (121).

366 Siehe dazu ausführlich in diesem Abschnitt C.

auszulegen, dass ein begünstigter Dritter sich auf eine Gerichtsstandsvereinbarung berufen kann, die zu seinen Gunsten zwischen den Parteien vereinbart wurde, auch wenn dieser Dritte nicht formell-wirksam zugestimmt hat.

c. *Auslegung unter Berücksichtigung des 3. Abschnitts*

Wie auch bereits bei der Auslegung der EuGVÜ stehen die Vorschriften des 3. Abschnitts in der Brüssel Ia-VO dem Ergebnis nicht entgegen.[367] Zwar wird dem Versicherten und Begünstigten nach der Reform des EuGVÜ nunmehr ein eigener Gerichtsstand am Wohnsitz zugestanden, jedoch ändert auch dieser Systemwechsel nichts am Ergebnis der Auslegung.[368] Der Gerichtsstand des Versicherten und Begünstigten leitet sich nicht mehr vom Versicherungsnehmer ab, sondern dem Versicherten und Begünstigten steht nunmehr ein eigener Gerichtsstand in Art. 11 Abs. 1 lit. b Brüssel Ia-VO zu. Für den hier vorliegenden Fall, dass der Dritte sich auf die Gerichtsstandsvereinbarung zu seinen Gunsten beruft, ändert dies nichts am Ergebnis. Dem Dritten wird ein weiterer, konkurrierender Gerichtsstand zusätzlich zum Gerichtsstand am eigenen Sitz zur Verfügung gestellt. Hier nunmehr eine formwirksame Zustimmung des begünstigten Dritten zu verlangen, würde dem Dritten diese vorteilhafte Rechtsposition nehmen. Die korrespondierende Ausnahme in Art. 15 Nr. 2 Brüssel Ia-VO stellt dies eindeutig klar.[369]

Wie weit das Schutzregime des 3. Abschnitts der Verordnung im Einzelnen reichen soll und wie es sich im Zuge der Reformen verändert hat, wird im Rahmen der zweiten Fallkonstellation genauer zu beurteilen sein.[370]

---

367 In dem Sinne auch: EuGH, *Société financière*, Rn. 30 f.

368 Siehe ausführlich zum Systemwechsel im 3. Abschnitt der Verordnung in diesem Abschnitt II. 1. b.

369 Zu Art. 15 Brüssel Ia-VO: *Staudinger*, in Rauscher EuZPR/EuIPR, Art. 15 Brüssel Ia-VO, Rn. 5; *Schlosser/Hess*, EU-Zivilprozessrecht, Art. 5, Rn. 2; *Gottwald*, in: MüKo ZPO, Brüssel Ia-VO, Art. 15, Rn. 4; *Stadler*, in: Musielak/Voit ZPO, Art. 15 EuGVVO n.F., Rn. 3; *Bariatti*, in: Dickinson/Lein/James Brussels I Regulation, Rn. 5.57. Zu Art. 13 Brüssel I-VO: *Geimer*, in: *Geimer/Schütze* Europäisches Zivilverfahrensrecht, Art. 13, Rn. 6; *Kropholler/von Hein*, Europäisches Zivilprozessrecht, Art. 13 EuGVO, Rn. 3; *Mayr*, in: Simons/Hausmann/Althammer Brüssel I-VO, Art. 13, Rn. 6 f.; *O'Malley/Layton/Mercer*, European Civil Practice, Rn. 16.061.

370 Siehe dazu in diesem Abschnitt B. II.

3. Stellungnahme

Dem vom EuGH gefundenen Auslegungsergebnis ist vollumfänglich zuzustimmen. Die Formvorschriften von Art. 25 Brüssel Ia-VO sind auch dann gewahrt, wenn lediglich die Parteien zugestimmt haben. Eine Bindung des Dritten an die Gerichtsstandsvereinbarung ist, dem Sinn und Zweck von Art. 25 Brüssel Ia-VO entsprechend, auch ohne formelle Zustimmung des Dritten zulässig. Es stehen auch keine gegenläufigen Interessen des Dritten, die es möglicherweise zu schützen gälte, entgegen. Im Gegenteil ist bei dieser Fallkonstellation die Bindung des Dritten im Interesse aller Beteiligten. Die Interessen der Parteien und des Dritten müssen daher nicht in einen angemessenen Ausgleich gebracht werden. Die Parteien haben bei der Einigung über den Gerichtsstand in einem Vertrag mit Drittbegünstigung ein beachtliches Interesse daran, dass dieser vereinbarte Gerichtsstand auch für den begünstigten Dritten gelten soll.

Ein Konzernunternehmen handelt beispielsweise einen Versicherungsvertrag inklusive der Gerichtsstandsvereinbarung mit dem Versicherer aus, ohne die begünstigten Tochtergesellschaften zu involvieren. Falls die Tochtergesellschaft nunmehr Ansprüche gegen den Versicherer geltend machen will, stehen ihr, nach dem hier vertretenen Verständnis von Art. 25 Brüssel Ia-VO, sowohl die Gerichtsstände der Verordnung als auch der Gerichtsstand aus der Vereinbarung offen. In beiden Fällen sind sowohl dem Versicherer als auch dem Konzernunternehmen alle möglichen Gerichtsstände im Voraus bekannt. Für die Tochtergesellschaft kann es von Vorteil sein, den vereinbarten Gerichtsstand zu wählen, wenn dieser beispielsweise am Sitz des Konzernunternehmens liegt und dadurch die Durchsetzung der Ansprüche durch Hilfestellungen des Konzernunternehmens effektiv einfacher ist. Keiner der Beteiligten hat hier ein Interesse, der Tochtergesellschaft die Berufung auf den vereinbarten Gerichtsstand zu verweigern. Die Parteien haben genau diesen Gerichtsstand vereinbart. Daher ist es im Interesse der Parteien, dass der vereinbarte Gerichtsstand auch durch den Dritten genutzt werden kann. Der Versicherer kalkuliert bei der Preisgestaltung üblicherweise das Risiko von Prozessen mit ein und hat bei einem vereinbarten Gerichtsstand unter anderem mit einem Prozess an eben diesem Gerichtsstand kalkuliert. Daher ist es gerade im Interesse des Versicherers an dem vereinbarten Gerichtsstand auch durch den Dritten verklagt zu werden.

Der Dritte, der eigentlich in dieser Konstellation zu schützen wäre, muss nicht geschützt werden. Die Tochtergesellschaft beruft sich auf den vereinbarten Gerichtsstand, wenn es für sie von Vorteil ist. Ist der vereinbarte Gerichtsstand für sie nicht von Vorteil, etwa weil am Ort des schädigenden Ereignisses die Beweisaufnahme kostengünstiger erfolgen kann, wird sich die Tochtergesellschaft auf den Gerichtsstand des schädigenden Ereignisses berufen. Den Vertragsparteien war zum Zeitpunkt der Einigung über einen konkurrierenden Gerichtsstand klar, dass weitere Gerichtsstände neben dem vereinbarten Gerichtsstand bestehen. Der Versicherer wusste also zum Zeitpunkt der Einigung, dass neben dem vereinbarten Gerichtsstand noch weitere Gerichtsstände für den Dritten bestehen. Daher konnten auch diese möglichen Gerichtsstände in die Risikobewertung einbezogen werden.

Insgesamt ist es daher im Interesse des Versicherers, des Versicherungsnehmers sowie des begünstigten Dritten für den Fall eines konkurrierenden Gerichtsstands dem Dritten, auch ohne formell-wirksame Zustimmung, die Berufung auf die Gerichtsstandsvereinbarung zu gewähren. Ein Ausgleich der Interessen ist in diesem Fall nicht notwendig. Der Dritte wird für diese Fallgruppe an die Gerichtsstandsvereinbarung zwischen den Parteien gebunden.

Zudem wird durch diese Lösung ein Gleichlauf zwischen der materiellrechtlichen Begründung des Anspruchs und der prozessualen Wirkung geschaffen.[371] Wie bei der Darstellung des Vertrags zugunsten Dritter deutlich wurde, leitet der Dritte seinen Anspruch allein aus der materiell-rechtlichen Drittberechtigung im Vertrag zugunsten Dritter ab.[372] Wenn man nunmehr dem Dritten zugesteht, auch seine prozessrechtliche Stellung aus der materiell-rechtlichen Drittberechtigung, nämlich der Gerichtsstandsvereinbarung in diesem Vertrag, abzuleiten, dann wird ein sinnvoller Gleichlauf erreicht. Dieser Gleichlauf ist erstrebenswert, weil so dasselbe Gericht über alle Ansprüche aus einem einheitlichen rechtlichen Verhältnis entscheidet. Die Vermeidung von unterschiedlichen Jurisdiktionen und widersprechenden Entscheidungen ist eines der Ziele der Brüssel Ia-VO.[373] Der Gleichlauf von materiell-rechtlicher Drittbindung und prozessrechtlicher Drittwirkung sollte daher nur unter besonderen Umständen aufgehoben werden. In den unterschiedlichen Fallkonstellationen in diesem sowie im 4. Abschnitt der Arbeit wird somit das Prinzip des Gleichlaufs von materiell-rechtlicher Drittwirkung und prozessrechtlicher Drittbindung immer wieder aufzugreifen sein. Auch bei der Bindung zulasten Dritter wird dieses Prinzip eine hervorgehobene Rolle spielen.[374]

---

371 Der Ansatz des „Gleichlaufs von materieller und prozessualer Drittbindung“ wurde von *Gebauer* für die belastende Drittbindung entwickelt. Vgl. dazu: *Gebauer*, Zur subjektiven Reichweite, in: FS Schütze, S. 101.

372 Siehe dazu in diesem Abschnitt A. III.

373 Vgl. dazu allein ErwG. 21 der Brüssel Ia-VO.

374 Siehe dazu im 4. Abschnitt C. I. 3.

II. Die umfassende Bindung Dritter an die Gerichtsstandsvereinbarung

Die zweite Fallgruppe kann aus zwei unterschiedlichen Perspektiven betrachtet werden: Im Rahmen der ersten Fallkonstellation, die soeben ausführlich behandelt wurde, beruft sich der begünstigte Dritte auf den zwischen den Parteien vereinbarten Gerichtsstand. In dieser Konstellation wird der Dritte an die Gerichtsstandsvereinbarung zwischen den Parteien gebunden. Die Bindung des Dritten, auch wenn sie für diesen lediglich einen rechtlichen Vorteil bedeutet, ist notwendig, um die Zuständigkeit des Gerichts gemäß Art. 25 Brüssel Ia-VO zu begründen.[375] Diese Konstellation wurde hier als „einfache Drittbindung" bezeichnet.[376]

Fraglich bleibt aber, wie das umgekehrte Szenario zu bewerten ist: Muss der Dritte, wenn er seinen Anspruch an einem derogierten Gerichtsstand geltend macht, die Einrede der Unzuständigkeit auf Grundlage der Gerichtsstandsvereinbarung gegen sich gelten lassen? Dann würden dem Dritten effektiv alle anderen Gerichtsstände genommen, weil der Dritte gezwungen würde, am vereinbarten Gerichtsstand zu klagen und auch dort durch die Parteien verklagt werden könnte.[377] Dieses Szenario ist insbesondere bei den hier zu bewertenden internationalen Gerichtsstandsvereinbarungen problematisch, wenn der Dritte seinen Sitz in einem anderen Mitgliedsstaat hat.

Zudem ist fraglich, wie das Szenario zu bewerten ist, in dem mit der Vereinbarung des Gerichtsstands einzelne Gerichtsstände der Verordnung, die explizit dem Dritten zustehen (beispielsweise der Gerichtsstand für den Direktanspruch gegen den Haftpflichtversicherer) abbedungen werden. Wird der Dritte also auch als Geschädigter umfassend an die Gerichtsstandsvereinbarung gebunden?

Im Folgenden soll zunächst geklärt werden, wie weit die Bindung Dritter grundsätzlich reichen soll. Einigkeit besteht insoweit, dass eine Bindung besteht, wenn der Dritte sich auf die Gerichtsstandsvereinbarung beruft, also einen Anspruch aus dem Vertrag aktiv am zwischen den Parteien vereinbarten Gerichtsstand geltend macht. Insbesondere ist an dieser Stelle zu klären, ob der Dritte, der eine Partei am Gerichtsstand seines Wohnorts/Sitzes verklagt hat, die

375 Siehe ausführlich dazu in diesem Abschnitt C. I.

376 Siehe eingehend dazu in diesem Abschnitt B. I.

377 Zum Prozessrisiko des Dritten bei Vertrag zu seinen Gunsten: 1. Abschnitt A. I. 2.

Gerichtsstandsvereinbarung aus dem Vertrag zugunsten Dritter als Einrede der Unzuständigkeit gegen sich gelten lassen muss.[378]

Der EuGH hat im Jahr 2005 entschieden, dass in einer ähnlichen Konstellation wie in der Entscheidung *Gerling Konzern Spezialversicherung* der Dritte nicht an eine solche Gerichtsstandsvereinbarung gebunden werden soll.[379] In der Entscheidung *Société financière* wurde festgestellt, dass die Bindung des Dritten nur bestehen soll, wenn der Dritte einen eigenen Anspruch geltend macht. Beruft sich hingegen eine der Parteien des Vertrags zugunsten Dritter in einem Verfahren am derogierten Gerichtsstand auf die Gerichtsstandsvereinbarung und macht eine Einrede geltend, müsse der Dritte diese nicht gegen sich gelten lassen.[380]

1. *Umfassende Bindung Dritter als Versicherungsnehmer, Versicherter und Begünstigter gemäß EuGVÜ, Brüssel I-VO und Brüssel Ia-VO*

Im Folgenden soll erläutert werden, ob und wie eine umfassende Bindung des Dritten mit dem EuGVÜ zu vereinbaren war bzw. ob und wie heutzutage eine umfassende Bindung des Dritten mit der Brüssel I-VO und Brüssel Ia-VO zu vereinbaren ist.

Die Entscheidung *Société financière* stellt dabei eine Art Wendepunkt dar, der auch in der vorliegenden Arbeit in der Aufteilung der Argumentation verwendet werden soll. Bevor die Entscheidung *Société financière* ergangen ist, wurde sich in der Literatur überwiegend auch für eine umfassende Bindung des Dritten an eine Gerichtsstandsvereinbarung zugunsten Dritter im Versicherungsvertrag ausgesprochen. Diese auf einer Interpretation der Entscheidung *Gerling Konzern Spezialversicherung* basierende Argumentation zu Art. 17 EuGVÜ soll daher zunächst ausführlich dargestellt werden. Als Nächstes soll anhand der Entscheidung *Société financière* erläutert werden, wie entgegen dieser Ansicht, die auch nach der Entscheidung *Société financière* teilweise noch vertreten wird, eine umfassende Drittbindung heutzutage nur noch in Ausnahmefällen zu begründen ist.

---

378 Diese Konstellation wird in der Literatur zumeist als „Vereinbarung zulasten Dritter" bezeichnet. Wie soeben jedoch erläutert, ist diese Terminologie für diese Fallgruppe irreführend, da der Dritte hier nicht tatsächlich belastet wird. Siehe dazu ausführlich in diesem Abschnitt B. III. 2.

379 Siehe zur Entscheidung *Société financière* ausführlich im 2. Abschnitt C. III. 2.

380 EuGH, *Société financière*, Rn. 29 f.

Die umfassende Bindung des Dritten soll im Folgenden zunächst ausschließlich anhand der praktisch relevanten Konstellation im Versicherungsrecht erläutert werden. In einem Versicherungsvertrag auf fremde Rechnung beispielsweise, sind der Versicherungsnehmer und der Versicherte zwei unterschiedliche Personen. Der Versicherte ist der Dritte in einem Vertrag zu seinen Gunsten. Bei einer Lebensversicherung ist neben dem Versicherungsnehmer und dem Versicherer ein Begünstigter vorgesehen, der im Fall des Todes die Versicherungssumme erhalten soll. Auch in dieser Konstellation ist der Begünstigte Dritter im Vertrag zu seinen Gunsten. Die Erläuterung anhand des Versicherungsrechts bietet sich aus zwei Gründen an: Zum einen beschäftigen sich sowohl die relevanten EuGH-Entscheidungen als auch die überwiegenden Stimmen in der Literatur mit diesen praktisch relevanten Konstellationen des Versicherungsrechts. Zum anderen sind der Versicherte und der begünstigte Dritte in der Verordnung explizit erwähnt, sodass eine Auslegung umfassender und näher an der Verordnung erfolgen kann.

Im Ergebnis soll dann überprüft werden, ob ein Dritter grundsätzlich, also auch außerhalb von Versicherungsverträgen, umfassend an die Gerichtsstandsvereinbarung im Vertrag zugunsten Dritter gebunden wird.

a. *Umfassende Bindung Dritter vor der Entscheidung* Société financière

Bevor der Gerichtshof sich in der Entscheidung *Société financière* zu dieser Problematik äußerte, ging die Literatur überwiegend davon aus, dass der Dritte eine Gerichtsstandsvereinbarung, die in einem Vertrag zugunsten Dritter enthalten ist, für und gegen sich gelten lassen muss. Der begünstigte Dritte könne sich zu seinen Gunsten auf die Gerichtsstandsvereinbarung berufen, müsse dann aber die Gerichtsstandsvereinbarung auch gegen sich gelten lassen. Dabei wurde die Entscheidung *Gerling Konzern Spezialversicherung* insoweit verallgemeinert, als dass nicht lediglich Versicherte und Begünstigte eines Versicherungsvertrags umfassend gebunden sein sollten, sondern jeder Dritte im Vertrag zugunsten Dritter.[381]

---

381 Teilweise wird diese Ansicht auch heute noch so vertreten: *Mankowski*, in Rauscher, Brüssel Ia-VO, Art. 25 Brüssel Ia-VO, Rn. 252; *Mankowski*, VersR 2020, S. 708 (714); *Mankowski* IPRax 1996, S. 427 (431); *Heiss*, Gerichtsstandsfragen in Versicherungssachen in: Reichert-Facilides/Fritz (Hrsg) Versicherungsrecht in Europa, S. 140; *Klumpp*, in J. von Staudingers Kommentar BGB, § 328, Rn. 368; *Hadding*, in Soergel Kommentar BGB, § 328, Rn. 64, *Gottwald*, in MüKo BGB, § 328, Rn. 89; *Krauskopf*, Der Vertrag zugunsten Dritter, Rn. 1041; *Jungermann*, Drittwirkung, S. 203 ff.

Heutzutage bleibt umstritten, ob sowohl allgemein als auch im Bereich des Versicherungsvertrags zugunsten Dritter eine umfassende Bindung des Dritten interessengerecht ist. Im Folgenden sollen die Argumente aus Literatur und Rechtsprechung ausführlich dargestellt werden, die für eine umfassende Bindung Dritter an die Gerichtsstandsvereinbarung im Vertrag zugunsten Dritter sprechen. Danach soll im Lichte der Entscheidung *Société financière* die Frage beantwortet werden, ob es auch heute noch interessengerecht ist, Dritte an eine Gerichtsstandsvereinbarung im Vertrag zu ihren Gunsten umfassend zu binden.

Zunächst ist dazu eine Entscheidung der *Cour d'Appel Aix-en-Provence*, in der das Gericht die Bindung des Dritten gemäß Art. 17 EuGVÜ ausführlich begründet hat, auszuwerten. Der Sachverhalt dieser Entscheidung ist jenem aus dem Verfahren, das dem EuGH vorgelegt wurde und zur Entscheidung *Société financière* führte, sehr ähnlich. In der Literatur fand diese Entscheidung der *Cour d'Appel Aix-en-Provence* Zuspruch und insbesondere *Mankowski* stützte seine Argumentation für eine umfassende Bindung auf diese.

Darüber hinaus sollen die Argumente für eine umfassende Bindung, die von verschiedenen Stimmen in der Literatur vertreten werden, dargestellt werden. Insbesondere wird hier mit der Struktur des zugrunde liegenden materiellrechtlichen Verhältnisses argumentiert, dem (Versicherungs-)Vertrag zugunsten Dritter. Dazu sollen die in der Literatur vertretenen Argumente für eine Bindung des Dritten in die Struktur des Vertrags zugunsten Dritter eingeordnet werden.

(1) *Entscheidung* Tropische Hölzer *Cour d'Appel Aix-en-Provence*

In dieser Entscheidung hat die *Cour d'Appel Aix-en-Provence* die Grundsätze aus der Entscheidung *Gerling* des EuGH angewendet und entschieden, dass eine Partei sich gegenüber dem Dritten auf die Gerichtsstandsvereinbarung aus dem Vertrag zugunsten Dritter berufen kann.

(a) *Sachverhalt*

Die Gesellschaft A mit Sitz in Sinoe (Liberia) transportierte auf einem Schiff der Gesellschaft B mit Sitz in Nizza (Frankreich) eine Ladung tropische Hölzer nach Frankreich. Die S war bei der deutschen Versicherungsgesellschaft C versichert. Der Versicherungsvertrag zwischen B und C enthielt mit Bezug auf die ADS[382] eine Gerichtsstandsvereinbarung zugunsten der Gerichte in Hamburg. Die

382 Allgemeine Deutsche Seeversicherungsbedingungen (Stand 1994). Einen guten Überblick über die Bedingungen bei: *Koller* in: Prölss/Martin Versicherungsvertragsgesetz, ADS-Gü § 1 Rn. 1 f.

Hölzer wurden beim Transport beschädigt und die A nahm daraufhin sowohl B als auch C auf Ersatz des Schadens vor dem Handelsgericht Nizza in Anspruch. Das Handelsgericht erklärte sich im Verfahren für unzuständig und verwies auf die Gerichtsstandsvereinbarung im Versicherungsvertrag.

A legte Einspruch gegen die Entscheidung ein und wies darauf hin, dass der im Versicherungsvertrag festgelegte Gerichtsstand nicht für sie gelten könne, denn die A trete nicht unmittelbar in die Rechte und Pflichten der B ein.[383]

(b) Entscheidung

Die Cour d'Appel Aix-en-Provence stellt zunächst die dem Fall zugrunde liegende Vertragskonstellation dar. Das Seeversicherungszertifikat, das ein Vertreter der C der B ausgestellt hat, bezog sich auf die beförderten Güter. Es handle sich daher um eine Warentransportversicherung für „den, den es angeht", die Bezug auf die ADS und die darin enthaltene Gerichtsstandsvereinbarung zugunsten der Gerichte in Hamburg nimmt. Damit ist die vorliegende Konstellation ein Vertrag zugunsten Dritter, bei dem zum Zeitpunkt des Vertragsschlusses der Dritte noch nicht feststeht.[384]

Diese Zuständigkeitsvereinbarung wirke auch gegenüber der B. Die Gerichtsstandsvereinbarung ist zwischen dem Versprechenden und dem Versprechensempfänger rechtsgültig vereinbart worden. Daher könne der Gerichtsstand auch dem Drittbegünstigten gegenüber geltend gemacht werden. Der Dritte leite seinen eigenen Anspruch aus dem Vertrag zwischen den Parteien ab. Wenn der begünstigte Dritte nun gegen die Parteien, die aus der Vereinbarung entstandenen Ansprüche gerichtlich geltend mache, unterwerfe er sich auch dem in dieser Vereinbarung festgelegten Gerichtsstand.[385]

Die strittige Vereinbarung erscheine auch im Hinblick auf die Bestimmungen des EuGVÜ zulässig. Insbesondere wurde sie im Sinne von Art. 17 EuGVÜ wirksam geschlossen. Die Bestimmungen der Art. 7 bis 12a EuGVÜ stünden diesem Ergebnis gerade nicht entgegen. Insbesondere für den Fall von Transportversicherungen könne von den Vorschriften durch Vereinbarung abgewichen werden.[386]

Aus den Ausführungen des französischen Gerichts wird deutlich, dass hier die Grundsätze der Entscheidung *Gerling* auf den Sachverhalt angewendet werden.

---

383 *Cour d'Appel Aix-en-Provence* in: VersRAI 1995, S. 58.
384 VersRAI 1995, S. 58.
385 VersRAI 1995, S. 58.
386 VersRAI 1995, S. 58.

Das Gericht prüft zunächst, ob ein Vertrag zugunsten Dritter vorliegt. Dabei entscheidet das Gericht entgegen der Ausführungen der Klägerin, dass es sich bei dieser Konstellation nicht um eine Rechtsnachfolge handelt.[387] Der Versicherungsvertrag begünstige in dieser Konstellation den jeweiligen Befrachter der Güter auf den Schiffen des Versicherungsnehmers, denn dem Befrachter stünden alle Rechte aus dem Vertrag zu. Der Befrachter kann also als versicherter Dritter seine Ansprüche gegen den Versicherer im eigenen Namen einklagen.[388]

Daher kommt es für das wirksame Zustandekommen der Gerichtsstandsvereinbarung auf eine Einigung zwischen den Parteien an. Nach dem Sinn und Zweck von Art. 17 EuGVÜ ist diese Einigung ausreichend, um der Beweisfunktion zu genügen.[389] Die Beweisfunktion ist auch gewahrt, wenn, anders als in der Entscheidung *Gerling*, in dieser Fallkonstellation sich nicht der Dritte selbst, sondern eine der Parteien auf die Gerichtsstandsvereinbarung beruft. Auch im Hinblick auf die Schutzfunktion besteht hier keine Notwendigkeit, diese Fallkonstellation anders zu behandeln. Wie die *Cour d'Appel Aix-en-Provence* ausführt, verfolgt der begünstigte Dritte Ansprüche aus einem Versicherungsvertrag, der zu seinen Gunsten geschlossen wurde. Bei solchen „aus der Vereinbarung zuwachsenden Rechtsansprüchen"[390] leite der Dritte seine Ansprüche aus der Vereinbarung ab. Dazu gehöre auch der vereinbarte Gerichtsstand.[391] Der Dritte müsse im Ergebnis ebenso wie in der Konstellation, in der dieser sich selbst auf die Vereinbarung berufe, nicht weitergehend geschützt werden.

(2) Umfassende Bindung Dritter ergibt sich aus dem Vertrag zugunsten Dritter

Im Folgenden sollen zunächst die Argumente dargestellt werden, die für eine umfassende Drittbindung sprechen und hauptsächlich mit Verweis auf die Struktur des Vertrags zugunsten Dritter begründet werden. Vor allem wird von *Mankowski*, *Heiss* und *Hübner* vertreten, dass der Begünstigte nicht Rechtsnachfolger des Versicherungsnehmers wird und damit nicht in die Rechte und Pflichten des Versicherungsnehmers eintrete. Dennoch könnten Dritte nicht lediglich

387 Zu Konstellationen der Rechtsnachfolge, die der Fallgruppe der belastenden Drittwirkung zuzuordnen sind, siehe ausführlich im 4. Abschnitt A. I.

388 Siehe zum Beispiel Ziff. 5 ASD 2009.

389 Siehe ausführlich dazu in diesem Abschnitt C. I.

390 VersRAI 1995, S. 58.

391 VersRAI 1995, S. 58.

die Vorteile des Vertrags genießen, ohne die damit verbundenen Belastungen und Risiken gegen sich gelten zu lassen.[392]

(a) Struktur des Vertrags zugunsten Dritter

Dabei sollen vor allem die Struktur des Vertrags zugunsten Dritter sowie das Widerspruchsrecht des Dritten für die umfassende Bindung streiten. Dazu werden hier zunächst die Argumente der Literatur dargestellt, die im Nachgang der *Gerling* Entscheidung noch zu Art. 17 EuGVÜ entwickelt wurden.

Sowohl der Fall, in dem der Dritte sich auf die Gerichtsstandsvereinbarung aus dem Vertrag zugunsten Dritter beruft, als auch der Fall, in dem sich eine Partei auf die Gerichtsstandsvereinbarung aus dem Vertrag zugunsten Dritter beruft, thematisiert (materiell-rechtlich) das Bestehen der Begünstigung für den Dritten. In beiden Fallkonstellationen sei die Begünstigung mit den „stipulierten Erschwernissen“[393] belastet, unabhängig von der Parteirolle. Dadurch handle es sich nicht um einen Vertrag zulasten des Dritten, durch den diesem per Vertrag eine Belastung auferlegt wird, sondern um die Belastung des Drittanspruchs mit einer Modalität. Der Dritte müsse den ihm zugewandten Anspruch mit all solchen Kautelen und Bindungen akzeptieren.[394] Die Gerichtsstandsvereinbarung verändere zwar die Gerichtspflichtigkeit des Dritten, jedoch nicht im Hinblick auf schon vorher im Vermögen des Dritten befindlichen Werte.[395] Die isolierte Betrachtung der Derogation sei beim Vertrag zugunsten Dritter unzulässig, denn sie verkürze die Perspektive.[396]

Zusätzlich wurde vor allem von *Hübner* angeführt, dass die umfassende Bindung ohne formwirksame Zustimmung des Dritten auch dem Sinn und Zweck des Formerfordernisses aus Art. 17 EuGVÜ entspricht. Insbesondere in subjektiver Hinsicht sei der Formzweck gewahrt: Die Interessen des Versicherungsnehmers seien gewahrt, denn gegenüber diesem werde die Form eingehalten. Der Versicherer unterwerfe sich der Gerichtsbindung *en connaissance de*

---

392 *Mankowski*, VersR 2020, S. 708 (714); *Mankowski*, IPRax 2018, S. 233 (236 f.); *Mankowski*, IPRax 1996 S. 427 (431); *Heiss*, Gerichtsstandsfragen in Versicherungssachen in: Reichert-Facilides/Fritz (Hrsg) Versicherungsrecht in Europa, S. 140; *Hübner*, IPRax 1984, S. 237 (238).

393 Unter diesem Begriff versteht *Mankowski* wohl solche Vertragsklauseln, die Verpflichtungen begründen, wie beispielsweise auch die Gerichtsstandsvereinbarung.

394 *Mankowski*, IPRax 2018, S. 233 (236 f.).

395 *Mankowski*, IPRax 1996 S. 427 (431).

396 *Mankowski*, IPRax 1996 S. 427 (431); zustimmend auch: *Hub*, Internationale Zuständigkeit in Versicherungssachen, S. 141.

cause[397] insbesondere bezüglich des Dritten, da sich die Drittbegünstigung ja aus dem Vertrag ergebe. Daher sei auch bezüglich des Versicherers der Formzweck erfüllt. Somit seien die Formanforderungen insgesamt bezüglich des Vertrags zugunsten Dritter gewahrt, auch wenn der Dritte eben nicht formwirksam zugestimmt habe.[398]

Im Ergebnis lasse sich also eine umfassende Bindung des Dritten aus der Struktur des Vertrags zugunsten Dritter ableiten.

(b) Obliegenheiten zulasten Dritter im Versicherungsvertrag

Die Möglichkeit, Obliegenheitsverpflichtungen im Vertrag zugunsten Dritter vereinbaren zu können, wird ebenso als Argument dafür angeführt, dass der begünstigte Dritte umfassend an einen Versicherungsvertrag gebunden werden soll.

Der Versicherungsnehmer kann dem Begünstigten nicht gegen seinen Willen vertragliche Pflichten auferlegen; jedoch kann er dessen Ansprüche ausgestalten. Im Versicherungsrecht gelten Obliegenheiten grundsätzlich auch zulasten des Drittbegünstigten.[399] Der gewährte Anspruch kann also davon abhängig gemacht werden, ob der Dritte die Obliegenheit erfüllt. Für eine Gerichtsstandsvereinbarung gilt in diesem Sinne nichts anderes. Der Schöpfer der Rechte des Dritten, also der Versicherungsnehmer, könne die Durchsetzung dieser Rechte frei ausgestalten. Demgemäß könne laut *Heiss* der Versicherungsnehmer anlässlich der Kreation der drittbegünstigenden Rechte Gerichtsstandsvereinbarungen sogar auch zulasten des Dritten abschließen.[400] Zur weiteren Begründung dieser Argumentation stellt *Heiss* auf die materielle Rechtslage bei der Versicherung für fremde Rechnung ab. Bei der Versicherung für fremde Rechnung seien – zumindest nach deutschem und österreichischem Recht – der materielle Anspruch und die formelle Verfügungsgewalt jedenfalls so lange geteilt, bis der Versicherungsnehmer nicht mehr im Besitz des Versicherungsscheins ist.[401] Ein Versicherungsvertrag für fremde Rechnung begründe ein Treuhandverhältnis,

---

397 "wissentlich, bewusst" *Cornu*, Vocabulaire juridique, S. 234.

398 *Hübner*, IPRax 1984, S. 237 (238).

399 *Heiss*, Gerichtsstandsfragen in Versicherungssachen in: Reichert-Facilides/Fritz (Hrsg) Versicherungsrecht in Europa, S. 140; *Schirmer*, Obliegenheiten zu Lasten Dritter in: FS Schmidt, S. 821.

400 *Heiss*, Gerichtsstandsfragen in Versicherungssachen in: Reichert-Facilides/Fritz (Hrsg) Versicherungsrecht in Europa, S. 140.

401 *Heiss*, Gerichtsstandsfragen in Versicherungssachen in: Reichert-Facilides/Fritz (Hrsg) Versicherungsrecht in Europa, S. 140.

in dem der Versicherungsnehmer im eigenen Namen über die Rechte des Dritten verfügen könne. Der materielle Anspruch stehe bei Vertragsschluss dem Begünstigten bzw. Versicherten bereits zu, während bis zur Übergabe der Versicherungspolice der Versicherungsnehmer über diese Rechte frei verfügen dürfe. Insbesondere das Recht der Prozessführung liege bei dieser Konstellation beim Versicherungsnehmer.[402] Daraus könne man folgern, dass der Versicherungsnehmer, solange er diese Verfügungsbefugnis innehat, in der Lage ist, Gerichtsstandsvereinbarungen mit Wirkung für und auch gegen den begünstigten Dritten abzuschließen. Es handle sich daher, so *Heiss*, gar nicht um ein Problem der Formwirksamkeit, denn der Dritte müsse gar nicht in den Schutzbereich von Art. 17 EuGVÜ einbezogen werden. In der Entscheidung *Gerling* sei diesbezüglich die Formproblematik bereits überbetont worden.[403]

(c) Widerspruchsrecht im Vertrag zugunsten Dritter

Ein weiteres Argument für eine umfassende Drittbindung wird von den Verfechtern dieser Ansicht aus dem materiell-rechtlichen Widerspruchsrecht des Dritten abgeleitet:

Der Dritte könne das Recht aus dem Vertrag zugunsten Dritter zurückweisen. Dieses Zurückweisungsrecht schütze den Dritten ausreichend gegen eine ungewollte Bindung. Einer (unter Umständen formbedürftigen) Annahme des Dritten, um den Forderungserwerb abzuschließen, bedürfe es gerade nicht.[404] Die Rechtsbeziehung im Valutaverhältnis, also das Forderungsrecht des Dritten, komme daher nicht durch eine Einigung zustande. Der Versuch, im Wege der „berichtigenden“ Auslegung von § 328 BGB den Erwerb der Forderung, unter die aufschiebende Bedingung der Annahme des Dritten zu stellen, sei mit dem Wortlaut von § 333 BGB nicht zu vereinbaren und somit abzulehnen.[405] Der Begünstigung des Dritten im Vertrag zwischen Versprechendem und Versprechensempfänger folge somit der Erwerb der Forderung durch den Dritten. Das Gesetz unterstelle dem Begünstigten, dass er damit einverstanden sei. Wenn er

---

402 Zumindest für Deutschland und Österreich allgemein anerkannt: BGH NJW 2014, 3030; *Rixecker,* in: Langheid/Rixecker Versicherungsvertragsgesetz, 6. Auflage 2019, § 44 Rn. 1 f.; OHG, Urteil vom 11.09.2008, Az. Ob 84/08s; *Grubmann,* Versicherungsvertragsgesetz § 74, Rn. E 51, S. 463.

403 *Heiss,* Gerichtsstandsfragen in Versicherungssachen in: Reichert-Facilides/Fritz (Hrsg) Versicherungsrecht in Europa, S. 141.

404 Ebenso in den anderen geprüften Rechtsordnungen, siehe dazu in diesem Abschnitt A. II.

405 Ausführlich zum Streitstand: *Bayer,* Der Vertrag zugunsten Dritter, S. 221.

die Forderung nicht erwerben wolle und so nicht durch den Vertrag begünstigt werden möchte, könne er die Begünstigung zurückweisen und müsse die Forderung mit den Vorteilen sowie den etwaigen Belastungen nicht erwerben.

Denn wer einen Vermögenswert erlange, müsse diesen grundsätzlich mit allen Belastungen, also den für diesen geltenden Modalitäten akzeptieren oder auf den Erwerb des Vermögenswertes verzichten. Widerspricht der Dritte nicht, könne er sich nicht „die Rosinen herauspicken", also die Rechtszuwendung als solche ohne die mit ihr verbundene Gerichtsstandsvereinbarung akzeptieren.[406]

(3) Zwischenergebnis: Die umfassende Bindung Dritter ergibt sich aus der Struktur des Vertrags zugunsten Dritter

Für eine umfassende Bindung des begünstigten Dritten an die Gerichtsstandsvereinbarung auch in dem Fall, in dem sich nicht der Dritte, sondern eine der Parteien auf den im Vertrag vereinbarten Gerichtsstand beruft, sprechen vor allem Argumente, die aus der Struktur des Vertrags zugunsten Dritter abgeleitet werden. Dies wurde durch die französischen Gerichte in der Entscheidung *Tropische Hölzer* deutlich und in der Literatur vor allem durch *Heiss, Mankowski* und *Hübner* vertreten.

Der Dritte erhalte sein Forderungsrecht als aus dem Vertrag zwischen den Parteien zugewachsenen Rechtsanspruch. Er leite also alle Rechte aus diesem Vertrag ab. Dazu zähle auch die Gerichtsstandsvereinbarung. Die begünstigende Vereinbarung sei mit einer Gerichtsstandsvereinbarung belastet, die unabhängig von der Parteirolle gilt. Es könne daher nicht darauf ankommen, welche Partei sich auf die Vereinbarung beruft. Darüber hinaus sei im Versicherungsrecht allgemein anerkannt, dass Obliegenheiten für den begünstigten Dritten vereinbart werden können, die dieser erfüllen muss. Bei der Versicherung für fremde Rechnung liege zudem die Prozessführungsbefugnis nicht beim begünstigten Dritten, sondern beim Versicherten. Schließlich sei der Dritte beim Vertrag zugunsten Dritter ausreichend durch sein Recht geschützt, das erworbene Forderungsrecht nur ganz und nicht teilweise zurückzuweisen. Daraus ergebe sich, dass der Dritte das Forderungsrecht nicht nur teilweise, also ohne die Modalität der Gerichtsstandsvereinbarung, erwerben könne.

---

406 *Mankowski*, IPRax 1996, S. 427 (432 ff.).

die Schutzvorschriften auch Anwendung finden, wenn der Versicherungsnehmer tatsächlich keine wirtschaftlich schwächere und rechtlich unerfahrene Partei ist.[414] Aus diesem und weiteren Gründen erfährt das Schutzregime durchaus berechtigte Kritik.[415]

Für den Versicherungsnehmer, den Versicherten oder Begünstigten ergibt sich aus Art. 11 Brüssel Ia-VO ein einheitlicher Klägergerichtsstand am eigenen Wohnort/Sitz. Damit wird das allgemeine Prinzip *actor sequitur forum rei* durchbrochen und zugunsten von Versicherungsnehmern, Versicherten oder Begünstigten eine Erleichterung eingeführt.[416] Sie können mithin am eigenen Wohnort den Versicherer aufgrund eines Anspruchs aus dem Versicherungsvertrag verklagen. Der Beklagtengerichtsstand für Versicherungsnehmer, Versicherte oder Begünstigte ist dementsprechend gemäß Art. 14 Brüssel Ia-VO auf den eigenen Wohnsitz beschränkt.[417]

Daher sind Versicherungsnehmer, Versicherte und Begünstigte doppelt geschützt: Zum einen wird ihnen für Klagen gegen den Versicherer ein eigener Gerichtsstand am Wohnsitz geschaffen, und zum anderen können sie durch den Versicherer nur am eigenen Wohnsitz verklagt werden.

Als zusätzliche Absicherung sind in Art. 15 Brüssel Ia-VO Sonderregeln für Gerichtsstandsvereinbarungen normiert. Dadurch wird Gerichtsstandsvereinbarungen, die insbesondere in den AVB von Versicherungsverträgen oftmals enthalten sind und die eine Umgehung der Schutzgerichtsstände bewirken sollen, vorgebeugt.[418]

Art. 8 EuGVO, Rn. 15; *Schlosser/Hess*, EU-Zivilprozessrecht, Art. 10 EUGVVO, Rn. 5; *Mayr*, in: Simons/Hausmann/Althammer Brüssel I-VO, Art. 8, Rn. 1.

414 Siehe ausführlich zu den möglichen Einschränkungen für diese Fallgruppen in diesem Abschnitt C. II. 1. b. (2).

415 Insbesondere: *Geimer*, Internationale Urteilsanerkennung 1. Bd., § 74 III 2. Siehe zur Kritik zudem ausführlich in diesem Abschnitt C. II. 1. b. (c) (1).

416 *Staudinger*, in Rauscher EuZPR/EuIPR, Art. 11 Brüssel Ia-VO, Rn. 3. Zudem zur Brüssel I-VO: *Geimer*, in Geimer/Schütze Europäisches Zivilprozessrecht, Art. 9 EuGVO, Rn. 1.

417 *Staudinger*, in Rauscher EuZPR/EuIPR, Art. 14 Brüssel Ia-VO, Rn. 1; *Bariatti*, in: Dickinson/Lein/James Brussels I Regulation, Rn. 5.45; *Schlosser/Hess*, EU-Zivilprozessrecht, Art. 14 EUGVVO, Rn. 1. Zur Brüssel I-VO: *Geimer*, in Geimer/Schütze Europäisches Zivilprozessrecht, Art. 12 EuGVO, Rn. 1; *Kropholler/von Hein*, Europäisches Zivilprozessrecht Art. 12 EuGVO, Rn. 1; *Mayr* in: Simons/Hausmann/Althammer Brüssel I-VO, Art 12, Rn. 1.

418 *Staudinger*, in Rauscher EuZPR/EuIPR, Art. 15 Brüssel Ia-VO, Rn. 1; *Schlosser/Hess*, EU-Zivilprozessrecht, Art. 15 EUGVVO, Vor Rn. 1. Zur Brüssel I-VO: *Geimer*, in

Für Gerichtsstandsvereinbarungen in Versicherungssachen gelten ebenso die allgemeinen Anforderungen von Art. 25 Brüssel Ia-VO, wobei diese durch Art. 15 Brüssel Ia-VO modifiziert und konkretisiert werden. In Art. 25 Abs. 4 Brüssel Ia-VO wird ausdrücklich Bezug auf Art. 15 Brüssel Ia-VO genommen. Daher müssen für Gerichtsstandsvereinbarungen in Versicherungsverträgen stets beide Vorschriften der Verordnung gemeinsam ausgelegt werden.[419]

Fraglich ist nunmehr, wie sich dieses Schutzregime auf die Bindung eines Dritten (Versicherten oder Begünstigten) an eine Gerichtsstandsvereinbarung auswirkt, die zwischen dem Versicherer und Versicherungsnehmer gemäß Art. 25 Brüssel Ia-VO i.V.m. Art. 15 Brüssel Ia-VO geschlossen wurde.

(b) Die Reichweite des Schutzregimes im 3. Abschnitt

Im EuGVÜ war eine Anwendung der Vorschrift zum Klägergerichtsstand nur für Versicherungsnehmer vorgesehen. Gemäß Art. 8 Abs. 1 EuGVÜ erstreckte sich der Schutzbereich der Vorschrift nicht auf Versicherte und Begünstigte.[420] Mit Einführung der Brüssel I-VO, die das EuGVÜ im Jahr 2002 ersetzte,[421] wurde in Art. 9 Abs. 1 lit. b Brüssel I-VO ein eigener Gerichtsstand am Wohnsitz auch für den Versicherten und Begünstigten normiert.[422]

Geimer/Schütze Europäisches Zivilprozessrecht, Art. 13 EuGVO, Rn. 1; *Kropholler/von Hein,* Europäisches Zivilprozessrecht vor Art. 13 EuGVO, Rn. 1; *Mayr,* in: Simons/Hausmann/Althammer Brüssel I-VO, Art. 13, Rn. 1.

419 *Staudinger,* in Rauscher EuZPR/EuIPR, Art. 15 Brüssel Ia-VO, Rn. 1; *Gottwald,* in: MüKo ZPO, Brüssel Ia-VO, Art. 15, Rn. 1; *Bariatti,* in: Dickinson/Lein/James Brussels I Regulation, Rn. 5.64; Zur Brüssel I-VO: *Geimer,* in Geimer/Schütze Europäisches Zivilprozessrecht, Art. 13 EuGVO, Rn. 2; *O'Malley/Layton/Mercer,* European Civil Practice, Rn. 16.055; *Mayr,* in Simons/Hausmann/Althammer Brüssel I-VO, Art. 13, Rn. 2; *Auer,* in: Geimer/Schütze Int. Rechtsverkehr, Art. 13 EuGVO, Rn. 2.

420 So früher die herrschende Ansicht. Nachweise zum EuGVÜ: BGH NJW 1980, 1223, 1224; *Jenard*-Bericht, 1979, C 59/1, S. 31; *Geimer,* Internationale Urteilsanerkennung 1. Bd., § 74 IV 2 c); Nachweise zur EuGVO: *Kropholler/von Hein,* Europäisches Zivilprozessrecht Art. 9 EuGVO, Rn. 2; *Geimer,* in Geimer/Schütze Europäisches Zivilprozessrecht, Art. 9 EuGVO, Rn. 7. Nachweise zur Brüssel Ia-VO: *Staudinger,* in Rauscher EuZPR/EuIPR, Art. 11 Brüssel Ia-VO, Rn. 3; *Schlosser/Hess,* EU-Zivilprozessrecht, Art. 11 EUGVVO Rn. 1; *Mayr,* in: Simons/Hausmann/Althammer Brüssel I-VO, Art. 9, Rn. 8.

421 Siehe zu den Reformen und Änderungen des EuGVÜ ausführlich im 1. Abschnitt A. 1.

422 Eine der wenigen inhaltlichen Änderung im 3. Abschnitt der Verordnung. Zu den weiteren inhaltlichen Änderungen: *Hub,* Internationale Zuständigkeit in Versicherungssachen, S. 34.

Dies hatte zur Folge, dass nunmehr auch dem Versicherten und Begünstigten der Klägergerichtsstand am eigenen Wohnsitz zusteht. Der Versicherer kann daher nicht nur von seinem Vertragspartner, dem Versicherungsnehmer, sondern auch von begünstigten Dritten oder dritten Versicherten an deren Wohnsitz verklagt werden. Mithin kann, wenn Begünstigte oder Versicherte in anderen Mitgliedsstaaten ihren Sitz haben, der Versicherer seine Gerichtspflichtigkeit bei Vertragsschluss nur noch schwer überblicken. Dies ist vom Verordnungsgeber auch beabsichtigt und stellt ebenfalls eine Ausprägung der sozialpolitischen Erwägung und der Erkenntnis dar, dass der Begünstigte oder Versicherte zumeist die schwächere und rechtlich unerfahrenere Partei ist.[423] Die Rechtsposition von Begünstigten und Versicherten wurde erheblich gestärkt und sie sollten ebenso wie der Versicherungsnehmer doppelt geschützt werden. Es handelt sich um eine nachhaltige Verbesserung für Begünstigte und versicherte Dritte.[424]

Nunmehr bestimmt sich der Gerichtsstand des Versicherten oder des Begünstigten nicht mehr anhand des Gerichtsstands des Versicherungsnehmers, sondern ein eigener Gerichtsstand für den Dritten wird begründet. Dies stellt den entscheidenden Impuls zur Stärkung und Verselbstständigung des Schutzes für Versicherte und Begünstigte dar.[425]

Der Wortlaut der Vorschrift ist so gefasst, dass sich jeder einzelne Versicherte bzw. Begünstigte auf den Gerichtsstand am Wohnsitz berufen kann. Der Verordnungsgeber hatte beim Verfassen des Normtextes wohl den denkbar einfachsten Fall vor Augen, bei dem ein Versicherer und ein Versicherungsnehmer einen Vertrag schließen, mit dem eine einzelne Person versichert werden soll.[426] Nun werden aber Versicherungsverträge oftmals auch als sog. Gruppenversicherungsverträge abgeschlossen, bei denen ein Versicherungsnehmer eine Vielzahl von Versicherten in unterschiedlichen Mitgliedsstaaten mit einem Vertrag versichert. Dies kann zu einer unpraktikablen Vermehrung von Gerichtsständen führen, wenn jeder Versicherte im eigenen Mitgliedsstaat am Wohnsitz

423 Vgl. Arbeitspapier der Europäischen Kommission KOM (1999) 348 endg, S. 16.

424 EuGH, Urteil vom 13.12.2007, Rechtssache C-463/06 - *FBTO Schadeverzekeringen*, Rn. 18; *Geimer,* in *Geimer/Schütze* Europäisches Zivilprozessrecht, Art. 9 EuGVO, Rn. 2 f.; *Kropholler/von Hein,* Europäisches Zivilprozessrecht Art. 9 EuGVO, Rn. 2; *Hub,* Internationale Zuständigkeit in Versicherungssachen, S. 89; *Mayr,* in: Simons/ Hausmann/Althammer Brüssel I-VO, Art 9, Rn. 8.

425 Ebenso: *Heiss,* IPRax 2005, S. 497 (499).

426 *Fricke,* in: Beckmann/Matuschke-Beckmann, Versicherungsrechts-Handbuch, § 3, Rn. 33.

seine Ansprüche klageweise verfolgt.[427] Daher wurde von einzelnen Stimmen in der Literatur zunächst vorgeschlagen, Art. 11 Abs. 1 lit. b Brüssel Ia-VO dergestalt teleologisch zu reduzieren, dass nur Einzelversicherungsverträge erfasst sind.[428] Diese Ansicht ist jedoch mit Verweis auf das Gesetzgebungsverfahren abzulehnen: Einen Änderungsvorschlag des Europäischen Parlaments, der Gruppenversicherungsverträge vom Anwendungsbereich von Art. 11 Abs. 1 lit. b Brüssel Ia-VO ausnehmen wollte, wurde letztendlich nicht in die Verordnung übernommen.[429] Diese insbesondere von *Fricke* wiederholt geforderte Änderung der Verordnung bezüglich der Gruppenversicherungsverträge wurde bis heute nicht in der Verordnung verankert.[430] Bei der Reform des EuGVÜ wurde die gewünschte Änderung noch durch die Kommission vorbereitet, aber dann aus Zeitgründen durch den Rat nicht übernommen.[431]

Diesem direkten und offensichtlichen Willen bzw. Unwillen des Verordnungsgebers, Gruppenversicherungsverträge vom Anwendungsbereich auszunehmen, mit einer teleologischen Reduktion zu begegnen, erscheint im Ergebnis wenig überzeugend.[432] Wie *Fricke* zutreffend anmerkt, handelt es sich dabei um einen „sehenden Auges begangenen Fehler", den daher lediglich der Gesetzgeber selbst korrigieren könne. [433]

Stattdessen schlägt *Staudinger* vor, mit einer koordinierten Gerichtsstandsvereinbarung das Problem zu lösen und den Wohnsitzgerichtsstand für Versicherte und Begünstigte bei Gruppenversicherungsverträgen abzubedingen.[434] Ob eine solche Vereinbarung den Versicherten oder Begünstigten auch umfassend binden kann, erscheint auf den ersten Blick problematisch, denn dazu müsste das

---

427 *Staudinger,* in Rauscher EuZPR/EuIPR, Art. 11 Brüssel Ia-VO, Rn. 3.

428 *Hub,* Internationale Zuständigkeit in Versicherungssachen, S. 91; *Fricke,* in: Beckmann/Matuschke-Beckmann, Versicherungsrechts-Handbuch, § 3, Rn. 33.

429 Vgl. Arbeitspapier der Europäischen Kommission KOM (2000) 689 endg, S. 4. Die KOM nimmt den Änderungsvorschlag des EP zwar zunächst bezüglich Versicherter und Begünstigter an, übernimmt ihn dann aber nicht in die endgültige Fassung von Art. 11 Brüssel Ia-VO.

430 *Fricke,* VersR 1999 S. 1055 (1059); *Fricke,* VersR 2009 S. 432 (433).

431 Vgl. *Fricke,* VersR 2009 S. 432 (433).

432 Ebenso: *Staudinger,* in Rauscher EuZPR/EuIPR, Art. 11 Brüssel Ia-VO, Rn. 3, *Gottwald,* in: MüKo ZPO, Brüssel Ia-VO, Art. 11, Rn. 3, *Geimer,* in Geimer/Schütze Europäisches Zivilprozessrecht, Art. 9 EuGVO, Rn. 7.

433 *Fricke,* VersR 2009 S. 432 (433).

434 *Staudinger,* in Rauscher EuZPR/EuIPR, Art. 11 Brüssel Ia-VO, Rn. 3.

Schutzregime des 3. Abschnitts eingeschränkt werden.[435] Die unterschiedlichen Möglichkeiten, den Schwächen im Schutzsystem des 3. Abschnitts der Verordnung durch Einschränkungen zu begegnen, werden im Folgenden daher noch ausführlich zu erörtern sein.

(c) *Die Entscheidung* Société financière *versagt umfassende Drittbindung im Versicherungsrecht*

Der Systemwechsel, der mit Einführung der Brüssel I-VO vollzogen wurde, wirkt sich insbesondere auf die Bindung des Versicherten oder begünstigten Dritten an die Gerichtsstandsvereinbarung im Versicherungsvertrag aus: Wie der EuGH in der Entscheidung *Société financière* zurecht entschieden hat, kann ein solcher Dritter nicht an eine Gerichtsstandsvereinbarung gebunden werden, wenn sie den Aktivgerichtsstand gemäß Art. 11 Brüssel Ia-VO derogiert. Dies ist insbesondere dann der Fall, wenn der Dritte am eigenen Wohnsitz gegen den Versicherer klagt, der seinen Sitz in einem anderen Mitgliedstaat hat und mit dem Versicherungsnehmer einen Gerichtsstand in diesem Mitgliedstaat vereinbart hat. Eine solche Vereinbarung bindet den Dritten nicht.

Die Entscheidung *Société financière* hat der EuGH noch auf Grundlage des EuGVÜ getroffen, wodurch sich einige Schwierigkeiten ergeben.[436] Die Begründung des Gerichtshofs, die auf dem Wortlaut der EuGVÜ basiert, ist auch deshalb wenig überzeugend und hat viel Kritik erfahren.[437]

In seiner Begründung legte der EuGH im Ergebnis Art. 12 Nr. 3 EuGVÜ derart eng aus, dass eine Gerichtsstandsvereinbarung zwischen Versicherer und Versicherungsnehmer bzw. begünstigtem Dritten diese nur insoweit binden könne, als dass sie ihren Wohnsitz in demselben Mitgliedsstaat haben. Der Wortlaut von Art. 12 Nr. 3 EuGVÜ helfe zur Begründung zunächst nicht weiter, daher müsse durch Auslegung dem Regelungsgehalt und der allgemeinen Zielsetzung des Übereinkommens Rechnung getragen werden. Dabei weist der Gerichtshof erneut auf die Schutzbedürftigkeit der schwächeren Partei hin.[438] Weiter führt der EuGH aus, dass dem begünstigten Dritten durch die Vereinbarung sowohl

---

435 So richtigerweise: *Fricke* in: Beckmann/Matuschke-Beckmann, Versicherungsrechts-Handbuch, § 3, Rn. 33. Siehe zur Einschränkung im Bereich der Gruppenversicherungsverträge ausführlich in diesem Abschnitt C. II. 1. b. (2).

436 Siehe ausführlich zur Entscheidung *Société financière* im 2. Abschnitt C. III. 2.

437 *Mankwoski*, VersR 2020, S. 708 (714); *Fricke*, VersR 2006, S. 1283 (1283); *Heiss*, IPRax 2005, S. 497 (499); *Wittwer*, ELR 2005, S. 488 (488).

438 EuGH, *Société financière*, Rn. 35 f.

der Gerichtsstand am Ort des schädigenden Ereignisses als auch der Gerichtsstand am eigenen Wohnsitz genommen werde. Beide Schutzformen dürften dem begünstigten Dritten nicht genommen werden.[439] Dies trifft indes, wie der EuGH im Urteil auch selbst einräumt, nicht in Bezug auf Art. 8 EuGVÜ zu.[440] Dem Versicherten und begünstigten Dritten wurde unter der Geltung des EuGVÜ gerade kein eigener Aktivgerichtsstand am Wohnsitz eingeräumt. Der Aktivgerichtsstand dieser Beteiligten richtete sich nach dem Gerichtsstand des Versicherungsnehmers.[441]

Aus der Begründung des Gerichtshofs lassen sich zwei Schlüsse ziehen: Zum einen wurde hier der Versuch unternommen, ein Ergebnis zu schaffen, das sowohl für das EuGVÜ als auch für die Brüssel I-VO überzeugen kann. Zum anderen ist die Kritik an der Entscheidung bezüglich der Begründung berechtigt, kann aber hinsichtlich des Ergebnisses nicht überzeugen. Legt man die Brüssel I-VO der Entscheidung zugrunde, ist dem Ergebnis des Gerichtshofs zuzustimmen.[442]

Nunmehr, fast 15 Jahre nachdem die Entscheidung *Société financière* ergangen ist und unter Zugrundelegung der Brüssel Ia-VO kann davon gesprochen werden, dass die umfassende Bindung des Dritten im Versicherungsrecht an eine solche Gerichtsstandsvereinbarung auch in der Literatur überwiegend ausgeschlossen wird.[443] Zwar wird teilweise Vertreten, dass der Versicherte und Begünstigte entgegen der Entscheidung *Société financière* weiterhin an die Gerichtsstandsvereinbarung umfassend gebunden werden sollte. Dieses Ergebnis lässt sich jedoch mit Blick auf den Sinn und Zweck der Verordnung kaum vertreten. Vielmehr sollten Ausnahmen für die Konstellationen geschaffen werden, in denen der Dritte tatsächlich nicht schutzbedürftig ist.

---

439 EuGH, *Société financière*, Rn. 39.

440 EuGH, *Société financière*, Rn. 41.

441 *Heiss,* Gerichtsstandsfragen in Versicherungssachen, in: Reichert-Facilides/Fritz (Hrsg) Versicherungsrecht in Europa, S. 138 f.

442 Ebenso: *Heiss,* IPRax 2005, S. 497 (499); *Wittwer,* ELR 2005, S. 488 (489).

443 *Mankowski,* in Rauscher EuZPR/EuIPR, Art. 25 Brüssel Ia-VO, Rn. 296 ff.; *Geimer,* in Geimer/Schütze Europäisches Zivilprozessrecht, Art. 23 EuGVO, Rn. 205; *Schlosser/Hess,* EU-Zivilprozessrecht, Art. 25 EUGVVO, Rn. 43; *Kropholler/von Hein,* Europäisches Zivilprozessrecht Art. 23 EuGVO, Rn. 65; *Hausmann,* in: Simons/Hausmann/Althammer Brüssel I-VO, Art. 23, Rn. 134.

(1) *Umfassende Drittbindung entgegen der Entscheidung Société financière*

Vereinzelte Stimmen in der deutschen Literatur sprechen sich immer noch dafür aus, den Dritten zunächst umfassend an die Vereinbarung zu binden. So vertritt *Hub*, der eigene Klägergerichtsstand für Versicherte und dritte Begünstigte ändere an den Wertungen in der Dreieckskonstellation zunächst nichts. Der Dritte leite seine Rechtsposition weiterhin aus der vertraglichen Vereinbarung zwischen Versicherungsnehmer und Versicherer ab. Der neue Gerichtsstand in Art. 9 Brüssel I-VO wolle nur sicherstellen, dass der Versicherer nicht an einem Gerichtsstand verklagt werden könne, zu dem keine Partei einen Bezug habe.[444] Ebenso vertritt *Fricke*, dass dem Versicherten bzw. dem dritten Begünstigten durch den Versicherungsnehmer materiell-rechtlich die Begünstigung jederzeit entzogen werden kann. Dem Versicherten bzw. dem begünstigten Dritten würde also prozessrechtlich eine gesichertere Position geschaffen, als ihm materiell-rechtlich durch den Vertrag zugestanden wird.[445] Der Dritte soll erst dann nicht mehr an die Gerichtsstandsvereinbarung gebunden sein, wenn die durch den Vertrag begründete Rechtsposition des Dritten nicht mehr einseitig durch den Versicherungsnehmer aufgelöst werden kann.[446]

Dem stimmt *Jungermann* zu und führt weitergehend aus, dass die explizite Nennung des Versicherten und Begünstigten in Art. 15 Nr. 2 Brüssel Ia-VO dafür spreche, dass eine Gerichtsstandsvereinbarung auch in allen anderen Alternativen den Dritten binden würde und geht so von einer umfassenden Bindung des Versicherten und Begünstigten aus.[447] Diese Ausführungen, die im Ergebnis nicht überzeugen können, sind zudem einigermaßen überraschend, da *Jungermann* sich insgesamt gegen eine umfassende Bindung des Dritten beim Vertrag zugunsten Dritter auszusprechen scheint.[448] Nunmehr eine durch die Verordnung geschützte Partei wie den Versicherten bzw. den Begünstigten umfassend zu binden, erscheint wenig konsequent. Schließlich führt *Jungermann* auch zur tatsächlich (materiell-)rechtlichen Nähe zwischen Versicherungsnehmer und Versichertem bzw. Begünstigtem aus, mit der eine umfassende Bindung

444 *Hub,* Internationale Zuständigkeit in Versicherungssachen, S. 141.

445 *Fricke,* VersR 2006, S. 1283 (1284); *Fricke,* VersR 2009 S. 432 (435).

446 *Fricke,* VersR 2006, S. 1283 (1284); *Hub,* Internationale Zuständigkeit in Versicherungssachen, S. 142.

447 *Jungermann,* Gerichtsstandsvereinbarungen, S. 181.

448 Im Ergebnis nicht eindeutig zu dieser Konstellation: *Jungermann,* Gerichtsstandsvereinbarungen, S. 191.

begründet werden soll. Der Versicherer sei die „gemeinsame Gegenpartei“ für Versicherungsnehmer, Versicherten und Begünstigten.[449]

(2) Stellungnahme

Insgesamt können die vorgebrachten Argumente für eine umfassende Bindung des Versicherten und Begünstigten nicht überzeugen.

Die explizite Nennung des Versicherten und Begünstigten in Art. 15 Nr. 2 Brüssel Ia-VO ist eine Reaktion auf die Erweiterung des Klägergerichtsstands auf den Versicherten und Begünstigten in Art. 11 Brüssel Ia-VO. Es soll klargestellt werden, dass auch für diese Parteien eine Erweiterung der Gerichtsstände zu ihren Gunsten zulässig bleibt. Denn auch in Art. 11 Brüssel Ia-VO werden der Versicherte und der Begünstigte nur in lit b. genannt, weil eben nur dort eine Klarstellung zu erfolgen hatte. Dementsprechend müssen der Versicherte und der Begünstigte auch nur in Nr. 2 der korrespondierenden Ausnahme in Art. 15 Brüssel Ia-VO genannt werden. Bei genauerer Betrachtung ergibt sich auch aus den unterschiedlichen Formulierungen der Alternativen in Art. 15 Brüssel Ia-VO, dass die explizite Nennung des Versicherten und Begünstigten in Nr. 1 und Nr. 3 bis Nr. 5 nicht notwendig ist: Während die Alternative Nr. 2 dem „Versicherungsnehmer, Versicherten oder Begünstigten die Befugnis einräumt“ also eine aktive und personalisierte Formulierung enthält, sprechen die anderen Alternativen abstrakt und im Passiv von der geschlossenen „Vereinbarung“.[450] Daraus ergibt sich deutlich, dass eine explizite Nennung des Versicherten oder Begünstigten in den anderen Alternativen allein aus sprachlichen Gründen obsolet wäre. Daher ist die explizite Nennung des Versicherten und Begünstigten in Nr. 2 im Ergebnis auf die sprachliche Formulierung der Vorschrift zurückzuführen und trifft eher keine Aussage über eine unterschiedliche Anwendung der Alternativen.

Die Befugnis ein anderes Gericht anzurufen, muss auch explizit dem Versicherten und Begünstigten eingeräumt werden. Die Gerichtsstandsvereinbarung, die einen Dritten umfassend binden soll, wird stets lediglich zwischen Versicherer und Versicherungsnehmer getroffen. Ob eine Bindung für eine weitere Partei besteht, muss dann im Wege der Auslegung ermittelt werden.[451] Dadurch,

---

449 *Jungermann*, Gerichtsstandsvereinbarungen, S. 181 ff.

450 Zum Beispiel in Nr. 1: „wenn die Vereinbarung nach der Entstehung der Streitigkeit getroffen wird“ oder Nr. 3: „wenn sie [die Vereinbarung] zwischen einem Versicherungsnehmer und Versicherer (...) getroffen ist“.

451 Siehe ausführlich zur Reichweite der Ausnahmen in Art. 15 Brüssel Ia-VO Nr. 3, Nr. 4 und Nr. 5 in diesem Abschnitt C. II. b. 2.

dass *Jungermann* den Versicherungsnehmer und Versicherten als „gemeinsame Gegenpartei" zum Versicherer bezeichnet, wird das Verhältnis zwischen den Parteien sehr verkürzt dargestellt. Die Interessen von Versicherungsnehmer, Versichertem oder Begünstigten sind oftmals verschieden, und auch in den einzelnen rechtlichen Verbindungen zwischen diesen Parteien können Ansprüche bestehen und Gerichtsverfahren angestrebt werden.[452] Daher kann es vorkommen, dass Versicherungsnehmer und Versicherter keine gemeinsame Gegenpartei bilden, sondern vielmehr selbst Prozessgegner sind. Obwohl materiell-rechtlich eine Nähe zwischen Versicherungsnehmer, Versicherten und Begünstigen bestehen mag, ist dies prozessrechtlich nicht immer der Fall.

Zudem wird insgesamt bei diesen Überlegungen leider nicht zu Genüge beachtet, dass im Gegensatz zu den meisten nationalen Rechtsordnungen in der Brüssel Ia-VO ausdrücklich die Entscheidung getroffen wurde, ein eigenes Zuständigkeitsregime für Versicherungssachen zu schaffen. Somit kann der Argumentation von *Hub*, *Fricke* und *Jungermann*, die sich hauptsächlich auf die materielle Rechtslage in Deutschland stützt, entgegengehalten werden, dass auf europäischer Ebene diese geschützte prozessrechtliche Position für den Versicherungsnehmer, Versicherten und Begünstigten gleichermaßen geschaffen werden sollte. Dies beruht auf den sozialpolitischen Erwägungen, diese Parteien wie auch Verbraucher und Arbeitnehmer als schwächere Parteien, zu schützen. Dabei ist irrelevant, ob in den einzelnen Mitgliedsstaaten – wie beispielsweise in Deutschland – der Versicherte im VVG materiell-rechtlich und prozessrechtlich an die Rechtsposition des Versicherungsnehmers gebunden ist.

Im Ergebnis ist daher eine umfassende Bindung des Versicherten und Begünstigten nicht entgegen der Rechtsprechung des EuGH zu begründen. Den Unvollkommenheiten des Schutzsystems des 3. Abschnitts der Verordnung durch simple Nichtbeachtung zu begegnen, erscheint wenig überzeugend.

(2) Mögliche Einschränkungen des Schutzsystems des 3. Abschnitts

Nicht von der Hand zu weisen ist indes, dass der Schutz des Versicherungsnehmers, Versicherten bzw. des Begünstigten nicht in allen Fällen geboten erscheint. Dadurch, dass das Schutzregime des 3. Abschnitts an die Versicherungssache anknüpft und auch solche Parteien schützt, die eigentlich keines Schutzes bedürfen, führt die Anwendung der Vorschriften der Brüssel Ia-VO in einigen Fällen zu unbefriedigenden Ergebnissen für alle Parteien. Der Gedanke, eine

452 Beispielsweise wenn der Versicherungsnehmer selbst den Versicherten aufgrund von Pflichtverletzungen in Anspruch nimmt.

Einschränkung dieser durch den EuGH bestätigten Grundsätze vorzunehmen, ist somit nicht fernliegend. Die Einschränkung des Schutzregimes bedeutet, dass dann in diesen Fällen eine umfassende Bindung des Versicherten bzw. des dritten Begünstigten an eine Gerichtsstandsvereinbarung erfolgen kann. Im Folgenden sollen zwei unterschiedliche Ansätze zur Einschränkung des Schutzregimes diskutiert werden.

(a) Einschränkung der umfassenden Drittbindung über die prozessuale Stellung

Zur Einschränkung schlägt *Geimer* vor, den Dritten nur an die Gerichtsstandsvereinbarung zu binden, wenn dieser selbst den Anspruch geltend macht, also sich auf die Gerichtsstandsvereinbarung beruft und in der aktiven Klägerposition im Prozess ist.[453] Damit wird die Drittbindung auf die Fallgruppe beschränkt, die soeben bereits ausführlich dargestellt wurde. Eine darüber hinausgehende Bindung, insbesondere eine Bindung des Dritten in seiner Passivrolle als Beklagter, soll laut *Geimer* nicht bestehen.[454]

Dieser Ansatz kann aus zwei Gründen nicht überzeugen: Zum einen wird der Dritte äußerst selten von den Parteien aufgrund des Vertrags zugunsten Dritter in Anspruch genommen. Das heißt, dass eine „echte" Passivrolle des Dritten in der Praxis kaum vorkommen wird.[455] Zum anderen umfasst, selbst wenn man davon ausgeht, dass *Geimer* auch die Konstellation als Passivrolle des Dritten sieht, in der dem Dritten im Aktivprozess am Gerichtsstand seines Wohnsitzes die Gerichtsstandsvereinbarung entgegengehalten wird, die Einschränkung nicht die eigentlich problematischen Fälle. Denn ob die Partei oder der Dritte in der Konstellation tatsächlich schützenswert ist, hängt nicht davon ab, ob im Prozess eine Aktivrolle oder Passivrolle besteht. Wie soeben bereits gezeigt wird in einem Sachverhalt, der auch der Entscheidung *Société financière* zugrunde lag, dem Dritten in seiner Aktivposition als Kläger die Gerichtsstandsvereinbarung als Einrede im Prozess entgegengehalten. Der Einschränkung von *Geimer* zufolge sollte in diesem Fall der Dritte gebunden werden, denn er ist nicht in einer passiven Prozessposition. Ein solches allgemeines Ergebnis ist jedoch, wie soeben aufgezeigt, nicht mit dem 3. Abschnitt der Brüssel Ia-VO zu vereinbaren. Daher führt der Ansatz von *Geimer* zur Einschränkung der Schutzwirkungen des 3. Abschnitts im Ergebnis nicht weiter.

---

453 *Geimer*, NJW 1985, S. 533 (534).

454 *Geimer*, NJW 1985, S. 533 (534).

455 Siehe ausführlich zum Prozessrisiko des Dritten in diesem Abschnitt A. I. 3.

(b) Einschränkung der umfassenden Drittbindung über die Ausnahme für Großrisiko- und Gruppenversicherungen

Um diesem Problem zu begegnen, müsste daher überzeugenderweise auf die tatsächliche Schutzwürdigkeit des Dritten abgestellt werden. Es wäre sinnvoller, einige Vertragskonstellationen, namentlich die, in denen der Dritte nicht tatsächlich die schwächere Partei ist, aus dem Anwendungsbereich des 3. Abschnitts der Verordnung herauszunehmen. Die Schutzwürdigkeit des Dritten nach allgemeinen Kriterien zu bestimmen, erscheint nicht mit dem System des 3. Abschnitts vereinbar, denn es sollte, wie soeben bereits ausgeführt, ein umfassendes abstraktes Schutzregime geschaffen werden.[456] Dennoch ist es mit den Zielen der Verordnung nicht zu vereinbaren, dass durch die Berufung auf dieses besondere Schutzsystem solche Beteiligte geschützt werden, die dieses Schutzes nicht bedürfen.[457]

Im 3. Abschnitt der Verordnung selbst sind bereits bestimmte Vertragskonstellationen ausgeschlossen. Diese Ausnahmen könnten auch bei der Drittwirkung von Gerichtsstandsvereinbarungen in Versicherungsverträgen angewandt werden, um eine Einschränkung des Anwendungsbereichs vorzunehmen.

In Art. 15 Abs. 1 Nr. 5 Brüssel Ia-VO ist für Versicherungsverträge, die Großrisiken betreffen, eine Sonderregel enthalten. Welche Risiken genau zu diesen Großrisiken zählen, sind in Art. 16 Brüssel Ia-VO aufgeführt. Insbesondere wurde die Regelung für See- und Luftfahrtversicherungen eingeführt und rechtfertigt sich eben dadurch, dass die Versicherungsnehmer und Begünstigten bei solchen Versicherungsverträgen typischerweise nicht schutzbedürftig sind.[458] Die Regelung wurde auf expliziten Wunsch Großbritanniens eingeführt, da die

---

456 So auch der EuGH, Urteil vom 20. Juli 2017, Rechtssache C 340/16 - *MMA IARD*, Rn. 34; EuGH, *Balta*, Rn. 35. Die Suche nach Kriterien zu Abgrenzung etwa der Umsatz eines Unternehmens, erwies sich bei der Reform als unmöglich. Siehe dazu ausführlich: *Schlosser*-Bericht, Rn. 140.

457 EuGH, Urteil vom 31.012018, Rechtssache C-106/17 – *Hofsoe*, Rn. 41; EuGH, Urteil vom 17.09.2009, Rechtssache C-347/08 – *Vorarlberger Gebietskrankenkasse*, Rn. 41; EuGH, Urteil vom 26.05.2005, Rechtssache C-77/04 – *GIE Réunion* européenne, Rn. 20; EuGH, Urteil vom 13.07.2000, Rechtssache C-42/98 – *Group Josi*, Rn. 65 f.

458 *Staudinger*, in Rauscher EuZPR/EuIPR, Art. 15 Brüssel Ia-VO, Rn. 11; *Schlosser/Hess*, EU-Zivilprozessrecht, Art. 15, Rn 5; *Gottwald*, in: MüKo ZPO, Art. 15 Brüssel Ia-VO, Rn. 7; *Bariatti*, in: Dickinson/Lein/James Brussels I Regulation, Rn. 5.63. Zur Brüssel I-VO: *Mayr*, in: Simons/Hausmann/Althammer Brüssel I-VO, Art. 13, Rn. 11; *Kropholler/von Hein*, Europäisches Zivilprozessrecht Art. 13 EuGVO, Rn. 9; *O'Malley/Layton/Mercer*, European Civil Practice, Rn. 16.070.

dort ansässige Versicherungswirtschaft insbesondere solche Großrisikoversicherung anbietet.[459] Im Bereich solcher Versicherungsverträge zeigt sich das soeben bereits erwähnte Problem des 3. Abschnitts der Verordnung sehr deutlich: Auf der einen Seite werden solche Großrisikoversicherungen typischerweise durch Unternehmen abgeschlossen, die als Versicherungsnehmer und Begünstigte keines besonderen Schutzes bedürfen. Auf der anderen Seite ist das versicherte Risiko (beispielsweise ein Schiff) in hohem Maße beweglich und die Versicherungspolice wechselt häufig schnell den Inhaber (beispielsweise die Charterer des Schiffes). Dadurch ergibt sich nach den Regelungen des 3. Abschnitts eine Vielzahl an potenziellen Gerichtsständen, was eine Risikobewertung des Vertrags erheblich erschwert. Daher ist es insbesondere hier für die Parteien wichtig, durch eine Gerichtsstandsvereinbarung die Gerichtszuständigkeit bei Vertragsschluss abschließend zu klären. Dazu wird in diesem Versicherungszweig gewöhnlich auf ausschließliche Gerichtsstandsvereinbarungen zurückgegriffen. Durch die Einführung der Ausnahme in Art. 15 Brüssel Ia-VO sollte diesem Umstand Rechnung getragen werden.[460]

Daher sind gemäß Art. 15 i.V.m. Art. 16 Brüssel Ia-VO solche Gerichtsstandsvereinbarungen privilegiert, die in einem Vertrag für See- oder Luftfahrtversicherungen enthalten sind. Landtransportversicherungen sind dagegen nicht privilegiert, da hier eine Sonderregelung nicht zu rechtfertigen ist.[461] Zudem kann sich eine solche Gerichtsstandsvereinbarung auch auf mitversicherte Annexrisiken erstrecken, da dem Wortlaut nach lediglich ein Versicherungsvertrag bezüglich eines Großrisikos vorausgesetzt wird.[462] Schließlich sind gemäß Art. 16 Nr. 5 Brüssel Ia-VO auch solche Großrisiken umfasst, die gemäß der Begriffsbestimmung in der Solvency II-RL[463] als solche definiert werden.[464]

Fraglich bleibt allerdings, ob die Ausnahme auch dann gelten soll, wenn der Versicherte oder Begünstigte eines Versicherungsvertrags für ein solches

---

459 *Schlosser*-Bericht, Rn. 140.

460 *Schlosser*-Bericht, Rn. 140.

461 *Schlosser*-Bericht, Rn. 140.

462 *Staudinger*, in Rauscher EuZPR/EuIPR, Art. 15 Brüssel Ia-VO, Rn. 10; *Gottwald*, in: MüKo ZPO, Art. 16 Brüssel Ia-VO, Rn. 6; *Geimer*, in Geimer/Schütze Europäisches Zivilprozessrecht, Art. 14 EuGVO, Rn. 9.

463 RL 2009/138/EG des Europäischen Parlaments und des Rates vom 25. November 2009 betreffend die Aufnahme und Ausübung der Versicherungs- und der Rückversicherungstätigkeit.

464 *Staudinger*, in Rauscher EuZPR/EuIPR, Art. 16 Brüssel Ia-VO, Rn. 6; *Mayr*, in: Simons/Hausmann/Althammer Brüssel I-VO, Art. 14, Rn. 7.

Großrisiko als Dritter nicht am Abschluss der Gerichtsstandsvereinbarung beteiligt war und dieser nicht zugestimmt hat.

Die gleiche Frage stellt sich für die sog. Gruppenversicherungen. Wenn man davon ausgeht, dass Art. 11 Abs. 1 lit. b Brüssel Ia-VO nicht im Rahmen einer teleologischen Reduktion auf Einzelverträge zu beschränken ist, dann bleibt Versicherern lediglich die Möglichkeit, eine Vielzahl von Gerichtsständen am Wohnort der Einzelnen durch eine Gerichtsstandsvereinbarung zu vermeiden. Da es sich bei den Versicherten jedoch auch um Dritte handelt, wirkt nach der Rechtsprechung des EuGH die Gerichtsstandsvereinbarung gerade nicht für oder gegen den Versicherten. Dazu müsste eine ähnliche Ausnahme wie für die Großrisikoversicherungen vorliegen, die in der Verordnung nicht vorgesehen ist.[465]

Wie soeben bereits ausführlich dargelegt, hat der EuGH mit der Entscheidung *Société financière* richtigerweise klargestellt, dass ein Dritter, der Begünstigter eines Versicherungsvertrags ist, nicht umfassend an die Gerichtsstandsvereinbarung gebunden werden kann, es sei denn, der Dritte hat ausdrücklich zugestimmt. Dieser Grundsatz kann für Gerichtsstandsvereinbarungen, die in Versicherungsverträgen für Großrisiken aufgrund der Ausnahme in Art. 15 Abs. 1 Nr. 5 Brüssel Ia-VO privilegiert sind, allerdings nicht im gleichen Maße gelten.

Der Gerichtshof hat in der Entscheidung *Balta* der Bindung eines Dritten an eine Gerichtsstandsvereinbarung zwar eine deutliche Absage erteilt und entschieden, dass ein Dritter nur dann an eine Gerichtsstandsvereinbarung gebunden werden kann, wenn der Dritte selbst auch im Versicherungssektor tätig ist.[466] Die Entscheidung des Gerichtshofs wirft indes einige Fragen auf und kann in seiner Gänze nicht überzeugen. Der EuGH scheint an den Grundsätzen der früheren Entscheidungen *Sociéte financière* und *Assens Havn* festhalten zu wollen, um Kontinuität zu suggerieren.[467] Dabei werden die elementaren Unterschiede zwischen einem dritten Versicherten bzw. Begünstigten und einem dritten Geschädigten verkannt. Der Schutz des dritten Geschädigten sollte im Unterschied zum Versicherten bzw. Begünstigten auch durch die Privilegierung für Großrisikoversicherung nicht angetastet werden.[468]

---

465 Mit Hinweis darauf auch: *Fricke,* in: Beckmann/Matuschke-Beckmann, Versicherungsrechts-Handbuch, § 3, Rn. 33.

466 EuGH, *Balta,* Rn. 46.

467 Ebenso: *Mankowski*, VersR 2020, S. 708 (712).

468 So richtigerweise: EuGH, *Assens Havn*, Rn. 40 ff. Im Detail zur Bindung des Geschädigten in diesem Abschnitt C. II. 2.

Überzeugender wäre es gewesen, eine neue Richtung einzuschlagen und den versicherten Dritten, der durch einen Großrisikoversicherungsvertrag mit einer Gerichtsstandsvereinbarung begünstigt wird und nicht Geschädigter ist, umfassend an die Gerichtsstandsvereinbarung zu binden. Im Folgenden soll daher dargestellt werden, dass eine umfassende Bindung des Dritten bei Großrisikoversicherungen entgegen der EuGH Entscheidung *Balta* überzeugt und zusätzlich auf das spezielle Problem der Gruppenversicherungen bei Großrisikoversicherungen eingegangen werden.

(1) Die umfassende Drittbindung bei Großrisikoversicherungsverträgen

Der EuGH argumentiert in der Entscheidung *Balta* vor allem mit dem Wortlaut von Art. 15 Nr. 5 Brüssel Ia-VO, der Systematik der Schutzvorschriften des 3. Abschnitts sowie den Zielen der Verordnung, die wirtschaftlich schwächere Partei zu schützen.

Insbesondere der Wortlaut von Art. 15 Nr. 5 Brüssel Ia-VO spreche im Ergebnis gegen eine Anwendung auf dritte Versicherte oder Begünstigte. Der Unterschied im Wortlaut zu den übrigen Nummern der Vorschrift lasse sich mit der Entstehungsgeschichte der Vorschrift erklären. Dem *Schlosser* Bericht entsprechend sollte ein Katalog von Versicherungsverträgen geschaffen werden, die vom Anwendungsbereich der Schutzvorschriften ausgeschlossen werden, dadurch sei jedoch keine Erweiterung auch gegenüber Dritten geschaffen worden.[469]

Während die Entstehungsgeschichte der Vorschrift und die Absicht, einen Katalog an Versicherungsverträgen vom Anwendungsbereich auszunehmen, eindeutig aus Randnummer 140 des *Schlosser* Berichts hervorgehen, sucht man nach der Absicht, Erweiterungen auch gegenüber Dritten auszuschließen, vergebens. Aus der Formulierung „Versicherungsverträge (…), an denen allgemein nur Versicherungsnehmer beteiligt sind, die eines sozialen Schutzes nicht bedürfen“ zu schließen, hier sollten explizit versicherte und begünstigte Dritte ausgenommen werden, erscheint eher fernliegend. Die Ausnahme in Art. 15 Abs. 1 Nr. 5 Brüssel Ia-VO stellt lediglich abstrakt auf einen Versicherungsvertrag für Großrisiken im Sinne von Art. 16 Brüssel Ia-VO ab. Ein solcher Vertrag liegt auch in einer Dreiparteienkonstellation zwischen Versicherer und Versicherungsnehmer vor, es handelt sich dabei aber um einen Großrisikoversicherungsvertrag zugunsten Dritter. Der Vertrag ist stets zwischen Versicherer und Versicherungsnehmer geschlossen.[470]

469 EuGH, *Balta*, Rn. 34.

470 *Kropholler/von Hein*, Europäisches Zivilprozessrecht Art. 13 EuGVO, Rn. 4.

Daher ist der Wortlaut von Art. 15 Nr. 5 Brüssel Ia-VO im Ergebnis mehrdeutig. Er lässt eine Erweiterung auf versicherte und begünstigte Dritte nicht eindeutig zu, schließt diese aber auch nicht aus.

Zudem spreche laut EuGH auch die Systematik des 3. Abschnitt der Verordnung gegen eine Drittbindung, denn dem dritten Versicherten bzw. Begünstigten würde in Art. 11 Brüssel Ia-VO ein eigener Gerichtsstand zugestanden, ohne dabei nach den versicherten Risiken zu unterscheiden. Nunmehr dem Dritten diesen Schutz über das Großrisiko wieder zu nehmen, sei nicht vertretbar.[471]

Bei genauerer Betrachtung spricht jedoch die Systematik des 3. Abschnitt für eine einheitliche Behandlung von Versicherungsnehmer, Versichertem und Begünstigtem: Die Ausnahme in Art. 15 Abs. 1 Nr. 5 Brüssel Ia-VO wurde gerade dazu geschaffen, den Schutzzweck des 3. Abschnitts „zu umgehen", da er bezüglich der typischen Beteiligten in diesen Versicherungsverträgen nicht greifen soll. Für diese soll mit der Ausnahme in Art. 15 Abs. 1 Nr. 5 Brüssel Ia-VO keine Schutzbedürftigkeit bestehen und die Vertragsfreiheit gerade nicht eingeschränkt werden. Es wäre widersprüchlich, nunmehr nur bezüglich Dritter den Schutzzweck anzuführen, denn Versicherungsnehmer, Begünstigte und Versicherte sollen einheitlich geschützt bzw. nicht geschützt werden.[472]

Ebenso wenig überzeugen die Verweise des Gerichtshofs auf die früheren Entscheidungen in den Sachen *Assens Havn* oder *Hofsoe*.

Zwar ging es bei der Entscheidung *Assens Havn* ebenfalls um die Anwendbarkeit der Ausnahme in Art. 15 Nr. 5 Brüssel Ia-VO auf einen Dritten. Jedoch wurde in diesem Fall der geschädigten Hafengesellschaft die Gerichtsstandsvereinbarung aus dem Vertrag zwischen Versicherer und Versicherungsnehmer entgegengehalten, nicht dem Versicherten oder Begünstigten. Diesen fundamentalen Unterschied zwischen der Rechtsposition eines dritten Geschädigten und der eines dritten Versicherten scheint der Gerichtshof nicht ausreichend zu beachten.[473]

Ebenso ist der Verweis auf die Entscheidung *Hofsoe*, in der vertragsfremden Dritten (meist „Profi-Zessionare"[474]) die Berufung auf das Schutzregime des

---

471 EuGH, *Balta*, Rn. 35.

472 *Leuthold*, EWiR 2020, S. 731 f.; ebenso bereits: *Kropholler/von Hein*, Europäisches Zivilprozessrecht Art. 13 EuGVO, Rn. 4.

473 *Mankowski*, VersR 2020, S. 708 (712).

474 Damit sind solche Privatpersonen oder Unternehmen gemeint, die als Geschäftsmodell gewerblich Ansprüche gegen Versicherungen von Geschädigten abkaufen und diese dann durchsetzen. Vgl. dazu: *Mankowski*, VersR 2020, S. 708 (714); *Tereszkiewicz*, GPR 2018, S. 280 (282 f.).

3. Abschnitts verwehrt werden sollte, fehlgeleitet. Zwar ist der Versicherte bzw. Begünstigte gerade nicht Partei des Versicherungsvertrags, jedoch eben auch nicht vertragsfremd, da er seine Ansprüche aus dem Versicherungsvertrag zu seinen Gunsten ableitet.[475]

Ferner argumentiert der Gerichtshof mit dem Ziel der Verordnung, die wirtschaftlich schlechter gestellte Partei stets umfassend schützen zu wollen. Selbst wenn es sich beim Versicherungsnehmer des Großrisikoversicherungsvertrags nicht um eine wirtschaftlich schlecht gestellte Partei handle, treffe dies keinerlei Aussage darüber, ob der Versicherte bzw. Begünstigte dieses Vertrags ebenfalls eine solche Partei ist. Eine einzelfallbezogene Entscheidung darüber, ob der Versicherte bzw. Begünstigte schützenswert ist, scheide regelmäßig aus. Jedenfalls wenn der Versicherte bzw. Begünstigte selbst im Versicherungssektor tätig sei, könne davon ausgegangen werden, dass dieser nicht schützenswert sei.[476]

Damit wirft der EuGH eine wichtige Frage auf, nämlich auf welchen Beteiligten zur Größenbestimmung gemäß Art. 16 Nr. 5 Brüssel Ia-VO i.V.m. Art. 13 Nr. 27 c) Solvency II-RL[477] abgestellt werden muss, wenn Versicherungsnehmer und Versicherter unterschiedliche Beteiligte sind. Der EuGH scheint dazu mit dem allumfassenden Schutzgedanken eher auf den Versicherten selbst abzustellen, wohl auch weil der Versicherte Inhaber des Risikos ist.[478]

Art. 16 Nr. 5 EuGVVO verweist jedoch auf die Solvency II-RL, in der unterschiedliche Möglichkeiten zur Bestimmung der „Großrisiko-Komponente" enthalten sind. Dabei ist etwa die Größe oder der Umsatz der Unternehmen maßgeblich. Wenn Versicherungsnehmer und Versicherter unterschiedliche Beteiligte sind, sollte zur Größenbestimmung gemäß Art. 13 Nr. 27 c) Solvency II-RL jedoch der Versicherungsnehmer selbst maßgeblich sein. Ein wirtschaftlich gleichgestelltes Konzernunternehmen schließt beispielsweise mit einem

---

475 *Mankowski*, VersR 2020, S. 708 (714).

476 EuGH, *Balta*, Rn. 39 ff.

477 Art. 13 Nr. 27 c) Solvency II-RL: „(…) sofern der Versicherungsnehmer bei mindestens zwei der folgenden Kriterien die Obergrenzen überschreitet:

i) eine Bilanzsumme von 6,2 Mio. EUR;

ii) ein Nettoumsatz im Sinne der Vierten Richtlinie 78/660/EWG des Rates vom 25. Juli 1978 aufgrund von Artikel 54 Absatz 3 Buchstabe g des Vertrags über den Jahresabschluss von Gesellschaften bestimmter Rechtsformen von 12,8 Mio. EUR;

iii) eine durchschnittliche Beschäftigtenzahl von 250 Beschäftigten im Verlauf des Geschäftsjahres"

478 Ebenso: *Mankowski*, VersR 2020, S. 708 (714).

Versicherer einen Großrisikoversicherungsvertrag zugunsten sämtlicher Tochtergesellschaften ab. Dazu nutzt dieses Unternehmen die eigene Stärke aus, um günstige Bedingungen auch für die dritten Versicherten auszuhandeln. Diese Verhandlungsmacht erstreckt sich auf die Gerichtsstandsvereinbarungen. Es kann daher nicht auf wirtschaftliche Stärke der einzelnen Versicherten ankommen, denn sie profitieren von der Macht des Versicherungsnehmers.[479]

Losgelöst vom Bereich der „besonderen" Großrisiken in Art. 16 Nr. 5 Brüssel Ia-VO würde die aktuelle Entscheidung des Gerichtshofs dazu führen, dass wohl auch in den übrigen Bereichen der Vorschrift beispielsweise bei Transportgutversicherungen (Art. 16 Nr. 1 b) Brüssel Ia-VO) Dritte nicht an die Gerichtsstandsvereinbarung gebunden werden. Wie *Mankowski* zutreffend feststellt, kann, wenn schon im Bereich der Solvency II-RL, die für den gewerblichen Versicherungssektor geschaffen wurde, keine Drittbindung bestehen soll, in den weniger professionellen Bereichen der Ausnahme wohl erst recht keine Bindung angenommen werden.[480]

Die Entscheidung *Balta* schließt also im Ergebnis wichtige Bereiche des Versicherungssektors von der Privilegierung in Art. 15 Nr. 5 Brüssel Ia-VO aus. Die Voraussetzung der Zustimmung jedes einzelnen Versicherten entwertet die Ausnahme für einen großen Bereich der Versicherung von Großrisiken faktisch.[481] Insbesondere daher erscheint eine Lösung mit der aktuellen EuGH-Rechtsprechung hochgradig unpraktisch. Denn dann müsste ein Versicherungsnehmer, der eigentlich gemäß Art. 15 Nr. 5 Brüssel Ia-VO privilegiert werden sollte, von allen Tochterunternehmen, die dieser als Versicherte einbeziehen will, die ausdrückliche Zustimmung einholen. Die von *Fricke* mehrfach erhoffte Revision der EuGH-Rechtsprechung bezüglich der problematischen Fälle[482] ist wohl nach der Entscheidung *Balta* nicht mehr zu erwarten.

Im Ergebnis schafft der EuGH durch die wenig überzeugende Entscheidung *Balta* zumindest Klarheit bezüglich der Drittbindung an Gerichtsstandsvereinbarungen in Großrisikoversicherungsverträgen. Die Zustimmung des Dritten ist stets zu fordern, es sei denn, dieser ist selbst im Versicherungssektor tätig. Dass dieser überhöhte Schutzgedanke für eben diesen Bereich von

---

479 *Leuthold*, EWiR 2020, S. 731 f.; ebenso: *Deshayes*, IWRZ 2020, S. 141 (143).

480 *Mankowski*, VersR 2020, S. 708 (714).

481 Ebenso: *Fricke,* in: Beckmann/Matuschke-Beckmann, Versicherungsrechts-Handbuch, § 3, Rn. 52.

482 *Fricke,* in: Beckmann/Matuschke-Beckmann, Versicherungsrechts-Handbuch, § 3, Rn. 52; *Fricke,* VersR 2009, S. 432 (435).

Großrisikoversicherungen eigentlich nicht gelten soll, wird dabei ebenso wie die Unterscheidung zwischen Versicherten und Geschädigten durch den Gerichtshof leider verkannt.

(2) Die umfassende Drittbindung bei Gruppenversicherungsverträgen

Abseits der Problematik der Großrisikoversicherungen ist auch bei normalen Versicherungsverträgen, die eine Mehrzahl von Versicherten abdecken sollen, die Drittbindung problematisch. Insbesondere zunehmend praktisch relevant wird diese Problematik bei sog. D&O Versicherungen, also Versicherungen, die ein Unternehmen für seine Unternehmensleiter abschließt.[483] Der Versicherungsschutz solcher Policen beschränkt sich häufig nicht auf einzelne Niederlassungen in unterschiedlichen Staaten, vielmehr schließt ein Unternehmen eine D&O Versicherung für alle Vorstände ab, egal in welchem Staat diese tätig und wohnhaft sind. Dadurch ergibt sich wiederum eine Vielzahl von möglichen Gerichtsständen nach der Brüssel Ia-VO.[484] Um sich davor zu schützen, werden meist Gerichtsstandsvereinbarungen in die Verträge einbezogen, mit der der eigene Sitz als ausschließlicher Gerichtsstand vereinbart werden soll.[485] Nach der Auslegung des EuGH wäre eine solche Klausel unwirksam, wenn der Dritte nicht ausdrücklich zugestimmt hat. Dies würde bedeuten, dass bei einer D&O Versicherung in einem großen Unternehmen, die ähnlich wie eine Gruppenversicherung die einzelnen verantwortlichen Positionen im Unternehmen versichert, bei jedem Personalwechsel die Zustimmung des neuen Versicherten zur Gerichtsstandsklausel eingeholt werden müsste.[486]

Eine solche Lösung ist mit dem Sinn und Zweck des 3. Abschnitts der Verordnung nicht zu vereinbaren. Dazu schlägt *Staudinger* vor, umfassende Gerichtsstandsvereinbarungen, also auch die umfassende Bindung Dritter für Gruppenversicherungen durch den Unionsgesetzgeber gesetzlich zu regeln.[487]

---

483 Ein guter Überblick über die Grundsätze der D&O Versicherung bei: *Beckmann*, in: Beckmann/Matuschke-Beckmann, Versicherungsrechts-Handbuch, § 28, Rn. 1 f.

484 *Staudinger*, Ausgewählte Probleme der D&O Versicherung in: Habersack/Staudinger/Lorenz Karlsruher Forum 2009, S. 45 f.

485 Siehe beispielsweise Ziff. 13.2 AVB-AVG:„Gerichtsstand für alle Rechtsstreitigkeiten aus dem Versicherungsvertrag ist der Sitz des Versicherers oder seiner für den Versicherungsvertrag zuständigen Niederlassung. Diese Gerichtsstandsvereinbarung gilt ausdrücklich auch dann, wenn die Versicherungsnehmerin oder eine versicherte Person ihren (Wohn-)Sitz im Ausland hat."

486 So auch: *Staudinger*, Ausgewählte Probleme der D&O Versicherung in: Habersack/Staudinger/Lorenz Karlsruher Forum 2009, S. 47.

487 Nunmehr kritisch: *Staudinger*, in Rauscher EuZPR/EuIPR, Art. 11 Brüssel Ia-VO, Rn. 3.

Es hat sich in der Vergangenheit gezeigt, wie schwer es ist, einen Konsens unter den Mitgliedsstaaten in diesem Bereich zu finden. Zudem ist davon auszugehen, dass durch den Austritt Großbritanniens aus der EU die Position der Mitgliedsstaaten, die einen liberaleren Ansatz auf diesem Gebiet vertreten, geschwächt wird. Eine weitere Reform der Brüssel Ia-VO ist in naher Zukunft jedenfalls nicht absehbar.[488]

Es kann daher insgesamt mit der Ansicht des EuGH in der Entscheidung *Balta* auch für den Bereich der Gruppenversicherungsverträge, die als Großrisikoverträge einzustufen sind, nicht von einer umfassenden Bindung Dritter an die Gerichtsstandsvereinbarung ausgegangen werden. Versicherer müssen somit nach der aktuellen Rechtslage die Zustimmung der einzelnen Versicherten und Begünstigten von Gruppenversicherungsverträgen zur Gerichtsstandsvereinbarung einholen, um sich wirksam vor dem Risiko der Inanspruchnahme in vielen unterschiedlichen Mitgliedsstaaten zu schützen.

(3) Zwischenergebnis: Die umfassende Bindung Dritter im Versicherungsrecht nur bei Großrisikoversicherungen zulässig

Im Ergebnis ist also eine umfassende Bindung von Versicherten und Begünstigten an eine Gerichtsstandsvereinbarung in einem Versicherungsvertrag grundsätzlich nicht möglich, es sei denn, der Versicherte bzw. der Begünstigte hat ausdrücklich zugestimmt. Dies ergibt sich insbesondere durch Auslegung des 3. Abschnitts der Verordnung und der Entscheidung *Société financière*. Die Kritik am Schutzsystem des 3. Abschnitts und der Entscheidung ist teilweise durchaus berechtigt; als Konsequenz die umfassende Bindung aller Versicherten bzw. Begünstigten anzunehmen wäre indes verfehlt. Vielmehr sollte die Anwendung des Schutzregimes des 3. Abschnitts eingeschränkt werden. Eine Einschränkung anhand der Aktiv- bzw. Passivposition im Prozess vorzunehmen führt nicht zu einem einheitlichen und vertretbaren Ergebnis. Eine Einschränkung sollte über die Privilegierung aus Art. 15 Abs. 1 Nr. 5 Brüssel Ia-VO vorgenommen werden. Die Ausnahme für Versicherungsverträge über Großrisiken ist ein guter erster Ansatz, um solche Vertragstypen auszuschließen, bei denen Versicherte und Begünstigte nicht tatsächlich schützenswert sind. Obwohl der Gerichtshof sich gegen diese Lösung entschieden hat, sprechen überwiegende Gründe dafür, die

---

488 Das komplexen Reformverfahren von der Brüssel I-VO zur Brüssel Ia-VO hat von der Veröffentlichung des *Schlosser*-Berichts bis zum Inkrafttreten ca. 10 Jahre in Anspruch genommen: Vgl. ausführlich zur Reform *Stadler/Klöpfer*, ZEuP 2015, S. 732 (733). Der nächste Bericht ist gemäß Art. 79 Brüssel Ia-VO bis Januar 2022 vorzulegen.

Privilegierung auch auf Versicherte und Begünstigte anzuwenden, wenn diese nicht am Abschluss des Vertrags beteiligt werden. Eine umfassende Bindung Dritter kann daher für solche Fälle angenommen werden, in denen ein Versicherungsvertrag für Großrisiken im Sinne von Art. 16 Brüssel Ia-VO vorliegt. Für die Paxis gilt allerdings, dass aufgrund der strengen Linie des EuGH stets die Zustimmung der Versicherten bzw. Begünstigten zur Gerichtsstandsvereinbarung eingeholt werden sollte. Nur so kann wirksam die Gerichtspflichtigkeit für alle Beteiligten abschließend und mit Rechtssicherheit geregelt werden.

2. *Die umfassende Bindung Dritter als Geschädigte*

Neben dem Versicherten und dem Begünstigten kennt das Schutzregime des 3. Abschnitts noch eine weitere Partei, die nicht am Abschluss des Versicherungsvertrags und der Gerichtsstandsvereinbarung beteiligt ist. Dabei handelt es sich um einen durch den Versicherten geschädigten Dritten. In diesen Konstellationen, die häufig im Rahmen eines (privaten) Haftpflichtversicherungsvertrags vorkommen, sind der Versicherungsnehmer und Versicherte typischerweise identisch.[489]

Nach der Verordnung stehen dem Geschädigten insgesamt drei unterschiedliche Gerichtsstände zu: Der Gerichtsstand am eigenen Wohnsitz, der besondere Gerichtsstand am Ort des schädigenden Ereignisses und der Ort am Sitz des Versicherers. Mit einer Gerichtsstandsvereinbarung könnten jeweils ein oder mehrere dieser Gerichtsstände abbedungen werden.

Dem Geschädigten steht ebenso wie dem Versicherten und Begünstigten ein eigener Gerichtsstand am Wohnsitz zu, wenn er einen Anspruch direkt gegen den Versicherer geltend machen kann. Zwar war dies in der Vergangenheit durchaus umstritten. Seit der *FBTO Schadeverzekeringen*-Entscheidung des EuGH ist es allerdings abschließend geklärt. Die Verweisung in Art. 11 Abs. 2 Brüssel I-VO auf Art. 9 Abs. 1 lit. b Brüssel I-VO bedeutet, dass der Liste von möglichen Klägern solche Personen hinzuzufügen sind, die einen Schaden erlitten haben.[490] Der Gerichtshof schließt sich damit der bis dahin in der deutschen Literatur

---

489 Zwar sind auch an dieser Stelle Fallkonstellationen denkbar, in denen der Versicherungsnehmer und der Versicherte unterschiedliche Personen sind. So kann etwa eine Haftpflichtversicherung beispielsweise als Versicherung für fremde Rechnung ausgestaltet werden. An dieser Stelle soll zur besseren Unterscheidung von den anderen Fallkonstellationen jedoch von der Identität von Versicherungsnehmer und Versicherten ausgegangen werden.

490 EuGH, FBTO *Schadeverzekeringen*, Rn. 26.

und Rechtsprechung vorherrschenden Meinung an.[491] Zudem macht der EuGH deutlich, dass dieses Ergebnis nicht nur für die im konkreten Fall vorliegende Kfz-Haftpflichtversicherung gelten soll, sondern vielmehr allgemein für Geschädigte gilt, wenn eine direkte Klage gegen den Versicherer zulässig ist.[492] Dem ist vollumfänglich zuzustimmen. Wiederum soll hier mit dem Schutzregime des 3. Abschnitts die schwächere Person geschützt werden. Der Geschädigte zählt zu dieser geschützten Personengruppe. Daher ist es folgerichtig, dem Geschädigten auch den Gerichtsstand am eigenen Wohnsitz zuzugestehen. Dem Geschädigten, der zudem einen direkten Anspruch gegen den Versicherer geltend machen kan, steht ein weiterer Gerichtsstand am Ort des schädigenden Ereignisses gemäß Art. 12 Brüssel Ia-VO zu.

Abschließend muss geklärt werden, inwieweit die Parteien durch eine Vereinbarung diese Gerichtsstände abbedingen können und inwiefern eine solche Vereinbarung auch einen Geschädigten umfassend binden kann.

Der geschädigte Dritte kann ebenso wie der Versicherte und Begünstigte nicht umfassend an die Gerichtsstandsvereinbarung gebunden werden. Die umfassende Bindung würde wiederum dem Schutzzweck des 3. Abschnitts widersprechen.[493] Dies hat der Gerichtshof nunmehr auch ausdrücklich in der *Assens Havn* Entscheidung bestätigt.[494] In diesem Fall sprechen sich auch die Stimmen in der Literatur, die einen Versicherten oder Begünstigten umfassend binden wollen, gegen eine umfassende Bindung des Geschädigten aus.[495]

Der Geschädigte leitet seine materiell-rechtliche oder prozessrechtliche Position gerade nicht aus irgendeinem Vertrag ab. Die Verbindung zwischen dem Geschädigten und dem Versicherer ist ein Direktanspruch, der sich aus dem

491 OLG Brandenburg, NJW-RR 2007, S. 216; OLG Köln, VersR 2005, S. 1721 (1722) mit Anm. *Loschelders; Staudinger,* in Rauscher EuZPR/EuIPR, Art. 13 Brüssel Ia-VO, Rn. 6; a.A. wohl *Kropholler/von Hein* Europäisches Zivilprozessrecht Art. 13 EuGVO, Rn. 4.

492 EuGH, FBTO *Schadeverzekeringen*, Rn. 31.

493 *Staudinger,* in Rauscher EuZPR/EuIPR, Art. 13 Brüssel Ia-VO, Rn. 5; *Gottwald,* in: MüKo ZPO, Art. 13 Brüssel Ia-VO, Rn. 2; *Kropholler/von Hein* Europäisches Zivilprozessrecht Art. 11 EuGVO, Rn. 4; *Hausmann,* in: Simons/Hausmann/Althammer Brüssel I-VO, Art. 11, Rn. 7.

494 EuGH, *Assens Havn*, Rn. 26.

495 *Jungermann,* Drittwirkung, S. 184 f.; *Hub,* Internationale Zuständigkeit in Versicherungssachen, S. 201; *Fricke,* VersR 2009, S. 432 (433 f.).

jeweiligen anwendbaren nationalen Recht ableitet.[496] Die Argumentation, die soeben noch für eine umfassende Bindung angeführt wurde, verfängt mithin an dieser Stelle nicht.[497]

Eine Ausnahme hiervon ist lediglich im Rahmen der Beschränkungen des Art. 15 Nr. 3 Brüssel Ia-VO zulässig. Diese Ausnahme erlaubt es dem Versicherer durch Gerichtsstandsvereinbarung den Gerichtsstand am Ort des schädigenden Ereignisses abzubedingen, wenn der Versicherungsnehmer seinen Wohnsitz oder gewöhnlichen Aufenthalt in demselben Mitgliedsstaat hat und so einen ausschließlichen Gerichtsstand in diesem Mitgliedsstaat zu vereinbaren. Dadurch soll sich der Versicherer vor dem Risiko schützen können, durch Eintritt des Versicherungsfalles im Ausland dort gerichtspflichtig zu werden.[498]

Eine solche Gerichtsstandsvereinbarung kann ebenso keine umfassende Bindung des Geschädigten auslösen.[499] Der Geschädigte soll im Schutzregime ebenso wie der Versicherte und Begünstigte geschützt werden. Der Sinn und Zweck der Ausnahmeregel in Nr. 3 ist, dem Versicherer und dem Versicherungsnehmer die Freiheit zu geben, die Gerichtspflichtigkeit für Versicherungsfälle im Ausland auszuschließen. Wenn aber im Ausland der Versicherungsschutz besteht und der betroffene Mitgliedsstaat einen Direktanspruch für den Geschädigten vorsieht, so kann für diesen Fall der Gerichtsstand gerade nicht abbedungen werden. Das Schutzregime des 3. Abschnitts sieht diesen umfassenden Schutz für Geschädigte vor und hat insbesondere für diese Fälle den Gerichtsstand am Ort des schädigenden Ereignisses geschaffen. Für diesen Fall kann dieser Gerichtsstand nicht durch eine Vereinbarung gemäß Art. 15 Nr. 3 Brüssel Ia-VO abbedungen werden. Eine umfassende Bindung des Geschädigten ist somit ausgeschlossen.

---

496 In Deutschland geregelt in § 115 VVG. Siehe ausführlich zu den Voraussetzungen des Direktanspruchs: *Klimke* in: Prölss/Martin, Versicherungsvertragsgesetz: VVG, § 115 Rn. 7 ff.

497 Siehe dazu ausführlich in diesem Abschnitt C. II. 2. a. (2).

498 *Staudinger,* in Rauscher EuZPR/EuIPR, Art. 15 Brüssel Ia-VO, Rn. 6; *Schlosser/Hess,* EU-Zivilprozessrecht, Art. 15, Rn. 3; *Mayr,* in: Simons/Hausmann/Althammer Brüssel I-VO, Art. 13, Rn. 8; *Bariatti,* in: Dickinson/Lein/James Brussels I Regulation, Rn. 5.58 f.

499 *Schlosser*-Bericht, Rn. 148; *Staudinger,* in Rauscher EuZPR/EuIPR, Art. 13 Brüssel Ia-VO, Rn. 6; *Schlosser/Hess,* EU-Zivilprozessrecht, Art. 15, Rn. 3; *Bariatti,* in: Dickinson/Lein/James Brussels I Regulation, Rn. 5.60 f.

3. *Die umfassende Bindung Dritter als* trust *Begünstigte*

Schließlich wird auch der *trust* Begünstigte an die Gerichtsstandsvereinbarung gebunden, ohne dass er im Sinne von Art. 25 Abs. 1 Brüssel Ia-VO zugestimmt hat. Problematisch erscheint hier zunächst, ob eine Einigung im Sinne von Art. 25 Abs. 1 Brüssel Ia-VO überhaupt Voraussetzung für eine wirksame Gerichtsstandsvereinbarung, die in *trust*-Bedingungen enthalten ist, sein kann. Dies würde bedeuten, dass zusätzlich zu den Voraussetzungen aus Art. 25 Abs. 3 Brüssel Ia-VO eine formelle Willenseinigung zwischen Eigentümer und Begünstigtem vorliegen müsste. Eine solche Voraussetzung ergibt sich weder direkt noch nach Auslegung aus der Vorschrift und ist daher im Ergebnis fernliegend. Der Dritte wird daher hier gebunden, ohne dass er im Sinne von Art. 25 Abs. 1 Brüssel Ia-VO zugestimmt hat.[500]

Durch die Schaffung der Sonderbestimmung für *trust*-Bedingungen sollte gerade die fehlende Einigung überwunden werden. Die in Europa eher unbekannte Rechtsfigur des *trust* soll durch die Sondervorschrift in den unterschiedlichen Mitgliedsstaaten einheitlich angewendet werden.[501] Daraus allein ergibt sich, dass der Verordnungsgeber insbesondere die Einigung gemäß Art. 25 Abs. 1 Brüssel Ia-VO vor der uneinheitlichen Auslegung durch die Gerichte für diesen Fall bewahren wollte. Nunmehr eine Einigung vorauszusetzen und gar im Wege der Auslegung für bestimmte Fallkonstellationen zu fingieren und für andere Fallkonstellationen abzulehnen, würde diesem Sinn und Zweck der Sondervorschrift zuwiderlaufen.

Zudem erweitert Art. 25 Abs. 4 Brüssel Ia-VO den Anwendungsbereich der Prorogations- und Derogationsverbote aus Art. 15, 19 und 23 Brüssel Ia-VO auf die hier vorliegende Konstellation von Gerichtsstandsvereinbarungen ohne Zustimmung der Parteien in *trust*-Bedingungen. Diese Erweiterung wäre wohl überflüssig, wenn man eine Einigung im Sinne von Art. 25 Abs. 1 Brüssel Ia-VO verlangen würde. Denn dann wären die Prorogations- und Derogationsverbote bereits nach den allgemeinen Grundsätzen anwendbar und der Verweis wäre nicht notwendig.[502]

---

500 *Harris,* The Trust, S. 208; *Mankowski,* in: Rauscher EuZPR/EuIPR, Art. 25 Brüssel Ia-VO, Rn. 175; *Kropholler/von Hein,* Europäisches Zivilprozessrecht Art. 23 EuGVO, Rn. 29; *Grolimund,* in: Schnyder/Acocella Lugano-Übereinkommen, Art. 23 Rn. 29, *Berger,* in: Oetiker/Weibel Lugano-Übereinkommen Art. 23 Rn. 39; Dagegen allein: *Parker/Mellows/Oakley,* The Modern Law of Trusts, (Vorauflage, 7. Auflage), S. 749.

501 Zur Rechtsfigur des *trust* in Europa ausführlich in diesem Abschnitt B. I. 3.

502 *Harris,* The Trust, S. 208.

Die Argumentation der Gegenansicht greift schließlich erkennbar zu kurz: Lediglich *Oakley* ist der Meinung, dass englische Gerichte eine Klage eines *beneficiaries* aufgrund von *trust*-Bedingungen bei der Anwendbarkeit von englischem Recht immer annehmen würden, egal ob eine Gerichtsstandsvereinbarung ein anderes Gericht für zuständig erklärt. Der *beneficiary* habe der „fremden" Gerichtsstandsvereinbarung schließlich nicht zugestimmt.[503] Diese Ansicht ist bereits im Ansatz verfehlt, da hier anwendbares Recht und Recht des Gerichtsstands zumindest verkürzt dargestellt werden. Der *beneficiary* erhält auch nach englischem Recht seine Rechtsposition nur nach den Maßgaben der Parteien. Wenn die *trust*-Bedingungen, die *settelor* und *trustee* vereinbart haben, also englisches Recht für anwendbar erklären, aber einen Gerichtsstand beispielsweise in Deutschland vorsehen, dann werden auch englische Gerichte nach Konsultation von Art. 25 Abs. 3 Brüssel Ia-VO zu dem Ergebnis kommen müssen, dass der maßgebliche Gerichtsstand in Deutschland liegt. Für die richtige Beantwortung dieser Frage kann es auf das anwendbare Recht im Ergebnis nicht ankommen.

4. Die umfassende Bindung Dritter als allgemeiner Grundsatz

Die umfassende Bindung des Dritten ist zumindest im Versicherungsrecht, also wenn der Dritte Versicherter oder Begünstigter eines Versicherungsvertrags ist, grundsätzlich nicht mit dem Sinn und Zweck des 3. Abschnitts der Verordnung zu vereinbaren. Gleichermaßen ist auch der Geschädigte als unbeteiligter Dritter nicht an eine Gerichtsstandsvereinbarung im Versicherungsvertrag umfassend gebunden.

Fraglich bleibt, inwieweit diese Ergebnisse auch für Fallgruppen außerhalb des Versicherungsrechts gelten können und ob daraus gefolgert werden kann, dass allgemein eine umfassende Bindung des Dritten im Vertrag zu seinen Gunsten in der EU ausgeschlossen ist. Könnte man also allgemein von einem Grundsatz der umfassenden Drittbindung außerhalb des Versicherungsrechts ausgehen?

Losgelöst vom strengen Regime der Zuständigkeiten im Versicherungsrecht sind die Argumente von *Mankowski, Heiss* und *Hübner*, die auf der Struktur des Vertrags zugunsten Dritter basieren, durchaus überzeugend:

Der Dritte leitet seine materiell-rechtlichen Ansprüche allein aus dem Vertrag zugunsten Dritter ab. Diese Ansprüche sind jedoch durch die im Vertrag

---

503 *Oakley*, in: *Parker/Mellows*, The Modern Law of Trusts, (Vorauflage, 7. Auflage), S. 749.

vereinbarte Gerichtsstandsvereinbarung prozessual „modifiziert". Will der Dritte seine Ansprüche gegen die Parteien geltend machen, sollte er sich dazu auch an den vereinbarten Gerichtsstand verweisen lassen. Dem Dritten, der vor der Begünstigung keinen eigenen Gerichtsstand hatte, wird auch nichts genommen. Prozessual ist der Dritte genauso gestellt, wie ohne die Begünstigung. Durch die Bindung des Dritten würde auch der angestrebte Gleichlauf zwischen materiell-rechtlicher Drittberechtigung und prozessualer Drittwirkung hergestellt und die Gefahr von unterschiedlichen Jurisdiktionen für denselben Sachverhalt wäre abgewendet. Lediglich wenn der Dritte als schwächere Partei geschützt werden soll, lässt sich ein Auseinanderfallen der Jursidiktionen überzeugend rechtfertigen. Hinzu kommt, dass dem Dritten beim Vertrag zugunsten Dritter stets ein Widerspruchsrecht zusteht. Es steht ihm also frei, die Begünstigung jederzeit zurückzuweisen, wenn er mit der „modifizierten" Jurisdiktion durch die Gerichtsstandsvereinbarung nicht einverstanden ist.[504]

Zudem ist die bezüglich des Dritten fehlende formell-wirksame Einigung im Sinne von Art. 25 Abs. 1 Brüssel Ia-VO kein überzeugendes Argument, den Dritten nicht umfassend an die Vereinbarung zu binden. Wie sich aus den überprüften nationalen Rechtsordnungen ergibt, wird beim Vertrag zugunsten Dritter grundsätzlich zwischen dem Deckungsverhältnis und dem Valutaverhältnis unterschieden.[505] Dabei ist die Rechtsbeziehung zwischen Versprechendem und Versprechensempfänger im Deckungsverhältnis für die Wirksamkeit des Vertrags zugunsten Dritter allein relevant. Für den Fall, dass das Rechtsgeschäft formbedürftig ist, kommt es nur darauf an, dass im Verhältnis zwischen Versprechendem und Versprechensempfänger diese Form eingehalten wird. Der Dritte leitet aus dem Vertrag lediglich ein eigenes Forderungsrecht ab und muss die Formvorschriften gerade nicht einhalten. Dies ist in Europa in den hier überprüften Rechtsordnungen Deutschlands[506], Österreichs[507], Frankreichs[508] sowie Englands[509] gleichermaßen anerkannt. Der Dritte muss beim Vertrag zugunsten Dritter in den großen Rechtskreisen in Europa, also auch wenn der Vertrag

504 Siehe ausführlich zur Argumentation mit der Struktur des Vertrags zugunsten Dritter in diesem Abschnitt C. II. 1. a. (2).

505 Siehe dazu ausführlich in diesem Abschnitt A. I. 1.

506 BGH NJW 1970, S. 2157; *Gottwald,* in MüKo BGB, § 328 Rn. 27 m.w.N.;

507 OHG, Urteil vom 01.07.1999, 2 Ob 104/97a m.w.N.; *Riedler* in: Kodek/Schwimann ABGB, § 882 Rn. 13;

508 Art. 1121 Code Civil: *Malaurie/Aynès/Stoffel-Munck* Les obligations, Rn. 815.

509 *Birks*, English privat law, Rn. 8.290 ff.

eigentlich formbedürftig ist, nicht der Form entsprechend zugestimmt haben. Daraus kann man folgenden Schluss ziehen:

Wenn es bei der Formbedürftigkeit des gesamten Vertrags bereits lediglich auf das Verhältnis zwischen den Parteien ankommt, kann es bei der einzelnen Klausel zum Gerichtsstand nicht auf eine formell-wirksame Zustimmung des Dritten ankommen. Die Einhaltung der Schriftform zwischen Versprechendem und Versprechensempfänger müsse demgemäß auch bei der Vereinbarung einer Gerichtsstandsvereinbarung ausreichen.[510] Damit würde es nicht der Struktur des Vertrags zugunsten Dritter entsprechen, bezüglich einer einzelnen Vertragsklausel eine formell-wirksame Zustimmung zu verlangen, wenn der Dritte auch bei formbedürftigen Verträgen nicht formell-wirksam zustimmen muss.

Schließlich wird bezüglich des Vertrags zugunsten Dritter in Europa einheitlich angenommen, dass der Dritte beim Vertrag zugunsten Dritter lediglich Gläubiger mit limitierten Rechten und Pflichten ist. Der Dritte wird also nicht Rechtsnachfolger des Altgläubigers und tritt nicht umfassend in dessen Rechte und Pflichten ein. Dennoch wird in den überprüften Mitgliedsstaaten davon ausgegangen, dass Gerichtsstandsvereinbarungen in Verträgen zugunsten Dritter den Dritten umfassend binden. Es entspricht der Struktur des Vertrags zugunsten Dritter in diesen Mitgliedsstaaten, dass der Dritte das eigene Forderungsrecht nur so durchsetzen kann, wie es im Vertrag ausgestaltet ist. In Europa ist also weitgehend anerkannt, dass der Dritte sich auf die Gerichtsstandsvereinbarung im Vertrag zugunsten Dritter berufen darf, diese dann aber auch gegen sich gelten lassen muss.[511] Daher lassen sich die aus deutscher Sicht dargestellten Argumente zur Struktur des Vertrags zugunsten Dritter unionsrechtlich verwenden. Es scheint in der EU bezüglich der Struktur des Vertrags zugunsten Dritter einen Konsens zu geben.

Im Ergebnis sprechen somit überzeugende Argumente dafür, Dritte umfassend an eine Gerichtsstandsvereinbarung im Vertrag zugunsten Dritter zu binden, sofern diese nicht als schwächere Parteien durch die Verordnung geschützt werden. Dafür spricht vor allem die ausführlich dargestellte Argumentation zur Struktur des Vertrags zugunsten Dritter. Die fehlende formell-wirksame Einigung bezüglich des Dritten steht nicht entgegen.

Insgesamt ergibt sich also ein allgemeiner Grundsatz der begünstigenden Drittbindung unter den folgenden Bedingungen:

---

510 Ebenso *Hübner*, IPRax 1984, S. 238 (239).

511 Siehe dazu das Ergebnis des Rechtsvergleichs in diesem Abschnitt A. III.

Die Parteien haben in einem Vertrag zugunsten Dritter wirksam im Sinne von Art. 25 Brüssel Ia-VO eine Gerichtsstandsvereinbarung abgeschlossen.

Der Dritte leitet alle Rechte aus dem Vertrag zwischen den Parteien ab.

Der Dritte zählt nicht zu einer durch die Brüssel Ia-VO besonders geschützten Gruppe wie Versicherungsnehmer, Verbraucher oder Arbeitnehmer, oder ihm steht sonst durch die Verordnung ein eigener Gerichtsstand zu.

Wenn diese drei Bedingungen erfüllt sind, wird der Dritte immer an eine Gerichtsstandsvereinbarung in einem Vertrag zu seinen Gunsten gebunden.

III. Zwischenergebnis: Die umfassende Drittbindung ist nach dem entwickelten Grundsatz zulässig

In diesem Teil der Arbeit sollte dargestellt werden, wie ein Dritter, der nicht am Abschluss der Gerichtsstandsvereinbarung in einem Vertrag zu seinen Gunsten beteiligt war, an diese Vereinbarung gebunden werden kann. Dazu wurde die Bindung des Dritten in zwei unterschiedliche Kategorien eingeteilt: Die einfache Drittbindung und die umfassende Drittbindung.

Der Dritte ist stets einfach an die Gerichtsstandsvereinbarung zu seinen Gunsten gebunden. Wenn sich der Dritte selbst auf die Gerichtsstandsvereinbarung beruft, ergibt die Auslegung der historisch zu betrachtenden Vorschrift Art. 17 EuGVÜ und die Auslegung der aktuellen Vorschriften Art. 23 Brüssel I-VO und Art. 25 Brüssel Ia-VO, dass der Dritte auch ohne formelle Einigung zu seinen Gunsten an eine Gerichtsstandsvereinbarung gebunden werden kann. Der EuGH kam in der Entscheidung *Gerling Spezial Konzernversicherung* zu diesem Auslegungsergebnis und es wurde ebenso in der Literatur allgemein anerkannt.

Dies gilt auch dann, wenn es sich bei dem Vertrag zugunsten Dritter um einen Versicherungsvertrag handelt und der Dritte Versicherter oder Begünstigter ist. Die Auslegung der Schutzvorschriften des 3. Abschnitts der Verordnung steht dem nicht entgegen. Dem Dritten wird lediglich ein zusätzlicher konkurrierender Gerichtsstand zugestanden und kein Gerichtsstand der Verordnung genommen. Vielmehr würde es dem Sinn und Zweck des 3. Abschnitts widersprechen, dem Dritten die Berufung auf den Gerichtsstand im Versicherungsvertrag zu verwehren, da der Versicherungsnehmer, Versicherte und Begünstigte möglichst vollumfänglich geschützt werden sollen.

Die Frage, ob der Dritte auch stets umfassend an die Gerichtsstandsvereinbarung gebunden werden soll, ist dagegen komplizierter. In der Literatur wurde sich mit viel argumentativem Aufwand für eine solche umfassende Drittbindung ausgesprochen. Dabei wurde oftmals der Versicherungsvertrag zugunsten Dritter als Beispiel herangezogen.

Seit dem Versicherten und Begünstigten eines Versicherungsvertrags jedoch ein eigener Gerichtsstand am Sitz in Art. 11 Brüssel Ia-VO eingerichtet wurde, ist die umfassende Drittbindung nicht mehr mit dem Sinn und Zweck des 3. Abschnitts der Verordnung zu vereinbaren. Durch den vollzogenen Systemwechsel leitet sich der Gerichtsstand des Versicherten und Begünstigten nicht mehr vom Versicherungsnehmer ab, sondern ihnen wurde explizit ein eigener Gerichtsstand an ihrem Sitz zugestanden. Diesen Dritten darf also nicht durch die umfassende Bindung der Gerichtsstand am eigenen (Wohn-)Sitz genommen werden. Wenn sich nämlich nicht der Dritte, sondern eine der Parteien auf den vereinbarten Gerichtsstand beruft, dann wird dem Dritten effektiv die Möglichkeit genommen, am eigenen (Wohn-)Sitz zu klagen und er muss womöglich in einem anderen Mitgliedsstaat klagen. Eben dieser Fall sollte durch die Erweiterung des Schutzregimes auf Versicherte und Begünstigte verhindert werden. Der EuGH hat dies zwar mit zweifelhafter Begründung, aber im Ergebnis korrekt für einen Versicherungsvertrag in der Entscheidung *Société financière* entschieden. Problematisch an diesem Grundsatz ist, dass der Schutzgedanke des 3. Abschnitts an die Versicherungssache anknüpft, sodass auch Parteien geschützt werden, die eigentlich keinen Schutz bedürfen. Um dieses Ergebnis zu korrigieren, sollten zumindest die von dem Schutzbereich des 3. Abschnitts ausgenommenen Versicherungsverträge über Großrisiken auch bei der Drittbindung ausgenommen werden.

Dass die Problematik der umfassenden Drittbindung oftmals ausschließlich im Kontext von Versicherungsverträgen diskutiert wird, erschwert es für die umfassende Drittbindung beim Vertrag zugunsten Dritter eine grundsätzliche Bindung anzunehmen. Jedoch kann man auch davon ausgehen, dass ein Dritter stets umfassend an die Gerichtsstandsvereinbarung im Vertrag zugunsten Dritter gebunden ist. Die Argumente in der Literatur, die sich für eine umfassende Bindung des Dritten aussprachen, sind, wenn man sie von der Problematik der Versicherungsverträge loslöst, durchaus überzeugend. Wenn der Dritte nicht durch die Verordnung gesondert geschützt wird und ihm kein eigener Gerichtsstand am Wohnsitz zur Verfügung gestellt wird, kann er sich auf die Gerichtsstandsvereinbarung berufen, muss diese dann aber auch gegen sich gelten lassen, wenn sich eine andere Partei auf diese beruft. Dies ergibt sich allein daraus, dass der Dritte seine Rechte aus dem Vertrag zu seinen Gunsten ableitet. Wie der Rechtsvergleich zum Vertrag zugunsten Dritter gezeigt hat, wird dieser innerhalb der EU gleichbehandelt. Zwar wird in keiner der überprüften Rechtsordnungen der Dritte durch den Vertrag zugunsten Dritter Vertragspartei, jedoch wird die Rechtsstellung des Dritten als Rechtsposition beschrieben, durch die auch limitierte Pflichten aus dem Vertrag übertragen werden. Dem Dritten steht es zudem stets zu, die Begünstigung zurückzuweisen. In allen überprüften Rechtsordnungen wird der Dritte mit dieser Begründung vollumfänglich an den Vertrag zu seinen Gunsten gebunden.

Nach alldem ist davon auszugehen, dass der Dritte grundsätzlich umfassend an den Vertrag zu seinen Gunsten gebunden ist, sich also die Gerichtsstandsvereinbarung von den Parteien entgegenhalten lassen muss. Die gilt allerdings nur insoweit, als dass der Dritte nicht durch die Verordnung besonders geschützt ist und ihm ein eigener Gerichtsstand zusteht.

Mit diesem Ergebnis wird zudem grundsätzlich ein Gleichlauf zwischen materiell-rechtlicher Drittwirkung und prozessualer Drittbindung erreicht, der lediglich für besonders schützenswerte Parteien durchbrochen wird. Durch diesen Gleichlauf wird ein Auseinanderfallen von Jurisdiktion und sich widersprechenden Entscheidungen innerhalb der EU vermieden. Selbst wenn die Parteien in drei unterschiedlichen Mitgliedsstaaten ihren Sitz haben, wird eine Entscheidung über Klagen des Dritten sowie Klagen der Parteien am vereinbarten Gerichtsstand getroffen. Der Dritte leitet seine Rechte aus dem materiellrechtlichen Anspruch ab und wird gleichzeitig prozessual an die Vereinbarung gebunden. So kann sichergestellt werden, dass der Dritte nicht am eigenen Sitz Ansprüche geltend machen kann, während die Parteien dieselben Ansprüche am vereinbarten Gerichtsstand geltend machen müssen.

Dieses Ergebnis ist auch durchaus interessengerecht. Wenn der Dritte durch die Verordnung geschützt ist, wird er nur insoweit gebunden, als dass er sich selbst auf den vereinbarten Gerichtsstand beruft. Ist der Dritte geschützt, dann müssen die Parteien grundsätzlich die Zustimmung des Dritten zur Gerichtsstandsvereinbarung einholen. Dies mag in den Fällen, in denen der Dritte tatsächlich nicht schutzwürdig ist, unpraktikabel erscheinen. Ein Versuch der Korrektur über die Ausnahme für Großrisiken ist daher erstrebenswert. Für alle weiteren Fälle müssen dann Versicherer und Versicherungsnehmer die Zustimmung des Dritten zur Gerichtsstandsvereinbarung einholen. Dies ist auch interessengerecht, da der Versicherte oder Begünstigte nur so das Prozessrisiko bewerten und dann zustimmen oder ablehnen kann.

Ist der Dritte nicht durch die Verordnung geschützt, muss er sich die Gerichtsstandsvereinbarung auch entgegenhalten lassen. Hier ergeben sich allerdings Parallelen zur Drittbindung zulasten Dritter. Wie bereits mehrfach verdeutlicht wurde, bereitet die Abgrenzung zwischen Gerichtsstandsvereinbarungen zugunsten und zulasten Dritter einige Schwierigkeiten. Daher soll zunächst im nächsten Abschnitt dieser Arbeit die Drittbindung zulasten des Dritten ausführlich dargestellt werden. Erst dann können auch die hier gefundenen Ergebnisse mit den Grundsätzen der Drittbindung zulasten Dritter verglichen und insgesamt überprüft werden.[512]

D. Gesamtergebnis zum 3. Abschnitt: Die Wirkung der Gerichtsstandsvereinbarung zugunsten Dritter

In diesem Abschnitt der Arbeit wurde untersucht, ob und wie ein Dritter an die Gerichtsstandsvereinbarung in einem Vertrag zu seinen Gunsten gebunden werden kann.

Dazu wurde zunächst der Vertrag zugunsten Dritter als grundlegende materiell-rechtliche Konstellation für die Drittwirkung ausführlich erläutert. Der Dritte wird in den überprüften Rechtsordnungen in Europa zwar nicht Rechtsnachfolger der Vertragspartei, rückt aber dennoch in eine Art Gläubigerstellung ein, mit der auch Pflichten begründet werden können. Das Prozessrisiko des Dritten ist insgesamt als eher gering zu bewerten, da die praktischen Konstellationen, bei denen der Dritte durch die Parteien in Anspruch genommen wird, eher selten sind. Dennoch muss sich der Dritte in allen geprüften Rechtsordnungen die Gerichtsstandsvereinbarung durch die Parteien entgegenhalten lassen, sodass er gezwungen sein kann, am vereinbarten Gerichtsstand zu klagen.

Im nächsten Teil wurde erläutert, dass eine Wirkung der Gerichtsstandsvereinbarung zugunsten des Dritten denkbar ist, obwohl der Dritte nicht im Sinne von Art. 25 Brüssel Ia-VO formell-wirksam zugestimmt hat. Dazu muss allerdings diese fehlende Zustimmung des Dritten überwunden werden. In den Fallgruppen der begünstigenden Drittbindung kann die Zustimmung des Dritten durch die Auslegung von Art. 25 Brüssel Ia-VO selbst überwunden werden. Bei der einfachen Drittbindung, also in der Konstellation, in der sich der Dritte selbst im Prozess auf die Vereinbarung beruft, ergibt sich die Bindung eindeutig aus dem Sinn und Zweck von Art. 25 Brüssel Ia-VO. Dem stimmt der EuGH in verschiedenen Entscheidungen auch zu. Diesem Ergebnis steht auch das Schutzregime des 3. Abschnitts der Verordnung nicht entgegen.

Bei der umfassenden Drittbindung, also in der Konstellation, in der eine der Parteien dem Dritten die Gerichtsstandsvereinbarung entgegenhält, ergibt sich ein größeres Problem. Die Problematik wird insbesondere im Hinblick auf die Bindung von Versicherten und Begünstigten kontrovers diskutiert. Im Ergebnis ist eine umfassende Bindung des Dritten zu versagen, wenn der Dritte besonders

512 Siehe dazu im 5. Abschnitt A. I.

geschützt wird, wie etwa im 3. Abschnitt der Verordnung. Dieses Ergebnis ist nicht in allen Fällen interessengerecht, denn insbesondere bezüglich Versicherten und Begünstigten wird die tatsächliche Schutzbedürftigkeit der Dritten nicht ausreichend beachtet. Daher sind Ausnahmen vom Schutz des Dritten etwa für Fälle der Großrisiko- und Gruppenversicherungen zu begrüßen.

Aus diesem Ergebnis kann geschlossen werden, dass, wenn kein besonderer Schutz für den Dritten in der Verordnung vorgesehen ist, eine umfassende Bindung des Dritten grundsätzlich möglich ist. Als praktisch relevante Konstellation wurde hier das Frachtrecht identifiziert. Im Folgenden soll in einer Gesamtschau gemeinsam mit den Konstellationen der Bindung zulasten Dritter im Ergebnis überprüft werden, ob eine umfassende Bindung des Dritten im Vertrag zu seinen Gunsten als Grundsatz mit der Verordnung zu vereinbaren ist.

4. Abschnitt: Die Wirkung der Gerichtsstandsvereinbarung zulasten Dritter

Nachdem die Wirkung zugunsten des Dritten nunmehr für einige Konstellationen beim Vertrag zugunsten Dritter angenommen wurde, soll die Wirkung zulasten Dritter untersucht werden.

Die Untersuchung der EuGH-Rechtsprechung zur Wirkung von Gerichtsstandsvereinbarungen gegenüber Dritten im 2. Abschnitt dieser Arbeit zeigte deutlich, dass in diesen Fällen mehrere unterschiedliche materiell-rechtliche Grundkonstellationen in Betracht kommen. Der EuGH hat in einigen Fällen Dritte zu ihren Lasten an eine Gerichtsstandsvereinbarung in unterschiedlichen Verträgen gebunden.[513] In anderen Fällen wiederum hat der Gerichtshof eine Bindung Dritter zu ihren Lasten abgelehnt.[514] Aus den Entscheidungen zeichnet sich insgesamt ein eher undeutliches Bild ab, und eine genauere Betrachtung der Rechtsprechung scheint geboten. Insbesondere die jüngsten Entscheidungen des EuGH zu dieser Problematik sorgten für einige Verwirrung, denn die als eindeutig eingeschätzte Rechtsprechung des Gerichtshofs wurde durch die Ablehnung der Drittbindung in den Entscheidungen *Refcomp* und *Leventis* und der darauffolgenden Zustimmung in der Entscheidung *Profit Investment* undeutlich und gab Anlass für Kritik.[515]

Ebenso wie im 3. Abschnitt der Arbeit sollen im Folgenden zunächst ausgewählte materiell-rechtliche Grundlagen, die geeignet erscheinen, eine Wirkung zulasten Dritter zu begründen, rechtsvergleichend dargestellt werden. Die Bindung Dritter zu ihren Lasten leitet sich, wie auch schon beim Vertrag zugunsten Dritter gezeigt, im Wesentlichen aus der materiell-rechtlichen Konstellation ab. Der EuGH legt für die Drittwirkung ebenfalls das jeweils anwendbare nationale Recht zugrunde.

---

513 Siehe dazu das Ergebnis des 2. Abschnitts B. VI. Eine Bindung zulasten Dritter wurde in den Entscheidungen *Tilly Russ, Powell, Castelletti, Coreck* und *Profit Investment* durch den EuGH angenommen.

514 Eine Bindung zulasten Dritter wurde in den Entscheidungen *Refcomp* und *Leventis* durch den EuGH abgelehnt.

515 „(…) Reihe von Mosaikstückchen, die das Ganze allenfalls undeutlich erkennen ließen." *Müller*, EuZW 2016, S. 419 (427).

Diese unterschiedlichen materiell-rechtlichen Konstellationen sollen als einzelne Fallgruppen dienen. Damit unterscheidet sich die Vorgehensweise an dieser Stelle vom Aufbau im 3. Abschnitt. Diese Unterscheidung ist jedoch geboten, denn während im 3. Abschnitt lediglich der Vertrag zugunsten Dritter und der *trust* als materiell-rechtliche Konstellationen untersucht werden mussten, werden im 4. Abschnitt bis zu sechs unterschiedlichen Konstellationen untersucht. Im Anschluss sollen diese Fallgruppen darauf untersucht werden, ob sie tatsächlich eine Drittbelastung darstellen und es soll geprüft werden, ob sich einzelnen Fällen Parallelen ergeben, um für den weiteren Verlauf der Arbeit Fallgruppen unter gemeinsame Oberbegriffe zusammenzufassen.

Abschließend muss – insofern wieder parallel zum 3. Abschnitt der Arbeit – für die unterschiedlichen Fallgruppen geprüft werden, wie mithilfe der Auslegung der Verordnung eine Bindung Dritter auch zu ihren Lasten begründet werden kann. Dazu wird die Rechtsprechung des Gerichtshofs und die zur Thematik ergangene Literatur erneut ausführlich ausgewertet werden. Entscheidend wird wiederum sein, die unterschiedlichen Interessen der Parteien in einen angemessenen Ausgleich zu bringen.

A. Die materiell-rechtlichen Grundlagen der Wirkung zulasten Dritter im Rechtsvergleich

Wie bereits im 3. Abschnitt erläutert, ist auch an dieser Stelle für ein tiefgehendes Verständnis der Drittbindung die Einordnung der unterschiedlichen materiell-rechtlichen Konstellationen in Europa besonders wichtig. Die Argumente für bzw. gegen eine Bindung des Dritten sind einfacher nachzuvollziehen, wenn die Wirkungen der materiell-rechtlichen Grundlagen zumindest im Überblick bekannt sind. Dabei werden sowohl solche Konstellationen dargestellt, zu denen eine Entscheidung des EuGH ergangen ist, als auch solche Konstellationen, zu denen der EuGH nicht explizit entschieden hat, die aber ebenfalls eine Drittbindung begründen könnten. Grundlegend ist für diesen Abschnitt davon auszugehen, dass eine Gerichtsstandsvereinbarung, die ggf. Drittwirkung entfaltet, zwischen den Parteien nach den jeweiligen nationalen Rechtsordnungen wirksam zustande gekommen ist.

Im Folgenden werden die materiell-rechtlichen Grundlagen in Deutschland sowie in ausgewählten Mitgliedsstaaten der EU dargestellt. Die Darstellung der deutschen Rechtslage erfolgt stets zuerst, da die vorliegende Arbeit die deutsche Perspektive der Problematik aufzeigen soll.

I. Seefrachtverträge

Der Seefrachtvertrag, bei dem über die Fracht oftmals ein Konnossement ausgestellt wird, beschäftigte den EuGH in den Entscheidungen *Tilly Russ*, *Castelletti* und *Coreck*. Dabei wurde durch den Gerichtshof angenommen, dass eine Gerichtsstandsvereinbarung, die in den Bedingungen des Konnossements abgedruckt ist, grundsätzlich auch gegenüber dem Drittinhaber wirksam ist. Dazu stellte der Gerichtshof für die Rechtsnachfolge stets auf das anwendbare nationale Recht ab.[516]

Im Folgenden soll daher zunächst die für eine solche Drittwirkung relevante materiell-rechtliche Konstellation bei Seefrachtverträgen erläutert werden. Das Seefrachtvertragsrecht weist durch seinen internationalen Charakter und das Bestehen zahlreicher internationaler Abkommen in den einzelnen nationalen Rechtsordnungen zwar keine großen Unterschiede in den Mitgliedsstaaten der EU auf. Dennoch ist eine Darstellung der materiell-rechtlichen Regelungen zu Konnossementen an dieser Stelle geboten, da sich bei der Drittwirkung durchaus Unterschiede ergeben.[517]

1. Seefrachtverträge in Deutschland

Unter dem Oberbegriff Seebeförderungsverträge wird im 5. Buch des Handelsgesetzbuchs (HGB) zwischen Stückgutfrachtverträgen und Reisefrachtverträgen (auch als Raumfrachtverträge bezeichnet) unterschieden. Während in der Vergangenheit der Reisefrachtvertrag im Seehandelsrecht dominierte, wird heute der Stückgutfrachtvertrag als Grundtypus des Seefrachtvertrags angesehen.[518]

Der Seefrachtvertrag wird zwischen dem Verfrachter (im Transportrecht allgemein auch als Frachtführer bezeichnet) und dem Befrachter geschlossen. Der Empfänger der Fracht kann ein Dritter oder mit dem Befrachter identisch sein.[519] Der Verfrachter schuldet üblicherweise die Beförderung der Güter über See zum Bestimmungsort und diese an den Empfänger auszuliefern. Der Befrachter schuldet die Bezahlung der Fracht. Dabei handelt es sich um das

---

516 Siehe dazu ausführlich im 2. Abschnitt B. I. - III.

517 Mit Verweis auf einige Entscheidungen der belgischen Gerichte dazu: *Mankowski*, Seerechtliche Vertragsverhältnisse, S. 256.

518 Beim Reisefrachtvertrag ist der primäre Vertragsinhalt das Zurverfügungstellen eines Schiffes. Daher ist die Abgrenzung zum Chartervertrag oftmals schwierig. Ausführlich auch zur historischen Entwicklung: *Herber*, Seehandelsrecht, S. 231 ff.

519 *Herber*, Seehandelsrecht, S. 236 ff.

Entgelt, das für den Transport der Güter anfällt. Die Fracht ist bei Ablieferung der Güter beim Empfänger fällig.[520] Wenn der Empfänger ein vom Befrachter unterschiedlicher Dritter ist, handelt es sich auch bei dem Seefrachtvertrag um einen Vertrag zugunsten Dritter.[521]

Eine Besonderheit des Seefrachtvertrags ist, dass über den Transport häufig ein Konnossement ausgestellt wird, in dem der Anspruch auf Auslieferung der Güter verbrieft ist. Dieser Bereich des Seefrachtrechts, der sowohl Aspekte des Seetransportrechts als auch Aspekte des Wertpapierrechts vereint, ist sehr komplex und soll im Folgenden lediglich im Überblick dargestellt werden. Die vorliegende Arbeit soll sich mit den in den Konnossementenbedingungen enthaltenen Gerichtsstandsvereinbarungen beschäftigen.

Ein Konnossement ist ein Wertpapier und somit kann der darin verbriefte Anspruch auf Abladung der Güter durch Übereignung des Papiers übertragen werden.[522] Dies gilt nicht für das sogenannte Rektakonnossement, bei dem das Papier selbst kein Wertpapier ist, sondern wie bei einer Forderungsabtretung zur Geltendmachung der Ansprüche berechtigt.[523]

Die Bedingungen, die standardmäßig auf der Rückseite des Konnossementformulars abgedruckt sind, wirken sich teilweise ebenfalls auf den Frachtvertrag aus.[524] Dennoch ist im deutschen Recht eine strenge Abgrenzung zwischen Konnossement und Frachtvertrag vorzunehmen. Maßgeblich für das Verhältnis zwischen Verfrachter und Befrachter ist der Frachtvertrag, während zwischen dem Verfrachter und dem aus dem Konnossement berechtigten Dritten allein das Konnossement maßgeblich ist.[525] In dieser Konstellation wird der aus dem Konnossement Berechtigte im Gesetz als Ablader bezeichnet.[526] Bei der Ausstellung eines Konnossements handelt es sich um einen anerkannten Handelsbrauch, sodass die Bedingungen des Konnossements auch dann zwischen den Parteien als vereinbart gelten können, wenn diese nicht darüber gesprochen haben und die Formulare nicht ausgehändigt wurden.[527]

---

520 *Pötschke*, in: MüKo HGB, § 481 HGB, Rn. 6 ff.; *Rabe/Bahnsen*, Seehandelsrecht, Vor § 556 HGB, Rn. 57.

521 *Pötschke*, in: MüKo HGB, § 481 HGB, Rn. 11; *Herber*, Seehandelsrecht, S. 236; *Rabe/Bahnsen*, Seehandelsrecht, Vor § 556 HGB, Rn. 49.

522 *Herber*, Seehandelsrecht, S. 307; *Rabe/Bahnsen*, Seehandelsrecht, Vor § 642 HGB, Rn. 4.

523 *Herber*, Seehandelsrecht, S. 325.

524 *Pötschke*, in: MüKo HGB, § 481 HGB, Rn. 25; *Herber*, Seehandelsrecht, S. 236.

525 *Herber*, Seehandelsrecht, S. 246 f.

526 *Herber*, in: MüKo HGB, § 513 HGB, Rn. 13

527 *Herber*, Seehandelsrecht, S. 246.

Ein nicht am Abschluss des Frachtvertrags und auch nicht an der Ausstellung des Konnossements beteiligter Dritter kann daher durchaus als Inhaber des Konnossements mit den Bedingungen in Berührung kommen. Fraglich ist also, ob der Dritte ebenfalls an die Bedingungen im Konnossement gebunden ist, auch wenn er diesen nicht zugestimmt hat und sie ihm im Zweifel nicht bekannt waren.

Allein die Trennung zwischen Frachtvertrag und Konnossement ergibt, dass der Drittinhaber nach deutschem Recht nicht konstruktiv Rechtsnachfolger des Befrachters wird, da er nicht in die Rechte und Pflichten des Befrachters aus dem Frachtvertrag eintritt.[528]

Wohl aber muss ein Dritter sich die Bedingungen und damit auch eine Gerichtsstandsvereinbarung im Konnossement entgegenhalten lassen, wenn er Rechte aus dem Konnossement geltend macht.[529] Dabei kann laut BGH dahingestellt bleiben, ob der Inhaber des Konnossements als Abtretungsempfänger doch in die Rechte und Pflichten des Befrachters eintritt oder ob er originär eigene Rechte und Pflichten aus dem Konnossement erwirbt.[530]

Daher wirken die Bedingungen eines Konnossements, das über den Transport von Gütern ausgestellt wird, auch für und gegen den Inhaber des Konnossements, sobald dieser Rechte aus dem Konnossement geltend macht. Dies gilt auch dann, wenn der Dritte den Bedingungen des Konnossements nicht zugestimmt hat. Ob der Dritte Rechtsnachfolger des Befrachters beispielsweise durch Abtretung der Ansprüche wird, ist in Deutschland nicht abschließend geklärt.

2. *Seefrachtverträge in Österreich*

Das österreichische Seefrachtvertragsrecht ist dem Deutschen sehr ähnlich. Bis zum Jahr 2006 galt in Österreich das 5. Buch des deutschen HGB zum Seehandelsrecht.[531] Die Vorschriften des 5. Buchs des deutschen HGB wurden im Zuge der Novellierung in das 5. Buch des UGB übernommen.

Da jedoch in Österreich das Übereinkommen der Vereinten Nationen von 1978 über die Beförderung von Gütern auf See (sog. Hamburger Regeln) ratifiziert wurden, haben die nationalen Regelungen zum Seefrachtrecht kaum noch

---

528 Ebenso: *Gottwald*, in: MüKo ZPO, Art 25 Brüssel Ia-VO, Rn. 56; *Mankowski*, Seerechtliche Vertragsverhältnisse, S. 254.

529 BGH NJW 2007, 2036 (2038); OLG Stuttgart, TranspR 2004, S. 406; *Gottwald*, in: MüKo ZPO, Art. 25 Brüssel Ia-VO, Rn. 56.

530 BGH NJW 2007, 2036 (2038).

531 *Herber*, Seehandelsrecht, S. 54.

praktische Relevanz.[532] Die Hamburger Regeln sind jedoch in kaum einem der relevanten Seehandelsstaaten tatsächlich ratifiziert worden, wodurch sich auch hier die praktische Relevanz in Grenzen hält.[533] Insgesamt enthält also das österreichische Recht keine für diese Arbeit relevanten Regelungen zum Seefrachtvertrag oder Konnossement.

3. *Seefrachtverträge in Frankreich*

In Frankreich ist das Seehandelsrecht im 2. Buch des Code de Commerce geregelt. Die wichtigste Reform erfolgte im Jahr 1966, wodurch Seefrachtverträge zum ersten Mal gesondert geregelt wurden.[534]

Ebenso wie im deutschen Recht wird nach französischem Recht ein Seefrachtvertrag zwischen dem Verfrachter (*transporteur*) und dem Befrachter (*chargeur*) mit vergleichbaren Rechten und Pflichten geschlossen.[535] Allerdings sind im französischen Recht der Seefrachtvertrag und das darüber auszustellende Konnossement nicht so klar abgrenzbar wie im deutschen Recht.

Das Konnossement stellt in Frankreich das zentrale Dokument für den Seefrachtvertrag dar und bestimmt die Rechte und Pflichten der Parteien des Seefrachtvertrags.[536] Das Konnossement, das vom Verfrachter ausgestellt wird, weist üblicherweise sowohl den Befrachter als auch den Ablader (*destinataire*) aus. Teilweise wird sogar angenommen, der Ablader würde durch die Nennung im Konnossement zur Partei des Frachtvertrags, selbst wenn er nicht am Vertragsschluss beteiligt war, denn er könne eigene Rechte aus dem Vertrag ableiten und geltend machen.[537] Ob der Ablader Partei des Vertrags wird, kann an dieser Stelle dahinstehen. Jedenfalls wird der Dritte – der Ablader – an eine im Konnossement enthaltene Gerichtsstandsvereinbarung nach französischem Recht ebenfalls gebunden.[538] Die Gerichtsstandsvereinbarung entfaltet aufgrund der besonderen Natur des Seefrachtvertrags Wirkung gegenüber dem Dritten. Der Dritte und der Befrachter stellen gegenüber dem Verfrachter eine Art gemeinsame Partei dar. Stimmt der Befrachter der Klausel zu, wirkt diese Zustimmung auch für und gegen den Dritten.[539]

---

532 *Feltl,* UGB, § 425, S. 887.
533 *Herber*, Seehandelsrecht, S. 15 ff.
534 *Herber*, Seehandelsrecht, S. 50 f.
535 *Piette,* Droit maritime, Rn. 1071.
536 *Piette,* Droit maritime, Rn. 1071; *Rémond-Gouilloud,* Droit maritime, Rn. 530.
537 *Piette,* Droit maritime, Rn. 1080.
538 *Piette,* Droit maritime, Rn. 1176; *Rémond-Gouilloud,* Droit maritime, Rn. 621 ff. m.w.N.
539 *Rémond-Gouilloud,* Droit maritime, Rn. 624.

Insgesamt wird daher nicht deutlich, ob nach französischem Recht der Dritte Rechtsnachfolger des Befrachters wird. Dafür spricht jedenfalls, dass der Dritte teilweise sogar als Partei des Seefrachtvertrags angesehen wird und Seefrachtvertrag und Konnossement nicht strikt getrennt beurteilt werden. Zudem wird die Drittwirkung damit begründet, dass der Dritte sich die Zustimmung des Befrachters zur Gerichtsstandsvereinbarung zurechnen lassen muss.

4. *Seefrachtverträge in England und Wales*

Nach englischem Recht wird ein Seefrachtvertrag ebenso zwischen dem Verfrachter (*carrier*) und dem Befrachter (*shipper*) mit der Verpflichtung zum Transport der Güter geschlossen.

Über den Transport wird dann ein Konnossement (*bill of lading*) ausgestellt, das auch als Nachweis für den Transportvertrag dient.[540] Das Verhältnis zwischen Konnossement und Frachtvertrag wurde in England – wie üblich im *Common-Law*-Rechtskreis – durch die Rechtsprechung konkretisiert. Die Bedingungen des Frachtvertrags werden zwischen Verfrachter und Befrachter ausgehandelt, bevor das Konnossement ausgestellt wird, sodass der Befrachter bereits zu diesem Zeitpunkt, ohne dass ein Konnossement besteht, beispielsweise bei Beschädigung der Güter, Schadensersatz geltend machen kann.[541] Das Konnossement ist nicht der Vertrag, sondern nur der Nachweis eines Vertrags. Falls die ausgehandelten Bedingungen des Frachtvertrags und die Bedingungen im Konnossement nicht übereinstimmen, können sich die Parteien durchaus auf die Bedingungen aus dem Frachtvertrag berufen.[542] Damit verfolgt das englische Recht einen dem deutschen Recht ähnlichen Ansatz der Trennung von Frachtvertrag und Konnossement.

Wie soeben zum Vertrag zugunsten Dritter ausführlich ausgeführt, gilt im englischen Recht das *privity of contract*-Prinzip, nach dem lediglich die Parteien eines Vertrags Rechte und Pflichten aus diesem ableiten. Dieses Prinzip wird jedoch auch im Common Law durchbrochen.[543] Es gibt unterschiedliche Ansätze in der Rechtsprechung wie Ansprüche des Abladers aus dem Konnossement begründet werden. Teilweise wird ein stillschweigender Vertrag zwischen Befrachter und Ablader angenommen. Teilweise wird der Vertrag als Vertrag

540 *Wilson,* Carriage of goods, S.132.

541 *Pyrene v Scindia Navigation Co* [1954] 2 QB 402.

542 *Crooks v Allan* (1879) 5 QBD 38; *Sewell v Burdick* (1884) 10 App Cas 74.

543 Ausführlich zum Problem mit dem *privity of contract*-Prinzip beim Seefrachtvertrag: *Baatz,* Maritime law, S. 191 f.

zugunsten Dritter betrachtet.[544] Jedenfalls ist unbestritten, dass der Ablader Rechte aus dem Konnossement ableiten und auch gerichtlich durchsetzen kann.[545] Daher ist wohl auch der Ablader an eine im Konnossement enthaltene Gerichtsstandsvereinbarung gebunden.

5. Zwischenergebnis: Seefrachtverträge in Europa

Insgesamt lassen sich aus der Darstellung der Seefrachtverträge in den unterschiedlichen Rechtsordnungen zwei Ergebnisse ableiten: Es besteht ein Grad an Übereinstimmung zwischen den Rechtsordnungen hinsichtlich des Vertragsschlusses bei Seefrachtverträgen. Allerdings werden bei genauerer Betrachtung auch die Unterschiede deutlich. In einigen Rechtsordnungen bestimmen sich die Bedingungen des Frachtvertrags anhand der Bedingungen im Konnossement. In anderen Rechtsordnungen werden der Frachtvertrag und das Konnossement strikt getrennt. Dennoch ist in allen Rechtsordnungen anerkannt, dass der Ablader und Drittinhaber eines Konnossements an eine Gerichtsstandsvereinbarung im Konnossement gebunden ist.

II. Gesellschaftsverträge

In Gesellschaftsverträgen sind oftmals ebenfalls Gerichtsstandsvereinbarungen enthalten. Wie die Entscheidung *Powell Duffryn* bereits zeigt, kommen auch Dritte, beispielsweise neu eintretende Gesellschafter mit einem Vertrag in Berührung, an deren Abschluss sie nicht beteiligt waren.[546] Unabhängig von der Gesellschaftsform regeln Gesellschaftsverträge die Beziehung zwischen den Gesellschaftern und der Gesellschaft. Dieser Bereich des Gesellschaftsrechts weist zahlreiche eigene Probleme auf, die für diese Untersuchung ausgeklammert werden sollen. Die Ausführungen zum Gesellschaftsvertrag sind daher auf die für eine Drittwirkung relevanten Aspekte beschränkt.

---

544 Siehe dazu mit ausführlichen Nachweisen aus der Rechtsprechung: *Girvin,* Carriage of goods, S. 114 ff.

545 *Wilson*, Carriage of goods, S. 148 ff.; *Girvin,* Carriage of goods, S. 118 ff.; *Baatz,* Maritime law, S. 193 ff.

546 EuGH, *Powell Duffryn*, Rn. 2 ff.

1. *Gesellschaftsverträge in Deutschland*

Für Gesellschaftsverträge bzw. -satzungen gelten in Deutschland je nach Gesellschaftsform unterschiedliche Regelungen. Im Folgenden sollen die Ausführungen auf die GmbH und die AG eingegrenzt werden.

Für eine GmbH ist der Inhalt des Gesellschaftsvertrags in § 3 GmbHG geregelt. Dabei wird zwischen dem zwingenden Mindestinhalt des Gesellschaftsvertrags und fakultativen Satzungsbestimmungen unterschieden. Der Gesellschaftsvertrag einer GmbH muss bei der Gründung die in § 3 Abs. 1 GmbHG genannten wesentlichen Bestandteile enthalten. Zusätzlich zu den in § 3 Abs. 2 GmbHG aufgeführten zeitlichen Befristungen und Nebenleistungspflichten können weitere fakultative Satzungsbestimmungen vereinbart werden.[547] Der Mindestinhalt des Abs. 1 muss nach dem Prinzip der urkundlichen Einheit zusammen mit etwaigen fakultativen Satzungsbestimmungen in einem in sich geschlossenen Schriftstück enthalten sein und im Handelsregister veröffentlicht werden.[548] Daher entfalten auch fakultative Satzungsbestimmungen Wirkung für und gegen die aktuellen und zukünftigen Gesellschafter, wenn sie in den Gesellschaftsvertrag aufgenommen werden.[549] Zu den fakultativen Satzungsbestimmungen zählt auch eine Gerichtsstandsvereinbarung.[550]

Für eine AG wird der Gesellschaftsvertrag oft insgesamt als Satzung der AG bezeichnet. Der Inhalt der Satzung ist in § 23 AktG geregelt. Eine solche Satzung hat gleich zwei Funktionen: Einerseits vereinbaren die Gründer hier die Errichtung der AG und die sich daraus ergebenden Rechte und Pflichten. Dazu zählen insbesondere die Aufteilung der Anteile und die Einlagepflicht.[551] Andererseits stellt die Satzung eine Art Verfassung dar und regelt den inneren Aufbau und die Organisation der AG. Durch die Entstehung der Gesellschaft wird die Satzung selbstständig, das heißt, die in der Satzung enthaltenen Regelungen wirken selbstständig gegenüber den Gründern sowie jedem neuen Aktionär.[552]

547 *Wicke* in: MüKo GmBHG, § 3, Rn. 3; *Ulmer/Löbbe* in: Ulmer/Habersack GmbH-Gesetz, § 3, Rn. 39; *Fastrich* in: Baumbach/Hueck GmbH-Gesetz, § 3, Rn. 25.

548 Der gesamte aktuelle Text des Gesellschaftsvertrags soll als öffentliche Urkunde jederzeit zugänglich sein § 54 GmbHG: *Wicke* in: MüKo GmBHG, § 3, Rn. 6.

549 *J. Schmidt.* in: Michalski/Heidinger/Leible/Schmidt, GmbH-Gesetz, § 3, Rn. 48.

550 *Wicke* in: MüKo GmBHG, § 3, Rn. 117; *Ulmer/Löbbe* in: Ulmer/Habersack (GmbH-Gesetz, § 3, Rn. 116; *Bayer* in: Lutter/Hommelhoff, GmbHG, § 3, Rn. 56; *Vollkommer* in: Zöller ZPO § 17 Rn. 13; *Bork,* ZHR 1993 S. 48 (63).

551 *Pentz* in: MüKo AktG, § 23, Rn. 37.

552 Die Satzung wird dadurch auch als „Quelle des objektiven Rechts" bezeichnet: *Pentz* in: MüKo AktG, § 23, Rn. 37.

Die Bestimmungen in der Satzung werden in zwei unterschiedliche Kategorien aufgeteilt: Die materiellen Satzungsbestimmungen und die formellen Satzungsbestimmungen.[553] Dabei gibt es Bestimmungen, die zwingend den materiellen bzw. formellen Satzungsbestimmungen zugeordnet werden müssen. Diese werden als notwendige materielle bzw. formelle Satzungsbestimmungen bezeichnet.[554]

Die notwendigen materiellen Satzungsbestimmungen sind solche Bestimmungen, die die Aktiengesellschaft und ihre Beziehung zu den Gründern bzw. Aktionären betreffen und die innere Organisationsstruktur einschließlich der Organstruktur und Kompetenzen festlegen.[555] Dazu gehören insbesondere die gesetzlich vorgeschriebenen Festsetzungen in § 23 Abs. 3 und Abs. 4 AktG sowie weitere gesetzlich vorgesehene Festsetzungen im AktG.[556] Darüber hinaus können ergänzende Bestimmungen im Sinne von § 23 Abs. 5 AktG ebenfalls notwendige Satzungsbestimmungen darstellen. Dabei ist eine Abweichung von den Vorschriften des AktG nur möglich, soweit sie gesetzlich zugelassen ist. Zu solchen notwendigen ergänzenden Bestimmungen zählt auch die Gerichtsstandsvereinbarung.[557]

Ein nachträglich eintretender Gesellschafter bzw. Aktionär, der die Anteile von einem ausscheidenden Gesellschafter erwirbt, wird Rechtsnachfolger des Gesellschafters und übernimmt alle Rechte und Pflichten.[558] Daher ist der eintretende Gesellschafter durch die Gerichtsstandsvereinbarung gebunden, obwohl er am Abschluss der Satzung nicht beteiligt war.

---

553 *Röhricht* in: Hirte/Müllbert Großkomm. AktG, § 23, Rn. 8 ff. Teilweise werden hier auch andere Begriffe verwendet. Ein guter Überblick zu den anderen Begriffen bei: *Pentz* in: MüKo AktG, § 23, Rn. 39.

554 *Pentz* in: MüKo AktG, § 23, Rn. 39; *Röhricht* in: Hirte/Müllbert Großkomm. AktG, § 23, Rn. 12 ff.;

555 *Pentz* in: MüKo AktG, § 23, Rn. 40; *Röhricht* in: Hirte/Müllbert Großkomm. AktG, § 23, Rn. 13; *Limmer* in: Spindler/Stilz AktG, § 23, Rn. 4; *Seibt* in: K. Schmidt/Lutter AktG, § 23, Rn. 5.

556 Siehe dazu ausführlich: *Pentz* in: MüKo AktG, § 23, Rn. 40.

557 *Pentz* in: MüKo AktG, § 23, Rn. 40; *Röhricht* in: Hirte/Müllbert Großkomm. AktG, § 23, Rn. 25

558 Gilt sowohl für die GmBH als auch für die AktG mit Eintragung des neuen Gesellschafters in das Handelsregister: *Heidinger,* in: MüKo GmbHG, § 16, Rn. 173; *Bayer,* in Lutter/Hommelhoff GmbHG § 16, Rn 26; *Bayer,* in: MüKo AktG, § 67, Rn. 52; *Bork,* ZHR 1993, S. 48 (54).

Eine Satzung kann zudem von einer Zweidrittelmehrheit der Gesellschafter mit Wirkung für und gegen alle Gesellschafter geändert werden, soweit keine Änderungen des Gesellschaftszwecks betroffen sind.[559]

Daher kann die Situation entstehen, dass eine Gerichtsstandsvereinbarung in die Satzung eingeführt oder geändert wird, ohne dass alle Gesellschafter zugestimmt haben. Vielmehr können Gesellschafter durch eine Ablehnung der Änderung sogar ihre Zustimmung zu der Klausel ausdrücklich verweigern. Fraglich ist, ob auch in dieser Situation alle Gesellschafter durch die Vereinbarung gebunden werden.

Sobald ein Gesellschafter als Anteilseigner einer Gesellschaft Rechte und Pflichten aus der Satzung ableitet, unterwirft er sich der Satzung in der jeweils gültigen Form. Diese Bindung kann auch nicht dadurch aufgehoben werden, dass der Gesellschafter gegen die Änderung der Satzung stimmt. Dies gilt auch vollumfänglich bezüglich der Gerichtsstandsvereinbarung.[560] Im Gegensatz zu einer Schiedsklausel wird bei der Gerichtsstandsvereinbarung dem einzelnen Gesellschafter nicht umfassend der Rechtsschutz entzogen, auch wenn als Gerichtsstand ein anderer Ort bestimmt wird als der Sitz der Gesellschaft. Die Einschränkungen im Rechtsschutz dadurch, dass der Gesellschafter an einem anderen Ort klagen muss, sind in diesem Fall hinzunehmen. Gerade dadurch, dass der Gesellschafter an der Beschlussfassung zur Satzungsänderung mitgewirkt hat, unterwirft er sich dem Mehrheitsbeschluss zur Satzungsänderung. Die Ablehnung durch die Gegenstimme reicht jedenfalls nicht aus, um eine Bindung des Gesellschafters an die Gerichtsstandsvereinbarung abzulehnen. Im Zweifel kann der Gesellschafter seine Anteile an der Gesellschaft verkaufen und sich so von den Bestimmungen der Satzung lösen. Solange der Gesellschafter aber die Anteile an der Gesellschaft behält, ist er an die Satzung gebunden und damit eben auch an eine Gerichtsstandsvereinbarung.

Daher wird ein Gesellschafter auch dann an die Satzung einer GmbH oder AktG gebunden, wenn er einer Satzungsänderung nicht zugestimmt hat. Dazu zählt auch eine Gerichtsstandsvereinbarung, die eingeführt oder geändert wird.

Aus den Ausführungen kann vor diesem Hintergrund geschlossen werden, dass sowohl für die GmbH als auch die AG in Deutschland der Inhalt des Gesellschaftsvertrags bzw. der Gesellschaftssatzung für die aktuellen Gesellschafter

---

559 *Harbarth*, in: MüKo GmbhG, § 53, Rn. 241; *Bayer*, in Lutter/Hommelhoff GmbHG § 53, Rn. 13; *Stein*, in: MüKo, AktG, § 179, Rn. 23.

560 Differenziert dazu: *Bork*, ZHR 1993 S. 48 (55 f.); *Harbarth*, in: MüKo GmbhG, § 53, Rn. 241.

die SA, dass der Gesellschaftsvertrag mit dem gesamten Inhalt zwischen den Gesellschaftern der Gründung sowie allen neu hinzutretenden Gesellschaftern Wirkung entfaltet. Daher gilt eine Gerichtsstandsvereinbarung in einem Gesellschaftsvertrag für und gegen den neu eintretenden Gesellschafter, obwohl dieser der Klausel nicht explizit zugestimmt hat.

4. *Gesellschaftsverträge in England und Wales*

Das englische Recht für Gesellschaftsverträge ist aufgrund seiner wenigen zwingenden Vorschriften und Anforderungen zur Gründung einer Gesellschaft in Europa einzigartig. Die unterschiedlichen Formen der Kapitalgesellschaften werden allgemein unter dem Begriff *company*[574] diskutiert. Ähnlich wie im französischen Recht sind die Anforderungen, die an die Gründung einer *company* zu stellen sind, allgemein zu verstehen und gelten für alle Formen der Kapitalgesellschaft.[575] Gesetzliche Regelungen für Kapitalgesellschaften sind im *Company Act 2006* teilweise enthalten.

Die Satzung einer *company* besteht aus den *articles of association*, in denen die konkrete Gestaltung der Gesellschaft festgelegt werden kann. Bezüglich des Inhalts der *articles of association* besteht weitgehend Privatautonomie.[576] Die Parteien können also unabhängig entscheiden, welche Klauseln sie in den Vertrag aufnehmen wollen. Die alleinigen Anforderungen sind, dass die Klauseln in einem Dokument zusammengefasst werden und nummeriert sind.[577] Im Unterschied zu den bisher geprüften Rechtsordnungen wird im englischen Recht der Gesellschaftsvertrag als rein privatschriftlicher Vertrag zwischen den Gesellschaftern und der Gesellschaft sowie den Gesellschaftern untereinander betrachtet. Dies wird insbesondere in Sec. 33 (1) CA 2006 deutlich, in dem die Wirkung der Satzung normiert ist. Die Satzung wirkt so, als wäre sie ein Vertrag zwischen der Gesellschaft und den Gesellschaftern und zwischen den Gesellschaftern selbst.[578] Dieser Vertrag kann zudem gegen alle beteiligten Personen durchgesetzt werden: So wurde in *Hickman v Kent* entschieden, dass ein Gesellschafter durch eine Schiedsvereinbarung im Gesellschaftsvertrag gebunden ist und diese auch im Prozess durch die Gesellschaft gegen den Gesellschafter

574 Im Gegensatz dazu werden Personengesellschaften unter dem Begriff *partnership* gefasst.

575 *Ringe/Otte* in: Triebel Englisches Handels- und Wirtschaftsrecht, Kap. V Rn. 19 ff.

576 *Ringe/Otte* in: Triebel Englisches Handels- und Wirtschaftsrecht, Kap. V Rn. 61.

577 Vgl. Sec. 18 (3) CA 2006.

578 *Kershaw*, Company law, S. 87; *Roach*, Company law, S. 121.

durchgesetzt werden kann.[579] Der Gesellschaftsvertrag bindet also alle Gesellschafter. Diese müssen sich alle Klauseln des Vertrags entgegenhalten lassen und sind so gebunden.[580]

Insgesamt wird deutlich, dass im englischen Gesellschaftsrecht die Privatautonomie dominiert. Gesellschaftsverträge und -statuten können weitgehend ohne Einschränkungen wie private Verträge geschlossen werden und binden sowohl die Gesellschaft als auch die Gesellschafter. Eine im Gesellschaftsvertrag enthaltene Gerichtsstandsvereinbarung bindet sowohl die aktuellen als auch die neu eintretenden Gesellschafter, obwohl sie beim Vertragsschluss nicht zugestimmt haben.

5. Zwischenergebnis: Gesellschaftsverträge in Europa

Es ergibt sich daher aus den überprüften Mitgliedsstaaten der EU ein eindeutiges Bild. In den Mitgliedsstaaten ist die Wirkung von Gesellschaftsverträgen gegenüber den Gesellschaftern überwiegend gleich. Gesellschaftsverträge bzw. -satzungen werden mit ihrem Inhalt durch Gründung wirksam und binden die Gesellschafter. Neu in die Gesellschaft eintretende Gesellschafter werden ebenfalls durch diese Vereinbarung gebunden, obwohl sie ihr nicht zugestimmt haben.

Zu diesen im Gesellschaftsvertrag vorgesehenen Klauseln zählen auch Gerichtsstandsvereinbarungen. Man kann also davon ausgehen, dass Gerichtsstandsklauseln grundsätzlich alle Gesellschafter von Kapitalgesellschaften binden.

In einigen Fällen wird der neu eintretende Gesellschafter bzw. Aktionär Rechtsnachfolger, indem er Anteile von einem ausscheidenden Gesellschafter übernimmt. Dann tritt der neue Gesellschafter in alle Rechte und Pflichten des ausscheidenden Gesellschafters ein. In anderen Fällen erwirbt der Gesellschafter Anteile zum Beispiel im Rahmen einer Kapitalerhöhung und tritt nicht in die Rechte und Pflichten eines anderen Gesellschafters ein. Doch auch dann wird der Gesellschafter, der den Vertrag jederzeit einsehen kann, an die enthaltene Gerichtsstandsklausel gebunden. Selbst für den Fall, dass die Gerichtsstandsvereinbarung nach Gründung der Gesellschaft durch Änderung der Satzung durch die Gesellschafter beschlossen wird, sind alle Gesellschafter gebunden. Dies gilt auch für solche Gesellschafter, die sich enthalten haben oder der Änderung widersprochen haben.

---

579 *Hickman v Kent or Romney Marsh Sheepbreeders' Association* [1915] 1 Ch 881.

580 *Krebs/Stiegler*, in: Jung/Krebs/Stiegler Gesellschaftsrecht in Europa, § 12 Rn. 314.

Das englische Gesellschaftsrecht, hier stellvertretend für den *Common-Law*-Rechtskreis, unterscheidet sich wiederum von den anderen Rechtskreisen durch die größere Privatautonomie. Insgesamt wird deutlich, dass die materiell-rechtliche Grundlage, die eine Drittwirkung von Gerichtsstandsvereinbarungen in Gesellschaftsverträgen auslösen kann, in den großen Rechtskreisen der EU gleichermaßen anerkannt ist. Bei der Abwägung für oder gegen eine Bindung des Dritten an die Gerichtsstandsvereinbarung in Gesellschaftsverträgen kann daher von einer unionsrechtlichen Anerkennung gesprochen werden.

III. Forderungsabtretungen

Bei der Abtretung einer Forderung kommen Dritte naturgemäß mit den Bedingungen des Vertrags in Berührung. In der Entscheidung *CDC Hydrogen* hat der EuGH angedeutet, dass die Rechtsprechung zur Rechtsnachfolge bei Konnossementen auch bei der Abtretung einer Forderung einschlägig sein könnte. Für die Rechtsnachfolge müsse dann ebenso auf das anwendbare nationale Recht abgestellt werden.[581] Im Folgenden soll daher dargestellt werden, wie eine Abtretung in den unterschiedlichen Rechtsordnungen geregelt ist und ob der Zessionar in den unterschiedlichen Rechtsordnungen stets Rechtsnachfolger des Gläubigers wird.

1. Forderungsabtretungen in Deutschland

In Deutschland ist die Abtretung einer Forderung in §§ 398 ff. BGB normiert. Durch den Abtretungsvertrag einigen sich der Altgläubiger (Zedent) und der Neugläubiger (Zessionar) über die Übertragung einer Forderung. Dadurch wird die Forderung trotz der Einordnung als relatives Recht zum Gegenstand eines Rechtsgeschäfts.[582] Durch die Abtretung erfolgt ein Wechsel der Gläubigerstellung, und der Zessionar rückt in die Rechtsposition des Gläubigers ein.[583] Dabei geht die gesamte Forderung einschließlich jeglicher Sicherungs- und Nebenrechte über. Sowohl die Rechtsnatur als auch der konkrete Inhalt der Forderung bleiben dabei unverändert.[584] Daher umfasst die Forderung auch eine mit dieser verbundene Gerichtsstandsvereinbarung.

581 Siehe dazu ausführlich: EuGH, *CDC Hydrogen*, Rn. 64 ff.

582 *Roth/Kieninger*, in: MüKo BGB, § 398, Rn. 1 ff.; *Busche*, in: J. von Staudingers Kommentar BGB, § 328, Rn. 1 ff.; *Martens*, in: Erman BGB, § 398, Rn. 1 f.

583 *Roth/Kieninger*, in: MüKo BGB, § 398, Rn. 92; *Martens*, in: Erman BGB, § 398, Rn. 28.

584 Vgl. dazu auch § 401 BGB: *Martens*, in: Erman BGB, § 398, Rn. 28 ff.

Ob im Einzelfall eine Gerichtsstandsvereinbarung in Deutschland auch auf den Zessionar übergeht, ist allerdings umstritten. Dabei wird insbesondere darüber diskutiert, ob die Gerichtsstandsvereinbarung auch gegenüber einem Rechtsnachfolger gelten soll, der nicht prorogationsbefugt ist.[585] Die Prorogationsbefugnis, die in Deutschland lediglich für Kaufleute und juristische Personen vorgesehen ist, spielt im europäischen Zivilprozessrecht keine Rolle, da der Schutz unerfahrener Rechtsteilnehmer über konkrete Prorogationsverbote erfolgt. Daher ist dieser Streit für die vorliegende Arbeit nicht relevant. Zudem könnte man erwägen, ob die Forderung nicht angelehnt an den gutgläubigen lastenfreien Erwerb ohne die Belastung der Gerichtsstandsvereinbarung erworben werden kann.[586] Wie jedoch bereits aus § 405 BGB hervorgeht, ist der gutgläubige lastenfreie Erwerb von Forderungen nur im Wertpapierrecht möglich. In allen weiteren Konstellationen ist der gutgläubige Erwerb einer Forderung nicht vorgesehen.[587] Somit kann eine Forderung nicht ohne die Gerichtsstandsvereinbarung gutgläubig durch den Zessionar erworben werden.

Insgesamt ergibt sich daher, dass nach deutschem Recht bei der Abtretung einer Forderung diese vollständig auf den Zessionar übergeht und dieser daher als Rechtsnachfolger ebenfalls an die Gerichtsstandsvereinbarung gebunden ist.

2. *Forderungsabtretungen in Österreich*

In Österreich ist die Abtretung in §§ 1392 ff. ABGB geregelt. Bei einer Abtretung wird eine Forderung von einer Person auf eine andere übertragen und von dieser angenommen.[588] Der Gegenstand der Abtretung ist – ebenso wie in Deutschland – die Übertragung der Gläubigerstellung hinsichtlich einer Forderung vom Zedenten auf den Zessionar.[589] Dabei geht die Forderung über wie sie zwischen Schuldner und Zedenten bestand. Die Abtretung bringt keine inhaltlichen Veränderungen mit sich.[590]

---

585 Mit Nachweisen zu beiden Ansichten: *Roth/Kieninger*, in: MüKo BGB, § 401, Rn. 12.

586 So ausführlich: *Jungermann*, Gerichtsstandsvereinbarungen, S. 81.

587 *Martens*, in: Erman BGB, § 405, Rn. 1.

588 § 1392 ABGB: „Wenn eine Forderung von einer Person an die andere übertragen, und von dieser angenommen wird; so entsteht die Umänderung des Rechtes mit Hinzukunft eines neuen Gläubigers. Eine solche Handlung heißt Abtretung (Cession), und kann mit, oder ohne Entgeld geschlossen werden."

589 In Österreich oftmals auch noch als „Überträger" und „Übernehmer" bezeichnet: *Heidinger*, in: Schwimann/Kodek ABGB Praxiskommentar, § 1392 Rn. 2.

590 *Heidinger*, in: Schwimann/Kodek ABGB Praxiskommentar, § 1394 Rn. 1.

Demgemäß geht auch eine mit der Forderung verbundene Gerichtsstandsvereinbarung, die zwischen Schuldner und Zedent vereinbart wurde, auf den Zessionar über. Zu den Rechten des Zessionars gehören auch die „Rechte des Übernehmers", die die gerichtliche Durchsetzung der Forderung betreffen.[591]

Daher bindet eine Gerichtsstandsvereinbarung in Österreich, die in einem Vertrag enthalten ist, den Zessionar, dem die Forderung abgetreten wird, als Rechtsnachfolger des Zedenten.

3. *Forderungsabtretungen in Frankreich*

Im französischem Recht ist die Abtretung einer Forderung (*cession de créance*) in Art. 1321 ff. CC[592] normiert. Der Abtretungsvertrag beinhaltet die Übertragung einer Forderung vom alten Gläubiger (*cédant*) und dem Zessionar (*cessionnaire*), der nunmehr der einfachen Schriftform bedarf.[593] Vor der Zivilrechtsreform war die Abtretung einer Forderung in Frankreich mit weitreichenden Formanforderungen belastet und sehr kompliziert. Gemäß Art. 1690 CC a.F. musste entweder die Zustimmung des Schuldners zur Abtretung eingeholt werden, oder dieser musste durch Zustellung der Urkunde über die Abtretung durch einen Gerichtsvollzieher informiert werden.[594]

Die Forderung geht durch den Abtretungsvertrag auf den Zessionar über. Dabei bleibt der Charakter der Forderung unverändert und wird zusammen mit allem Zubehör (*accessoires*) übertragen. Dabei umfasst das Wort „Zubehör" – anders als im deutschen Recht – die mit der Forderung verbundenen Rechte und Pflichten.[595] Dazu zählen beispielsweise Sicherungsrechte, Vollstreckungstitel oder besondere Vertragsklauseln.[596] Dazu hat die *Cour de Cassation* in einer Entscheidung bereits 1999 festgelegt, dass Schiedsvereinbarungen in einem Vertrag zwischen Gläubiger und Schuldner ebenfalls durch die Abtretung auf den

---

591 Mit Hinweis auf die eindeutige Rechtsprechung des OHG dazu: *Heidinger*, in: Schwimann/Kodek ABGB Praxiskommentar, § 1394 Rn. 12.

592 Bis zur Zivilrechtsreform im Jahr 2016 war die Abtretung einer Forderung in Art. 1689 ff. CC geregelt. Dadurch wird teilweise in älteren Publikationen noch auf diese Vorschriften verwiesen.

593 Vgl. Art. 1322 CC.

594 Ausführlich zur alten Rechtslage: *Malaurie/Aynès/Stoffel-Munck*, Les obligations, Rn. 1411 ff.

595 Zum Umfang des Begriffs „*accessoire*" ausführlich: *Cornu*, Vocabulaire juridique, S. 9 f.

596 *Malaurie/Aynès/Stoffel*-Munck, Les obligations, Rn. 1421.

Rechtsnachfolger und somit auf den Zessionar übertragen werden.[597] Daraus kann gefolgert werden, dass eine Gerichtsstandsvereinbarung erst recht Wirkung für und gegen den Zessionar entfaltet. Durch eine Schiedsvereinbarung wird tiefgreifender in den Rechtsschutz für die Parteien eingegriffen als durch eine Gerichtsstandsvereinbarung.[598] Wenn also in Frankreich die Wirkung einer Schiedsvereinbarung auch gegenüber dem Zessionar angenommen wird, kann daraus geschlossen werden, dass dies auch für Gerichtsstandsvereinbarungen gilt.[599]

Zudem ist im französischen Recht die Übertragung einer Forderung auch durch die sog. *Subrogation personelle* möglich. Eine *Subrogation personelle* liegt vor, wenn ein Dritter anstelle des Schuldners den Gläubiger bezahlt und dadurch als neuer Gläubiger im Schuldverhältnis die Forderung vom Schuldner verlangen kann.[600] Die Übertragung der Forderung auf den neuen Gläubiger erfolgt mit oder ohne Zustimmung des Schuldners, sobald der neue Gläubiger die Schuld bezahlt hat. Dabei muss der neue Gläubiger ein berechtigtes Interesse an der Übernahme der Forderung haben.[601] Ebenso wie bei der Abtretung geht die Forderung zusammen mit dem Zubehör auf den neuen Gläubiger über.[602] Demgemäß gehen auch mit der Forderung verbundene Schieds- und Gerichtsstandsvereinbarungen auf den neuen Gläubiger über und er ist an diese gebunden.[603]

Im französischen Recht wird im Ergebnis sowohl bei der Abtretung einer Forderung als auch bei der *Subrogation personelle* der neue Gläubiger Rechtsnachfolger des alten Gläubigers und ist daher an eine Gerichtsstandsvereinbarung im Vertrag mit dem Schuldner gebunden.

---

597 *Cour de Cassation Civ 1er*, Urteil vom 5. Januar 1999, in: Rev. Crit. DIP 1999, S. 546 (554 ff.), mit Anm. *Bureau*.

598 Siehe ausführlich zu den Unterschieden zwischen der Schieds- und Gerichtsstandsvereinbarung im 1. Abschnitt B. II.

599 Ebenso für Gerichtsstandsvereinbarungen: Cour de Cassation Civ 1er, Urteil vom 5. Januar 1999, in: Rev. Crit. DIP 1999, S. 536 (543 ff.), mit Anm. *Pataut*; *Jungermann*, Gerichtsstandsvereinbarungen, S. 100.

600 Vgl. Art. 1346 CC.

601 *Malaurie/Aynès/Stoffel-Munck*, Les obligations, Rn. 1395 ff.

602 *Malaurie/Aynès/Stoffel-Munck*, Les obligations, Rn. 1402 ff. m.w.N.

603 Zum gleichen Ergebnis kommt auch: *Jungermann*, Gerichtsstandsvereinbarungen, S. 101.

4. Forderungsabtretungen in England und Wales

In England ist die Abtretung einer Forderung (*assignment*) durch die Rechtsprechung und seit 1925 auch gesetzlich anerkannt.[604]

Dabei wird in England zwischen der gesetzlichen und gewohnheitsrechtlichen Abtretung unterschieden. Die Abtretung einer Forderung war ursprünglich lediglich gewohnheitsrechtlich anerkannt. Nach der Abtretung konnte der Zessionar (*assignee*) die Forderung im eigenen Namen durchsetzen, falls es um eine *equitable chose of action* handelte, also in den Zuständigkeitsbereich der *equity*-Gerichte fiel.[605] Die gesetzliche Abtretung sieht dagegen vor, dass auch für den Fall einer *legal chose of action* die Abtretung gemäß Sec. 136 Law of Property Act 1925 eine Forderung auf den Zessionar übertragen und dann gerichtlich durchgesetzt werden kann. Allerdings ist dazu eine schriftliche Anzeige an den Schuldner notwendig.[606] Falls die schriftliche Anzeige nicht erfolgt, kann auch die gesetzliche Abtretung unter den Voraussetzungen einer gewohnheitsrechtlichen Abtretung dennoch wirksam sein.[607]

Durch die Abtretung wird die Forderung, so wie sie besteht, vom Zedenten auf den Zessionar übertragen. Dabei kann der Zessionar nie durch die Abtretung mehr Rechte erhalten, als ursprünglich zwischen Zedenten und Schuldner bestanden.[608] Eine in dem – der Forderung zugrunde liegenden – Vertrag enthaltene Gerichtsstandsvereinbarung gehört daher unmittelbar zur Forderung. Im Ergebnis geht also die Gerichtsstandsvereinbarung gemeinsam mit der Forderung auf den Zessionar über.[609]

5. Zwischenergebnis: Forderungsabtretungen in Europa

Insgesamt wird die Abtretung einer Forderung in den geprüften Rechtsordnungen im Wesentlichen bezüglich der Wirkung gleichbehandelt. Während im Einzelnen insbesondere in der französischen und englischen Rechtsordnung einige Besonderheiten bei der Begründung eines Abtretungsvertrags bestehen, sind die Wirkungen der Abtretung bezüglich der Übertragung der Forderung vom

---

604 Mit Einführung des Law of Property Act 1925 wurde die Abtretung einer Forderung erstmals kodifiziert, vgl. *Burrows,* English Privat Law, Rn. 8.331.

605 „assingment in equity" *Treitel,* in: Chitty on Contracts, Rn. 20-002.

606 *Burrows,* English Privat Law, Rn. 8.3335.

607 *Treitel,* in: Chitty on Contracts, Rn. 20-035.

608 *Treitel,* in: Chitty on Contracts, Rn. 20-073.

609 Im Ergebnis ebenso: *Jungermann,* Gerichtsstandsvereinbarungen, S. 92.

Zedenten auf den Zessionar gleich. Die Forderung geht inhaltlich unverändert und mit allen Rechten und Pflichten auf den Zessionar über. Der Zessionar wird Rechtsnachfolger des Zedenten und tritt in dessen Gläubigerstellung ein. Daher ist der Zessionar auch durch eine mit der Forderung verknüpften Gerichtsstandsvereinbarung ebenso wie der Zedent gebunden. An dieser Stelle fällt auf, dass Parallelen zum Vertrag zugunsten Dritter bestehen. Ähnlich wie beim Vertrag zugunsten Dritter erhält ein Dritter (der Zessionar) eine Forderung, die er nur so wie sie besteht gegen den Schuldner durchsetzen kann.

IV. Vertragsketten

Mit haftungsrechtlichen Ansprüchen innerhalb einer Vertragskette hat sich der EuGH in der Entscheidung *Refcomp* ausführlich befasst. Mit Vertragskette[610] ist an dieser Stelle die Konstellation im Kaufrecht gemeint, in der Eigentum an einer Sache über verschiedene Zwischenhändler von einem Hersteller an einen Käufer übertragen wird. Dabei soll geprüft werden, welche Ansprüche dem Käufer gegen den Hersteller der Sache zustehen. Der Käufer ist, falls er Rechte aus dem Vertrag zwischen Hersteller und Zwischenhändler ableitet, Dritter, da er am Abschluss dieses Vertrags nicht beteiligt war.

Eine Besonderheit stellt dabei der im französischen Recht anerkannte vertragliche Direktanspruch (sog. *action directe*) dar, der auch Gegenstand der Entscheidung *Refcomp* war.[611] Daher soll in der nachfolgenden Darstellung der materiell-rechtlichen Konstellationen das französische Recht ausführlicher dargestellt werden. Zudem sollen die anderen Rechtsordnungen dahingehend untersucht werden, ob ein vergleichbarer vertraglicher Direktanspruch existiert.

1. Ansprüche in der Vertragskette in Deutschland

Im deutschen Recht ist ein vertraglicher Anspruch ähnlich der *action directe* weder gesetzlich noch durch die Rechtsprechung anerkannt.

Ein ähnlicher Anspruch würde zuallererst gegen das Prinzip der Relativität der Schuldverhältnisse verstoßen.[612] Eine Durchbrechung des Prinzips ist

610 Teilweise auch als „Lieferkette" oder „Absatzkette" bezeichnet.

611 Die Rechtsfigur der *action directe* kommt nicht lediglich im französischen Recht vor, sondern ist auch in Belgien und Luxemburg anerkannt: Schlussanträge GA *Jääskinen*, Rn. 24.

612 *Matusche-Beckmann*, in: Staudinger BGB, Vorbem. zu §§ 478 ff., Rn. 17.

lediglich dann möglich, wenn durch Gesetz oder durch die Rechtsprechung eine Durchbrechung anerkannt wird.[613]

Im deutschen Recht werden Ansprüche in der Vertragskette jedoch zwischen den jeweiligen Vertragspartnern abgewickelt. Eine Durchbrechung ist in der Vertragskette gerade nicht vorgesehen. Im Kaufrecht ist jedes Glied einer Vertragskette gehalten, bei einer mangelhaften Kaufsache vertragliche Ansprüche gegen seinen jeweiligen Vertragspartner geltend zu machen. Ein gewährleistungsrechtlicher Direktanspruch gegen den Hersteller besteht nicht.[614]

Der im allgemeinen Kaufrecht normierte sog. Lieferantenregress ist Ausdruck dieses Prinzips: Gemäß § 445a BGB kann der Verkäufer einer Sache, der seinerseits durch den Käufer in Anspruch genommen wird, Ansprüche gegen den Verkäufer geltend machen, der ihm die Sache verkauft hat.[615] Die Abwicklung der Gewährleistungsansprüche erfolgt also zwischen den jeweiligen Vertragspartnern. So soll verhindert werden, dass der Letztverkäufer, der ggf. gegenüber einem Verbraucher verschärft haftet, diese Nachteile alleine tragen muss, obwohl der Mangel der Kaufsache vom Hersteller zu vertreten ist.[616] Dadurch soll effektiv die Durchsetzung von Gewährleistungsansprüchen für Verbraucher erleichtert werden, denn ein Verkäufer, der sich unter einfachen Bedingungen beim Hersteller weitestgehend schadlos halten kann, ist weniger geneigt, den Anspruch eines Verbrauchers abzuwehren.[617]

In der Vergangenheit sind in der Literatur vereinzelt Ansätze diskutiert worden, wie ein gewährleistungsrechtlicher Direktanspruch nach dem Vorbild der *action directe* im deutschen Recht konstruiert werden könnte.[618] Diesen Ansätzen erteilte der BGH allerdings in der *Hühnerpest* Entscheidung eine klare Absage und entschied sich dafür, keine Haftung nach vertraglichen Grundsätzen in der

---

613 Beim Vertrag zugunsten Dritter in § 328 BGB beispielsweise Siehe dazu ausführlich im 3. Abschnitt. Außerdem ist auch der Vertrag mit Schutzwirkungen zugunsten Dritter als Durchbrechung des Prinzips anerkannt: BGH NJW 2012, S. 3165; BGH NJW 2010, S. 3152 (3153).

614 *Matusche-Beckmann,* in: Staudinger BGB, Vorbem. zu §§ 478 ff., Rn. 12 ff.; *Wertenbruch,* in: Soergel BGB, § 478, Rn. 1 ff.

615 *Lorenz,* in: MüKo BGB, § 445a, Rn. 1; *Faust,* in: Hau/Poseck BeckOK BGB, § 445a, Rn. 1.

616 *Lorenz,* in: MüKo BGB, § 445a, Rn. 7; *Faust,* in: Hau/Poseck BeckOK BGB, § 445a, Rn. 3 ff.

617 *Wertenbruch* in: Soergel BGB Kommentar, § 478, Rn. 2; *Faust,* in: Hau/Poseck BeckOK BGB, § 445a, Rn. 3.

618 Ein guter Überblick etwa bei *Schulz,* Die französische action directe, S. 107 ff.

Absatzkette zuzulassen.[619] Daher ist ein deliktischer Direktanspruch des Käufers einer Sache gegen den Hersteller nur in den Fällen der Produkthaftung vorgesehen. Dazu zählen etwa Ansprüche aus dem ProdHG und der Produzentenhaftung gemäß § 823 BGB.[620] Im deutschen Recht werden somit Direktansprüche gegen den Hersteller aufgrund von mangelhaften Produkten eindeutig dem Deliktsrecht zugeordnet und durch Rechtsprechung und Gesetz ausgestaltet.

Im Ergebnis kann daher festgehalten werden, dass im deutschen Recht bei Ansprüchen des Käufers gegen Verkäufer innerhalb einer Vertragskette das Prinzip der Relativität der Schuldverhältnisse nicht durchbrochen wird. Daher gelten auch Gerichtsstandsvereinbarungen, die in den einzelnen Verträgen enthalten sind, lediglich im Verhältnis zwischen den Vertragsparteien. Eine Drittwirkung ist ausgeschlossen. Der deliktische Anspruch aufgrund von Produzenten- oder Produkthaftung des Käufers gegen den Hersteller wird durch eine Gerichtsstandsvereinbarung im Vertrag zwischen Hersteller und Verkäufer nicht berührt. Der Käufer leitet seine Rechte hier aus dem Gesetz ab und gerade nicht aus dem Vertrag.[621] Daher bindet eine Gerichtsstandsvereinbarung im deutschen Recht nicht den Käufer soweit er deliktische Ansprüche gegen den Hersteller verfolgt.

2. Ansprüche in der Vertragskette in Österreich

In Österreich sind die Ansprüche innerhalb der Vertragskette ähnlich wie in Deutschland geregelt.

Jedes Glied der Händlerkette kann gegen seinen unmittelbaren Vertragspartner Ansprüche aus dem Gewährleistungsrecht geltend machen. Diese Rückgriffskette reicht dann bis zum Hersteller der Sache.[622] Ebenso ist im österreichischen Recht kein Direktanspruch ähnlich der *action directe* vorgesehen.[623]

---

619 Interessanterweise verwendet der BGH zu Beschreibung eines vertraglichen Direktanspruchs sogar den französischen Begriff *action directe*: BGHZ 51, 91 (97).

620 Siehe ausführlich zu den Ansprüchen der Produkthaftung und der rechtshistorischen Entwicklung: *Schumacher*, Der Lieferantenregress, S. 38 ff.

621 Teilweise wird angenommen, dass eine Gerichtsstandsvereinbarung auch deliktische Ansprüche umfasst, wenn sie für ein bestimmtes Rechtsverhältnis vereinbart wurde und die Deliktshaftung sich aus diesem Rechtsverhältnis ergibt. Die Vereinbarung gilt dann allerdings nur zwischen den Vertragsparteien und nicht gegenüber unbeteiligten Dritten: *Patzina*, in: MüKo ZPO, § 32, Rn. 40; *Vollkommer* in: Zöller ZPO § 32 Rn. 18.

622 *Ofner*, in: Schwimann/Kodek ABGB Praxiskommentar, § 933b Rn. 3; *Zöchling-Jud*, in: Kletecka/Schauer AGBG-ON, § 933b Rn. 3.

623 *Zöchling-Jud*, in: Kletecka/Schauer AGBG-ON, § 933b Rn. 4.

Während früher die Haftung eines Herstellers für ein mangelhaftes Produkt gegenüber dem Käufer durch die Rechtsprechung des OHG als vertraglicher Anspruch durch einen Vertrag mit Schutzwirkungen für Dritte konstruiert wurde[624], ist nunmehr die Haftung im PHG gesetzlich geregelt. Die Ansprüche aus dem PHG sind eindeutig als deliktische Ansprüche einzuordnen.[625]

Daher wird auch im österreichischen Recht kein gewährleistungsrechtlicher Direktanspruch des Käufers innerhalb der Vertragskette gewährt. Etwaige Direktansprüche gegen einen Hersteller sind deliktsrechtliche Ansprüche. Somit wird, wie in Deutschland auch, innerhalb der Vertragskette eine Gerichtsstandsvereinbarung nur zwischen den Vertragsparteien wirksam.

3. Ansprüche in der Vertragskette in Frankreich

Im französischen Recht können Direktansprüche des Käufers gegen den Verkäufer einer Sache, der nicht Vertragspartner des Schuldners ist, im Rahmen der *action directe* geltend gemacht werden. Diese erlaubt einem Gläubiger, im eigenen Namen und auf eigene Rechnung gegen den Schuldner seines Schuldners vorzugehen.[626]

Solche Zugriffsmöglichkeiten auf das Vermögen eines Dritten kennt das französische Recht bereits in der gesetzlich angeordneten *action oblique* (Art. 1341 CC). Die *action directe* hingegen erlaubt einen unmittelbaren Zugriff auf das Vermögen des Drittschuldners, während bei der *action oblique* der Gläubiger lediglich anstelle des Schuldners die Ansprüche gegen den Drittschuldner geltend machen kann.[627]

Die *action directe* begründet einen vertraglichen Anspruch gegen den Hersteller oder Verkäufer eines Produktes. Dabei ist besonders hervorzuheben, dass im französischen Recht ein striktes Verbot gilt, deliktische und vertragliche Ansprüche nebeneinander zu verfolgen. Sobald dem Gläubiger also ein vertraglicher Anspruch zusteht, ist der Rückgriff auf das Deliktsrecht verwehrt.[628]

Der Anspruch im Rahmen der *action directe* ist gesetzlich im Code Civil nicht normiert, hat jedoch im französischen Zivilrecht einen festen Platz, da er

---

624 OHG, Urteil vom 04.02.1976, 1 Ob 190/75 m.w.N.

625 *Posch/Terlitza,* in: Schwimann/Kodek ABGB Praxiskommentar, § 1 PHG Rn. 2.

626 „L'action directe permet à un créancier de poursuivre directement, en son proper nom et son proper compte, le débiteur de son débiteur." *Terré/Simler/Lequette*, Droit civil, Rn. 1187.

627 *Beaumart,* Haftung in Absatzketten, S.53.

628 „principe du non-cumul de la responsabilités contractuelles délictuelles".

in richterlicher Rechtsfortbildung durch die *Cour de Cassation* früh entwickelt und in ständiger Rechtsprechung anerkannt wurde. Dabei unterscheiden sich die dogmatischen Ansätze, mit denen ein Anspruch gegen den Dritten aus dem Vertrag, an dessen Abschluss dieser nicht beteiligt war, begründet werden sollen. Im Folgenden sollen die drei wesentlichen Ansätze kurz dargestellt werden[629], um Ähnlichkeiten mit anderen Rechtsinstituten betrachten zu können.

a. *Der Übergang des Anspruchs als Zubehör*

Die sog. Zubehörtheorie (*théorie de l'accessoire*) stützt sich maßgeblich auf die etwas künstliche Vorstellung,[630] dass die vertraglichen Gewährleistungsansprüche und Klagemöglichkeiten gewissermaßen als (sachenrechtliches) Zubehör des Kaufgegenstands auf den nächsten Eigentümer automatisch übergehen. Dabei muss beachtet werden, dass aufgrund des in Frankreich geltenden sachenrechtlichen Konsensualprinzips das Eigentum und somit auch das Zubehör bereits mit dem wirksamen schuldrechtlichen Abschluss des Kaufvertrags übertragen wird.[631] Daher gehen bereits mit Abschluss des Kaufvertrags Eigentum und jedwedes Zubehör, also auch alle Rechte und Ansprüche auf den Käufer der Sache über.

Die Theorie wurde von der *Cour de Cassation* bereits in einem sehr frühen Urteil aus dem Jahr 1884 zur Begründung eines haftungsrechtlichen Direktanspruchs entwickelt[632] und später von *Aubry* und *Rau* mit einer dogmatischen Begründung in der Literatur fortgeführt.[633] Die Begründung stützt sich maßgeblich auf Art. 1615 CC, demnach die Pflicht zur Übertragung des Eigentums auch die Pflicht zur Übertragung des Zubehörs umfasst. Dieses Zubehör umfasst auch alle Rechte und Ansprüche („*tous les droits et actions*"), die mit der Sache verbunden sind oder Zubehör geworden sind („*qui se sont identifiés avec cette chose, comme qualités actives, ou en sont devenus des accessoires.*").[634] Dieser

629 Darüber hinaus werden weitere Ansätze zur Begründung der *action directe* vertreten. Hier sollen jedoch nur die wichtigsten Ansätze dargestellt werden. Ein ausführlicher Überblick über alle Begründungsansätze bei *Jamin,* Action directe, Rn. 223 ff.

630 So spricht *Rémy* zutreffend von einer „poetischen Theorie" („matièr bien poétique") RTD Civ. 1988, 549, 551.

631 Im Gegensatz zum in Deutschland geltenden Abstraktions- und Trennungsprinzip. Vgl. dazu: *Bauerreis,* Vertragsketten, S. 68.

632 Cass. Civ., 12.11.1884, S. 1884, 1, 149, D.P. 1885, 1, 357.

633 *Aubry/Rau/Esmein,* Droit Civil, § 176 Rn. 69.

634 *Aubry/Rau/Esmein,* Droit Civil, § 176 Rn. 69.

Begründung der *action directe* folgen eine Vielzahl von Autoren[635] und insbesondere auch die französische Rechtsprechung.[636] Auch bei der Abtretung nach französischem Recht geht eine Gerichtsstandsvereinbarung als Zubehör des Anspruchs auf den Dritten über.

b. Der stillschweigende Vertrag zugunsten Dritter

Ein anderer Begründungsansatz für die *action directe* ist die Herleitung eines stillschweigend zugunsten des Käufers abgeschlossenen Vertrags (*stipulation pour autrui tacite*). Auch durch dieses Rechtsinstitut wird dem Dritten ein Direktanspruch gewährt, sodass ein Rückgriff auf eben jenes durchaus naheliegt. [637] Jedoch unterscheidet sich die *action directe* in ihrer Funktion und Wirkungsweise entscheidend vom Vertrag zugunsten Dritter: Beim Vertrag zugunsten Dritter können der Versprechende und der Versprechensempfänger das Anspruchsrecht des Dritten jederzeit modifizieren, während bei der *action directe* eine solche Verfügungsbefugnis des unmittelbaren Schuldners sowie des Drittschuldners gerade nicht bestehen soll.[638] Zur Begründung des Ansatzes wurde auf Art. 1122 CC a.F.[639] verwiesen, der nicht nur die Gesamtrechtsnachfolge (Erben), sondern auch die Einzelrechtsnachfolge umfassen soll, sodass vertragliche Vereinbarungen im Zweifel auch zugunsten des Einzelrechtsnachfolgers abgeschlossen würden. Diese Auffassung zur Reichweite des Art. 1122 CC a.F. wurde bereits damals abgelehnt.[640] Dies gilt heute umso mehr: Der

---

635 Statt vieler an dieser Stelle die ausführlichen Nachweise bei: *Jamin,* Action directe, Rn. 253 Fn. 114.

636 Abgesehen von einem Zeitraum zwischen 1989 und 1991, in dem die *Cour de Cassation* einem anderen Ansatz folgte, legt die französische Rechtsprechung zumindest stillschweigend die Zubehörtheorie zugrunde: Cass. Civ., 12.11.1884, S. 1884, 1, 149 D.P. 1885, 1, 357; CA Paris, 11.01.1906, D.P. 1907, 2, 391; CA Aix-en-Provence, 05.10.1954, JCP 1955, II, 8548; Cass. Civ. 1er, 05.01.1972, JCP 1973, II, 17340; Cass. Civ. 3e, 20.04.1982, Bull. Civ. II, Nr. 95; Cass. Ass. Plén.; 07.02.1986, Bull. Civ., Nr. 2; JCP 1986, II, 20616; Cass. Civ. 3e, 08.0.1995, Bull Civ. II, Nr. 39; Ausführlich zur *action directe* in der franz. Rechtsprechung: *Jamin,* Action directe, Rn. 253.

637 *Jamin,* Action directe, Nr. 229.

638 *Bauerreis,* Vertragsketten, S. 62.

639 "On est censé avoir stipulé pour soi et pour ses héritiers et ayants cause, à moins que le contraire ne soit exprimé ou ne résulte de la nature de la convention" Nunmehr Art. 1208 CC: "L'acceptation peut émaner du bénéficiaire ou, après son décès, de ses héritiers. Elle peut être expresse ou tacite. Elle peut intervenir même après le décès du stipulant ou du promettant."

640 *Beaumart,* Absatzketten im französischen Recht, S. 61

veränderte Wortlaut der Vorschrift lässt eine Ausweitung auf die Einzelrechtsnachfolge nicht mehr zu.

c. *Die stillschweigende Abtretung*

Die Einordnung der *action directe* als stillschweigende Forderungsabtretung (*cession de créance*) ist vereinzelt durch die Rechtsprechung[641], jedoch hauptsächlich durch die Literatur vertreten worden.[642] Dazu soll bei einem Kaufvertrag innerhalb einer Vertragskette dem Zwischenverkäufer der mutmaßliche Wille zur Abtretung aller Gewährleistungsrechte an den späteren Erwerber unterstellt werden. Abgesehen von der Tatsache, dass ein solcher Wille beim Zwischenhändler wohl kaum bestehen wird, denn er wird im Zweifel seine Rechte und Ansprüche gegen seinen Verkäufer behalten wollen, vermag dieser Ansatz auch die trotz der Abtretung der Rechte anerkannte Rückgriffsmöglichkeit des Zwischenhändlers wiederum nicht zu erklären.[643] Außerdem unterscheidet sich die Abtretung in ihrer Wirkungsweise von der Wirkung der *action directe.* Bei der Abtretung geht die Forderung zum Zeitpunkt der Abtretung endgültig in das Vermögen des Zessionars über.[644] Danach kann er gegen den Zedenten nur noch bedingt vorgehen.[645] Die *action directe* soll jedoch dem Gläubiger gerade die Möglichkeit geben, seinen ursprünglichen Schuldner und den Drittschuldner als Gesamtschuldner in Anspruch nehmen zu können.[646]

Wie der Überblick zeigt, besteht im französischen Recht keine Einigkeit darüber, wie die *action directe* dogmatisch hergeleitet wird. Heutzutage kann man aber davon ausgehen, dass die *action directe* in Frankreich gewohnheitsrechtlich anerkannt ist. Die Gerichte wenden die Grundsätze der *action directe* oft ohne Begründung an.[647]

Fraglich bleibt, ob und wie eine im anspruchsbegründenden Vertrag[648] enthaltene Gerichtsstandsvereinbarung auch im Verhältnis zum Käufer Wirkung entfalten kann.

---

641 Cass. Civ. 29.10.1929 D.P. 1930 I, 33.

642 *Bauerreis,* Vertragsketten, S. 63; *Jamin,* Action directe Nr. 227 m.w.N.

643 *Beaumart,* Absatzketten im französischen Recht, S. 63.

644 Siehe zur Abtretung im französischen Recht ausführlich in diesem Abschnitt A. III. 3.

645 *Bauerreis,* Vertragsketten, S. 64.

646 *Jamin,* Action directe, Nr. 410 ff.

647 *Beaumart,* Absatzketten im französischen Recht, S. 68

648 Mit anspruchsbegründendem Vertrag ist hier immer der Vertrag gemeint, aus dem der Käufer die Gewährleistungsrechte geltend macht. Dies kann der Vertrag zwischen dem Hersteller und erstem Verkäufer sein, aber auch ein Vertrag zwischen den weiteren Zwischenhändlern in der Vertragskette.

d. *Die Wirkung der Gerichtsstandsvereinbarung bei der* action directe

Eine Gerichtsstandsvereinbarung, die in einem Vertrag enthalten ist, aus dem ein Käufer nach den Grundsätzen der *action directe* gewährleistungsrechtliche Ansprüche geltend macht, muss auch im Verhältnis zum Käufer gelten. Dies offenbart sich bereits, wenn man die unterschiedlichen Ansätze zur dogmatischen Begründung der *action directe* betrachtet. Wenn man hier die einzelnen Funktionsweisen der Herleitungen zugrunde legt, ist von einer Drittwirkung der Gerichtsstandsvereinbarung auszugehen.[649] Geht man davon aus, dass der Anspruch als sachenrechtliches Zubehör auf den Käufer übergeht, geht der Anspruch – ebenso wie beim Vertrag zugunsten Dritter – in seiner konkreten Ausgestaltung über. Dazu zählt auch eine mit dem Anspruch verknüpfte Gerichtsstandsvereinbarung. Geht man dagegen davon aus, dass der Anspruch ähnlich einer Abtretung auf den Käufer übergeht, so geht auch hier eine mit der Forderung verknüpfte Gerichtsstandsvereinbarung auf den Zessionar über.[650]

Ebenso geht die *Cour de Cassation* wohl davon aus, dass eine zwischen den Vertragsparteien wirksam vereinbarte Gerichtsstandsvereinbarung den Gläubiger eines Anspruchs aus der *action directe* bindet, denn dem Gläubiger eines Anspruchs aus der *action directe* stehen alle Verteidigungsmittel zu, die er auch seinem eigenen Vertragspartner entgegenhalten kann. Dazu zählen insbesondere Schiedsvereinbarungen, Haftungsbeschränkungsklauseln sowie die Einrede der Verjährung.[651] Dieses Ergebnis erscheint auch interessengerecht. Insbesondere handelt es sich nicht um einen unzulässigen Vertrag zulasten Dritter. Die Einbeziehung des Dritten in den Vertrag erfolgt nicht durch Rechtsgeschäft, sondern durch die gewohnheitsrechtlich anerkannte *action directe*. Dabei wird dem Dritten gestattet, vertragliche Rechte geltend zu machen, die eigentlich nur dem unmittelbaren Vertragspartner des Schuldners zustehen. Daher muss der Dritte die in diesem Vertragsverhältnis bestehenden Vereinbarungen beachten, auch wenn er diese nicht kannte oder ihnen nicht zugestimmt hat.

Im Ergebnis gilt eine Gerichtsstandsvereinbarung, die in einem Vertrag zwischen Hersteller und Zwischenhändler enthalten ist, nach französischem Recht ebenso gegen den Gläubiger einer *action directe*, wenn die Klausel wirksam zwischen den Vertragsparteien zustande gekommen ist.

---

649 Ebenso: *Bauerreis,* Vertragsketten, S. 230.

650 Siehe dazu die Ausführungen zu den unterschiedlichen Rechtsfiguren im französischen Recht in diesem Abschnitt A. IV. 3. a. – c.

651 Cass. civ. 3e, 26.05.1992, Bull. Civ. III, Nr. 175; Cass. civ. 3e, 09.01.1991, Bull. Civ. III, Nr. 10; Cass. civ. 3e, 12.06.1991, Bull. Civ. III, Nr. 166.

4. *Ansprüche in der Vertragskette in England und Wales*

Wie bereits bei der Darstellung des Vertrags zugunsten Dritter herausgearbeitet, gilt in England die strikte *privity of contract*-Doktrin, die eine ausschließliche Wirkung des Vertrags zwischen den Vertragsparteien vorsieht.[652] Allein aus dieser ergibt sich, dass im englischen Recht eine Abwicklung der Gewährleistungsrechte lediglich innerhalb der Vertragsverhältnisse in einer Lieferkette zu erfolgen hat. Bei der Umsetzung der Verbrauchsgüterkaufrichtlinie wurde auf besondere Regelungen zum Lieferantenregress in England vollständig verzichtet. Daher bestehen innerhalb der gesamten Lieferkette lediglich Ansprüche aus dem allgemeinen Gewährleistungsrecht.[653] Dies kann zur Folge haben, dass sog. Regressfallen entstehen, also Situationen, in denen der Letztverkäufer gegenüber dem Käufer im Rahmen des Verbraucherkaufrechts haftet, jedoch im Verhältnis zu seinem Lieferanten bzw. dem Hersteller keinen Regress nehmen kann. Da jedoch die Verbrauchsgüterkaufrichtlinie einen solchen Regressanspruch nicht für jeden Fall zwingend vorsieht, ist die Situation in England so hinzunehmen.[654] Daher sind, auch wenn in England keine Vorschriften zum Lieferantenregress bestehen, Gewährleistungsansprüche innerhalb der jeweiligen Vertragsbeziehungen abzuwickeln.

Im englischen Recht sind Direktansprüche gegen den Hersteller durch den Käufer ebenfalls dem Deliktsrecht zuzuordnen. Die deliktische Haftung, die durch die englische Rechtsprechung entwickelt wurde, wird durch den Consumer Protection Act 1987 ergänzt.[655]

Damit ergibt sich auch nach dem englischen Recht ein deutliches Bild. Gewährleistungsrechtliche Direktansprüche innerhalb der Lieferkette sind nicht vorgesehen. Die Abwicklung erfolgt in den einzelnen Vertragsverhältnissen. Daher wirken auch Gerichtsstandsvereinbarungen nur in den jeweiligen Vertragsbeziehungen. Eine Drittwirkung für und gegen den Käufer ist ausgeschlossen. Für deliktische Ansprüche, die der Käufer gegen den Hersteller verfolgt, sind die durch die Rechtsprechung entwickelten und gesetzlich vorgesehenen Produkthaftungsansprüche einschlägig.

---

652 Siehe ausführlich zur Doktrin im 3. Abschnitt A. II. 3.

653 *Hassemer*, Heteronomie und Relativität in Schuldverhältnissen, S. 158.

654 *Arnold/Unberath*, ZEuP 2004, S. 366 (383).

655 *Illmer*, in: Triebel Englisches Handels- und Wirtschaftsrecht, Kap. III, Rn. 340.

5. Zwischenergebnis: Ansprüche in der Vertragskette in Europa

Im Ergebnis ist also Europa bezüglich der Ansprüche des Käufers innerhalb einer Vertragskette in zwei unterschiedliche Lager aufzuteilen: Auf der einen Seite gibt es Mitgliedsstaaten, die einen gewährleistungsrechtlichen Direktanspruch innerhalb der Vertragskette zulassen.[656] Auf der anderen Seite gibt es Mitgliedsstaaten, die sich für eine deliktsrechtliche Lösung entschieden haben und einen Direktanspruch innerhalb der Vertragskette ablehnen. Daher sind die Ansprüche innerhalb der Vertragskette in Europa nicht einheitlich geregelt. Dies kann vor allem bei internationalen Vertragsketten problematisch werden, da die Ansprüche teilweise als deliktisch und teilweise als vertraglich eingestuft werden.

Ursprünglich war im Vorschlag der Kommission zu Verbrauchsgütergarantien eine unmittelbare Gewährleistungshaftung des Herstellers vorgesehen.[657] Allerdings war hier die Herstellerhaftung lediglich subsidiär ausgestaltet, für den Fall, dass der Verbraucher nicht gegen den Letztverkäufer vorgehen kann.[658]

Dieser Vorschlag wurde in Art. 4 Verbrauchsgüterkauf-RL[659] nicht übernommen und die Ausgestaltung der Herstellerhaftung den Mitgliedsstaaten überlassen. Einige Mitgliedsstaaten nahmen dies zum Anlass, sich am französischen Haftungsmodell zu orientieren und eine gewährleistungsrechtliche Haftung einzuführen.[660] Andere Mitgliedsstaaten wie beispielsweise Deutschland, führten bei der Umsetzung der Verbrauchsgüterkaufrichtlinie den umfassenden Lieferantenregress ein.[661]

Mithin führen die parallelen Systeme der Haftung innerhalb der Vertragskette unweigerlich zu Problemen bei der Bestimmung des Gerichtsstands. Der EuGH hat in der *Handte*-Entscheidung die grundsätzliche Einordnung der *action*

---

656 Stellvertretend für diese Mitgliedsstaaten wurde hier die Rechtslage in Frankreich ausführlich dargestellt. Die anderen Mitgliedsstaaten (Belgien, Luxemburg, Schweden, Finnland, Portugal und Spanien) orientieren sich meist an der französischen *action directe*. Siehe dazu: *Hassemer,* Heteronomie und Relativität in Schuldverhältnissen, S. 184 ff.

657 Grünbuch der Kommission über Verbrauchsgütergarantien und Kundendienst KOM (93) 509 endg.

658 Ausführlich dazu: *Hassemer,* Heteronomie und Relativität in Schuldverhältnissen, S. 169 f.

659 Richtlinie 1999/44/EG

660 Zum Beispiel Spanien und Portugal: *Hassemer,* Heteronomie und Relativität in Schuldverhältnissen, S. 188 ff.

661 Siehe dazu in diesem Abschnitt A. IV. 1.

directe im französischen Recht als vertraglichen oder deliktischen Anspruch bezüglich des EuGVÜ abgelehnt und es so versäumt Klarheit zu schaffen.[662] Ob vor dem Hintergrund der *Refcomp* Entscheidung bezüglich der Drittwirkung eine einheitliche Bindung des Dritten angenommen werden kann, wird im Folgenden noch zu überprüfen sein.

V. Zwischenergebnis: Die Unterschiede der materiell-rechtlichen Grundlagen der Drittwirkung

Im Gegensatz zur materiell-rechtlichen Wirkung zugunsten Dritter sind bei der Wirkung zulasten Dritter in den unterschiedlichen Konstellationen teilweise Unterschiede zwischen den einzelnen Mitgliedsstaaten zu verzeichnen.

Während die Drittwirkung bei Gesellschaftsverträgen und der Abtretung von Forderungen in den geprüften Mitgliedsstaaten im Wesentlichen gleichbehandelt werden, sind bei Seefrachtverträgen und bei Ansprüchen in der Vertragskette die Unterschiede zwischen den Mitgliedsstaaten bezüglich der Wirkung von Gerichtsstandsvereinbarungen zulasten Dritter immens. Dies deutet bereits darauf hin, dass hier einige Schwierigkeiten bestehen können, allgemeine Prinzipien der Drittwirkung auch zulasten des Dritten zu finden. Eine Gemeinsamkeit, die in den unterschiedlichen Mitgliedsstaaten sofort erkennbar wird, ist das Prinzip der Rechtsnachfolge. Wird ein Dritter Rechtsnachfolger einer Partei, so tritt er in die Rechte und Pflichten der Partei ein und wird in den Mitgliedsstaaten an die Gerichtsstandsvereinbarung gebunden.

Im Folgenden soll zunächst überprüft werden, ob eine Drittwirkung zulasten Dritter gemäß Art. 25 Brüssel Ia-VO denkbar ist.

B. Die drittbelastende Gerichtsstandsvereinbarung

Ebenso wie im 3. Abschnitt dieser Arbeit soll auch hier zunächst allgemein der Charakter einer „drittbelastenden Gerichtsstandsvereinbarung“ oder „Gerichtsstandsvereinbarung zulasten Dritter“ erläutert werden, um dann für die einzelnen Fallkonstellationen eine mögliche Drittbindung begründen zu können. Lediglich davon auszugehen, dass der Dritte durch eine Vereinbarung belastet wird, durch die die Gerichtspflichtigkeit des Dritten erweitert wird, verkürzt die Problematik.[663] Wie bereits bei der Gerichtsstandsvereinbarung zugunsten Dritter erläutert, werden so Konstellationen, die in einer Gesamtschau den Dritten

662 EuGH Urteil vom 17.6.1992, Rechtssache C-26/91 – *Handte*.
663 So etwa: *Jungermann*, Gerichtsstandsvereinbarungen, S. 75.

begünstigen, teilweise als drittbelastend eingeordnet. Dies sind insbesondere die Gerichtsstandsvereinbarungen, die im Vertrag zugunsten Dritter enthalten sind und so eng mit dem Anspruch aus dem Vertrag verknüpft sind, dass der Dritte die eigene Forderung nur am vereinbarten Gerichtsstand einklagen kann. Die Gerichtspflichtigkeit des Dritten wird hier durch die Vereinbarung „erweitert“,[664] sodass die Konstellation oft als drittbelastend gesehen wird. Am Ende der Ausführungen wurde allerdings festgestellt, dass die folgenden drei Konstellationen eindeutig den Dritten begünstigen: Dem Dritten wird ein weiterer konkurrierender Gerichtsstand zugestanden. Dem Dritten wird ein weiterer Gerichtsstand zugestanden, aber mindestens ein weiterer Gerichtsstand wird derogiert. Dem Dritten wird bei Errichtung eines *trust* im Sinne des *Common Law* ein Gerichtsstand zugestanden.[665] Aufgrund dieser drei besonderen Konstellationen ist die Gerichtsstandsvereinbarung zugunsten Dritter als Sonderfall einzuordnen, von dem im Folgenden die drittbelastende Gerichtsstandsvereinbarung abgegrenzt werden soll.

I. Die Gerichtsstandsvereinbarung zulasten Dritter als Standardfall

Anders als bei drittbegünstigenden Gerichtsstandsvereinbarungen ergibt sich die Möglichkeit einer Vereinbarung zulasten Dritter nicht unmittelbar aus den Vorschriften selbst. Während in Art. 17 EuGVÜ die Begünstigung einer Partei und so auch die Begünstigung eines Dritten explizit vorgesehen waren,[666] ist die belastende Wirkung der Gerichtsstandsvereinbarung nicht genannt. Dies erscheint jedoch dann logisch, wenn man die begünstigende Gerichtsstandsvereinbarung als Sonderkonstellation einordnet und die belastende Gerichtsstandsvereinbarung demgegenüber als Grundkonstellation definiert.

Eine der Vermutung in Art. 25 Brüssel Ia-VO entsprechend standardmäßig als ausschließliche Gerichtsstandsvereinbarung ausgestaltete Vereinbarung entfaltet also stets Derogations- und Prorogationswirkung. Die Vereinbarung kann die Parteien belasten, indem einerseits die möglichen Gerichtsstände beschränkt werden oder andererseits die Gerichtspflichtigkeit erweitert wird. Lediglich in

664 Da der Dritte vorher im Verhältnis zu den Parteien überhaupt nicht gerichtspflichtig war, kann hier nur bedingt von einer „Erweiterung“ gesprochen werden. Vielmehr wird die Gerichtspflichtigkeit erst durch den Vertrag zugunsten Dritter begründet.

665 Dazu ausführlich das Zwischenergebnis im 3. Abschnitt B. III.

666 Siehe dazu ausführlich im 3. Abschnitt C. II.

den soeben dargestellten drei besonderen Konstellationen handelt es sich um eine Gerichtsstandsvereinbarung mit begünstigender Wirkung.[667]

Demgemäß ist die belastende Gerichtsstandsvereinbarung in Abgrenzung von der begünstigenden Gerichtsstandsvereinbarung als Standardfall der Gerichtsstandsvereinbarungen einzuordnen. Alle Gerichtsstandsvereinbarungen, die nicht in den drei überprüften Konstellationen den Dritten begünstigen, stellen daher belastende Gerichtsstandsvereinbarungen dar. Diese belastende Wirkung, die zunächst lediglich aufgrund der Vereinbarung zwischen den Parteien wirkt, kann auch Wirkung gegenüber Dritten entfalten. Wie die Bestandsaufnahme der Rechtsprechung deutlich zeigt, hat der EuGH diese Wirkung trotz der Belastung des Dritten für unterschiedliche Konstellationen angenommen und Dritte auch zu ihren Lasten an Gerichtsstandsvereinbarungen gebunden.[668]

II. Die unterschiedlichen Fallgruppen der drittbelastenden Gerichtsstandsvereinbarung

Im Folgenden sollen die unterschiedlichen Konstellationen, in denen eine solche Drittwirkung möglich erscheint und bereits durch den EuGH angenommen oder auch abgelehnt wurde, in zwei Fallgruppen aufgeteilt werden. Zum einen können die materiell-rechtlichen Konstellationen wie Konnossemente, Vertragsketten, Abtretungen und Emissionsgeschäfte in die Oberkategorie „Substitutionsverhältnisse“ eingeordnet werden. Zum anderen können die Konstellationen aus dem Gesellschaftsvertrag und der persönlichen Haftung von Gesellschaftern in die Oberkategorie „Gesellschaftsrecht“ eingeordnet werden.

1. Konstellationen der Substitutionsverhältnisse

Die materiell-rechtlichen Konstellationen, in denen ein Dritter in irgendeiner Form in die Stellung der Partei einrückt, können gut unter dem Begriff „Substitutionsverhältnis“ zusammengefasst werden.[669] Oftmals wird hingegen diese Fallgruppe unter dem spezielleren Begriff „Rechtsnachfolge“ dargestellt.[670] Der

667 Siehe dazu die Fallgruppen der begünstigenden Drittwirkung im 3. Abschnitt B. III.

668 Vgl. dazu das Ergebnis der Bestandsaufnahme im 2. Abschnitt B. V.

669 Zustimmend zum Begriff: *Stadler,* in: Musielak/Voit ZPO, Art. 25 EuGVVO, Rn. 4a; *Gaier,* in: BeckOK ZPO, Art. 25 Brüssel Ia-VO, Rn. 6.

670 So etwa: *Mankowski,* in: Rauscher EuZPR/EuIPR, Art. 25 Brüssel Ia-VO, Rn. 151 ff.; *Gottwald,* in: MüKo ZPO, Art. 25 Brüssel Ia-VO, Rn. 54; *Schlosser/Hess,* EU-Zivilprozessrecht, Art. 25, Rn. 43. Zur Brüssel I-VO: *Kropholler/von Hein,* Europäisches Zivilprozessrecht, Art. 23 EuGVO, Rn. 64 ff.; *Geimer/Schütze,* Europäisches

Begriff „Rechtsnachfolge" ist in den Mitgliedsstaaten ein oftmals feststehender, legal definierter Rechtsbegriff[671] und macht die Einordnung der unterschiedlichen Fallgruppen schwieriger. Wie soeben bereits angedeutet, wird in den unterschiedlichen Mitgliedsstaaten der Dritte teilweise als Rechtsnachfolger der Partei eingeordnet, teilweise jedoch auch nicht. Daher ist die Beschreibung dieser Fallgruppe mit dem weiteren Begriff „Substitutionsverhältnis" an dieser Stelle vorzugswürdig. Dadurch können auch solche Fälle umschrieben werden, in denen der Dritte nicht im engeren Sinne Rechtsnachfolger wird, aber dennoch an die Vereinbarung gebunden werden soll. Ebenso scheint der EuGH nunmehr selbst die unterschiedlichen Konstellationen wie Konnossemente, Vertragsketten oder Abtretungen mit dem Begriff „Substitutionsverhältnis" zu umschreiben.[672]

Beide Konstellationen haben also gemeinsam, dass ein Substitutionsverhältnis zwischen einer Partei und einem Dritten vorliegt und der Dritte aufgrund dieser Substitution in die Rechte und Pflichten einer Partei eintritt. Beim Konnossement tritt der Drittinhaber an die Stelle des Befrachters. Bei der Abtretung einer Forderung tritt der Zessionar an die Stelle des Zedenten. Bei der Vertragskette tritt der Letzterwerber an die Stelle des Ersterwerbers. Beim Emissionsgeschäft tritt der Letzterwerber der Schuldverschreibung am Sekundärmarkt an die Stelle des Ersterwerbers.

Indem Dritte im Rahmen dieser Substitution an die Stelle der Partei treten, werden diese durch die Vereinbarung im gleichen Maße belastet wie die Parteien. Es handelt sich also eindeutig um eine Konstellation der Drittbelastung. Im Ergebnis ist also für diese Fallgruppe zu prüfen, wie im Rahmen eines Substitutionsverhältnisses der Dritte an die Gerichtsstandsvereinbarung gebunden werden kann.

2. *Konstellationen im Gesellschaftsrecht*

Die materiell-rechtlichen Konstellationen, bei denen Dritte als Gesellschafter entweder aufgrund des Gesellschaftsvertrags oder aufgrund einer Vereinbarung

---

Zivilverfahrensrecht, Art. 23, Rn. 200 ff.; *Hausmann*, in: Simons/Hausmann/Althammer Brüssel I-VO, Art. 23, Rn. 131.

671 Französisch: „succession" wird als Begriff aus dem Erbrecht definiert und regelt die Rechtsnachfolge im Todesfall, vgl. *Cornu*, Vocabulaire juridique, S. 988 f. Englisch: „succession" wird als Begriff aus dem Erbrecht und bei der Übertragung von Grundeigentum verwendet, vgl. *Greenberg/Banaszak*, Jowitt's Dictionary of English Law, S. 2409.

672 EuGH, *Profit Investment*, Rn. 33.

persönlich an eine Gerichtsstandsvereinbarung gebunden werden, können unter dem Oberbegriff der „Drittbindung im Gesellschaftsrecht" zusammengefasst werden.[673] Oftmals werden Gerichtsstandsvereinbarungen in Gesellschaftssatzungen aufgrund der umfassenden Problematik insgesamt losgelöst von der Problematik der Drittwirkung als Sonderfall unter dem Begriff „Gerichtsstandsvereinbarungen in Gesellschaftssatzungen" behandelt.[674]

Da in der vorliegenden Untersuchung die Drittwirkung von Gerichtsstandsvereinbarungen im Vordergrund stehen soll, werden hier die Konstellationen unter dem Begriff „Drittbindung im Gesellschaftsrecht" zusammengefasst. Zwar unterscheiden sich die materiell-rechtlichen Bindungswirkungen innerhalb einer Gesellschaftssatzung einerseits von den Bindungswirkungen aufgrund einer Gesamtschuldnerhaftung für die Gesellschaft und die Gesellschafter andererseits. Da jedoch beide Konstellationen materiell-rechtlich dem Gesellschaftsrecht zuzuordnen sind, sollen diese in der vorliegenden Untersuchung als eine Fallgruppe zusammengefasst werden.

Der Dritte wird in seiner Rolle als Gesellschafter entweder an die Gerichtsstandsvereinbarung gebunden, die die Gesellschaft abgeschlossen hat oder durch die Satzung an eine Gerichtsstandsvereinbarung gebunden, der er nicht zugestimmt hat. In beiden Fällen wird der Dritte, falls er an die Gerichtsstandsvereinbarung gebunden wird, im gleichen Ausmaß wie die Gesellschaft durch die Vereinbarung belastet.

Im Ergebnis ist also für diese Fallgruppe zu prüfen, wie Gesellschafter an Gerichtsstandsvereinbarungen der Gesellschaft bzw. in der Satzung der Gesellschaft gebunden werden können.

C. Die umfassende Bindung Dritter an Gerichtsstandsvereinbarungen

Nunmehr soll ebenso wie bei der begünstigenden Gerichtsstandsvereinbarung im 3. Abschnitt für die unterschiedlichen Konstellationen überprüft werden, wie der Dritte an die Gerichtsstandsvereinbarung gebunden werden kann.

---

673 Ebenso wohl: *Gottwald*, in: MüKo ZPO, Art. 25 Brüssel Ia-VO, Rn. 59 ff.; *Garcimartin*, in: Dickinson/Lein/James Brussels I Regulation, Rn. 9.72.

674 So etwa: *Mankowski*, in: Rauscher EuZPR/EuIPR, Art. 25 Brüssel Ia-VO, Rn. 309 ff.; *Geimer/Schütze*, Europäisches Zivilverfahrensrecht, Art. 23, Rn. 130; *Hausmann*, in: Simons/Hausmann/Althammer Brüssel I-VO, Art. 23, Rn. 78.

In den Konstellationen der drittbelastenden Gerichtsstandsvereinbarungen gibt es im Gegensatz zu den soeben dargestellten drittbegünstigenden Gerichtsstandsvereinbarungen keine „einfache Bindung", bei der sich der Dritte selbst auf die Gerichtsstandsvereinbarung beruft. Lediglich wenn der vereinbarte Gerichtsstand für den Dritten günstiger ist, wird sich dieser darauf berufen. Der Dritte wird insbesondere bei grenzüberschreitenden Sachverhalten stets den günstigsten Gerichtsstand für die Durchsetzung seines Anspruchs wählen.[675] Bei den materiell-rechtlichen Konstellationen im Substitutionsverhältnis tritt der Dritte zwar in die Rechte und Pflichten einer Partei ein, wird aber unabhängig davon versuchen, prozessrechtlich einen für sich günstigeren Gerichtsstand zu wählen. In den durch den EuGH entschiedenen Fällen wurde die Gerichtsstandsvereinbarung häufig als Einrede der Unzuständigkeit im Prozess an einem derogierten Gerichtsstand geltend gemacht, an dem der Dritte geklagt hatte.

Daher muss hier bei der Bindung des Dritten nicht nach einfacher und umfassender Bindung unterschieden werden. Der Dritte, der zu seinen Lasten gebunden wird, wird also immer umfassend an die Gerichtsstandsvereinbarung gebunden.

I. Die umfassende Bindung Dritter durch ein Substitutionsverhältnis

Die Bindung des Dritten an eine Gerichtsstandsvereinbarung, an deren Abschluss er nicht mitgewirkt hat, kann lediglich dann für und gegen den Dritten wirken, wenn die fehlende formelle Einigung überwunden wird oder der Dritte nachträglich zugestimmt hat.[676]

Im Folgenden soll basierend auf der dargestellten Rechtsprechung des EuGH zunächst analysiert werden, wie eine Bindung des Dritten gemäß Art. 17 EuGVÜ begründet wurde. Der Grundsatz der Drittwirkung bei Substitutionsverhältnissen wurde zu Art. 17 EuGVÜ entwickelt. Daher ist die ausführliche Darstellung zu dieser Vorschrift hier erforderlich.

Danach soll die Rechtsprechung zu Art. 23 Brüssel I-VO analysiert werden und überprüft werden, ob eine Bindung des Dritten im Substitutionsverhältnis auch gemäß Art. 25 Brüssel Ia-VO im selben Maße erfolgen kann.

---

675 Zur „einfachen Bindung" des Dritten und der Abgrenzung von der „umfassenden Bindung" siehe im 3. Abschnitt C.

676 Siehe ebenso zur drittbegünstigenden Gerichtsstandsvereinbarung im 3. Abschnitt C.

1. *Bindung Dritter ist mit dem EuGVÜ vereinbar*

Zu den unterschiedlichen Versionen des Art. 17 EuGVÜ sind Entscheidungen des EuGH bzgl. Bindung des Dritten im Rahmen des Substitutionsverhältnisses ergangen. Im Folgenden soll dargestellt werden, wie durch den EuGH zum EuGVÜ der Grundsatz der Drittwirkung bei Substitutionsverhältnissen entwickelt wurde und analysiert werden, wie der Grundsatz durch Literatur und Rechtsprechung in den Mitgliedsstaaten angenommen wurde.

a. *Grundsatz der Drittbindung nach* Tilly Russ

Der EuGH hat in der Entscheidung *Tilly Russ* bereits 1976 zu einer Dreiparteienkonstellation in einem Seefrachtvertrag entscheiden müssen, ob ein Dritter auch ohne formell-wirksame Einigung an eine Gerichtsstandsvereinbarung, die auf der Rückseite des Konnossements abgedruckt war, gebunden werden konnte.

Der Gerichtshof hat dazu zwei unterschiedliche Aspekte unterschieden: Zum einen wurde zu den Anforderungen an die Einigung bei Gerichtsstandsvereinbarungen in Konnossementen allgemein ausgeführt. Die Einigung zwischen Verfrachter und Befrachter sei dann wirksam, wenn beide durch Unterschrift ihre Zustimmung ausgedrückt hätten, auch wenn die Gerichtsstandsvereinbarung auf der Rückseite des unterschiebenen Formulars abgedruckt sei. Die Unterschrift sei lediglich dann entbehrlich, wenn feststehe, dass die Vereinbarung mündlich zwischen den Parteien abgeschlossen wurde und der Verfrachter diese durch seine Unterschrift bestätige oder wenn die Klausel Teil laufender Geschäftsbeziehungen zwischen den Parteien sei.[677] Damit hat der Gerichtshof die Einbeziehung von Gerichtsstandsvereinbarungen lediglich durch Handelsbrauch, die insbesondere der Generalanwalt *Slynn* in den Schlussanträgen gefordert hatte, zunächst eingeschränkt.[678] Die Unterschrift des Befrachters wird nur dann als entbehrlich angesehen, wenn der Verfrachter im konkreten Einzelfall eine mündliche Vereinbarung bzw. laufende Geschäftsbeziehungen beweisen kann.

Der Drittinhaber des Konnossements sei laut EuGH dann an die Vereinbarung gebunden, wenn diese nach den eben beschriebenen Grundsätzen zwischen Verfrachter und Befrachter wirksam zustande gekommen und der Drittinhaber

---

677 EuGH, *Tilly Russ*, Rn. 16 ff.

678 GA *Slynn* hatte in den Schlussanträgen gefordert, den Abschluss einer Gerichtsstandsvereinbarung im Konnossement weitestgehend formfrei zu gestalten, wenn erwiesenermaßen ein Handelsbrauch besteht: Schlussanträge GA *Slynn*, S. 2441 ff. Dazu auch kritisch: *Kim*, Gerichtsstandsvereinbarungen, S. 185.

nach anwendbarem nationalen Recht in die Rechte und Pflichten des Befrachters eingetreten sei.[679] Der Gerichtshof macht damit deutlich, dass für die formellwirksame Einigung über den Gerichtsstand das Verhältnis zwischen den Parteien zu bewerten ist.[680]

Vereinfacht dargestellt besagte also der sog. Tilly-Russ-Grundsatz[681], dass bei wirksamer Vereinbarung zwischen Verfrachter und Befrachter der Drittinhaber eines Konnossements ebenfalls von der Vereinbarung gebunden wird, wenn dieser nach anwendbarem nationalen Recht in die Rechte und Pflichten des Befrachters eintritt. Dieser Grundsatz erfuhr in der Literatur teilweise Zustimmung[682], die Bewertung der Rechtsnachfolge nach anwendbarem Recht wurde indes als zu kompliziert kritisiert.[683]

Doch durch die Anwendung des nationalen Rechts auf die Rechtsnachfolge beim Konnossement wird eine Einheitlichkeit zwischen materiell-rechtlichen Wirkungen der Rechtsnachfolge und den prozessrechtlichen Ausprägungen erreicht. Der EuGH erläutert dazu: Alle Rechte und Pflichten aus dem Konnossement gingen „auf diese Weise" auf den Drittinhaber über, ebenso die Gerichtsstandsvereinbarung.[684] Ziel der Anwendung des nationalen Rechts durch den EuGH für den Übergang der materiell-rechtlichen Rechte und Pflichten und der Gerichtsstandsvereinbarung scheint daher der Gleichlauf zwischen materiellrechtlicher und prozessrechtlicher Drittwirkung zu sein.[685] Die Tilly-Russ-Regel wurde in den darauffolgenden Jahren in den Mitgliedsstaaten anerkannt und

---

679 EuGH, *Tilly Russ*, Rn. 24 ff.

680 Bereits in der Entscheidung *Gerling* verdeutlichte der EuGH, dass vom Begriff „Partei" in Art. 17 EuGVÜ nicht Dritte umfasst werden können. Die Einigung sei immer zwischen den Parteien der Vereinbarung zu bewerten. Siehe dazu: EuGH *Gerling*, Rn. 13 ff.

681 Teilweise als „Tilly-Russ-Regel" bezeichnet: *Rabe*, TranspR 2000, S. 389 (390).

682 *Mankowski* Seerechtliche Vertragsverhältnisse, S. 255; *Mankowski*, IPRax 1996, S. 427 (431); *Geimer/Schütze*, Internationale Urteilsanerkennung, § 96 XXIII Nr. 3; *Gaudement-Tallon*, Les Conventions , Rn. 161; *Jackson*, Enforcement of Maritime Claims, S. 115; *Schlosser*, RIW 1984, S. 909 (914); *Koch*, IPRax 1993, S. 19 (20 f.); *Stöve*, Gerichtsstandsvereinbarungen nach Handelsbrauch, S. 170 f.; *Mohs*, Drittwirkung, S. 43 ff.; *Kropholler/von Hein*, Europäisches Zivilprozessrecht, Art. 23, Rn. 64.

683 Diese Kritik bezieht sich auf die Bestimmung des anwendbaren nationalen Rechts durch das erkennende Gericht: *Kropholler*, Europäisches Zivilprozessrecht, (Vorauflage 3. Auflage) Art. 17, Rn. 20, *Killias*, Gerichtsstandsvereinbarungen, S. 244; *Geimer*, NJW 1985, S. 533 (534).

684 EuGH, *Tilly Russ*, Rn. 25.

685 Ebenso: *Jungermann*, Drittwirkung, S. 107.

teilweise auch ohne Bezug zum besonderen Fall des Konnossements als allgemeine Regel der Bindung des Rechtsnachfolgers aufgefasst.[686] Nach der Reform des EuGVÜ 1978 wurde dieser Grundsatz das erste Mal umfassend infrage gestellt.

(1) Vertragsautonome Drittbindung durch die Einführung von Art. 17 Abs. 1 S. 2 lit. c) EuGVÜ 1978?

Nach der Reform des EuGVÜ 1978 wurde in Art. 17 Abs. 1 S. 2 lit. c) das Zustandekommen einer Gerichtsstandsvereinbarung durch Kenntnis der Parteien von Handelsbräuchen explizit geregelt.[687]

Durch diese Neuregelung bedingt wurde verbreitet vertreten, nunmehr sei die Zulässigkeit von Gerichtsstandsvereinbarungen mit Drittwirkung per se durch Art. 17 Abs. 1 S. 2 lit. c) EuGVÜ geregelt und die Bindung von Drittinhabern des Konnossements ergebe sich *eo ipso* aus der Vorschrift.[688] Die Vertreter dieser Ansicht schlossen also aus der nunmehr in Art. 17 EuGVÜ eingefügten Regelung von Handelsbräuchen, die Bindung Dritter an Gerichtsstandsvereinbarungen in Konnossementen könne nicht mehr nach den Voraussetzungen der Tilly-Russ-Regel erfolgen, sondern sei durch Art. 17 EuGVÜ selbst geregelt. Demgegenüber wurde ebenso vertreten, die Neuregelung bewirke keine wesentliche Änderung der Rechtslage, und die Grundsätze der Tilly-Russ-Regel würden auch weiterhin fortgelten.[689]

Die zu diesem Zeitpunkt geführte Diskussion soll im Folgenden dargestellt werden, da durch die Auswertung der Argumente Erkenntnisse zur weiteren

---

686 *Mankowski* Seerechtliche Vertragsverhältnisse, S. 255.

687 Art. 17 Abs. 1 S. 2 lit. c) EuGVÜ: „Eine solche Gerichtsvereinbarung muß geschlossen werden c) im internationalen Handel in einer Form, die einem Handelsbrauch entspricht, den die Parteien kannten oder kennen mußten und den Parteien von Verträgen dieser Art in dem betreffenden Geschäftszweig allgemein kennen und regelmäßig beachten."

688 „nahezu einhellig" *Mankowski* Seerechtliche Vertragsverhältnisse, S. 276 m.w.N. Teilweise wurde sogar behauptet, Art. 17 Abs. 1 S. 2 lit. c) EuGVÜ sei eigens konstruiert worden, um die Drittwirkung von Gerichtsstandsvereinbarungen in Konnossementen zu regeln: *Haymann,* in: Carpenter/Haymann/Hunter-Tilney/Volken The Lugano and San Sebastian Conventions, S. 43.

689 *Mankowski* Seerechtliche Vertragsverhältnisse, S: 276; *Staehelin*, Gerichtsstandsvereinbarungen, S. 89 ff f.; *Basedow*, IPRax 1985, S. 133 (137); *Huber*, IPRax 1993, S. 114; *Killias,* Gerichtsstandsvereinbarungen, S. 190.

Entwicklung der Tilly-Russ-Regel und der Bewertung des Substitutionsverhältnisses nach nationalem Recht gewonnen werden können.

Insbesondere bei den deutschen Vertretern der Ansicht, dass Art. 17 Abs. 1 S. 2 lit. c) EuGVÜ nunmehr die Drittwirkung von Gerichtsstandsvereinbarungen in Konnossementen regeln würde, schien der Wunsch nach einer solchen Regelung die Argumentation zu befeuern.[690] In der Tat wäre nach dieser Ansicht die oftmals als kompliziert und lästig empfundene Prüfung, nach welchem anwendbaren nationalen Recht die Drittwirkung zu bestimmen ist, überflüssig. Der Gedanke, die Drittwirkung sei fortan von Art. 17 Abs. 1 S. 2 lit. c) EuGVÜ ausdrücklich umfasst und bestimme sich alleine danach, erschien wünschenswert, zumal die Hoffnungen in und Ansprüche an die Neuregelung damals sehr hoch waren.[691] So meinte *Schlosser* schon 1984 zur Problematik, dass die *Tilly Russ*-Entscheidung aufgrund der Reform von Art. 17 EuGVÜ bald Makulatur sein werde.[692]

(2) Keine Abkehr von der Tilly-Russ-Regel durch Art. 17 Abs. 1 S. 2 lit. c) EuGVÜ

Auf der anderen Seite sprachen zu diesem Zeitpunkt bereits gewichtige Argumente gegen diese Ansicht. Insbesondere die insoweit detaillierte Argumentation von *Mankowski* überzeugte bereits 1995.[693] So führte *Mankowski* vor allem die systematische Gleichwertigkeit der drei neu eingefügten Varianten des Art. 17 Abs. 1 S. 2 EuGVÜ an. Die ersten beiden Varianten, also Art. 17 Abs. 1 S. 2 lit. a) und b) EuGVÜ beträfen eindeutig das rein vertragliche Relativitätsverhältnis und Art. 17 Abs. 1 S. 2 lit. c) EuGVÜ enthielte, ebenso wie bereits Art. 17 Abs. 1 EuGVÜ 1968, keinerlei Hinweis darauf, dass hier nunmehr auch Drittbeziehungen umfasst werden sollen.[694] Außerdem würde auch die Entstehungsgeschichte von Art. 17 Abs. 1 S. 2 lit. c) EuGVÜ gegen eine solche Ausweitung des Anwendungsbereiches sprechen. Mit der Ausweitung der formfreien Abschlussmöglichkeiten sollten vor allem die strengen Konsensgrundsätze des

---

690 Im Ergebnis ebenso: *Rabe,* TranspR 2000, S. 389, (390 ff.).

691 So vor allem: *Kropholler/Pfeifer* Das neue europäische Recht der Zuständigkeitsverordnungen in: FS Heinrich Nagel, S. 157 (165 ff); *Kropholler,* Europäisches Zivilprozeßrecht (Vorauflage, 3. Aufl), Art. 17, Rn. 54; *Basedow,* in: IPRax, 1984, S. 139; *Schlosser,* in: RIW 1984, S. 912.

692 *Schlosser,* in: RIW 1984, S. 912.

693 *Mankowski* Seerechtliche Vertragsverhältnisse, S. 277.

694 *Mankowski* Seerechtliche Vertragsverhältnisse, S. 277.

EuGH aus den Entscheidungen *Segoura* und *Estasis Salotti* revidiert werden. Als typischen Anwendungsfall für ein solches Konsensproblem nenne *Schlosser* selbst das kaufmännische Bestätigungsschreiben,[695] und beziehe sich daher lediglich auf Konsensprobleme im Verhältnis zwischen den ursprünglichen Parteien.[696] Im Ergebnis konnte also die Neufassung des Art. 17 Abs. 1 S. 2 lit. c) EuGVÜ bereits zur Zeit des EuGVÜ 1978 überzeugenderweise nichts an den Grundsätzen der Tilly-Russ-Regel ändern.[697]

Aus der Diskussion zu Art. 17 EuGVÜ 1978, die vor der Entscheidung *Castelletti* in der Literatur herrschte, lassen sich zwei interessante Schlüsse ziehen, die im weiteren Verlauf der Arbeit insbesondere bei der Bewertung der Drittwirkung gemäß Art. 25 Brüssel Ia-VO relevant werden. Zum einen bestand die weitverbreitete Ansicht, die Drittwirkung einer Gerichtsstandsvereinbarung im Konnossement könne sehr wohl durch Art. 17 Abs. 1 S. 2 lit. c) EuGVÜ geregelt werden, sodass sich die Bewertung des Substitutionsverhältnisses nach dem anwendbaren nationalen Recht erübrigen würde. Das Argument wurde von dem Wunsch dominiert, die unliebsame Bestimmung des anwendbaren Rechts zu vermeiden. Die Frage, ob eine Drittbindung vertragsautonom durch Art. 25 Brüssel Ia-VO selbst begründet werden kann, wird im Verlauf der Untersuchung daher noch einmal aufzugreifen sein.

Im Ergebnis sprachen bereits vor der Entscheidung *Castelletti* gewichtige Argumente gegen eine vertragsautonome Bewertung der Drittbindung. Im Folgenden wird dargestellt, dass der Gerichtshof auch in den übrigen Entscheidungen zu der Drittwirkung von Gerichtsstandsvereinbarungen in Konnossementen an der Tilly-Russ-Regel festgehalten hat und für die Bewertung des Substitutionsverhältnisses stets auf das anwendbare nationale Recht abgestellt hat. Dennoch wird heute teilweise immer noch vertreten, dass eine vertragsautonome Bewertung der Drittwirkung zielführender wäre. Daher soll diese Streitfrage bei näherer Betrachtung der allgemeinen Regeln, die sich aus der Rechtsprechung des EuGH zum Substitutionsverhältnis ergeben, aufgegriffen werden.[698]

b. Grundsatz der Drittbindung nach Castelletti

Die nächste Entscheidung des EuGH zur Thematik der Drittwirkung von Gerichtsstandsvereinbarungen in Konnossementen erging erst im Jahr 1999,

---

695 *Schlosser*-Bericht, Rn. 179.

696 *Mankowski* Seerechtliche Vertragsverhältnisse, S. 278.

697 *Mankowski* Seerechtliche Vertragsverhältnisse, S. 278.

698 Siehe dazu ausführlich in diesem Abschnitt C. I. 3. a.

über 20 Jahre nachdem die Tilly-Russ-Regel entwickelt wurde. Die Entscheidung erging zum EuGVÜ 1978, in dem Art. 17 EuGVÜ nunmehr in Abs. 1 S. 2 lit. c) eine explizite Vorschrift über Handelsbräuche enthielt.

Die Entscheidung *Castelletti* wurde insbesondere bezüglich der Bewertung des neuen Art. 17 EuGVÜ mit Spannung erwartet und weist einige Besonderheiten auf.[699] Für die vorliegende Arbeit sollen lediglich die wesentlichen Aspekte bezüglich der Einigung zwischen den Parteien und der Drittwirkung gegenüber dem Konnossementsinhaber aufgegriffen werden.

An dieser Stelle bereits vorweggenommen sei, dass die Entscheidung *Castelletti* die Tilly-Russ-Regel bestätigt und so den Bestrebungen einer vertragsautonomen Bestimmung der Drittwirkung eine deutliche Absage erteilt.[700]

Bezüglich der Einigung zwischen den Parteien konnte der EuGH in der Entscheidung *Castelletti* nunmehr auf die Einigung durch Kenntnis eines Handelsbrauchs in Art. 17 Abs. 1 S. 2 lit. c) EuGVÜ zurückgreifen. Dies habe allerdings nicht zur Folge, dass auf die tatsächliche Einigung verzichtet werden könne. Mit Hinweis auf die Entscheidung *MSG*[701] hebt der Gerichtshof noch einmal hervor, dass unabhängig vom Bestehen des Handelsbrauches eine Einigung feststehen müsse. Die tatsächliche Einigung könne lediglich durch den Nachweis der Kenntnis bzw. des Kennenmüssens vermutet werden.[702] Im Ergebnis muss also eine Partei die tatsächliche Einigung dadurch nachweisen, dass die andere Partei Kenntnis des Handelsbrauchs hatte bzw. diesen hätte kennen müssen. Die Kenntnis vom Handelsbrauch wird durch den EuGH bei früherem gleichförmigen Verhalten mit der Gegenpartei oder anderen Parteien im betreffenden Geschäftszweig vorausgesetzt. Das Kennenmüssen wird dann vorausgesetzt, wenn im betreffenden Geschäftszweig das Verhalten so weit verbreitet ist, dass es als ständige Übung anzusehen ist.[703] Im Geschäftszweig des Seehandelsrechts wird der Nachweis des Handelsbrauchs dadurch erleichtert, dass für Konnossemente allgemein Standardformulare mit Gerichtsstandsvereinbarungen verwendet werden.[704] Daher dürfte der Nachweis zumindest für Fälle der Gerichtsstandsvereinbarungen in Konnossementen im Regelfall möglich sein.

---

699 Nicht zuletzt zwingen die 14 detaillierten Vorlagefragen den EuGH zur Gliederung der Fragen und zu einer vollständigen, teilweise jedoch repetitiven Wiedergabe aller Grundsätze zu Art. 17 EuGVÜ.

700 EuGH *Castelletti*, Rn. 41 ff.

701 EuGH, *MSG*, Rn. 18 ff.

702 EuGH, *Castelletti*, Rn. 41 ff.

703 EuGH, *Castellett*, Rn. 43.

704 *Girsberger*, IPRax 2000, S. 87 (89); *Adolphsen*, ZZP Int. 1999, S. 233 (250).

Demgemäß kann die tatsächliche Einigung über eine Gerichtsstandsvereinbarung zwischen den Parteien durch den Nachweis des Handelsbrauchs gemäß Art . 17 Abs. 1 S. 2 lit. c) EuGVÜ ersetzt werden.

Bezüglich der Drittwirkung einer gemäß Art. 17 Abs. 1 S. 2 lit. c) EuGVÜ zustande gekommenen Gerichtsstandsvereinbarung verweist der EuGH lediglich auf die Feststellungen aus dem Urteil *Tilly Russ*. Dem Dritten könne die Gerichtsstandsvereinbarung entgegengehalten werden, wenn dieser als Inhaber des Konnossements nach nationalem Recht in die Rechte und Pflichten des Befrachters eingetreten ist. Da die Wirksamkeit der Klausel im Verhältnis zwischen den ursprünglichen Parteien zu beurteilen sei, komme es nicht auf die Kenntnis bzw. das Kennenmüssen des Dritten an.[705]

Der Gerichtshof bestätigt also an dieser Stelle die Tilly-Russ-Regel auch bei Vorliegen von Handelsbräuchen und verdeutlicht erneut, dass er an der Bewertung der Rechtsnachfolge nach nationalem Recht festhält. Dieser Aspekt der Entscheidung wurde kritisiert, denn in der Literatur ist, wie soeben bereits dargestellt, der Wunsch nach einer vertragsautonomen Bestimmung der Drittwirkung gewachsen. So wird bedauert, der EuGH habe es versäumt, vertragsautonome Bedingungen zur Drittwirkung aufzustellen, obwohl der Sachverhalt dazu durchaus Anlass gegeben hätte.[706] Dagegen hält *Girsberger* eine vertragsautonome Bestimmung der Drittwirkung zwar für wünschenswert, aber betont gleichzeitig die Schwierigkeiten einer solchen Auslegung des EuGVÜ, die lediglich die internationale Zuständigkeit regeln könne. Die Rechtsnachfolge auch mit Hinblick auf die materiell-rechtliche Grundkonstellation vertragsautonom anhand eines Übereinkommens für die internationale Zuständigkeit zu bestimmen, sei wohl kaum möglich. Daher sei die Tilly-Russ-Regel und die Rechtsnachfolge nach anwendbarem nationalen Recht die konsequente Lösung.[707]

Im Ergebnis hält der Gerichtshof also mit der Entscheidung *Castelletti* an der Tilly-Russ-Regel fest. Der in der Literatur so erwarteten vertragsautonomen Drittbindung gemäß Art. 17 Abs. 1 S. 2 EuGVÜ entgegen.

---

705 EuGH, *Castelletti*, Rn. 41 f.

706 *Haß*, EuZW 1999, S. 444 (445); *Adolphsen*, ZZP Int. 1999, S. 233 (252). Kritisch dazu bereits nach der *Tilly Russ*-Entscheidung: *Kim*, Internationale Gerichtsstandsvereinbarungen, S. 185.

707 *Girsberger*, IPRax 2000, S. 87 (90).

c. *Grundsatz der Drittbindung nach* Coreck

In der nächsten und vorerst letzten Entscheidung zu Konnossementen sehen sowohl der Generalanwalt in den Schlussanträgen als auch der Gerichtshof die Tilly-Russ-Regel als feststehenden Grundsatz der Drittwirkung von Gerichtsstandsvereinbarungen an.

Der EuGH begnügt sich an der entsprechenden Stelle mit einem kurzen Hinweis auf die Entscheidungen *Tilly Russ* und *Castelletti* und gibt den Grundsatz der Drittwirkung noch einmal wieder: Soweit die Gerichtsstandsvereinbarung zwischen Befrachter und Verfrachter wirksam im Sinne von Art. 17 EuGVÜ zustande gekommen ist, kann diese dem Drittinhaber des Konnossementen entgegengehalten werden, wenn dieser nach dem anwendbaren nationalen Recht in die Rechte und Pflichten des Befrachters eingetreten ist.[708] Daraus ergibt sich zum einen, dass der Gerichtshof die Tilly-Russ-Regel als anerkannt betrachtet und zum anderen, dass der Gerichtshof für die Bewertung des Substitutionsverhältnisses auf das anwendbare nationale Recht abstellt.

Darüber hinaus führt der EuGH aus, falls der Dritte nicht nach anwendbarem nationalen Recht in die Rechte und Pflichten des Befrachters eintrete, müsse geprüft werden, ob der Dritte der Gerichtsstandsvereinbarung nicht im Sinne von Art. 17 EuGVÜ zugestimmt habe.[709] Teilweise wird dieser einzelne Satz im Urteil als Indiz dafür verwendet, der EuGH habe hier eine Bewertung der Drittwirkung nach vertragsautonomem Recht vorgenommen. *Jungermann* stellt sich dadurch gar die Frage, warum der EuGH nicht gleich die gesamte Drittwirkung nach vertragsautonomem Recht bewerten würde.[710]

Bei genauerer Betrachtung handelt es sich bei dieser Feststellung lediglich um die Konsequenz der Anwendung der Tilly-Russ-Regel. Wie der EuGH anmerkt, wird durch die Anwendung der Tilly-Russ-Regel der Dritte an die Gerichtsstandsvereinbarung gebunden, weshalb nicht geprüft werden müsse, ob der Dritte zugestimmt habe.[711] Die Zustimmung des Dritten zur Gerichtsstandsvereinbarung wird dadurch ersetzt, dass der Dritte in die Rechte und Pflichten des Befrachters eintritt. Tritt der Dritte hingegen nicht ein, muss logischerweise überprüft werden, ob der Dritte nicht der Gerichtsstandsvereinbarung doch zugestimmt hat. Wenn der Dritte im Sinne von Art. 17 EuGVÜ zugestimmt hat, ist er allerdings nicht länger als Dritter zu betrachten, sondern wird nachträglich

708 EuGH, *Coreck*, Rn. 23.
709 EuGH, *Coreck*, Rn. 26.
710 *Jungermann*, Drittwirkung, S. 109.
711 EuGH, *Coreck*, Rn. 25.

Partei der Gerichtsstandsvereinbarung. Dies gilt nicht lediglich für die Fallgruppe der Substitutionsverhältnisse. Wie bereits zu anderen Fallgruppen der drittbegünstigenden Gerichtsstandsvereinbarungen klargestellt, führt eine Zustimmung des Dritten zur Gerichtsstandsvereinbarung stets zur Bindung des Dritten, da die Zustimmung ebenfalls die Einigung ersetzen kann.[712]

Daher handelt es sich bei der Bewertung der eventuellen Zustimmung des Dritten zur Gerichtsstandsvereinbarung nach Art. 17 EuGVÜ nicht um eine bahnbrechende Neuerung der Tilly-Russ-Regel, sondern lediglich um die logische Konsequenz dieser. Stimmt der Dritte zu irgendeinem Zeitpunkt der Gerichtsstandsvereinbarung zu, ist er nicht länger als Dritter, sondern als Partei der Vereinbarung einzuordnen. Die Frage, wer Partei und wer Dritter bezüglich der Vereinbarung ist, ist eindeutig nach dem vertragsautonomen Recht zu bestimmen.[713]

Schließlich macht der EuGH, obwohl er die letzte Frage des vorlegenden Gerichts nach der Bestimmung des anwendbaren nationalen Rechts für die Rechtsnachfolge als unzulässig erachtet, deutlich, dass die Bestimmung der *lex causae* nach dem IPR des nationalen Gerichts zu bestimmen ist. Die Bestimmung des anwendbaren Rechts falle in die Zuständigkeit des nationalen Gerichts, das die Vorschriften seines internationalen Privatrechts anzuwenden habe.[714] Damit verdeutlicht der Gerichtshof erstmalig, dass die Bestimmung der *lex causae* durch das IPR des nationalen Gerichts zur Beurteilung der Drittwirkung unerlässlich ist.

Im Ergebnis wird also in der Entscheidung *Coreck* die Tilly-Russ-Regel eindeutig bestätigt. Zudem stellt der EuGH klar, dass die Zustimmung des Dritten in jedem Fall überprüft werden muss.

d. *Zwischenergebnis: Die Drittbindung durch die Tilly-Russ-Regel bei Konnossementen*

Die Grundregel der Drittwirkung von Gerichtsstandsvereinbarungen bei Substitutionsverhältnissen wurde erstmalig in der Entscheidung *Tilly Russ* durch den EuGH für eine Gerichtsstandsvereinbarung in einem Konnossement aufgestellt. Durch die Regel der Bewertung des Substitutionsverhältnisses nach anwendbarem nationalen Recht wurde ein Gleichlauf von prozessrechtlicher Drittbindung und materiell-rechtlicher Drittwirkung erreicht.

---

712 Siehe dazu im 3. Abschnitt C.

713 Siehe dazu ausführlich im 1. Abschnitt C. II. 3.

714 EuGH, *Coreck*, Rn. 30.

Die Regel wurde in der Literatur daraufhin als allgemeine Regel bezüglich der Drittwirkung bei Substitutionsverhältnissen aufgefasst und auf andere materiell-rechtliche Konstellationen ausgeweitet. Mit Einführung der Einigung durch Nachweis von Handelsbräuchen als formelle Einigung wurde erstmals in der Literatur das Bestreben deutlich, die Bewertung des Substitutionsverhältnisses nach vertragsautonomem Recht vorzunehmen. Die Bestimmung des anwendbaren nationalen Rechts durch das IPR des nationalen Gerichts wurde als lästig empfunden. Dieser Streit wird im Folgenden bei der detaillierten Darstellung der Drittwirkung im Substitutionsverhältnis wieder aufgegriffen werden, da auch heute noch die Bestrebungen existieren, die Drittwirkung nach vertragsautonomem Recht zu bewerten.

Der EuGH hat durch die Entscheidungen *Castelletti* und *Coreck* hingegen die Tilly-Russ-Regel bestätigt und so der vertragsautonomen Bewertung der Drittwirkung eine klare Absage erteilt.

Auffällig ist an dieser Stelle, dass die Resonanz der Literatur auf die Entscheidungen *Castelletti* und *Coreck* deutlich geringer ausfällt, als sie zuvor bzgl. der *Tilly Russ*-Entscheidung zur Drittwirkung ausgefallen ist. Dies vermag daran zu liegen, dass die Hoffnungen auf eine vertragsautonome Drittbindung, die durch die Reformen der EuGVÜ begründet wurden, durch den Gerichtshof nicht erfüllt wurden.

2. Bindung des Dritten ist mit der Brüssel I-VO bzw. Ia-VO zu vereinbaren

Nachdem das EuGVÜ 2001 durch die Brüssel I-VO ersetzt wurde, wurde die Tilly-Russ-Regel durch mehrere Entscheidungen des EuGH fortentwickelt und in den Entscheidungen *CDC* und *Profit Investment* erstmalig auch auf andere materiell-rechtliche Konstellationen ausgeweitet. Schließlich muss die Entscheidung *Refcomp*, die für einige Irritationen in der Literatur gesorgt hat, in die Entscheidungspraxis des EuGH als Sonderfall eingeordnet werden, in der die Tilly-Russ-Regel durchbrochen wurde.

a. Grundsatz der Drittbindung nach CDC

Während die Hauptproblematik der Entscheidung *CDC* auf anderen Gebieten der Brüssel I-VO zu verorten sind, gab der Gerichtshof dennoch einen entscheidenden Hinweis auf die Anwendung der Tilly-Russ-Regel bei einem Substitutionsverhältnis im Rahmen einer Abtretung.

Im Nachgang der Entscheidung *Tilly Russ* wurden die Grundsätze bereits sehr früh als allgemeine Grundsätze verstanden und die Abtretung dabei stets als Paradebeispiel des Substitutionsverhältnisses gewählt, auf das die Grundsätze angewendet werden können.[715] Dies ist wenig verwunderlich, da bei der Abtretung der Zessionar immer in die Rechte und Pflichten des Zedenten eintritt. In den hier überprüften europäischen Rechtsordnungen konnten bezüglich der Wirkung der Abtretung in den unterschiedlichen Mitgliedsstaaten keine wesentlichen Unterschiede festgestellt werden.[716] Darin könnte die Begründung dafür liegen, dass dem Gerichtshof keine explizite Frage zur Drittwirkung bei Abtretungen vorgelegt wurde. In den Mitgliedsstaaten ist soweit anerkannt, dass nach den Grundsätzen der Tilly-Russ-Regel bei einer Abtretung die Gerichtsstandsvereinbarung auch gegenüber dem Zessionar wirkt, wenn dieser nach anwendbarem nationalen Recht in die Rechte und Pflichten des Zedenten eingetreten ist.[717]

Dennoch hat der EuGH in der Entscheidung *CDC* bei einer Abtretung von kartellrechtlichen Schadensersatzansprüchen darauf hingewiesen, dass zunächst anhand der im Rahmen der Entscheidungen *Tilly Russ, Castelletti* und *Coreck* aufgestellten Grundsätze geprüft werden müsse, ob der Zessionar auch nach anwendbarem nationalen Recht in die Rechte und Pflichten des Zedenten eingetreten sei.[718] Der Generalanwalt hatte diese Problematik in den Schlussanträgen nicht aufgegriffen. Die Ausführungen des Gerichtshofs verdeutlichen daher, dass dieser ebenso wie die Literatur eine Anwendung der Tilly-Russ-Regel auf die Abtretung befürwortet.

b. Grundsatz der Drittbindung nach Profit Investment

Bei der Entscheidung *Profit Investment* handelt es sich um die vorerst letzte Entscheidung des Gerichtshofs zur Problematik der Drittwirkung von Gerichtsstandsvereinbarungen bei Substitutionsverhältnissen. Die Entscheidung aus

---

715 *Mankowski*, in: Rauscher EuZPR/EuIPR, Art. 25 Brüssel Ia-VO, Rn. 326; *Stadler*, in: Musielak/Voit ZPO, Art. 25, Rn. 4a; *Kropholler/von Hein*, Europäisches Zivilprozessrecht, Art. 25, Rn. 64; *Geimer/Schütze*, Europäisches Zivilverfahrensrecht, Art. 23, Rn. 201; *Auer*, in: Geimer/Schütze Int. Rechtsverkehr, Art. 23 EuGVO, Rn. 57; *Hausmann*, in: Simons/Hausmann/Althammer Brüssel I-VO, Art. 23, Rn. 131.

716 Siehe dazu in diesem Abschnitt A. IV.

717 OLG Hamburg, Urteil vom 21.12.2007 Az. 12 U 11/05; OGH, Urteil vom 05.06.2007 Az. 10Ob40/07s; Corte di Cassazione, Urteil vom 05.05.2006 Az. 10312; Cour d'appel Mons (BE), Urteil vom 16.05.1989 Az. 11536; Cour d'appel (LU), Urteil vom 10.07.2002 Az. 25825; *Glencore International AG v Metro Trading International* Inc [2000] EWHC 199 (Comm*); Firswood Ltd v Petra Bank* [1996] CLC 608.

718 EuGH, *CDC*, Rn. 64 ff.

dem Jahr 2016 ist chronologisch nach der Entscheidung *Refcomp* aus dem Jahr 2013 ergangen. Die chronologische Darstellung soll an dieser Stelle allerdings unterbrochen werden, da in der Entscheidung *Profit Investment* die Tilly-Russ-Regel auf eine andere Konstellation angewandt und so weiterentwickelt wurde. Zudem kann dadurch verdeutlicht werden, dass es sich bei der Entscheidung *Refcomp* um eine Sonderkonstellation handelt, in der der Gerichtshof im Ergebnis zu Recht – allerdings mit zweifelhafter Begründung – die Tilly-Russ-Regel nicht auf den Sachverhalt angewandt hat.

Der etwas komplizierte Sachverhalt, der der Entscheidung *Profit Investment* zugrunde lag, ist bei genauerer Betrachtung eine einfache Dreipersonenkonstellation mit folgenden Beteiligten: Die Bank, die die fraglichen Schuldverschreibungen ausgibt. Der Finanzvermittler, der diese Schuldverschreibungen am Primärmarkt zeichnet, und schließlich der Investor, der die Schuldverschreibungen am Sekundärmarkt vom Finanzvermittler erwirbt.[719] Der EuGH prüft also, wie üblich, die Einigung im Sinne von Art. 23 Brüssel I-VO zwischen den ursprünglichen Parteien der Vereinbarung (Bank – Finanzvermittler) und dann die Drittwirkung aufgrund des anwendbaren nationalen Rechts (Finanzvermittler – Investor). Bei der Betrachtung der Entscheidung muss also, wie auch in den vorherigen Entscheidungen zu Konnossementen strikt zwischen der Einigung im Verhältnis der Parteien der Gerichtsstandsvereinbarung und der Wirkung gegenüber dem Dritten unterschieden werden.

Bezüglich der Einigung über die Gerichtsstandsvereinbarung ergab sich, wie zuvor bereits in der Entscheidung *Castelletti*, die Frage, ob die Einigung durch den Nachweis eines Handelsbrauchs ersetzt werden kann. Dazu führt der Gerichtshof in der Entscheidung *Profit Investment* aus, dass die Aufnahme einer Gerichtsstandsvereinbarung in einen Emissionsprospekt ebenso einen solchen Handelsbrauch darstellen könne. Dies müsse das erkennende Gericht dann anhand der bekannten Kriterien zu Art. 23 Abs. 1 lit. c Brüssel I-VO im Einzelfall prüfen.[720] In der Entscheidung *Castelletti* wurde – wie soeben ausführlich dargestellt – der Nachweis eines Handelsbrauches als Einigungsalternative

719 Siehe ausführlich zum Sachverhalt der Entscheidung im 2. Abschnitt B IV. 3. a.

720 Ein Handelsbrauch liege nach der ständigen Rechtsprechung des EuGH insbesondere dann vor, wenn die im betreffenden Wirtschaftsbereich tätigen Teilnehmer allgemein und regelmäßig beim Abschluss von Verträgen ein solches Verhalten zeigen oder die Parteien untereinander bzw. mit anderen Teilnehmer des betreffenden Wirtschaftsbereichs regelmäßige Handelsbeziehungen unterhielten und das in Rede stehende Verhalten hinreichend bekannt ist, um als ständige Übung angesehen werden zu können: EuGH, *Profit Investment*, Rn. 41, EuGH, *Castelletti*, Rn. 23, EuGH, *MSG*, Rn. 21.

zwischen den Parteien auch bereits als Grundlage für die Drittwirkung einer Gerichtsstandsvereinbarung bestätigt. Bezüglich des Dritten spiele der Handelsbrauch indes keine Rolle.[721] Daher ist auch der Rückgriff auf einen solchen Handelsbrauch als Grundlage für die Wirkung von Gerichtsstandsvereinbarungen für Dritte keinesfalls neu.[722]

Teilweise wurde die Entscheidung *Profit Investment* dennoch aufgrund dieser Formproblematik dahingehend aufgefasst, dass der Gerichtshof den Dritten allein aufgrund des bestehenden Handelsbrauchs gemäß Art. 23 Abs. 1 lit. c Brüssel I-VO an die Vereinbarung binde.[723] Darüber hinaus meint *Müller* sogar, der EuGH behandle den Dritten in dieser Entscheidung stillschweigend als Partei im Sinne von Art. 23 Abs. 1 lit. c Brüssel I-VO.[724]

Ordnet man jedoch die Entscheidung *Profit Investment* in die *Tilly Russ*-Rechtsprechung ein und hält sich dabei an die vorgegebene strikte Trennung zwischen der Einigung und der Drittwirkung, kommt man zu dem Ergebnis, dass hier auch durch die Ausführungen des Gerichtshofs zu Handelsbräuchen keine erheblichen Neuerungen erfolgt sind.[725]

In der Entscheidung *Profit Investment* stellt der Gerichtshof bezüglich der Drittwirkung der Gerichtsstandsvereinbarung, die zwischen den Parteien durch den Nachweis eines Handelsbrauches im Sinne von Art. 23 Abs. 1 lit. c Brüssel I-VO geschlossen wurde, darauf ab, ob der Dritte nach anwendbarem nationalen Recht in die Rechte und Pflichten einer Partei eingetreten ist.[726] Bezüglich der Einigung zwischen den Parteien verweist der Gerichtshof auf das Vorliegen eines Handelsbrauchs zwischen den Parteien.

Etwas unglücklich ist dabei die Formulierung des Gerichtshofs, der bezüglich der Einigung stets von „der Person, (…), der sie [die Gerichtsstandsvereinbarung] entgegengehalten wird“, spricht.[727] Aus dieser Formulierung wird teilweise geschlossen, dass damit auch dem Dritten die Vereinbarung durch den Nachweis eines Handelsbrauchs entgegengehalten werden könne. Zumindest mache der Gerichtshof nicht ausreichend deutlich, auf welches Verhältnis er sich in diesen Ausführungen bezieht.[728]

---

721 EuGH, *Castelletti*, Rn. 41.

722 So aber: *Melcher*, GPR 2017, S. 246 (248).

723 So wohl: *Melcher*, GPR 2017, S. 246 (249 f.).

724 *Müller*, EuZW 2016, S. 419 (424).

725 Im Ergebnis ebenso: *Lubrich*, Der Gesamtschuldnerrückgriff, S. 247 f.

726 EuGH, *Profit Investment*, Rn. 51.

727 EuGH, *Profit Investment*, Rn. 51.

728 *Melcher*, GPR 2017, S. 246 (249 f.).

Dem lassen sich vor allem zwei Argumente entgegenbringen: Zum einen könnte der EuGH den Rückgriff auf das Substitutionsverhältnis nach nationalem Recht vollständig unterlassen, wenn eine Bindung des Dritten durch den Nachweis eines Handelsbrauchs bereits ausreicht. Die Ausführungen zur Drittwirkung nach anwendbarem nationalen Recht wären dann wohl nicht notwendig. Selbst wenn man den Gerichtshof so versteht, dass bei fehlendem Substitutionsverhältnis nach nationalem Recht eine Zustimmung des Dritten gemäß Art. 23 Abs. 1 lit. c Brüssel I-VO zu prüfen sei, dann wäre der Verweis auf die Entscheidung *Castelletti* im Ergebnis falsch. Wenn der Gerichtshof tatsächlich für den Handelsbrauch auch das Verhältnis zum Dritten als relevant erachtet hätte, dann hätte dies in einer deutlichen Abkehr von der Entscheidung *Castelletti* unterstrichen werden müssen.

Zum anderen ist es fernliegend, dem EuGH zu unterstellen, er behandle hier den Dritten stillschweigend als Partei der Gerichtsstandsvereinbarung. Die Bestrebung, die Drittbindung durch den Nachweis eines Handelsbrauchs zu begründen, ist, wie soeben ausgeführt, keine neue und von dem Wunsch nach vertragsautonomer Bewertung der Drittwirkung getragen.[729] Wie *Melcher* selbst anführt, spricht nichts dafür, dass die Formalternative in Art. 23 Abs. 1 lit. c Brüssel I-VO die Beziehung zu Dritten regele.[730] Dies hat der EuGH auch durch die Entscheidung *Castelletti* so bestätigt.[731]

Im Ergebnis spricht also nichts dafür, dass der EuGH in der Entscheidung *Profit Investment* in einer Abkehr von der Tilly-Russ-Regel die Drittbindung durch den Nachweis eines Handelsbrauchs vertragsautonom qualifizieren möchte. Die Entscheidung ist eine konsequente Weiterentwicklung der Tilly-Russ-Regel, in der der Gerichtshof die bezüglich Handelsbräuchen in der Entscheidung *Castelletti* aufgestellten Grundsätze bestätigt.

c. *Die Entscheidung* Refcomp *und die Tilly-Russ-Regel*

Die Entscheidung *Refcomp* hat in der Literatur viel Kritik erfahren. Teilweise ist diese Kritik, die sich vor allem auf die dogmatische Begründung des Gerichtshofs zu beziehen scheint, durchaus berechtigt. Im Ergebnis hat der EuGH aber zu Recht die Bindung des Dritten in dieser Konstellation versagt und die Tilly-Russ-Regel auf den Sachverhalt nicht angewandt.

---

729 Siehe detailliert zu Art. 17 EuGVÜ 1978 im 3. Abschnitt C. I. 1. a.

730 *Melcher*, GPR 2017, S. 246 (249 f.).

731 Siehe dazu ausführlich in diesem Abschnitt C. I. 1. c.

Die Begründung des EuGH, in der dieser sich nicht mit den materiellrechtlichen Besonderheiten der *action directe* auseinandersetzt und den ganz besonderen Charakter der Konnossemente in früheren Entscheidungen herausstellt, wirkt künstlich und überzeugt kaum.[732] Dieser Kritik ist insbesondere vor dem Hintergrund der soeben dargestellten Tilly-Russ-Regel, die der EuGH offensichtlich in der Entscheidung *CDC* noch auf weitere Fallgruppen ausweiten wollte, zuzustimmen. Ebenso hat der EuGH in den Entscheidungen zu Konnossementen stets allgemeine Formulierungen verwendet und gerade nicht auf die besondere Natur des Konnossements als Wertpapier abgestellt.[733]

Keinesfalls sollte die Entscheidung so aufgefasst werden, dass der EuGH sich durch diese von der Tilly-Russ-Regel abwenden wollte und in einem Rückschritt die Absicht erkennen ließ, eine Drittbindung bei Substitutionsverhältnissen wieder lediglich auf die ursprünglichen Fälle (Konnossemente und Abtretung) einzugrenzen. Der Schlussfolgerung von *Lubrich,* die nach der Entscheidung *Refcomp* die grundsätzliche Möglichkeit, die Drittwirkung in Abhängigkeit vom anwendbaren nationalen Recht zu bestimmen, als gefährdet einstufen zu scheint, kann so nicht gefolgt werden.[734]

Der Gerichtshof will wohl, auch verdeutlicht durch die eben dargestellte nachfolgende Entscheidung *Profit Investment,* an der Drittwirkung nach nationalem Recht festhalten. Wie die Drittwirkung im Substitutionsverhältnis nach nationalem Recht als allgemeine Regel aufgefasst werden sollte, wird am Ende dieser Arbeit überprüft werden.[735] Fraglich bleibt aber zunächst, wie die Entscheidung *Refcomp* in den Zusammenhang der Rechtsprechung des EuGH zur Drittwirkung bei Substitutionsverhältnissen einzuordnen ist.

In dieser Entscheidung spiegelt sich zunächst die Schwierigkeit wider, die der EuGH auch bereits in der Entscheidung *Handte* bei der Bewertung und Einordnung der *action directe* hatte.[736] Der EuGH scheint in der Entscheidung *Refcomp* deutlich machen zu wollen, dass die Drittbindung bei der *action directe,*

732 Im Ergebnis ebenso: *Lubrich*, Der Gesamtschuldnerrückgriff, S. 250; *Gebauer*, Relativität und Drittwirkung, in: FS Martiny, S. 330.

733 Siehe dazu die Zusammenfassungen der Entscheidungen *Tilly Russ, Casteletti* und *Coreck* im 2. Abschnitt B.

734 *Lubrich*, Der Gesamtschuldnerrückgriff, S. 252.

735 Siehe dazu das Gesamtergebnis in diesem Abschnitt D.

736 In der Entscheidung *Handte* hat der Gerichtshof die Berufung einer Partei auf den Gerichtsstand des Erfüllungsortes für Ansprüche aus der *action directe* abgelehnt und damit die vertragliche Qualifikation solcher Ansprüche implizit abgelehnt: EuGH, Urteil vom 17.6.1992, Rechtssache C-26/91 – *Handte*.

die der Gerichtshof bereits in der Entscheidung *Handte* nicht als vertraglichen Anspruch eingeordnet hatte, ebenso ausgeschlossen werden sollte.[737]

Im Ergebnis hätte der EuGH das gleiche Ziel mit einer dogmatisch saubereren Begründung erreichen können, indem er die Anforderungen an das Substitutionsverhältnis ein wenig konkretisiert hätte.[738] Bei genauer Betrachtung liegt dem Sachverhalt der Entscheidung *Refcomp* gerade nicht ein solches Substitutionsverhältnis zugrunde. So hätte durch eine Modifizierung der Tilly-Russ-Regel eine Drittbindung aufgrund der Tilly-Russ-Regel vermieden werden können.

(1) Kein Substitutionsverhältnis im engeren Sinne durch die action directe

Das Substitutionsverhältnis setzt laut EuGH den Eintritt in die Rechte und Pflichten der Partei durch den Dritten voraus. Bei genauerer Betrachtung der materiell-rechtlichen Grundlage, die hier die *action directe* nach französischem Recht ist, könnte man zu dem Ergebnis kommen, dass hier gerade kein Substitutionsverhältnis im Sinne der Tilly-Russ-Regel vorliegen kann.

Um den hier vorliegenden Sachverhalt richtig einordnen zu können, lohnt sich eine eingehende Betrachtung der materiell-rechtlichen Rechtslage, die der EuGH so nicht vorgenommen hat.

Der Dritte macht hier Ansprüche gegen seinen Vertragspartner und den Hersteller zugleich geltend. Die französische Rechtsfigur der *action directe* bestimmt, dass der Dritte diese Ansprüche im eigenen Namen sowohl gegen den Vertragspartner als auch gegen den Hersteller geltend machen darf. Die dogmatische Begründung der *action directe* fällt gerade deshalb so schwer, da das zentrale Problem, nämlich einerseits die Ansprüche des Vertragspartners gegen den Hersteller im eigenen Namen durchsetzen zu können und andererseits im eigenen Namen die eigenen Ansprüche gegen eben diesen Vertragspartner weiterhin durchsetzen zu können, dogmatisch kaum zu erklären ist. Versucht man es doch mit einer dogmatischen Erklärung und geht von der wohl herrschenden Zubehörtheorie aus, dann geht der Anspruch, den der Dritte als Zubehör erhält, mit dem Kauf der Sache auf diesen über und er kann ihn gegen den Hersteller im eigenen Namen durchsetzen.[739] Da der Dritte jedoch zugleich alle weiteren eigenen vertraglichen Ansprüche gegen seinen Vertragspartner behält, liegt gerade

---

737 Ebenso: *Lubrich*, Der Gesamtschuldnerrückgriff, S. 250.

738 So im Ansatz auch – allerdings ohne auf die *action directe* und das Substitutionsverhältnis konkret einzugehen: *Lubrich*, Der Gesamtschuldnerrückgriff, S. 252.

739 Zur Wirkung der *action directe* siehe ausführlich in diesem Abschnitt A. V. 3.

kein Substitutionsverhältnis im engeren Sinne vor. Der Dritte tritt nach französischem Recht gerade nicht vollständig in die Rechte und Pflichten des Vertragspartners ein, sondern erhält durch die *action directe* das Recht, diese ebenso wie die eigenen Ansprüche gegen den Vertragspartner im eigenen Namen geltend zu machen.

Eine im Vertrag zwischen Hersteller und Vertragspartner enthaltende Gerichtsstandsvereinbarung wirkt nach der Tilly-Russ-Regel nur dann gegen den Dritten, wenn dieser nach anwendbarem nationalen Recht in die Rechte und Pflichten eben dieses Vertragspartners (vollständig) eingetreten ist. Das anwendbare Recht auf das Substitutionsverhältnis ist in der Entscheidung *Refcomp* auch das französische Recht.

Dem Dritten wird gemäß den Grundsätzen der *action directe* lediglich gestattet, im eigenen Namen Ansprüche des eigenen Vertragspartners gegen den Hersteller durchzusetzen. Für das französische nationale Recht ergibt sich aus diesem gewohnheitsrechtlich anerkannten Rechtsinstitut auch eine interessengerechte Drittbindung bei Gerichtsstandsvereinbarungen.[740] Diese Drittbindung basiert jedoch gerade nicht auf der Tilly-Russ-Regel des EuGH, die für Gerichtsstandsvereinbarungen im Sinne von Art. 25 Brüssel Ia-VO gelten soll. Auf diese Besonderheit der *action directe* hätte der Gerichtshof eingehen können, ohne Gefahr zu laufen eine Drittbindung nach den Grundsätzen der Tilly-Russ-Regel eine Drittbindung zulassen zu müssen. Zur besseren Klarstellung dieser feinen Unterscheidung soll im Folgenden die Tilly-Russ-Regel konkretisiert werden.

(2) Keine Drittbindung durch die action directe *nach konkretisierter Tilly-Russ-Regel*

Das Substitutionsverhältnis könnte so konkretisiert werden, dass ein solches regelmäßig dann nicht vorliegt, wenn der Dritte den geltend gemachten Anspruch auch gegen die Partei verfolgen kann, in deren Rechte und Pflichten er vermeintlich eingetreten sein soll.[741] Dann tritt der Dritte eben nicht vollständig in die Rechte und Pflichten der Partei ein, sondern nur teilweise, da feststeht, dass der Dritte zudem eigene Rechte und Pflichten gegen seinen Vertragspartner geltend machen kann. Lediglich bei vollständigem Eintritt in die Rechte und Pflichten der Partei liegt ein Substitutionsverhältnis im Sinne

---

740 Siehe dazu ausführlich die Drittwirkung im französischen Recht in diesem Abschnitt A. V. 3.

741 Ebenso mit Vergleich zum Schuldbeitritt: *Lubrich*, Der Gesamtschuldnerrückgriff, S. 252.

der Tilly-Russ-Regel vor. Dazu ist es notwendig, dass der Dritte zumindest nicht dieselben Ansprüche sowohl gegen den eigenen Vertragspartner als auch gegen den Vertragspartner des eigenen Vertragspartners im eigenen Namen verfolgen kann. Ansonsten handelt es sich nicht um ein Substitutionsverhältnis im Sinne der Tilly-Russ-Regel. In den bisher überprüften materiell-rechtlichen Konstellationen bestehen stets zwar auch noch rechtliche Bindungen und Ansprüche zwischen der Partei, in deren Rechte und Pflichten der Dritte eintritt, und dem Dritten. Jedoch handelt es sich nicht um dieselben Rechte und Pflichten. Bei einer Abtretung beispielsweise tritt der Zessionar vollständig in die Rechte und Pflichten des Zedenten ein. Er kann zwar weiterhin auch gegen den eigenen Vertragspartner, also den Zedenten, vorgehen, jedoch nicht aufgrund der Forderung, die übertragen wurde. Diese kann der Zessionar nur gegen den Schuldner verfolgen.[742]

Bei der *action directe* hingegen wird über ein gewohnheitsrechtlich anerkanntes Rechtsinstitut eine Art Substitution suggeriert, obwohl eine solche tatsächlich nicht vorliegt. Die *action directe* erlaubt es dem Dritten, dieselben Ansprüche im eigenen Namen und ohne jedwede Einschränkungen sowohl gegen den eigenen Vertragspartner als auch gegen den Hersteller durchzusetzen. Daher ist die Tilly-Russ-Regel durch das Adjektiv „vollständig" zu konkretisieren, um solche Fälle aus dem Anwendungsbereich zu entfernen, in denen der Dritte gerade nicht vollständig in die Rechte und Pflichten der Partei eintritt.

Ob und wie sich eine solche Konkretisierung auf andere Fallkonstellationen auswirken könnte, bei denen ein Dritter mit Gerichtsstandsvereinbarungen in Verbindung kommt, soll im letzten Abschnitt dieser Untersuchung anhand der unterschiedlichen Konstellationen überprüft werden.[743]

(3) Stellungnahme

Im Ergebnis ist somit durch die Entscheidung *Refcomp*, wie sie der Gerichtshof behandelt hat, leider keine Fortentwicklung oder Konkretisierung der Tilly-Russ-Regel zu verzeichnen. Der EuGH lässt mit der zweifelhaften Begründung lediglich erkennen, dass eine Drittbindung durch die *action directe* ausgeschlossen werden soll. Dabei erscheint es fast, als wolle der Gerichtshof um jeden Preis eine tiefere Analyse der gefürchteten *action directe* vermeiden. Es soll wohl mit dem Bezug auf die Entscheidung *Handte* wiederum Kontinuität

742 Siehe zur Forderungsabtretung ausführlich in diesem Abschnitt A. III.

743 Siehe dazu insbesondere auch die Überprüfung anhand des Schuldbeitritts als Ausgestaltung der Schuldübername im 5. Abschnitt A. III.

suggeriert werden, statt eine Auseinandersetzung mit der materiell-rechtlichen Grundlage für die Drittbindung nach anwendbarem nationalen Recht zu wagen. Konsequenter wäre letzteres gewesen, vor allem da der Gerichtshof selbst immer wieder für die Drittbindung auf das anwendbare nationale Recht abstellt. Wie soeben dargestellt, hätte durch die Konkretisierung der Tilly-Russ-Regel mit dem Adjektiv „vollständig" ebenso eine Drittbindung nach den Grundsätzen der *action directe* vermieden werden können.

d. Zwischenergebnis: Die Drittbindung durch die Tilly-Russ-Regel bei anderen Substitutionsverhältnissen

In den Entscheidungen zur Brüssel I-VO hat der EuGH deutlich gemacht, dass die Tilly-Russ-Regel auch im Rahmen der Verordnung weiterhin für die Drittwirkung von Gerichtsstandsvereinbarungen heranzuziehen ist.

In der Entscheidung *CDC* hat der Gerichtshof verdeutlicht, dass eine Anwendung der Tilly-Russ-Regel auch auf andere Konstellationen von Substitutionsverhältnissen möglich ist. Damit hat der Gerichtshof zum ersten Mal diese in der Literatur bereits vorherrschende Ansicht zumindest bezüglich der Abtretung bestätigt.

Obwohl die Entscheidung *Profit Investment* in der Literatur oftmals missverstanden wurde, hat auch hier der Gerichtshof die Grundsätze der Entscheidungen *Tilly Russ* und *Castelletti* auf die Drittwirkung bei Emissionsprojekten im Wertpapierrecht konsequent angewendet. Deutlich wird bei der näheren Betrachtung der Entscheidungsrezensionen wiederum, dass teilweise immer noch ein Bestreben nach vertragsautonomer Bewertung der Drittwirkung herrscht. Eine weitere Befassung mit dieser Problematik im nächsten Teil der Arbeit ist daher unerlässlich.

Die Entscheidung *Refcomp* wurde schließlich als Sonderfall in die Rechtsprechung zur Drittwirkung bei Substitutionsverhältnissen eingeordnet. Während der Kritik an der dogmatischen Begründung der Entscheidung zuzustimmen ist, lehnt der Gerichtshof im Ergebnis zu Recht die Drittbindung in dieser Konstellation ab. Eine wünschenswerte Konkretisierung der Tilly-Russ-Regel hätte die Begründung durch den EuGH deutlich verbessert und könnte auch für andere Sachverhalte eine sinnvolle Abgrenzung darstellen. Die Konkretisierung muss daher in eine allgemeine Regel der Drittwirkung, die im nächsten Teil der Arbeit herausgearbeitet werden soll, aufgenommen werden.

3. Die umfassende Drittbindung bei Substitutionsverhältnissen als allgemeine Regel

Nachdem nunmehr die Entwicklung der Drittwirkung von Gerichtsstandsvereinbarungen anhand der EuGH-Rechtsprechung dargestellt und im Ansatz ausgewertet wurde, soll in diesem Teil der Arbeit aus der durch den EuGH entwickelten Tilly-Russ-Regel der Versuch unternommen werden, allgemeine Regeln zur Drittwirkung von Gerichtsstandsvereinbarungen auch außerhalb der durch die Rechtsprechung anerkannten Konstellationen zu abzuleiten. Dazu muss zunächst die Frage, nach welchem Recht das Substitutionsverhältnis zu bewerten ist, abschließend geklärt werden. Danach soll dargestellt werden, dass zentraler Bestandteil der allgemeinen Regel zur Drittwirkung der Gleichlauf von materieller Drittbindung und prozessualer Drittwirkung ist. Abschließend werden solche Einschränkungen, in denen beim Substitutionsverhältnis keine Drittbindung erfolgen soll, herausgearbeitet. Am Ende dieses Teils der Bearbeitung soll eine allgemeine Regel für die Drittwirkung einer Gerichtsstandsvereinbarung gemäß Art. 25 Brüssel Ia-VO bei Substitutionsverhältnissen stehen, mit der für die unterschiedlichsten materiell-rechtlichen Konstellationen ein einheitliches Ergebnis gefunden werden kann. Dieses Ergebnis wird dann im 5. Abschnitt dieser Arbeit anhand unterschiedlicher Konstellationen überprüft werden.

a. Die Bewertung des Substitutionsverhältnisses

Wie sich bereits bei der Darstellung und Auswertung der Rechtsprechung und Literatur zur Tilly-Russ-Regel teilweise zeigte, gab es immer wieder Bestrebungen und Ansätze entgegen der Rechtsprechung des EuGH für die Bewertung des Substitutionsverhältnisses auf vertragsautonome Kriterien nach Art. 25 Brüssel Ia-VO zurückzugreifen. Die Vertreter dieser Ansicht sahen den Rückgriff auf nationales Recht als zu kompliziert und überflüssig an und meinten, der Eintritt des Dritten in die Rechte und Pflichten der Partei könne auch durch Auslegung von Art. 17 EuGVÜ bzw. Art. 23 Brüssel I-VO autonom bewertet werden.[744]

Demgemäß sollen an dieser Stelle zunächst die Argumente erörtert werden, die für eine Bewertung der Rechtsnachfolge nach Unionsrecht sprechen könnten. Danach soll umfassend dargestellt werden, dass die Bewertung der

---

744 Für eine vertragsautonome Bewertung etwa: *Jungermann*, Drittwirkung, S. 111 ff., *Stöve*, Gerichtsstandsvereinbarungen nach Handelsbrauch, S. 170 f., *Rauscher*, in: IPRax 1992, S. 143 (145 f.).

Rechtsnachfolge nach anwendbarem nationalen Recht (*lex causae)* vorzugswürdig ist.[745]

Dabei wird auch im Rahmen eines Exkurses auf die Problematik der Bestimmung des anwendbaren Rechts nach dem IPR einzugehen sein. Im Ergebnis wird deutlich, dass die Bewertung der Rechtsnachfolge nach dem anwendbaren nationalen Recht trotz des vielfach als kompliziert empfundenen Umwegs über das IPR, vorzugswürdig ist, da nur so der sinnvolle Gleichlauf von materiellrechtlicher Drittwirkung und prozessualer Drittbindung erreicht werden kann.

(1) Vertragsautonome Bewertung des Substitutionsverhältnisses

Wie bereits erörtert, wurde zu Zeiten des EuGVÜ teilweise vertreten, dass eine Bewertung der Rechtsnachfolge auch durch Art. 17 EuGVÜ selbst, also nach Unionsrecht erfolgen könne. Nachdem der EuGH aber in den folgenden Entscheidungen zur Brüssel I-VO an der Bewertung nach nationalem Recht festhielt, wurde eine Bewertung nach Unionsrecht nur noch vereinzelt vertreten.[746] Zuletzt vertrat *Jungermann* mit ausführlicher Begründung und anschließender Auslegung von Art. 17 EuGVÜ/Art. 23 Brüssel I-VO, dass eine Bewertung nach Unionsrecht möglich und vorzugswürdig sei.[747]

Im Folgenden sollen die Argumente, die für eine Bewertung nach Unionsrecht sprechen, im Wesentlichen kurz dargestellt werden, ohne dabei vertieft auf die Auslegung einzugehen. Die Ansicht von *Jungermann* ist insbesondere vor

---

745 Für eine Abhängigkeit der Bewertung des Substitutionsverhältnisses nach der *lex* causae: EuGH, *Coreck*, Rn. 30; *Mankowski*, in: Rauscher EuZPR/EuIPR, Art. 25 Brüssel Ia-VO, Rn. 329; *Auer*, in: Geimer/Schütze Int. Rechtsverkehr, Art. 23 EuGVO, Rn. 57; *Gaier*, in: BeckOK ZPO, Art. 25 Brüssel Ia-VO, Rn. 60.1; *Garciamartin*, in: Dickinson/Lein/James Brussels I Regulation, Rn. 9.78; *Mankowski*, Seerechtliche Vertragsverhältnisse, S. 255 f. *Geimer/Schütze*, Internationale Urteilsanerkennung, § 96 XXIII Nr. 3 d); *Kropholler/von Hein*, Europäisches Zivilprozessrecht, Art. 23, Rn. 66. Differenzierten Ansatz zur *lex causae*: *Gebauer*, Zur subjektiven Reichweite, in: FS Schütze, S. 102; *Gebauer*, Relativität und Drittwirkung, in: FS Martiny, S. 333 ff.; *Lubrich*, Der Gesamtschuldnerrückgriff, S. 248. Vereinzelt wurde auch vertreten, dass die Bewertung des Substitutionsverhältnisses anhand der *lex fori* erfolgen soll: *Moebus*, EuZW 2013, S. 316 (320); *Haß*, EuZW 1999, S. 441 (445).

746 *Jungermann*, Drittwirkung, S. 111 ff., *Stöve*, Gerichtsstandsvereinbarungen nach Handelsbrauch, S. 170 f., *Rauscher*, IPRax 1992, S. 143 (145 f.); *Schack*, Int. Zivilverfahrensrecht, Rn. 535; *Adolphsen*, ZZP Int. 1999, S. 233 (252 f.); *Gothot/Holleaux*, La Convention, S. 109, Rn. 186.

747 Dabei wurden allerdings keine Entscheidungen nach 2006 berücksichtigt: *Jungermann*, Drittwirkung, S. 111 ff.

dem Hintergrund der seither ergangenen Entscheidungen des EuGH heute wohl kaum noch vertretbar.

(a) Argumentation für die Bewertung nach Unionsrecht bei Jungermann

Größtenteils stützt *Jungermann* ihre Argumentation für eine Bewertung der Drittwirkung bei Substitutionsverhältnissen nach „übereinkommens- bzw. gemeinschaftsautonomen Grundsätzen“[748] auf wenige zentrale Punkte, die teilweise bereits bei der Drittwirkung zugunsten Dritter vorgebracht wurden.

Zunächst bezieht sich *Jungermann* auf eine vermeintlich einheitliche Bewertung der Drittwirkung in den Mitgliedsstaaten. Es gebe bezüglich der Drittwirkung von Gerichtsstandsvereinbarungen „einheitliche Grundwertungen“ in den Mitgliedsstaaten, die sich aus der Rechtsvergleichung ergäben. Daher sei ein Rückgriff auf das nationale Recht gar nicht notwendig.[749] Zudem stehe der Anwendung von Art. 17 EuGVÜ/Art. 23 Brüssel I-VO auf die Bewertung der Drittwirkung weder der Wortlaut der Vorschriften noch der Wille der Verfasser des EuGVÜ bzw. der Brüssel I-VO entgegen. Der Wortlaut befasse sich nicht explizit mit der Drittwirkung, schließe diese folglich auch nicht aus. In den Berichten zum EuGVÜ bzw. zur Brüssel I-VO werde die Problematik nicht erwähnt, obwohl die Entscheidungen dazu bekannt seien. Daraus lasse sich schließen, die Verfasser wollten der Rechtsprechung die Lösung der Problematik überlassen.[750]

Die Auslegung zum Parallelproblem – der Drittwirkung zugunsten Dritter – erfolge anhand übereinkommens- bzw. gemeinschaftsautonomer Grundsätze. Demgemäß erscheine es sinnvoll, insgesamt in Bezug auf die Problematik der Drittwirkung eine Bewertung nach übereinkommens- bzw. gemeinschaftsautonomen Kriterien vorzunehmen.[751]

Weiterhin ergebe sich bei der Anwendung von nationalem Recht das zusätzliche Problem der Ermittlung des anwendbaren Rechts nach dem jeweiligen IPR. Dieses sei in den Mitgliedsstaaten unterschiedlich ausgestaltet, sodass die Gefahr von divergierenden Entscheidungen bestünde.[752] Schließlich sei das Ziel des

748 Da *Jungermann* stets die Untersuchung sowohl auf das EUGVÜ als auch die Brüssel I-VO bezieht, soll hier diese Terminologie übernommen werden. Der Begriff „übereinkommensautonome Grundsätze“ ist heute allenfalls rechtshistorisch bedeutsam.

749 *Jungermann*, Drittwirkung, S. 112.

750 *Jungermann*, Drittwirkung, S. 112 f.

751 *Jungermann*, Drittwirkung, S. 113.

752 *Jungermann*, Drittwirkung, S. 113 f.

Übereinkommens bzw. der Verordnung die Vereinheitlichung im Hinblick auf die Zuständigkeit. Dieses Ziel sei durch divergierende Entscheidungen bezüglich der Drittwirkung bei Anwendung des nationalen Rechts erheblich gefährdet.[753]

(b) Stellungnahme

Der Ansicht von *Jungermann* kann im Ergebnis nicht gefolgt werden. Die Argumentation scheint von dem Bedürfnis getragen, die Drittwirkung zugunsten und zulasten Dritter in der Untersuchung gleich zu behandeln und die umfangreiche Auslegung von Art. 17 EuGVÜ/Art. 23 Brüssel I-VO auch bei der Drittwirkung zulasten Dritter vornehmen zu können.

Zurecht führt *Jungermann* an, dass der Wortlaut der zentralen Vorschrift eine Wirkung zugunsten sowie zulasten Dritter nicht explizit erwähnt, eine solche aber auch nicht ausschließe. Das eigentliche Problem, nämlich nach welchem Recht das Substitutionsverhältnis zu bewerten ist, ist allerdings dieser Frage vorgelagert. Nach dem Tilly-Russ-Grundsatz, den wohl auch *Jungermann* im Grunde anerkennt,[754] ist eine Drittwirkung dann denkbar, wenn der Dritte im Rahmen eines Substitutionsverhältnisses in die Rechte und Pflichten einer Partei eintritt. Die eigentliche Frage an dieser Stelle ist, durch welches Recht dieser Eintritt zu bewerten ist. Demgemäß hat die Tatsache, dass der Wortlaut sowie auch der Wille der Verfasser der Verordnung grundsätzlich der Drittwirkung nicht entgegenstehen, wenig argumentatives Gewicht bezüglich der eigentlichen Frage.

Bei der rechtsvergleichenden Untersuchung der Drittwirkung von Gerichtsstandsvereinbarungen in den unterschiedlichen Konstellationen in Deutschland, Österreich, Frankreich und England vermag *Jungermann* eine einheitliche Grundwertung zu erkennen. In der hier vorliegenden Untersuchung konnte zwar ebenfalls eine Tendenz festgestellt werden, dass die Drittwirkung zu unterschiedlichen Konstellationen in den überprüften Mitgliedsstaaten ähnlich behandelt wird. Jedoch wurden bei genauerer Betrachtung auch erhebliche Unterschiede zwischen den Mitgliedsstaaten deutlich.[755] Eben aufgrund dieser Unterschiede ist der Rückgriff auf das nationale Recht bei der Bewertung der Rechtsnachfolge notwendig.[756]

---

753 *Jungermann*, Drittwirkung, S. 114.

754 *Jungermann*, Drittwirkung, S. 108 f.

755 Siehe dazu in diesem Abschnitt A. V. Ebenso stellt *Jungermann* im einzelnen Unterschiede fest. Vgl. *Jungermann*, Drittwirkung, S. 114.

756 Die Unterschiede werden auch bei der Überprüfung der Ergebnisse im 5. Abschnitt aufgegriffen werden.

In dieser Untersuchung wurde zudem bereits deutlich gezeigt, dass die Drittwirkung von Gerichtsstandsvereinbarungen zugunsten und zulasten Dritter unterschiedlich zu behandeln ist. Bei der Drittwirkung zugunsten Dritter handelt es sich um eine besondere Konstellation, die grundsätzlich nach anderen Kriterien zu bewerten ist als die Drittwirkung zulasten Dritter. Dies sieht offensichtlich auch der EuGH so, denn er setzt in den jüngsten Entscheidungen diese Unterscheidung voraus.[757] Eine Gleichbehandlung der Drittwirkung zugunsten und zulasten Dritter wird der Problematik nicht gerecht.

Zuletzt verweist *Jungermann* auf die Problematik der Bestimmung des anwendbaren Rechts nach dem jeweiligen IPR. Dies scheint das zentrale Problem zu sein, was ebenso andere Stimmen in der Literatur nach der Entscheidung *Tilly Russ* deutlich gemacht haben.[758] Daher soll im Folgenden detailliert auf dieses Problem eingegangen werden, um zeigen zu können, dass die Bestimmung des anwendbaren Rechts zwar teilweise kompliziert, im Ergebnis aber die gewollte und richtige Konsequenz der Tilly-Russ-Regel ist.

(2) Substitutionsverhältnis nach anwendbarem nationalen Recht

Das anwendbare nationale Recht, nach dem der Dritte in die Rechte und Pflichten der Partei eintritt, ist nach dem IPR des angerufenen Gerichts zu bestimmen. Daher bestimmt sich das auf den Eintritt der Partei anwendbare Recht, also die *lex causae*, nach dem IPR der *lex fori*.[759]

Im Folgenden soll zunächst allgemein erläutert werden, dass die Bestimmung der Rechtsnachfolge nach der *lex causae* möglich ist, jedoch die starre Abhängigkeit der Drittwirkung von der *lex causae* zu Problemen führen kann.

(a) Probleme bei der Abhängigkeit der Drittbindung von der lex causae

Zunächst gilt es erneut zu betonen, dass es sich bei der Bewertung des Substitutionsverhältnisses anhand der *lex causae* um eine Vorfrage zur Drittwirkung handelt. Die (prozessuale) Drittwirkung der Gerichtsstandsvereinbarung soll

---

757 GA, *Refcomp*, Rn. 42 ff.

758 Siehe dazu in diesem Abschnitt B. I. 1. a.

759 EuGH, *Coreck*, Rn. 30; *Mankowski*, in: Rauscher EuZPR/EuIPR, Art. 25 Brüssel Ia-VO, Rn. 329; *Kropholler/von Hein*, Europäisches Zivilprozessrecht, Art. 23, Rn. 66; *Auer*, in: Geimer/Schütze Int. Rechtsverkehr, Art. 23 EuGVO, Rn. 57; *Gaier*, in: BeckOK ZPO, Art. 25 Brüssel Ia-VO, Rn. 60.1; *Garciamartin*, in: Dickinson/Lein/James Brussels I Regulation, Rn. 9.78; *O'Malley/Layton/Mercer*, European Civil Practice, Rn. 20.026; *Mankowski*, Seerechtliche Vertragsverhältnisse, S. 255 f.;

nicht automatisch angenommen werden, wenn die *lex causae* eine solche Drittwirkung vorsieht. Vielmehr soll hier der in der Tilly-Russ-Regel aufgestellte Grundsatz, dass eine Drittwirkung möglich ist, wenn der Dritte in die Rechte und Pflichten einer Partei eintritt, durch die *lex causae* ausgefüllt werden.[760]

Der Rückgriff auf die *lex causae* ist auch im Rahmen von Art. 25 Brüssel Ia-VO nicht unbekannt. So wird für die Bestimmung der materiellen Nichtigkeit ausdrücklich auf die *lex causae* verwiesen.[761] Daher ist bezüglich des Zustandekommens der Gerichtsstandsvereinbarung anerkannt und vorgesehen, dass für bestimmte Aspekte auf die *lex causae* zurückgegriffen werden kann. Wenn bereits bei einer zentralen Frage, wie der des Zustandekommens der Gerichtsstandsvereinbarung der Rückgriff auf die *lex causae* allgemein anerkannt und in der Verordnung selbst vorgesehen ist, dann liegt der Rückgriff auf die *lex causae* auch für die Vorfrage der Drittwirkung nicht fern. Wie zuvor ausführlich dargestellt, ist die Ausfüllung der Frage der Drittwirkung durch die *lex causae* auch gegenüber einer vertragsautonomen Bewertung vorzuziehen. Dies wird auch durch den EuGH und in der Literatur weit überwiegend so bewertet.[762]

Insbesondere nachdem der EuGH in der Entscheidung *Refcomp* diesen Rückgriff aber vermeintlich abgelehnt hat,[763] wurden in der Literatur unterschiedliche Ansätze diskutiert, wie die Abhängigkeit der Drittwirkung von der *lex causae* optimiert werden könne.

Die bisher dargestellte, durch den EuGH entwickelte Tilly-Russ-Regel geht immer von einer starren Abhängigkeit der prozessualen Drittwirkung von der materiell-rechtlichen Drittbindung aus. Dies bedeutet, dass die prozessuale Drittbindung immer dann in Betracht kommt, wenn nach der *lex causae* vorgesehen ist, dass der Dritte in die Rechte und Pflichten der Partei eintritt, also

760 Ebenso: *Lubrich*, Der Gesamtschuldnerrückgriff, S. 248. Dieser Unterschied wird in der Untersuchung von *Jungermann* nicht ausreichend deutlich.

761 Siehe auch ausführlich zur materiellen Einigung, Willensmängeln und Stellvertretung im 2. Abschnitt C.

762 EuGH, *Coreck*, Rn. 30; *Mankowski*, in: Rauscher EuZPR/EuIPR, Art. 25 Brüssel Ia-VO, Rn. 329; *Auer*, in: Geimer/Schütze Int. Rechtsverkehr, Art. 23 EuGVO, Rn. 57; *Gaier*, in: BeckOK ZPO, Art. 25 Brüssel Ia-VO, Rn. 60.1; *Mankowski*, Seerechtliche Vertragsverhältnisse, S. 255 f. *Geimer/Schütze*, Internationale Urteilsanerkennung, § 96 XXIII Nr. 3 d); *Kropholler/von Hein*, Europäisches Zivilprozessrecht, Art. 23, Rn. 66; *Garciamartin*, in: Dickinson/Lein/James Brussels I Regulation, Rn. 9.78; *O'Malley/Layton/Mercer*, European Civil Practice, Rn. 20.026.

763 Wie soeben bereits ausführlich erläutert, ist die Entscheidung *Refcomp* richtigerweise nicht als Abkehr von der Tilly-Russ-Regel zu verstehen.

ein Substitutionsverhältnis vorliegt. Problematisch ist dabei, dass die prozessuale Drittbindung bei der Zulässigkeit der Klage geprüft wird, während die materiell-rechtliche Drittwirkung erst in der Begründetheit der Klage zu prüfen ist. Ein Gericht müsste also die eigene Zuständigkeit aufgrund einer Gerichtsstandsvereinbarung begründen, deren Wirkung vom Bestehen eines materiell-rechtlichen Substitutionsverhältnisses abhängt, das erst in der Begründetheit der Klage zu prüfen wäre. Fraglich ist also, wie ein erkennendes Gericht bei der Prüfung nach der Tilly-Russ-Regel die Zuständigkeit aufgrund einer Drittwirkung prüfen soll, wenn es für die Drittbindung auf eine materiell-rechtliche Grundlage ankommt, die nach der *lex causae* zu bestimmen ist. Womöglich müsste dann ein Richter in der Zuständigkeitsprüfung bereits nach einem ihm unbekannten, aber anwendbaren Recht entscheiden.[764]

Zudem könnte die starre Anwendung der Tilly-Russ-Regel zu der absurden Situation führen, dass ein tatsächlich unzuständiges Gericht die eigene Zuständigkeit aufgrund eines materiell-rechtlichen Substitutionsverhältnisses begründen soll, das von der *lex causae* abhängt. Das tatsächlich unzuständige Gericht müsste also zunächst die eigene Zuständigkeit aufgrund der Verordnung begründen, um dann in der Prüfung der Begründetheit zum Ergebnis zu kommen, dass aufgrund der Drittwirkung der Gerichtsstandsvereinbarung nach der *lex causae* ein anderes Gericht zuständig ist.

Im Folgenden sollen daher die unterschiedlichen Ansätze zur Lösung dieser Problematik dargestellt werden, um dann einen eigenen Ansatz zur Abhängigkeit der Drittwirkung von der *lex causae* entwickeln zu können, der dann in dieser Untersuchung zugrunde gelegt werden soll.

(1) Ansatz von Gebauer

Einen neuen Ansatz zur Abhängigkeit der Drittwirkung von der *lex causae* verfolgt *Gebauer*, indem er zwischen der Klage am prorogierten und derogierten Gericht unterscheidet.

Für Klagen am prorogierten Gericht, bei der die mögliche Drittwirkung der Gerichtsstandsvereinbarung die Zuständigkeit des angerufenen Gerichts begründet, hält *Gebauer* einen Gleichlauf von prozessualer Drittwirkung und materiell-rechtlicher Drittbindung für sinnvoll. Die Drittwirkung stelle dann eine sog. doppelrelevante Tatsache dar, die sowohl bei der Zulässigkeit der Klage

---

764 So bereits die Kritik zur Entscheidung *Castelletti*: *Haß*, EuZW 1999, S. 441 (445); *Adolphsen*, ZZP Int. 1999, S. 233 (252); *Kim*, Internationale Gerichtsstandsvereinbarungen, S. 185.

als auch bei der Begründetheit zu prüfen sei. Wenn der Zessionar beispielsweise an dem zwischen Zedenten und Schuldner vereinbarten Gericht klagen würde, müsse dieser (insbesondere im Fall eines Bestreitens) bereits in der Zulässigkeit der Klage auch die wirksame Abtretung schlüssig darlegen. Wenn der Dritte, also hier der Zessionar, dies nicht nachweisen könne, etwa weil nach der *lex causae* keine materiell-rechtliche Drittwirkung bestehe, würde sich das Gericht für unzuständig erklären.[765]

Dagegen hält *Gebauer* bei Klagen am derogierten Gericht, bei der die mögliche Drittwirkung der Gerichtsstandsvereinbarung als Einrede die Zuständigkeit des angerufenen Gerichts ausschließe, einen starren Gleichlauf von prozessualer Drittwirkung und materiell-rechtlicher Drittbindung nicht für sinnvoll. Wenn nämlich in dieser Situation nach der *lex causae* keine Drittbindung bestünde, so müsste das derogierte Gericht über die Drittwirkung aufgrund der fehlenden Existenz der Drittbindung entscheiden. Eine starre Abhängigkeit führe also zu der absurden Situation, dass aus der fehlenden Existenz der materiell-rechtlichen Drittbindung gleichsam die Kompetenz folge, über die Existenz der Bindung nach der *lex causae* zu entscheiden. Daher müsse sich laut *Gebauer* das derogierte Gericht bereits aufgrund der potenziellen Drittwirkung der Gerichtsstandsvereinbarung für unzuständig erklären.[766]

Wenn also beispielsweise der Zessionar gegen den Zedenten an einem durch die Gerichtsstandsvereinbarung zwischen Zedenten und Schuldner derogierten Gericht klage, die Abtretung aber nach der *lex causae* kein Substitutionsverhältnis begründe, würde das Gericht bei der Zuständigkeitsprüfung aufgrund der fehlenden materiell-rechtlichen Drittwirkung über die prozessuale Drittbindung entscheiden. Dies habe laut *Gebauer* zur Folge, dass der „Scheinzessionar"[767] sich der Bindung der Gerichtsstandsvereinbarung entziehen könne, denn die Einrede der Unzuständigkeit des Zedenten liefe aufgrund der fehlenden materiell-rechtlichen Bindung ins Leere. Der wirkliche Zessionar hingegen sei immer gebunden. Demgemäß müsse der Nachweis der Gerichtsstandsvereinbarung und die potenzielle Möglichkeit einer Drittwirkung ausreichen, damit das angerufene Gericht sich für unzuständig erklärt.[768] Dadurch würde auch das

765 *Gebauer*, Zur subjektiven Reichweite, in: FS Schütze, S. 102.

766 *Gebauer*, Zur subjektiven Reichweite, in: FS Schütze, S. 102; *Gebauer*, Relativität und Drittwirkung, in: FS Martiny, S. 334.

767 Damit meint *Gebauer* wohl einen Zessionar, der etwa aufgrund von Mängeln im Forderungskaufvertrag nicht wirksam in die Rechte und Pflichten des Zedenten eintritt.

768 *Gebauer*, Zur subjektiven Reichweite, in: FS Schütze, S. 102.

erkennende Gericht erheblich entlastet, denn es müsse nicht im Rahmen der Zuständigkeitsprüfung bereits in die Beweisaufnahme über alle anspruchsrelevanten Tatsachen eintreten.[769]

Im Ergebnis unterteilt der Ansatz von *Gebauer* die Drittwirkung von Gerichtsstandsvereinbarungen in zwei Kategorien: Bei einer Klage am prorogierten Gericht soll die Drittwirkung der Gerichtsstandsvereinbarung eine doppelrelevante Tatsache darstellen, die das erkennende Gericht also sowohl bei der Zuständigkeit als auch bei der Begründetheit der Klage zu prüfen hat. Bei einer Klage am derogierten Forum hingegen soll die schlüssige Behauptung einer Gerichtsstandsvereinbarung mit potenzieller Drittwirkung ausreichen, um die Unzuständigkeit des erkennenden Gerichts zu begründen. Dann muss der Kläger sich an das prorogierte Gericht wenden, das dann wiederum die Drittwirkung als doppelrelevante Tatsache in der Zuständigkeit prüfen muss.

(2) Differenzierte Ansicht von Lubrich

In ihrer Untersuchung setzt sich *Lubrich* mit dem Ansatz *Gebauers* auseinander und kommt teilweise zu abweichenden Ergebnissen.

Soweit der Ansatz von *Gebauer* die Klage am prorogierten Gericht betreffe, sei ihm zuzustimmen. Die materiell-rechtliche Drittwirkung stelle dabei eine doppelrelevante Tatsache dar. Der Kläger müsse, so *Lubrich*, die materiell-rechtliche Drittwirkung und die daraus folgende prozessuale Drittbindung schlüssig vortragen, damit sich das erkennende Gericht für zuständig erklären und über den Rechtsstreit entscheiden könne. Die dafür im deutschen Recht lange anerkannte Schlüssigkeitstheorie sei laut *Lubrich* nunmehr auch vom EuGH in der Rechtssache *Kolassa*[770] im Grundsatz gebilligt worden. Die Fälle von Klagen am prorogierten Gericht erwiesen sich insoweit nicht als problematisch.[771]

Anders sei der Ansatz von *Gebauer* bezüglich von Klagen am derogierten Gericht zu bewerten. Die starre Abhängigkeit der prozessualen und materiellrechtlichen Drittwirkung sei auch hier vorzugswürdig. Im Grunde sprechen laut *Lubrich* zwei gewichtige Überlegungen gegen den Ansatz *Gebauers* bezüglich der Klage am derogierten Gericht: Zum einen sei dieser aus Gründen der Prozessökonomie wenig zielführend. Zum anderen werde die entscheidende Prüfung in unzulässiger Weise an das prorogierte Gericht verlagert.[772]

---

769 *Gebauer,* Relativität und Drittwirkung, in: FS Martiny, S. 334.

770 EuGH, Urteil vom 28.01.2015, Rechtssache C-375/13 – *Kolassa,* Rn. 58 ff.

771 *Lubrich*, Der Gesamtschuldnerrückgriff, S. 254 f.

772 *Lubrich*, Der Gesamtschuldnerrückgriff, S. 255 ff.

Wenn man dem Ansatz von *Gebauer* folge, habe dieser zwei abweisende Prozessurteile ohne Sachurteil zur Folge: Das derogierte Gericht erkläre sich aufgrund der behaupteten Gerichtsstandsvereinbarung für unzuständig. Das prorogierte Gericht, an das der Kläger sich dann wenden würde, weise die Klage ebenfalls nach erfolgter Prüfung der doppelrelevanten Tatsache als unzulässig ab, da der Kläger die materiell-rechtliche Bindung nicht schlüssig behaupten könne. Dies hätte laut *Lubrich* zur Folge, dass der Kläger in seinem Recht auf effektiven Rechtsschutz verletzt sei. Demgemäß dürfe, wenn der Kläger erneut Klage am derogierten Gericht erhebt, dieses sich nicht aufgrund der behaupteten Drittbindung für unzuständig erklären, sondern müsse dann ein Sachurteil fällen.[773]

Zudem würde in der soeben erläuterten Konstellation die entscheidende Prüfung der Drittwirkung faktisch an das prorogierte Gericht verlagert und etwas Ähnliches wie eine Kompetenz-Kompetenz[774] des prorogierten Gerichts entstehen. Im Rahmen der Neufassung der Brüssel Ia-VO habe man sich jedoch bewusst gegen die Etablierung einer Kompetenz-Kompetenz des prorogierten Gerichts entschieden. Die bis dato geltende strikte Prioritätsregel sei lediglich insoweit gelockert worden, als dass, wenn ein Sachverhalt mit ausschließlicher Gerichtsstandsvereinbarung am derogierten und am prorogierten Gericht anhängig gemacht wurde, das derogierte Gericht das Verfahren aussetzt und die Entscheidung des prorogierten Gerichts abwarten müsse. Nur wenn sowohl das derogierte als auch das prorogierte Gericht den gleichen Prüfungsmaßstab ansetzten, könne laut *Lubrich* die faktische Verlagerung und der Anschein einer unzulässigen Kompetenz-Kompetenz vermieden werden.[775]

Daher schlägt *Lubrich* vor, die Klage am prorogierten und derogierten Forum im Wesentlichen gleich zu behandeln. Zwar sei der Einwand der Beklagten, das angerufene Gericht sei aufgrund der Drittwirkung einer Gerichtsstandsvereinbarung unzuständig, keine doppelrelevante Tatsache im engeren Sinne, denn es

773 *Lubrich*, Der Gesamtschuldnerrückgriff, S. 256 f.

774 Der Begriff der „Kompetenz-Kompetenz" ist insbesondere im Schiedsrecht verbreitet und bedeutet, dass ein (Schieds)Gericht über die eigene Zuständigkeit entscheiden kann, vgl. *Blackaby/Partasides* in: Redfern and Hunter on international arbitration, Rn. 5.105 ff.; *Schwab/Walter* Schiedsgerichtsbarkeit, Kap. 16, Rn. 10. Der Begriff wird allerdings auch bei der Diskussion über die Prüfungskompetenz von ausschließlich prorogierten Gerichten im Rahmen der Brüssel Ia-VO gebraucht. *Gottwald,* in: MüKo ZPO, Art. 25 Brüssel Ia-VO, Rn. 84; *Gaier,* in: BeckOK ZPO, Art. 25 Brüssel Ia-VO, Rn. 68.

775 *Lubrich*, Der Gesamtschuldnerrückgriff, S. 258 f.

schließe sich bei erfolgreicher Einrede gerade keine Begründetheitsprüfung an. Jedoch könne man in dieser besonderen Konstellation die Drittwirkung als eine Art doppelrelevante Tatsache betrachten und auf sie dieselben Maßstäbe wie am prorogierten Gericht anwenden. Die Drittwirkung ergebe sich dabei aus dem schlüssigen Vortrag des Klägers und nicht aus der Einrede des Beklagten. Macht der Dritte schlüssig geltend, ihm stehe materiell-rechtlich ein Drittanspruch zu, folge daraus auch die prozessuale Drittbindung und das Gericht erkläre sich für unzuständig. Für den Fall, dass der Kläger nicht schlüssig vortrage, müsse das derogierte Gericht sich laut *Lubrich* für zuständig erklären und im Rahmen einer Sachprüfung die materiell-rechtliche Drittwirkung abschließend klären.[776]

Im Ergebnis unterscheidet sich die Ansicht *Lubrich* lediglich bezüglich der Klage am derogierten Gericht von *Gebauers* Ansatz. Hier soll die Drittwirkung – wie bei der Klage am prorogierten Gericht auch – als eine Art doppelrelevante Tatsache ebenso im Rahmen einer Schlüssigkeitsprüfung festgestellt oder abgelehnt werden. Nur so lasse sich laut *Lubrich* ein Ergebnis finden, das weder aus prozessökonomischen Gründen noch aufgrund einer unzulässigen Prüfungsverlagerung zum prorogierten Gericht abzulehnen sei.[777]

(3) Stellungnahme

Der differenzierte Ansatz von *Lubrich* ist im Ergebnis abzulehnen, da die beiden Hauptargumente nicht überzeugen und der Ansatz falsche Anreize schaffen würde, trotz Gerichtsstandsvereinbarung an derogierten Gerichten zu klagen. Vorzugswürdig ist im Ergebnis hingegen der Ansatz von *Gebauer*, wenn man davon ausgeht, dass der Prüfungsmaßstab in der Zulässigkeit identisch ist.

(a) Klage am prorogierten Gericht führt zu Sachurteil

Wenn bei einer Klage am derogierten Gericht dieses allein aufgrund der „schlüssigen" Behauptung einer möglichen Drittwirkung, also laut *Gebauer* das Vorliegen einer Gerichtsstandsvereinbarung zwischen den Parteien und der Möglichkeit der Drittwirkung nach der *lex causae*, seine Zuständigkeit ablehnt, dann sollte im Umkehrschluss dieser Vortrag bei der Schlüssigkeitsprüfung der doppelrelevanten Tatsache am prorogierten Gericht ausreichen, um die Zuständigkeit zunächst zu begründen. Beim Vortrag der doppelrelevanten Tatsachen in der Zulässigkeit findet keine Beweiserhebung statt und diese werden zumindest nach deutschem Recht als wahr unterstellt. Das tatsächliche Vorliegen der

776 *Lubrich*, Der Gesamtschuldnerrückgriff, S. 259 ff.
777 *Lubrich*, Der Gesamtschuldnerrückgriff, S. 261 f.

Ansprüche wird erst in der Begründetheit geprüft.[778] Dies sieht auch der EuGH in der Entscheidung *Kolassa* so und betont, dass ein Beweisverfahren in diesem Verfahrensstadium nicht angebracht sei.[779] Selbst wenn man davon ausgehen sollte, dass das erkennende Gericht nach der Empfehlung des EuGH auch die Einwendungen des Beklagten bei der Schlüssigkeitsprüfung beachten sollte,[780] jedoch der Kläger die vermeintliche Drittwirkung schlüssig darlegen kann, führt eine eventuelle Einwendung der Unzuständigkeit des Beklagten nicht zu einer Beweisaufnahme über die Drittwirkung. Wenn also der Kläger am prorogierten Gerichtsstand behauptet, das ein materiell-rechtliches Substitutionsverhältnis, das ihn berechtigt, den Anspruch einzuklagen, bestehe und eine Gerichtsstandsvereinbarung im Rechtsverhältnis zwischen den Parteien begründe bei Drittwirkung die Zuständigkeit des Gerichts, dann sollte dies ausreichen, um die Zuständigkeit des prorogierten Gerichts zu begründen. Schlüssig vorgetragene Tatsachen werden bei der Prüfung der Zulässigkeit ohne Beweisaufnahme als wahr unterstellt.[781] Stellt sich dann im Rahmen der Begründetheitsprüfung heraus, dass die materiell-rechtliche Drittwirkung nach eingehender Prüfung und Beweisaufnahme nach dem anwendbaren Sachrecht nicht gegeben ist, erklärt sich das Gericht nachträglich für unzuständig, fällt aber ein Urteil mit erweiterter Rechtskraft. Das bedeutet, dass ein Sachurteil ergeht, das auch feststellt, dass der materiell-rechtliche Anspruch nicht besteht.[782] Dadurch wird die Gerichtsstandsvereinbarung beachtet, also der Beklagte geschützt. Zudem wird der Kläger nicht in seinem Recht auf effektiven Rechtsschutz verletzt und die Prozessökonomie ist gewahrt.

Zudem behauptet *Lubrich* bezüglich der materiell-rechtlichen Bindung nach der *action directe*, das prorogierte Gericht würde bei einem solchen Direktanspruch, der nach der *lex causae* nicht existiere, bereits in der Schlüssigkeitsprüfung der doppelrelevanten Tatsache die Zuständigkeit verneinen, da dieser Anspruch dann nicht schlüssig dargelegt werden könne. Wie aber im Folgenden dargestellt wird, erfordert die Bewertung nach der *lex causae* zunächst die

---

778 Dies gilt auch für die Feststellung der internationalen Zuständigkeit: BGH NJW-RR 2010, 155; *Roth*, in: Stein/Jonas ZPO, § 1 ZPO, Rn. 28.

779 EuGH, *Kolassa*, Rn. 63.

780 Dabei ist die Entscheidung *Kolassa* eher so zu verstehen, dass der Prüfungsumfang für doppelrelevante Tatsachen anhand der *lex fori* zu bestimmen ist. Ebenso: *Lubrich*, Der Gesamtschuldnerrückgriff, S. 255.

781 BGH, NJW 2010 873, Rn. 14; BGH, NJW 1996, 3012; *Roth*, in: Stein/Jonas ZPO, § 1 ZPO, Rn. 24.

782 BGH, NJW 2010 873, Rn. 14; *Roth*, in: Stein/Jonas ZPO, § 1 ZPO, Rn. 30.

Bestimmung dieser. Die Frage, welches Recht auf den Anspruch anzuwenden ist, ist durch das IPR der *lex fori* zu beantworten. Diese Bestimmung erfolgt aber bezüglich der doppelrelevanten Tatsache nicht in der Zulässigkeit, da die Bestimmung des anwendbaren Rechts auf den materiell-rechtlichen Anspruch jedenfalls den Prüfungsrahmen diesbezüglich überschreiten würde.[783] Bei der Prüfung der Zuständigkeit durch das prorogierte Gericht würde also die doppelrelevante Tatsache, dass aufgrund eines materiell-rechtlichen Substitutionsverhältnisses nach dem behaupteten anwendbaren Recht eine zwischen den Parteien wirksamen Gerichtsstandsvereinbarung Drittwirkung entfaltet, als wahr unterstellt und gerade nicht im Rahmen einer Beweisaufnahme mit Bestimmung der *lex causae* eingehend geprüft werden.

(b) Keine unzulässige Verlagerung der Sachprüfung

Außerdem führe laut *Lubrich* der Ansatz von *Gebauer* zu einer unzulässigen Verlagerung der entscheidenden Prüfung an das prorogierte Gericht. An dieser Stelle stützt *Lubrich* ihre Argumentation hauptsächlich auf die Behauptung, das derogierte und das prorogierte Gericht setzten unterschiedliche Prüfungsmaßstäbe an, wodurch eine Art Kompetenz-Kompetenz des prorogierten Gerichts entstünde. Der Ansatz von *Lubrich* behilft sich mit einer Art „Kunstgriff", bei der Prüfung am derogierten Gericht die Grundsätze der doppelrelevanten Tatsachen anzuwenden, um eine materiell-rechtliche Prüfung des Sachverhaltes zu erzwingen. Dieser Kunstgriff ist jedoch überflüssig, da es sich bei genauerer Betrachtung um denselben Prüfungsmaßstab handelt, der vom derogierten und prorogierten Gericht angesetzt wird.

Bei der Klage am derogierten Gericht behauptet der Kläger, dass eine materiell-rechtliche Drittwirkung mit Möglichkeit der Drittwirkung der Gerichtsstandsvereinbarung vorliegt, die dann die Zuständigkeit des erkennenden Gerichts derogiert.[784] Das Gericht prüft diesen Vortrag, ohne Beweise zu erheben. Es wird regelmäßig den Vortrag als wahr unterstellen und daher die Zuständigkeit ablehnen. Es handelt sich dabei, wie *Lubrich* richtigerweise feststellt, gerade nicht um doppelrelevante Tatsachen, da das Bestehen des materiell-rechtlichen

---

783 Vgl. zur Abgrenzung: *Roth*, in: Stein/Jonas ZPO, § 1 ZPO, Rn. 28 f.

784 Zwar wird der Kläger mit seinem Vortrag dieses Ziel regelmäßig nicht beabsichtigt haben, aber die logische Konsequenz der Begründung der Klage führt das Gericht mit dem zusätzlichen Bestreiten der Zuständigkeit durch den Beklagten zu diesem Ergebnis. Der Kläger trägt nämlich in der Begründetheit notwendigerweise zur Drittbindung vor, da er seinen Anspruch ja darauf stützt.

Anspruchs zur Unzuständigkeit des Gerichts führt. Bei der Klage am prorogierten Gericht führt der gleiche Vortrag auch zu derselben Prüfung: Das Gericht prüft in der Zulässigkeit den Vortrag des Klägers und wird das Bestehen der materiell-rechtlichen Drittbindung mit Möglichkeit der Drittwirkung aufgrund der Gerichtsstandsvereinbarung zunächst als wahr unterstellen. Dies führt dann dazu, dass die Zuständigkeit zunächst begründet ist und das Gericht im Rahmen der Sachprüfung tatsächlich prüft, ob der Anspruch, der auch zur Drittwirkung führt, besteht. Dabei handelt es sich gerade nicht um unterschiedliche Prüfungsmaßstäbe und um eine Kompetenz-Kompetenz, sondern vielmehr um das konsequente Ergebnis der Prüfung von doppelrelevanten Tatsachen. Die Prüfungsmaßstäbe sind gewissermaßen spiegelverkehrt identisch.

Darüber hinaus würde dieser Ansatz, wie bereits *Gebauer* richtigerweise anführt, diejenigen Kläger, denen eigentlich überhaupt kein Anspruch zusteht, ungebührend bevorzugen. Wenn nach *Lubrich* der Scheinzessionar, der sich in seiner Klage zwar materiell-rechtlich auf die Drittbindung beruft, prozessrechtlich aber nicht am vereinbarten Gerichtsstand, sondern an einem für ihn günstigeren Gerichtsstand klagt, dann würde nach *Lubrichs* Ansatz dieses Gericht über den Anspruch entscheiden, ohne den Scheinzessionar zur erneuten Klage am vereinbarten Gericht zu zwingen. Derjenige, dem aber tatsächlich ein Anspruch zusteht, würde bei der Klage am derogierten Gericht an das prorogierte Gericht verwiesen werden. Dadurch könnte ein Anreiz geschaffen werden, bei fraglicher Drittbindung zunächst die Gerichtsstandsvereinbarung zu ignorieren und an einem beliebigen günstigen Gerichtsstand zu klagen. Ein Kläger könnte gewissermaßen seinen Anspruch an einem für sich als günstig empfundenen Gericht prüfen lassen, sobald er unsicher ist, ob dieser überhaupt besteht.

Ist hingegen, wie im Ansatz von *Gebauer* angelegt, von vornehinein klar, dass die Klage an einem derogierten Gerichtsstand bei fraglicher Drittwirkung der Gerichtsstandsvereinbarung grundsätzlich zunächst zur Unzuständigkeit der Klage führt, wird ein Anreiz geschaffen, Gerichtsstandsvereinbarungen zu beachten.

(c) Ergebnis

Im Ergebnis ist also der differenzierte Ansatz von *Lubrich* aufgrund der aufgezeigten Schwächen abzulehnen. Der Ansatz von *Gebauer* hingegen ist vielversprechender, da er sowohl die Gerichtsstandsvereinbarung respektiert als auch den Gleichlauf von materiell-rechtlicher Drittbindung und prozessualer Drittwirkung sehr gut einbindet.

Wünschenswert wäre allerdings die Klarstellung gewesen, dass der Prüfungsmaßstab am derogierten und prorogierten Gericht in der Zulässigkeit identisch ist und am prorogierten Gericht regelmäßig zur Begründung der Zulässigkeit führt. Unabhängig davon, wo der Kläger klagt, wird die fragliche Drittwirkung aufgrund des Substitutionsverhältnisses immer als doppelrelevante Tatsache geprüft: Bei der Prüfung am prorogierten Gericht als „klassische" doppelrelevante Tatsachen, bei der Prüfung am derogierten Gericht als „quasi" doppelrelevante Tatsachen.

Zudem sollte hervorgehoben werden, dass der Gleichlauf von prozessualer Drittwirkung und materiell-rechtlicher Drittbindung nur sinnvoll ist, wenn die Drittwirkung im Ergebnis am prorogierten Gericht geprüft wird.

Dazu sollte man sich zunächst verdeutlichen, was der Gleichlauf von prozessualer Drittwirkung und materiell-rechtlicher Drittbindung eigentlich bedeutet:

Vereinfacht ausgedrückt folgt aus der materiell-rechtlichen Drittbindung nach anwendbarem nationalen Recht auch die prozessuale Drittwirkung. Die mögliche prozessuale Drittbindung führt stets zu der Begründung der Zuständigkeit des prorogierten Gerichts und nie zu einer Zuständigkeit eines derogierten Gerichts. Wenn also die materiell-rechtliche Drittwirkung fraglich ist und von ihr die prozessrechtliche Drittbindung abhängt, muss diese Frage vom prorogierten Gericht beantwortet werden. Der Gleichlauf kann also nur erreicht werden, wenn zunächst das prorogierte Gericht die Drittwirkung der Vereinbarung prüft. Sollte man diese Prüfung an das derogierte Gericht verlagern, kann der Gleichlauf nicht mehr erreicht werden. Hat sich das Gericht nämlich fälschlicherweise für zuständig befunden, um dann in der Sachprüfung zu dem Ergebnis zu kommen, der Anspruch besteht doch und auch die Drittwirkung, müsste sich das Gericht nachträglich für unzuständig befinden. Dann ist der Gleichlauf allerdings bereits gestört.

Schließlich ist der Ansatz auch interessengerecht, denn weder für den Kläger noch für den Beklagten ergeben sich Vorteile bzw. Nachteile:

Wenn ein Kläger seinen materiell-rechtlichen Anspruch auf eine Drittbindung stützt und in dem Substitutionsverhältnis, das diese Drittbindung begründen soll, ein Gerichtsstand zwischen den Parteien vereinbart ist, dann muss sich der Kläger, egal ob der Anspruch tatsächlich besteht, an den vereinbarten Gerichtsstand verweisen lassen. Ebenso kommt *Lubrich* selbst zu dem Schluss, der Kläger müsse es sich gefallen lassen, dass man ihn auch an die prozessualen Wirkungen des geltend gemachten Anspruchs bindet.[785] Daraus folgt aber,

---

785 *Lubrich*, Der Gesamtschuldnerrückgriff, S. 261.

anders als *Lubrich*, nicht, dass das derogierte Gericht bei fraglicher Drittwirkung die Sachprüfung vornehmen sollte, sondern vielmehr, dass bei fraglicher Drittwirkung das derogierte Gericht unzuständig ist und am prorogierten Gericht geklagt werden muss.

Dies ist auch im Interesse von Kläger und Beklagtem. Besteht der materiell-rechtliche Anspruch mit fraglicher Drittbindung tatsächlich, so entfaltet die Gerichtsstandsvereinbarung Drittwirkung. Das prorogierte Gericht ist demnach zuständig und entscheidet in der Sache. Besteht der materiell-rechtliche Anspruch mit fraglicher Drittbindung tatsächlich nicht, stellt das prorogierte Gericht nach eingehender Sachprüfung fest, dass der Anspruch mit Drittbindung nicht besteht und so die Klage im Ergebnis unzulässig und unbegründet ist. Es ergeht also ein Sachurteil.[786] In beiden Konstellationen erlangen der Kläger und der Beklagte durch die Klage am prorogierten Gericht abschließende Rechtssicherheit. Bei einer Klage am derogierten Gericht muss sich der Kläger hingegen die Konsequenz der potentiellen materiell-rechtlichen Drittbindung, also die Zuständigkeit des prorogierten Gerichts entgegenhalten lassen. In beiden Fällen wird das Verfahren nur an dem Gerichtsstand geführt, den der Beklagte bei Vertragsschluss voraussehen konnte.

Im Ergebnis ist dem Ansatz von *Gebauer* mit den beschriebenen Ergänzungen zu folgen. Insbesondere sollte dabei verstärkt auf die Herstellung des Gleichlaufs zwischen der prozessualen Drittwirkung und der materiell-rechtlichen Drittbindung, die der EuGH in der ursprünglichen *Tilly Russ*-Entscheidung bereits angestrebt hat, noch mehr in den Vordergrund gestellt werden.

(d) Exkurs: Anwendbarkeit auch auf umfassende Bindung zugunsten Dritter?

Fraglich ist, ob die hier auf der Grundlage des Ansatzes *Gebauers* entwickelte Lösung auch bei der umfassenden Bindung von Dritten an eine Gerichtsstandsvereinbarung im Vertrag zugunsten Dritter nach den ermittelten allgemeinen Grundsätzen anwendbar ist. Dort wurde zwar die Bindung durch gemeinschaftsautonome Kriterien begründet, jedoch werden die Argumente für eine umfassende Bindung aus der Struktur des Vertrags zugunsten Dritter abgeleitet. Man kann also auch hier von einer Abhängigkeit der prozessualen Drittbindung von der materiell-rechtlichen Drittwirkung sprechen. Bezüglich der umfassenden Bindung zugunsten Dritter ergibt sich die Besonderheit, dass eines der Kriterien für eine Drittwirkung der fehlende besondere Gerichtsstand aufgrund

786 Siehe dazu bereits ausführlich unter *a)*.

der Verordnung ist (etwa der Verbrauchergerichtsstand, Art. 17 Brüssel Ia-VO). Daher muss die hier vertretene Lösung für die umfassende Bindung zugunsten Dritter modifiziert werden.

Für Klagen am prorogierten Gericht ergeben sich keine Unterschiede. Das Gericht prüft die fragliche Drittbindung aufgrund des Vertrags zugunsten Dritter als doppelrelevante Tatsache und der Gleichlauf ist sinnvoll hergestellt.

Für Klagen am derogierten Gericht ist eine Unterscheidung geboten: Klagt der Dritte an einem durch die Vereinbarung derogierten Gerichtsstand, der aber ein besonderer durch die Verordnung für den Kläger geschaffener Gerichtsstand ist (beispielsweise der Verbrauchergerichtsstand, Art. 17 Brüssel Ia-VO), dann muss dem umfassenden Schutz dieser Gruppen Rechnung getragen werden. Das derogierte Gericht sollte sich allein durch die schlüssige Darlegung des Verbrauchergerichtsstands für zuständig befinden. Der Dritte wird dann in der Zulässigkeit auch zur Drittbindung nicht vortragen müssen, da der Gerichtsstand unabhängig von der Drittwirkung und dem materiell-rechtlichen Anspruch besteht. Klagt der Dritte jedoch vor einem derogierten Gericht und leitet seinen Anspruch aus dem Vertrag zugunsten Dritter ab, ohne dass ihm ein besonderer Gerichtsstand zur Verfügung steht, führt dieser Vortrag dazu, dass das derogierte Gericht sich wiederum aufgrund der potenziellen Drittbindung durch den Vertrag zugunsten Dritter für unzuständig befinden muss. In dieser Konstellation ist der Gleichlauf nur sinnvoll, wenn das prorogierte Gericht entscheidet.

Daher ist im Ergebnis die hier entwickelte Lösung für die umfassende Bindung zugunsten Dritter unter Beachtung der besonderen Gerichtsstände für die durch die Verordnung besonders geschützten Gruppen anwendbar.

(b) Bestimmung der maßgeblichen lex causae *nach dem IPR*

Wie soeben dargestellt, hängt durch den angestrebten Gleichlauf die prozessuale Drittwirkung von der materiell-rechtlichen Drittbindung ab. Die Drittbindung soll anhand der maßgeblichen *lex causae* bestimmt werden. Das bedeutet, dass dieses sog. Drittwirkungsstatut als das Recht identifiziert wird, das über das Bestehen des Anspruchs des Dritten entscheidet.[787]

Daher ist für jede materiell-rechtliche Konstellation, bei der eine Drittwirkung aufgrund des Substitutionsverhältnisses in Betracht kommt, eine

---

787 *Lubrich*, Der Gesamtschuldnerrückgriff, S. 262; *Gebauer*, IPRax 2001, S. 471 (474); *Gebauer*, Drittbindung, in: FS Martiny (2014), S. 333; *Weller*, IPRax 2006, S. 444 (448); Mit besonderem Bezug zur Drittwirkung bei Konnossementen: *Mankowski*, Seerechtliche Vertragsverhältnisse, S. 255 ff.

Bestimmung der maßgeblichen *lex causae* über das IPR des erkennenden Gerichts vorzunehmen.

Das bedeutet, dass über das IPR des Mitgliedsstaats, in dem das Verfahren anhängig ist, bestimmt werden muss, nach welchem Recht das Substitutionsverhältnis zu bewerten ist. Dies wird im IPR über die Kollisionsnormen bestimmt, die Verweisungs- oder Anknüpfungsregeln enthalten. Auf der Tatbestandsseite werden häufig durch Sammelbegriffe bestimmte Sachverhalte umschrieben. Auf der Rechtsfolgenseite haben Kollisionsnormen eine Rechtsanwendungsrege. Sie bestimmen also, nach welcher Rechtsordnung der beschriebene Sachverhalt zu bewerten ist.[788] Das Kollisionsrecht ist heutzutage innerhalb der EU größtenteils einheitlich und in den sog. Rom-Verordnungen geregelt.[789] Der Rückgriff auf nationale Kollisionsvorschriften ist durch die Anwendbarkeit der Verordnungen grundsätzlich für die durch diese geregelten Bereiche versperrt.[790] Dadurch soll innerhalb der EU eine Vereinheitlichung des IPR angestrebt werden.

Im Folgenden soll dies im Überblick für zwei der hier überprüften materiellrechtlichen Konstellationen beispielhaft dargestellt werden. Bei den einzelnen Anknüpfungsgegenständen können sich spezifische Probleme des IPR ergeben, die an dieser Stelle nicht vertieft behandelt werden sollen. Im Ergebnis kann so gezeigt werden, dass im Gegensatz zu der immer wieder vorgebrachten Kritik, die Bestimmung der *lex causae* über das IPR sei zu kompliziert und führe zu divergierenden Entscheidungen, die Bestimmung ohne größere Probleme möglich ist und zu ausgeglichenen und einheitlichen Ergebnissen führt.

(1) Bestimmung der lex causae bei Konnossementen

Die Anknüpfung für die Bestimmung des anwendbaren Rechts für Konnossemente im IPR ist eine komplexe Frage, die *Mankowski* ausführlich analysiert.[791] Im Folgenden soll die Rechtslage dazu lediglich im Überblick dargestellt werden, da eine ausführliche Darstellung den Rahmen dieser Untersuchung überschreiten würde.

---

788 *Kropholler*, Internationales Privatrecht, S. 103; *Rauscher*, Internationales Privatrecht, S. 31.

789 VO Nr. 593/2008 (Rom I-VO); VO Nr. 864/2007 (Rom II-VO); VO Nr. 1259/2010 (Rom III-VO).

790 *Martiny*, in: Reithmann/Martiny, Int. Vertragsrecht, Rn. 1.53

791 *Mankowski*, Seerechtliche Vertragsverhältnisse, S. 255 ff.; *Mankowski*, in: Reithmann/Martiny, Int. Vertragsrecht, Rn. 6.1980 ff.

Der Anspruch aus einem Konnossement, das einen verbrieften Anspruch auf Abladung der Güter eines Seefrachtvertrags darstellt, weist Ähnlichkeiten mit Ansprüchen aus Wertpapieren auf.[792] Das Problem begann bereits damit, dass der Bereich der Scheck- und Wechseldokumente ursprünglich vom Anwendungsbereich des EVÜ ausgenommen war.[793] Dabei war umstritten, ob zur Ausnahme vom Anwendungsbereich auch die Konnossemente zählten.[794] In ErwG. 9 der Rom I-VO ist nunmehr eindeutig erklärt, dass auch Konnossemente von der Ausnahme des Anwendungsbereichs für Scheck- und Wechseldokumente gemäß Art. 1 Abs. 1 lit. d) Rom I-VO umfasst sind. Daher sind Fragen, die Schuldverhältnisse aus dem Handel mit Konnossementen betreffen, vom Anwendungsbereich der Rom I-VO ausgeschlossen und es ist auf das nationale IPR des jeweiligen Forums zurückzugreifen.[795] Dagegen sind sämtliche Fragen, die den Frachtvertrag betreffen, über den ein solches Konnossement ausgestellt wird, vom Anwendungsbereich der Rom I-VO umfasst.[796] Wie soeben in der Untersuchung bei der Darstellung des Seefrachtvertrags gezeigt, gibt es auch Mitgliedsstaaten, in denen keine allzu strikte Trennung zwischen dem Seefrachtvertrag und dem Konnossement herrschten.[797] Dies führt dazu, dass in Frankreich beispielsweise sehr wohl für eine (entsprechende) Anwendung der Rom I-VO auch auf Fragen der Wirkungen von Konnossementen plädiert wird.[798]

Ansonsten ist die Anknüpfung der Wirkung von Konnossementen als Wertpapiere im IPR höchst strittig. Laut *Mankwoski* werden dazu in den unterschiedlichen Mitgliedsstaaten mindestens sechs verschiedene Ansichten vertreten.[799]

---

792 Siehe detailliert zur Rechtsnatur des Konnossements in diesem Abschnitt A. I. 5.

793 Das EVÜ ist das Vorgängerübereinkommen der Rom I-VO.

794 *Mankowski*, in: Reithmann/Martiny, Int. Vertragsrecht, Rn. 6.1981.

795 *von Hein*, in: Rauscher EuZPR/EuIPR, Art. 1 Rom I-VO, Rn. 35 f.

796 *Kieninger*, in: Ferrari Int. Vertragsrecht, Art. 5 Rom I-VO, Rn. 72; in: Rauscher EuZPR/EuIPR, Art. 1 Rom I-VO, Rn. 35 f.

797 Insbesondere in Frankreich, siehe dazu in diesem Abschnitt A. I. 3.

798 *Rémond-Gouilloud*, Droit maritime, Rn. 620 ff; *Piette*, Droit maritime, Rn. 1175 f.; *Topaloğlu*, Le Connaissement Maritime, S. 303. Auch in Deutschland hat sich der BGH in einer Entscheidung zum EVÜ dafür ausgesprochen, trotz der Ausnahmeregelung die Bewertung der Wirkung von Konnossementen auf den „allgemeinen Rechtsgedanken des Übereinkommens zur Rechtswahl" zu stützen: BGH, NJW 1987, S. 1145.

799 *Mankowski*, Seerechtliche Vertragsverhältnisse, S. 260.

Im Ergebnis ist also die Bewertung des Substitutionsverhältnisses nach dem jeweiligen IPR bzw. einer (entsprechenden) Anwendung der Rom I-VO insbesondere im Bereich der Konnossemente problematisch und scheint aufgrund der zersplitterten Ansichten in den Mitgliedsstaaten tatsächlich unterschiedlich bewertet zu werden. Ob und wie sich die unterschiedliche Bewertung durch die nationalen IPR-Systeme auf die Bestimmung der materiell-rechtlichen Drittwirkung auswirkt, soll im Weiteren analysiert werden.

(2) Bestimmung der lex causae bei der Abtretung von Forderungen

Die Anknüpfung für die Abtretung einer Forderung ist in Art. 14 Rom I-VO in der EU einheitlich geregelt. Dabei wird zwischen den unterschiedlichen rechtlichen Beziehungen einer Abtretung differenziert. Das für die Drittwirkung nach dem Substitutionsverhältnis maßgebliche Verhältnis ist das zwischen Zessionar und Zedent, da zwischen den beiden die Forderung aus dem Vertrag zwischen Schuldner und Zedenten mit der Gerichtsstandsvereinbarung übertragen wird. Der Zessionar tritt in die Rolle des Zedenten ein.

Die Anknüpfungsnorm für das Verhältnis zwischen Zessionar und Zedenten ist gemäß Art. 14 Abs. 1 Rom I-VO eindeutig und unterstellt die Übertragung der Forderung dem Recht, das auch für den Vertrag zwischen Zessionar und Zedenten gilt.[800]

Dabei ist mit dem Begriff „Übertragung" der vollständige Übergang der Forderung gemeint. Aus dem englischen und französischen Wortlaut ergibt sich, dass auch die etwas anders als die deutsche Forderungsabtretung (§ 398 BGB)[801] gestalteten Rechtsfiguren des *assignment* und der *cession de créance* von der Anknüpfungsnorm umfasst sind.[802]

Das anwendbare Recht auf den Vertrag zwischen Zessionar und Zedent ist nicht in Art. 14 Rom I-VO selbst geregelt, sondern muss ebenso über eine Anknüpfungsnorm ermittelt werden. Dazu kommt es dann gemäß Art. 3 ff. Rom I-VO entweder auf die Rechtswahl im Vertrag an oder das Recht muss über die

---

800 *Martiny*, in: Reithmann/Martiny, Int. Vertragsrecht, Rn. 3.268; *Freitag*, in: Rauscher EuZPR/EuIPR, Art. 14 Rom I-VO, Rn. 27; *Martiny*, in: MüKo BGB, Art. 14 Rom I-VO, Rn. 22; *Kieninger*, in: Ferrari Int. Vertragsrecht, Art. 14 Rom I-VO, Rn. 6.

801 Zu den Unterschieden der Abtretung im französischen und englischen Recht in diesem Abschnitt A. III. 2. und 3.

802 *Martiny*, in: Reithmann/Martiny, Int. Vertragsrecht, Rn. 3.271 ff.; *Freitag*, in: Rauscher EuZPR/EuIPR, Art. 14 Rom I-VO, Rn. 20a; *Martiny*, in: MüKo BGB, Art. 14 Rom I-VO, Rn. 14 ff.; *Kieninger*, in: Ferrari Int. Vertragsrecht, Art. 14 Rom I-VO, Rn. 3 f.

objektive Anknüpfung bestimmt werden.[803] Für einen Rückgriff auf das nationale IPR der Mitgliedsstaaten bleibt kein Raum, da Art. 14 Abs. 1 Rom I-VO zumindest bezüglich der Übertragung der Forderung abschließende Regelungen enthält.[804]

Daher ergibt sich ein eindeutiges und einheitliches Bild für die Bestimmung der *lex causae* bei einer Forderungsabtretung über das IPR der Mitgliedsstaaten: Die Forderungsabtretung ist in den Mitgliedsstaaten einheitlich in Art. 14 Rom I-VO geregelt und verweist zur Bestimmung der *lex causae* für das Substitutionsverhältnis (Übertragung der Forderung) auf das Recht des Vertrags zwischen Zessionar und Zedenten. Dieses Recht ist gemäß Art. 3 ff. Rom I-VO entweder im Vertrag selbst gewählt oder wird aufgrund objektiver Anknüpfung ermittelt. Dies scheint in den Mitgliedsstaaten gleichermaßen einheitlich anhand der Vorschriften der Rom I-VO zu erfolgen. Im Ergebnis scheinen sich also im Gegensatz zur Bestimmung der *lex causae* keine Unterschiede zwischen den einzelnen Mitgliedsstaaten zu ergeben.

(3) Keine Gefahr divergierender Entscheidungen

Das Ergebnis der Überprüfung erscheint zunächst einigermaßen paradox. Bei der Anknüpfung der Drittwirkung in dem Bereich, zu dem der EuGH die Tilly-Russ-Regel entwickelt und konkretisiert hat, ist die Bestimmung der *lex causae* kompliziert und scheint zu uneinheitlichen Ergebnissen zu führen. Bei der Anknüpfung der Forderungsabtretung hingegen liegt eine einheitliche und einfache Bestimmung der *lex causae* über die Anwendung der Rom I-VO vor. Im Folgenden soll anhand von Beispielen gezeigt werden, dass in beiden überprüften Fällen jedoch keine tatsächliche Gefahr von divergierenden Entscheidungen besteht und im Ergebnis die Bewertung der Drittwirkung durch die jeweilige *lex causae* vorzugswürdig ist.

---

803 *Martiny,* in: Reithmann/Martiny, Int. Vertragsrecht, Rn. 3.275; *Freitag*, in: Rauscher EuZPR/EuIPR, Art. 14 Rom I-VO, Rn. 27

804 Problematisch ist indes, ob die Wirkung der Abtretung gegenüber beispielsweise den Gläubigern des Schuldners auch in Art. 14 Rom I-VO geregelt ist oder hier auf nationales IPR zurückgegriffen werden muss. Da dies oftmals auch als „Drittwirkung der Abtretung" bezeichnet wird, könnte dies zu Missverständnissen führen, vgl. *Martiny,* in: Reithmann/Martiny, Int. Vertragsrecht, Rn. 3.288. Die hier überprüfte Drittwirkung aufgrund der Abtretung bezieht sich auf den Übergang der Forderung auf den Zessionar, der in dieser Konstellation Dritter ist.

(a) *Keine Gefahr divergierender Entscheidungen bei der Forderungsabtretung*

In allen Mitgliedsstaaten wird einheitlich gemäß Art. 14 Rom I-VO bei der Forderungsabtretung das Recht des Vertrags zwischen Zessionar und Zedenten angewendet. Dadurch besteht keine Gefahr, dass in Verfahren, die in unterschiedlichen Mitgliedsstaaten anhängig gemacht werden, unterschiedliche Entscheidungen bezüglich der Drittwirkung getroffen werden.

Wenn das Verfahren beispielsweise aufgrund einer Gerichtsstandsvereinbarung mit potenzieller Drittwirkung in Deutschland anhängig gemacht wird, wendet ein deutsches Gericht bei der Bestimmung der *lex causae* für die Drittwirkung Art. 14 Abs. 1 Rom I-VO an. Dann richtet sich die Drittwirkung nach dem Recht, das im Vertrag zwischen Zessionar und Zedenten entweder vereinbart wurde oder nach den Kriterien der Art. 4 ff. Rom I-VO objektiv ermittelt wird. Das deutsche Gericht kommt beispielsweise zu dem Ergebnis, dass aufgrund des der Forderungsabtretung zugrunde liegenden Forderungskaufvertrags das Recht am gewöhnlichen Aufenthalt des Forderungsverkäufers in England gemäß Art. 4 Abs. 2 Rom I-VO einschlägig ist.[805] Dann wendet das deutsche Gericht englisches Recht zur Bestimmung des Substitutionsverhältnisses an und kommt zu dem Ergebnis, dass durch *assignment* der Zessionar in die Stellung des Zedenten eintritt und so eine Drittwirkung der Gerichtsstandsvereinbarung anzunehmen ist.[806]

Würde nunmehr derselbe Sachverhalt aufgrund einer Gerichtsstandsvereinbarung mit potenzieller Drittwirkung in Frankreich anhängig gemacht, würde das französische Gericht mit derselben Prüfung wie das deutsche Gericht zur Anwendung von englischem Recht zur Bestimmung des Substitutionsverhältnisses gelangen und ebenso eine Drittwirkung annehmen. Im Ergebnis besteht also bei der Forderungsabtretung keine Gefahr von divergierenden Entscheidungen, da in allen Mitgliedsstaaten das auf die Drittwirkung anwendbare nationale Recht gleich ermittelt wird.

(b) *Keine Gefahr divergierender Entscheidungen bei Konnossementen*

Die Bewertung der Drittwirkung bei Konnossementen ist vom Anwendungsbereich der Rom I-VO ausgenommen, sodass das nationale IPR der jeweiligen

---

805 *Martiny*, in: MüKo BGB, Art. 4 Rom I-VO, Rn. 169; *Kieninger*, in: Ferrari Int. Vertragsrecht, Art. 14 Rom I-VO, Rn. 3 f.; *Freitag*, in: Rauscher EuZPR/EuIPR, Art. 4 Rom I-VO, Rn. 86.

806 Siehe zur Drittwirkung beim *assignment* in diesem Abschnitt A. III. 4.

Mitgliedsstaaten zur Anwendung kommt.[807] Auf den ersten Blick scheinen die zersplitterten Ansichten zur Anknüpfung der Drittwirkung von Konnossementen in den Mitgliedsstaaten unweigerlich die Gefahr divergierender Entscheidungen durch die Anwendung unterschiedlicher Rechtsordnungen auf die Drittwirkung zu erzeugen.

Bei genauerer Betrachtung handelt es sich jedoch bei der Rechtsbestimmung zu Konnossementen zumindest bezüglich der Drittwirkung nach der Tilly-Russ-Regel um ein Scheinproblem, dass kaum praktische Auswirkungen hat.

Wird ein Verfahren beispielsweise aufgrund einer Gerichtsstandsvereinbarung mit potenzieller Drittwirkung in Deutschland anhängig gemacht, ermittelt das deutsche Gericht das auf die Drittwirkung des Konnossements anwendbare Recht nicht nach der Rom I-VO, sondern nach dem nationalen IPR. In Deutschland verweist dazu Art. 6 EGHGB auf unterschiedliche Vorschriften des (deutschen) HGB, die auf Konnossemente anzuwenden sind.[808] Konnossemente enthalten regelmäßig jedoch mindestens eine, wenn nicht mehrere (Teil-)Rechtswahlklauseln, die verschiedene Rechte für anwendbar erklären, darunter oft auch internationale Abkommen wie die Haag-Visby-Regeln[809], die Hamburger-Regeln[810] oder die Rotterdam-Regeln[811], die auch nach dem nationalen IPR vorrangig sind.[812] Daher würde das deutsche Gericht mit Verweis auf die Rechtswahlklausel im Konnossement, die beispielsweise englisches Recht für anwendbar erklärt, auch das Substitutionsverhältnis nach englischem Recht bewerten.[813] Nach englischem Recht wird der Ablader, der Rechte aus dem Konnossement ableitet, auch an die Pflichten des Befrachters aus dem Konnossement gebunden. Somit würde nach englischem Recht eine Drittwirkung angenommen werden.

807 Teilweise werden auch die Grundsätze der Rom I-VO entsprechend angewendet, insbesondere in Frankreich: *Rémond-Gouilloud,* Droit maritime, Rn. 620 ff.; *Piette,* Droit maritime, Rn. 1175 f.; *Topaloğlu,* Le Connaissement Maritime, S. 303.

808 *Freitag*, in: Rauscher EuZPR/EuIPR, Art. 1 Rom I-VO, Rn. 36.

809 Protokoll vom 23. Februar 1968 zur Änderung des Übereinkommens vom 25. August 1924 zur Vereinheitlichung der Regeln von Konnossementen.

810 UN-Übereinkommen vom 31. März 1978 über die Beförderung von Gütern auf See.

811 United Nations Convention on Contracts for the International Carriage of Goods Wholly or Partly by Sea.

812 Ausführlich zur Situation in Deutschland und zur Anwendung von Art. 6 EGHBGB: *Ramming*, RdTW 2013, S. 173 (183).

813 Ebenso: BGH, NJW 2007, S. 2036, Rn. 24; *Thorn*, in: Rauscher EuZPR/EuIPR, Art. 5 Rom I-VO, Rn. 56;

Wird das Verfahren nunmehr mit demselben Sachverhalt in Frankreich geführt, bestimmt das französische Gericht das anwendbare Recht durch die entsprechende Anwendung der Grundsätze der Rom I-VO.[814] Dies führt zu einer entsprechenden Anwendung von Art. 3 Rom I-VO und die im Konnossement enthaltene Rechtswahlklausel genießt Vorrang. Daher würde auch das französische Gericht das Substitutionsverhältnis nach englischem Recht bewerten und eine Drittwirkung annehmen.

Im Ergebnis ergeben sich also bei der Ermittlung des auf das Substitutionsverhältnis anwendbaren Rechts lediglich bezüglich der Bestimmung der Kollisionsregel im Substitutionsverhältnis bei Konnossementen Uneinheitlichkeiten, die sich aber in der Praxis wohl regelmäßig nicht auswirken werden. Diese entstehen durch die etwas unglückliche Bereichsausnahme für handelbare Wertpapiere in der Rom I-VO.[815] Gerade im internationalen und durch Handelsbräuche geprägten Bereich des Seefrachtrechts bleibt kaum zu befürchten, dass durch Anwendung der nationalen IPR-Regime plötzlich Gerichte unterschiedliche Anknüpfungen für die Drittwirkung von Konnossementen heranziehen. Im Gegenteil ist ein Bestreben zu beobachten, die Grund-sätze der Rom I-VO auch ohne direkte Anwendbarkeit als Rechtsgedanken heranzuziehen. Jedenfalls wird insbesondere im Bereich der Konnossemente eine implizite Rechtswahlklausel international geachtet.

4. *Zwischenergebnis: Die umfassende Drittbindung bei Substitutionsverhältnissen als allgemeine Regel nach der* Tilly Russ-*Rechtsprechung*

Aus den unter dem Begriff „*Tilly Russ*-Rechtsprechung“ zusammenzufassenden Entscheidungen des EuGH, die eine Drittbindung bei Vorliegen eines Substitutionsverhältnisses nach anwendbarem nationalen Recht vorsehen, kann eine allgemeine Regel für die Drittwirkung von Gerichtsstandsvereinbarungen abgeleitet werden. Die Bewertung der Drittwirkung von Gerichtsstandsvereinbarung bei Substitutionsverhältnissen anhand dieser Tilly-Russ-Regel, die durch den Verweis auf das jeweils anwendbare nationale Recht für die Bewertung einen Gleichlauf zwischen materiell-rechtlicher Drittwirkung und prozessualer Drittbindung vorsieht, kann jedoch nur mit den soeben dargestellten Konkretisierungen und

814 *Rémond-Gouilloud,* Droit maritime, Rn. 620 ff.; *Piette,* Droit maritime, Rn. 1175 f.; *Topaloğlu*, Le Connaissement Maritime, S. 303.

815 Ebenso: *Egler,* Seeprivatrechtliche Streitigkeiten, S. 112 f.

Modifizierungen tatsächlich als allgemeiner Grundsatz auf andere Fallgruppen angewendet werden.

Zunächst sollte, um solche Konstellationen auszuschließen, bei denen der Dritte nicht tatsächlich in die Rechte und Pflichten der Partei durch eine Substitution eintritt, diese Regel allerdings um das Adjektiv „vollständig" erweitert werden. Dies ergibt sich aus der richtigen Einordnung der missglückten Entscheidung *Refcomp*. Eine tatsächliche Substitution findet regelmäßig nur statt, wenn der Dritte nicht gleichzeitig den identischen Anspruch gegen beide Parteien geltend machen kann. Es ist nicht zu erklären, wie der Dritte einerseits in die Rechte und Pflichten einer Partei eintreten soll und diese Rechte gegenüber dem Vertragspartner dieser Partei durchsetzen kann, während er gleichzeitig dieselben Rechte gegen die Partei durchsetzen können soll. Jedenfalls kann der Dritte nicht durch Substitution im Sinne der *Tilly Russ*-Rechtsprechung in die Rechte und Pflichten eintreten. Die Ratio hinter der Bindung ist, dass der Dritte, der vollständig in die Rechtsstellung der Partei einrückt, sich wie eine Partei des ursprünglichen Vertrags behandeln lassen muss. Wenn der Dritte jedoch über eine rechtliche Konstruktion wie beispielsweise die *action directe* nur durch eine suggerierte Substitution, die auf Gewohnheitsrecht basiert, Rechte geltend machen können soll, kann dieser Dritte auch nicht behandelt werden wie eine Partei.

Zudem erfolgt die Beurteilung der materiell-rechtlichen Drittwirkung, also der Frage, ob ein Substitutionsverhältnis im Sinne der Tilly-Russ-Regel vorliegt, anhand des jeweils anwendbaren nationalen Rechts. Dabei handelt es sich um die *lex causae*, die im konkreten Fall durch das erkennende Gericht anhand des IPR der *lex fori* zu ermitteln ist. Um den Problemen bei der Abhängigkeit der prozessualen Drittwirkung von der *lex causae* zu begegnen, sollte die Bewertung nach richtiger Auffassung von *Gebauer* stets vom prorogierten Gericht vorgenommen werden, um einen sinnvollen Gleichlauf von materiell-rechtlicher Drittwirkung und prozessualer Drittbindung zu erreichen. Nur indem das derogierte Gericht bei der Prüfung der Zuständigkeit allein bei einer potenziellen Drittwirkung ohne materiell-rechtliche Prüfung die eigene Unzuständigkeit feststellt, kann dieser Gleichlauf erreicht werden.

Dazu sollte der Ansatz *Gebauers* allerdings so konkretisiert werden, dass sowohl bei der Prüfung der Zulässigkeit am prorogierten als auch am derogierten Gericht derselbe Prüfungsmaßstab angesetzt wird.

Das bedeutet, dass bei der Prüfung am derogierten Gericht die schlüssige Darlegung der potenziellen Drittwirkung zur Unzuständigkeit dieses Gerichts führt. Bei der Prüfung am prorogierten Gericht hingegen muss der gleiche Sachvortrag die Zuständigkeit zunächst aufgrund der potenziellen Drittwirkung begründen.

Bei der Prüfung von doppelrelevanten Tatsachen erfolgt in der Zulässigkeitsprüfung keine Beweisaufnahme, sodass der schlüssige Vortrag des Klägers, dass ein materiell-rechtliches Substitutionsverhältnis bestehe und nach der *lex causae* einen Eintritt in die Rechte und Pflichten der Partei und so eine prozessuale Drittbindung begründe, ausreichen muss.

Nur dann kann das Gericht in einem Sachurteil feststellen, dass die Klage aufgrund der fehlenden materiell-rechtlichen Drittwirkung und der damit verbundenen fehlenden prozessualen Drittbindung unzulässig und unbegründet ist. Lediglich so werden die Interessen des Klägers und Beklagten gewahrt und keine falschen Anreize geschaffen, die potenzielle Drittbindung an einem für den Kläger günstigeren Gerichtsstand zunächst ohne großes Risiko prüfen zu lassen und die Gerichtsstandsvereinbarung nicht zu beachten.

Im Ergebnis ergibt sich aus der Darstellung folgende allgemeine Regel: Die Drittwirkung einer Gerichtsstandsvereinbarung gemäß Art. 25 Brüssel Ia-VO ist dann anzunehmen, wenn die Vereinbarung wirksam zwischen den Parteien geschlossen wurde und der Dritte vollständig in die Rechte und Pflichten der Partei im Rahmen einer echten Substitution eingetreten ist. Die Bewertung der Substitution erfolgt nach der *lex causae*, die nach dem IPR der *lex fori* durch das erkennende Gericht zu ermitteln ist.

Damit durch diese Regel ein sinnvoller Gleichlauf von materiell-rechtlicher Drittwirkung und prozessualer Drittbindung erreicht wird, muss bei fraglicher Drittbindung immer das prorogierte Gericht entscheiden. Wird ein Verfahren dennoch einem tatsächlich derogierten Gericht anhängig gemacht, sollte der schlüssige Sachvortrag einer potenziellen Drittbindung zur Unzulässigkeit führen und den Kläger an das prorogierte Gericht verweisen.

Schließlich ist bei der Anwendung dieser allgemeinen Regel zur Drittwirkung zu beachten, dass sie nicht auf solche Substitutionsverhältnisse anzuwenden ist, in denen die Parteien beim Abschluss der Gerichtsstandsvereinbarung entweder die Wirkung gegenüber Dritten explizit ausgeschlossen haben oder diese erkennbar auf höchstpersönlichen Motiven beruht.[816]

II. Die umfassende Bindung Dritter im Gesellschaftsrecht

Neben der Bindung an Gerichtsstandsvereinbarungen zulasten Dritter nach den Grundsätzen der Tilly-Russ-Regel hat der Gerichtshof auch im Gesellschaftsrecht

---

816 Beispielsweise bei Gerichtsstandsvereinbarungen im Erbvertrag: *Killias,* Gerichtsstandsvereinbarungen, S. 244; *Geimer/Schütze,* Internationale Urteilsanerkennung, § 96 XXIII 3.; *Reiser,* Gerichtsstandsvereinbarungen, S. 88.

die Bindung Dritter teilweise anerkannt. Dabei hat der EuGH in der Entscheidung *Powell Duffryn* bereits 1992 zum EuGVÜ entschieden, dass ein Gesellschafter an die Gerichtsstandsvereinbarung in der Gesellschaftssatzung auch zu seinen Lasten gebunden wird. Hingegen versagte der Gerichtshof in der Entscheidung *Leventis* die Bindung der Gesellschafter an eine Gerichtsstandsvereinbarung, die durch die Gesellschaft geschlossen wurde. Im Folgenden soll überprüft werden, ob sich anhand dieser Entscheidungen und der Literatur zu dieser Thematik ebenso wie bei der Tilly-Russ-Regel allgemeine Grundsätze für die Bindung Dritter zu ihren Lasten im Gesellschaftsrecht ableiten lassen.

1. Die Bindung Dritter an eine Gerichtsstandsvereinbarung in der Gesellschaftssatzung

In der Entscheidung *Powell Duffryn* sollte geklärt werden, ob eine Gerichtsstandsvereinbarung im Sinne von Art. 17 EuGVÜ auch für und gegen einen Gesellschafter gilt, der dieser in der Satzung enthaltenen Vereinbarung nicht zugestimmt hat. Dabei handelte es sich gerade nicht um den Fall eines Substitutionsverhältnisses im Sinne der Tilly-Russ-Regel.[817] Vielmehr musste die fehlende Zustimmung des Dritten, die gemäß Art. 17 Abs. 1 EuGVÜ jedoch vorgesehen ist, wiederum durch den EuGH überwunden werden. Dabei konnte der Gerichtshof nicht auf die Grundsätze der *Tilly Russ*-Rechtsprechung zurückgreifen, da bei der Geltung der Satzung nicht immer ein Substitutionsverhältnis vorliegt.[818] Besonders deutlich wird diese Unterscheidung in den Schlussanträgen der Entscheidung *Profit Investment*, in denen erst Generalanwalt *Bot* und dann auch der Gerichtshof zwischen der Rechtsprechung zu Gesellschaftssatzungen und der *Tilly Russ*-Rechtsprechung unterscheiden.[819] Daher handelt es sich bei der Drittwirkung einer Gerichtsstandsvereinbarung in einer Gesellschaftssatzung um eine besondere Fallgruppe, die im Folgenden dargestellt werden soll.

---

817 Ein Substitutionsverhältnis würde allerdings zumindest nach deutschem Recht vorliegen, wenn der neu eintretende Gesellschafter die Anteile eines austretenden Gesellschafters übernimmt. Dann tritt der Dritte in die Rechte und Pflichten dieses Gesellschafters und könnte aufgrund dieses Substitutionsverhältnisses bereits gebunden sein. Diese Fallgruppe soll daher im Folgenden ausgenommen werden.

818 Anders wohl *Stadler*, in: Musielak/Voit ZPO, Art. 25, Rn. 4a, der auch diese Fallgruppe zu den Substitutionsverhältnissen zählt.

819 Vgl. insbesondere zu den Schlussanträgen ausführlich im 2. Abschnitt B. IV. 3.

a. Grundsatz der Drittbindung nach Powell Duffryn

Der EuGH hat das Problem der fehlenden Einigung bezüglich des Dritten für den Fall einer Gerichtsstandsvereinbarung in einer Gesellschaftssatzung anders als bei der *Tilly Russ*-Rechtsprechung ohne direkten Rückgriff auf das anwendbare nationale Recht gelöst. Ähnlich wie bereits bei der Drittwirkung zugunsten Dritter hat der Gerichtshof hierzu die Drittwirkung anhand Art. 17 EuGVÜ selbst begründet, verweist allerdings für die Wirkung der Satzung wiederum auf das anwendbare nationale Recht. Daher stellt die Entscheidung *Powell Duffryn* eine Besonderheit dar und soll im Folgenden detailliert analysiert werden, um bestimmen zu können, wie die Bindung des Dritten auch zu seinen Lasten begründet werden kann.

Der Gerichtshof bestimmt die Wirksamkeit einer Gerichtsstandsvereinbarung in einer Gesellschaftssatzung zunächst allein anhand Art. 17 EuGVÜ. Dabei stellt der EuGH fest, dass eine Gesellschaftssatzung ein Vertragsverhältnis zwischen der Gesellschaft und den Gesellschaftern sowie zwischen den Gesellschaftern untereinander begründet und auch eine in dieser enthaltene Gerichtsstandsvereinbarung eine Vereinbarung im Sinne von Art. 17 Abs. 1 S. 1 EuGVÜ darstellt.[820] Dabei sei für die Wirksamkeit der Vereinbarung unerheblich, ob einzelne Gesellschafter dieser Vereinbarung zugestimmt haben. Allein dadurch, dass der Einzelne Gesellschafter der Gesellschaft wird, erkläre er sich mit sämtlichen Bestimmungen der Satzung dieser Gesellschaft einverstanden. Eine andere Auslegung von Art. 17 EuGVÜ würde dazu führen, dass für dasselbe rechtliche Verhältnis (die Gesellschaftssatzung) mehrere Zuständigkeiten begründet würden. Wenn bezüglich jedes Gesellschafters nur die individuelle Zustimmung eine Zuständigkeit aufgrund der Vereinbarung gemäß Art. 17 EuGVÜ begründete, würde gegenüber den Gesellschaftern, die nicht zugestimmt haben, eine Zuständigkeit aufgrund anderer Vorschriften der Verordnung begründet werden. Ein solches Auseinanderfallen der Zuständigkeit für dasselbe rechtliche und tatsächliche Verhältnis verhindert der Gerichtshof, indem er Art. 17 EuGVÜ so auslegt, dass die Zustimmung der Gesellschafter für eine Bindung nicht verlangt werden kann.[821] Diese Art der Auslegung, allein anhand von Art. 17 EuGVÜ selbst, kann eher mit der Auslegung bei der Gerichtsstandsvereinbarung im Vertrag zugunsten Dritter verglichen werden, obwohl hier eine Bindung auch zu Lasten erfolgen soll.

---

820 EuGH, *Powell Duffryn*, Rn. 16 f.

821 EuGH, *Powell Duffryn*, Rn. 18 ff.

Im weiteren Verlauf erklärt der Gerichtshof, wie die Formvorschriften aus Art. 17 EuGVÜ auch bei fehlender Zustimmung erfüllt bzw. überwunden werden können. Der EuGH weist erneut darauf hin, dass die Formvorschriften in Art. 17 EuGVÜ vor allem dazu dienen, dass die Einigung zwischen den Parteien tatsächlich feststeht.[822] Dabei sei insbesondere zu beachten, dass es sich bei einer Gesellschaftssatzung gerade nicht etwa um einen Kaufvertrag handelt, sondern ein Vertragsverhältnis der besonderen Art zwischen den Gesellschaftern und der Gesellschaft begründet wird, das im Hinblick auf die Verfolgung eines gemeinsamen Zwecks bestehe.[823] Dazu stellt der Gerichtshof an dieser Stelle auf das nationale Recht der einzelnen Mitgliedsstaaten ab, um zu begründen, dass die Gesellschaftssatzung in allen Vertragsstaaten des EuGVÜ der Schriftform bedürfe. Der einzelne Gesellschafter werde auch nach dem nationalen Recht an die Rechte und Pflichten aus dieser Satzung gebunden, unabhängig davon, ob er dieser zugestimmt habe oder den Inhalt überhaupt kenne. Dazu müsse allerdings diese für jeden Gesellschafter zugänglich sein, also etwa an einem öffentlichen Ort hinterlegt oder in einem öffentlichen Register enthalten sein.[824]

Zusammengefasst begründet der Gerichtshof also die Bindung des Dritten sowohl mit einer Auslegung von Art. 17 EuGVÜ einerseits, greift aber für die Begründung der Formvorschriften auf das nationale Recht der Mitgliedsstaaten zurück. Einigermaßen überraschend greift der Gerichtshof weder die Drittwirkung beim Vertrag zugunsten Dritter noch die Drittbindung im Rahmen der Substitutionsverhältnisse auf, obwohl offensichtlich Parallelen bestehen.[825] Daher wurde die dogmatische Begründung des Gerichtshofs in der Literatur teilweise kritisiert.[826]

Insbesondere bei der Auslegung von Art. 17 EuGVÜ hätte der Gerichtshof auf die Auslegung der Vorschrift in der Entscheidung *Gerling* verweisen können, um überzeugender zu begründen, wie im Ergebnis auch bei fehlender Zustimmung dem Sinn und Zweck von Art. 17 EuGVÜ entsprochen werden kann. Stattdessen beschränkt sich der EuGH auf die Argumentation, die Konsequenz einer anderen Auslegung von Art. 17 EuGVÜ wäre nicht im Sinne des Übereinkommens zu vertreten. Dazu reicht dem Gerichtshof dann allein die Möglichkeit der Kenntnisnahme der Satzung durch den Gesellschafter aus, um eine Bindung zu

---

822 Mit Hinweis auf die Entscheidung *Estasis Salotti*: EuGH, *Powell Duffryn*, Rn. 24.
823 EuGH, *Powell Duffryn*, Rn. 25.
824 EuGH, *Powell Duffryn*, Rn. 27 ff.
825 Ebenso: *Koch*, IPRax 1993, S. 19 (20 f.).
826 *Koch*, IPRax 1993, S. 19 (20 f.); *Vlas*, NILR 1993, S. 508 (510).

begründen; auf eine tatsächliche Kenntnis des Dritten komme es nicht an.[827] Dieser Umstand wurde teilweise kritisiert, denn insbesondere kleinere Investoren und Gesellschafter (vergleichbar mit Versicherungsnehmern oder Verbrauchern) würden oftmals die Gesellschaftssatzung nicht einsehen. Daher wurde vorgeschlagen, dass Dritte nur dann gebunden werden können, wenn nachgewiesen sei, dass der Dritte tatsächlich Kenntnis von der Gesellschaftssatzung hatte.[828] Im Ergebnis ist dieser Ansatz jedoch abzulehnen. Der Gerichtshof hat gerade aufgrund der Gefahr, durch die Voraussetzung der tatsächlichen Zustimmung oder Kenntnis von der Klausel unterschiedliche Zuständigkeiten zu begründen, die Möglichkeit der Kenntnisnahme ausreichen lassen. Wenn nunmehr gegenüber jedem Gesellschafter einzeln nachgewiesen werden müsste, dass dieser Kenntnis der Satzung hatte, würde dies unweigerlich dazu führen, dass dieser Nachweis nicht für jeden Gesellschafter gleichsam erbracht werden kann. Dadurch bestünde wieder die Gefahr der Begründung unterschiedlicher Zuständigkeiten für dasselbe rechtliche und tatsächliche Verhältnis, die der Gerichtshof vermeiden wollte.[829]

Zudem sind die Schutzvorschriften für schwächere wirtschaftliche Parteien, etwa Verbraucher, grundsätzlich abschließend und restriktiv auszulegen.[830] Eine Anwendung von Art. 17 Brüssel Ia-VO auf einen Gesellschafter, der Anteile an einer Gesellschaft erwirbt, ist eher fernliegend. Der Erwerb von Wertpapieren stellt nach einhelliger Auffassung gerade keinen Verbrauchervertrag im Sinne von Art. 17 Brüssel Ia-VO dar.[831] Der EuGH hat zudem in der Entscheidung *Kolassa* die Anwendung des Verbrauchergerichtsstands auf eine Schadensersatzklage eines Privatanlegers gegen die Herausgeber von Schuldverschreibungen versagt.[832]

---

827 EuGH, *Powell Duffryn*, Rn. 28 ff.

828 *Gaudement-Tallon*, Rev. Crit. DIP 199, S. 538 (539).

829 Ebenso: *Vlas*, NILR 1993, S. 508 (511).

830 EuGH, Urteil vom 20.01.2005 Rs. C-464/01- *Gruber/BayWa AG* Rn. 32 f. m.w.N.; *Kropholler/von Hein*, Europäisches Zivilprozessrecht, Art. 15 EuGVVO, Rn. 3; *Stadler*, in: Musielak/Voit EuGVVO, Art. 17, Rn. 1; *Schwartze*, in: Simons/Hausmann/Althammer Brüssel I-VO, Art. 15, Rn. 2.

831 *Staudinger*, in: Rauscher EuZPR/EuIPR, Art. 17 Brüssel Ia-VO, Rn. 4; *Kropholler/von Hein*, Europäisches Zivilprozessrecht, Art. 15 EuGVVO, Rn. 17; *Schlosser/Hess*, EU-Zivilprozessrecht, Art. 17, Rn. 5; *Auer*, in: Geimer/Schütze Int. Rechtsverkehr, Art. 17 EuGVVO, Rn. 31; *Schwartze*, in: Simons/Hausmann/Althammer Brüssel I-VO, Art. 15, Rn. 13.

832 EuGH, *Kolassa*, Rn. 28 ff.

Gesellschafter sind daher wohl nicht als wirtschaftlich schwächere Wirtschaftsteilnehmer in der Verordnung geschützt. Diesen Schutz über den Nachweis der Kenntnis von der Gesellschaftssatzung nunmehr einzuführen, erscheint daher fernliegend. Der Gerichtshof hätte zudem die Gelegenheit gehabt, dazu in der Entscheidung *Powell*, in der es um einen Einzelaktionär ging, Stellung zu beziehen.

Im Ergebnis wird also die Bindung des Dritten durch Auslegung von Art. 17 EuGVÜ begründet, wobei als Hauptargument insbesondere auf die Vermeidung unterschiedlicher Zuständigkeiten verwiesen wird. Dadurch wird zum einen für Verfahren mit Drittbeteiligung ein effizientes System geschaffen und zum anderen wird die Gefahr von sich widersprechenden Entscheidungen vermieden.[833]

Diese praktischen Vorteile sorgen dafür, dass die Entscheidung trotz der recht kurzen und dogmatisch ausbaufähigen Begründung im Ergebnis weitgehend begrüßt wurde.

In der Entscheidung *Powell Duffryn* stellt der Gerichtshof somit den Grundsatz für die Wirkung einer Gerichtsstandsvereinbarung in einer Gesellschaftssatzung gegenüber allen Gesellschaftern auf, auch wenn diese der Vereinbarung nicht im Sinne von Art. 17 EuGVÜ zugestimmt haben. Dabei bezieht sich der Gerichtshof zwar nicht ausdrücklich auf eine der bekannten Prinzipien der Drittwirkung, überwindet jedoch die fehlende Zustimmung durch eine Auslegung von Art. 17 EuGVÜ. Da die Entscheidung zum EuGVÜ ergangen ist, soll im Folgenden geklärt werden, ob der Grundsatz auch unter der Brüssel Ia-VO weiterhin gelten soll.

b. Grundsatz der Drittbindung mit Brüssel Ia-VO zu vereinbaren

Nach der Entscheidung *Powell Duffryn* zum EuGVÜ sind weder zur Brüssel I-VO noch zur Brüssel Ia-VO weitere Entscheidungen des EuGH zur Bindung von Gesellschaftern an die Gesellschaftssatzung ergangen. Von einer Weiterentwicklung dieses Grundsatzes oder gar von einer Erweiterung auf andere vergleichbare Konstellationen kann daher nicht gesprochen werden.

Interessant ist dabei, dass der Gerichtshof selbst die Entscheidung *Powell Duffryn* nicht in die Rechtsprechung zur Drittwirkung von Gerichtsstandsvereinbarungen einordnen zu scheint, obwohl die Parallelen eindeutig sind und bei der Auslegung hätten berücksichtigt werden sollen. In der Literatur hingegen wird die Bindung von Gesellschaftern an die Gesellschaftssatzung oftmals als

833 Ebenso: *Polak*, CML Rev. 1993, S. 412 (412); *Rammeloo*, MJECL 1993, S. 426 (431).

weitere Fallgruppe der Drittwirkung von Gerichtsstandsvereinbarungen behandelt. Dabei wird als Begründung für die Drittwirkung auf die Entscheidung *Powell Duffryn* verwiesen.[834] In jedem Fall sind die beiden Hauptargumente, die für eine Bindung des Dritten angeführt werden, ebenso mit der Brüssel Ia-VO zu vereinbaren. Die Begründung der Prozessökonomie, also dass alle möglichen Verfahren am Ort der vereinbarten Zuständigkeit gebündelt werden, ist gemäß Art. 25 Brüssel Ia-VO genauso valide. Die Prozessökonomie wird unter dem neuen Brüssel Ia-Regime sogar noch mehr gefördert als unter dem EuGVÜ. Der Gedanke der Konzentration von Zuständigkeiten im Gesellschaftsrecht findet auch Eingang in die Verordnung, namentlich in Art. 24 Nr. 2 Brüssel Ia-VO.[835] Dieser Gedanke wird durch die Rechtsprechung des EuGH auf rechtsgeschäftlicher Ebene fortgeführt und gleicht so das Fehlen eines eigenen Gerichtsstands für die Mitgliedschaft in Gesellschaften aus.[836]

Der Grundsatz der Entscheidung *Powell Duffryn* ist daher insgesamt in die Rechtsprechung zur Drittwirkung einzuordnen und auch mit der Brüssel Ia-VO zu vereinbaren.

c. Allgemeiner Grundsatz der Drittbindung bei Gesellschaftssatzung

Im Ergebnis kann also festgestellt werden, dass gemäß der Entscheidung *Powell Duffryn* auch heute die Bindung von Gesellschaftern an eine Gerichtsstandsvereinbarung in einer Gesellschaftssatzung auch ohne Zustimmung gemäß Art. 25 Brüssel Ia-VO anerkannt ist.[837]

Dabei wurde weder in der Entscheidung noch später in der Literatur angezweifelt, ob das eher vom Ergebnis her gedachte Argument, ein Auseinanderfallen von Zuständigkeiten müsse verhindert werden, auch dogmatisch überzeugen kann. Zwar wurde in den Entscheidungsrezensionen vereinzelt auf die als schwach angesehene Begründung des EuGH hingewiesen, das Ergebnis

834 *Mankowski*, in: Rauscher EuZPR/EuIPR, Art. 25 Brüssel Ia-VO, Rn. 309; *Stadler*, in: Musielak/Voit EuGVVO, Art. 25, Rn. 4a; *Kropholler/von Hein*, Europäisches Zivilprozessrecht, Art. 23 EuGVVO, Rn 24; *Auer*, in: Geimer/Schütze Int. Rechtsverkehr, Art. 23 EuGVO, Rn. 53; *Hausmann*, in: Simons/Hausmann/Althammer Brüssel I-VO, Art. 23, Rn. 78.

835 Art. 24 Nr. 2 Brüssel Ia-VO bewirkt eine Zuständigkeitskonzentration für Klagen über bestimmte Bereiche des Organisationsrechts von Gesellschaften am Sitz der Gesellschaft: *Mankowski*, in: Rauscher EuZPR/EuIPR, Art. 24 Brüssel Ia-VO, Rn. 96.

836 Ebenso: *Mankowski*, in: Rauscher EuZPR/EuIPR, Art. 25 Brüssel Ia-VO, Rn. 311.

837 „allgemeines Prinzip" *Auer*, in: Geimer/Schütze, Int. Rechtverkehr, Art. 23 EuGVO, Rn. 54.

Daher hängt die Drittbindung ähnlich wie bei Substitutionsverhältnissen auch im Bereich der Gesellschaftssatzung vom anwendbaren nationalen Recht ab. Lediglich wenn das anwendbare nationale Recht eine umfassende Bindung von Gesellschaftern an die Gesellschaftssatzung bzw. dessen Änderungen vorsieht, soll der Entscheidung *Powell Duffryn* entsprechend eine Bindung des Dritten auch an eine in der Satzung enthaltene bzw. neu eingefügte Gerichtsstandsvereinbarung erfolgen. Da jedoch die Gesellschaftssatzung nach den Rechtsordnungen der unterschiedlichen Mitgliedsstaaten bezüglich der Bindung von Gesellschaftern gleichbehandelt wird, wird die Bestimmung über das anwendbare nationale Recht nicht kritisiert.

(3) Zwischenergebnis: Allgemeiner Grundsatz der Drittbindung bei Gesellschaftssatzungen

Durch die Auslegung von Art. 17 EuGVÜ wird deutlich, dass hier über das gewünschte Ergebnis hinaus eine Ableitung eines Grundsatzes möglich erscheint, der ebenfalls auf andere Fallgruppen angewendet werden kann:

Ein Dritter kann an eine Gerichtsstandsvereinbarung auch zu seinen Lasten gebunden werden, wenn dem Sinn und Zweck von Art. 25 Brüssel Ia-VO entsprochen wird und der Dritte nicht zu einer durch die Verordnung gesondert geschützten Gruppe gehört. Dem Sinn und Zweck von Art. 25 Brüssel Ia-VO ist dann genügt, wenn die Klausel in einem der Schriftform bedürfenden Vertrag (bzw. wenn der Vertrag schriftlich geschlossen wurde), enthalten ist und bezüglich des Dritten jedenfalls die Möglichkeit der Kenntnisnahme besteht. Dazu muss der Dritte jedoch nach dem jeweils anwendbaren nationalen Recht durch die Wirkung des jeweiligen Vertrags an diesen gebunden werden, sodass der Inhalt des Vertrags immer für und gegen den Dritten wirkt. Dies ist wohl zumindest bei Satzungen von juristischen Personen der Fall.

Diese allgemeine Regel soll im 5. Abschnitt der Untersuchung im Vergleich mit Fällen der Gerichtsstandsvereinbarung im Vertrag zugunsten Dritter anhand unterschiedlicher Konstellationen überprüft werden.

2. Die Bindung Dritter an Gerichtsstandsvereinbarungen in Verträgen der Gesellschaft

Fraglich bleibt zudem auf dem Gebiet des Gesellschaftsrechts, ob Gesellschafter auch persönlich an eine zwischen der Gesellschaft und einem Vertragspartner geschlossene Gerichtsstandsvereinbarung gebunden sind.

In der Entscheidung *Leventis* hat der EuGH der persönlichen Bindung eines Gesellschafters an eine zwischen zwei Gesellschaften geschlossene

Gerichtsstandsvereinbarung eine klare Absage erteilt. Dabei stellte der Gerichtshof vor allem auf die Wirkung der Einigung gemäß Art. 25 Brüssel Ia-VO ab, die lediglich zwischen den Gesellschaften vorliege. Der Gesellschafter, der als Organ der Gesellschaft Willenserklärungen mit Wirkung für und gegen die Gesellschaft abgibt, habe erkennbar keinen Willen, sich persönlich zu binden.[846] Dieser Entscheidung ist vollumfänglich zuzustimmen. Dem Sinn und Zweck von Art. 25 Brüssel Ia-VO folgend, dienen die Formvorschriften auch der Beweissicherung, zwischen wem die Vereinbarung zustande gekommen ist. Aus einer Gerichtsstandsvereinbarung, die zwischen einer Gesellschaft und deren Vertragspartner durch die Gesellschafter dieser Gesellschaft als Stellvertreter geschlossen wird, geht lediglich die Bindung der Gesellschaft hervor. Diese nunmehr auf den Gesellschafter zu erweitern, würde daher dem Sinn und Zweck von Art. 25 Brüssel Ia-VO zuwiderlaufen.[847]

Dagegen wurde in der Entscheidung nicht geprüft, wie der Sachverhalt zu bewerten wäre, wenn der Gesellschafter aufgrund von gesetzlichen Vorschriften (in Deutschland beispielsweise §§ 128, 161 Abs. 2 HGB) persönlich für Verpflichtungen der Gesellschaft haftet.[848] Der Sachverhalt hätte durchaus Anlass dazu gegeben, denn die Gesellschafter wurden auch als Gesamtschuldner zusammen mit der Gesellschaft nach anwendbarem griechischen Recht auf Schadensersatz in Anspruch genommen. Die dann vorliegende Situation ähnelt allerdings eher einem Substitutionsverhältnis, da der persönlich haftende Gesellschafter in die Pflichten der Gesellschaft eintritt. Daher könnte ein solcher Sachverhalt auch durch Anwendung der konkretisierten Tilly-Russ-Regel gelöst werden.[849]

3. *Umfassende Drittbindung nur durch Gesellschaftssatzungen*

Insgesamt ergibt sich also für das Gesellschaftsrecht ein eindeutiges Bild. Ist eine Gerichtsstandsvereinbarung in der Satzung einer Gesellschaft enthalten bzw. wird später in diese eingeführt, dann wirkt die Vereinbarung immer auch gegenüber dritten Gesellschaftern, die am Abschluss der Vereinbarung nicht beteiligt waren. Voraussetzung dafür ist allein, dass die Satzung nach anwendbarem nationalen Recht eine solche Wirkung gegenüber den Gesellschaftern

846 EuGH, *Leventis*, Rn. 36 ff.

847 Im Ergebnis ebenso: *Mankwoski*, in: Rauscher EuZPR/EuIPR, Art. 25 Brüssel Ia-VO, Rn. 315.

848 Zustimmend für das deutsche Recht: *Gottwald*, in: MüKO ZPO, Art. 25 Brüssel Ia-VO, Rn. 61.

849 Zur Drittbindung bei Gesamtschuldnern im 5. Abschnitt A. III.

vorsieht und die Satzung schriftlich für Dritte einsehbar hinterlegt ist. Eine solche Auslegung ist sowohl mit dem Wortlaut als auch mit dem Sinn und Zweck von Art. 25 Brüssel Ia-VO zu vereinbaren. Diese Grundsätze sind verallgemeinerungsfähig und auf andere juristische Personen anwendbar, die eine vergleichbare Satzung haben.

Dagegen sind Gesellschafter nicht durch eine Gerichtsstandsvereinbarung gebunden, die sie als Organ der Gesellschaft mit Wirkung für und gegen die Gesellschaft abgeschlossen haben. Fraglich bleibt, ob eine Drittbindung durch eine gesetzlich angeordnete persönliche Haftung des Gesellschafters bestehen soll. Aufgrund der Vergleichbarkeit mit einem Substitutionsverhältnis soll dies im 5. Abschnitt der Arbeit anhand der konkretisierten Tilly-Russ-Regel beurteilt werden.

III. Zwischenergebnis: Allgemeine Grundsätze der Drittbindung im Gesellschaftsrecht

Im Ergebnis kann eine umfassende Bindung an Gerichtsstandsvereinbarungen auch zulasten Dritter immer dann angenommen werden, wenn ein Substitutionsverhältnis im Sinne der hier konkretisierten Tilly-Russ-Regel vorliegt oder die Gerichtsstandsvereinbarung in der Satzung einer Gesellschaft enthalten ist bzw. später eingeführt wird.

Diese beiden Grundsätze der Drittbindung zulasten Dritter sollen im 5. Abschnitt gemeinsam mit den Grundsätzen der Drittbindung zugunsten Dritter anhand von verschiedenen Beispielen überprüft werden.

D. Gesamtergebnis zum 4. Abschnitt: Die Wirkung der Gerichtsstandsvereinbarung zulasten Dritter

Zunächst wurden in diesem Abschnitt die materiell-rechtlichen Grundlagen für die mögliche Drittbindung zulasten Dritter ausführlich dargestellt. Im Ergebnis konnte festgestellt werden, dass in einigen Bereichen bereits eine hohe Übereinstimmung zwischen den Mitgliedsstaaten besteht, während in anderen Bereichen die materiell-rechtliche Drittwirkung in den Mitgliedsstaaten unterschiedlich bewertet wird.

Gerichtsstandsvereinbarungen zulasten Dritter sind in Abgrenzung zu den drittbegünstigenden Vereinbarungen als Standardfall von Gerichtsstandsvereinbarungen einzuordnen. Jede Gerichtsstandsvereinbarung, die nicht zur abschließenden Aufzählung von Sonderfällen im 3. Abschnitt dieser Arbeit gehört, ist also als belastende Vereinbarung einzuordnen.

Solche Vereinbarungen wurden anhand der durch den EuGH entschiedenen Sachverhalte für diese Untersuchung in zwei Oberkategorien aufgeteilt. Zum einen die Drittwirkung bei Substitutionsverhältnissen und zum anderen Gerichtsstandsvereinbarungen im Gesellschaftsrecht. Dabei ist der Begriff „Substitution" dem Begriff „Rechtsnachfolge" vorzuziehen, da so weitere Fälle erfasst werden können. Zu den Substitutionsverhältnissen zählen alle Fallgruppen, in denen der Dritte (vermeintlich) in die Rechte und Pflichten einer Partei eintritt (hier: Konnossemente, Abtretungen, Vertragsketten und Schuldverschreibungen). Zu den Konstellationen des Gesellschaftsrechts zählen die Bindung von Gesellschaftern an die Satzung sowie die Bindung von Gesellschaftern an Verträge der Gesellschaft.

Die Bindung Dritter bei Substitutionsverhältnissen wurde vom EuGH für Konnossemente in der Entscheidung *Tilly Russ* begründet, stetig fortentwickelt und auf andere Fallgruppen angewendet. Dabei hat der EuGH sich bereits früh für eine Abhängigkeit der prozessualen Drittbindung von der materiell-rechtlichen Drittwirkung nach anwendbarem nationalen Recht entschieden und so einen Gleichlauf hergestellt.

Die Abhängigkeit der Drittbindung von der materiell-rechtlichen Drittwirkung des anwendbaren nationalen Rechts wurde seit den ersten Entscheidungen deutlich kritisiert und noch heute wird teilweise vertreten, dass eine Bindung Dritter anhand gemeinschaftsautonomer Grundsätze, also anhand Art. 25 Brüssel Ia-VO selbst, vorzugswürdig wäre.

Diese Ansicht ist jedoch im Ergebnis abzulehnen, da weder durch die neu eingeführten Einigungsalternativen über Handelsbräuche noch durch eine Auslegung von Art. 25 Brüssel Ia-VO überzeugend eine Drittbindung begründet werden kann. Vielmehr ist die Ansicht von dem Wunsch getragen, eine Drittwirkung nach gemeinschaftsautonomen Kriterien herleiten zu wollen. Die Ansicht wurde durch den EuGH in mehreren Entscheidungen, in denen die Möglichkeit bestand, gemeinschaftsautonome Grundsätze heranzuziehen, abgelehnt.

Die Drittbindung durch Anwendung der Tilly-Russ-Regel des EuGH führt jedoch nicht immer zu vertretbaren Ergebnissen und der EuGH hat, wie am deutlichsten die Entscheidung *Refcomp* zeigt, selbst erhebliche Probleme, diese konsequent anzuwenden. Dies rührt vor allem daher, dass die Tilly-Russ-Regel konkretisiert und modifiziert werden muss, um dem breiten Anwendungsbereich gerecht werden zu können.

Es zeigen sich insbesondere zwei Probleme bei der Anwendung der Regel: Zum einen darf die Tilly-Russ-Regel nicht auf solche Fälle angewendet werden, in denen keine echte Substitution vorliegt, der Dritte also nach anwendbarem nationalen Recht nicht vollständig in die Rechte und Pflichten der Partei eintritt. Dies ist regelmäßig dann der Fall, wenn es dem Dritten gestattet ist, denselben Anspruch gegen beide Vertragspartner zu verfolgen. Zum anderen führt der Gleichlauf von prozessualer Drittbindung und materiell-rechtlicher Drittwirkung nur dann zu sinnvollen Ergebnissen, wenn, wie von *Gebauer* gefordert, die Prüfung der Drittbindung stets am prorogierten Gericht erfolgt. Nur dann kann eine Prüfung der Drittbindung als doppelrelevante Tatsachen mit einem Sachurteil entweder bejaht oder abschließend verneint werden. Wird ein Verfahren dennoch an einem nach der Gerichtsstandsvereinbarung derogierten Gericht anhängig gemacht, muss die schlüssige Darlegung einer potenziellen Drittbindung für eine Unzuständigkeit ausreichen. Dabei ist besonders wichtig, dass der Prüfungsmaßstab hier spiegelverkehrt identisch ist. Was beim derogierten Gericht als schlüssiger Vortrag der potenziellen Drittbindung für eine Unzuständigkeit ausreicht, muss am prorogierten Gericht für eine Zuständigkeit reichen, damit dann im Rahmen der Begründetheit die potenzielle Drittbindung ausführlich geprüft werden kann.

Der größte Kritikpunkt der Befürworter einer gemeinschaftsautonomen Lösung der Drittwirkungsproblematik ist die als kompliziert angesehene Bestimmung des anwendbaren Rechts über das IPR der jeweiligen *lex fori*. Zudem wird befürchtet, dass durch die Anwendung des jeweiligen nationalen IPR die Gefahr von divergierenden Entscheidungen entstünde. Wie jedoch die überblicksartige Darstellung der Bestimmung der *lex causae* über das IPR anhand von Beispielen gezeigt hat, besteht aufgrund der Vereinheitlichung der Anknüpfungen im IPR in Europa keine Gefahr divergierender Entscheidungen.

Es kann somit ein allgemeiner Grundsatz der Drittwirkung von Gerichtsstandsvereinbarungen bei Substitutionsverhältnissen aufgestellt werden, der sich größtenteils an der Tilly-Russ-Regel orientiert, aber modifiziert werden muss: Eine Gerichtsstandsvereinbarung wirkt gemäß Art. 25 Brüssel Ia-VO auch zulasten Dritter, wenn die Vereinbarung wirksam zwischen den Parteien geschlossen wurde und der Dritte vollständig in die Rechte und Pflichten einer Partei im Rahmen einer echten Substitution eingetreten ist. Die Bewertung der Substitution erfolgt nach der *lex causae*, die nach dem IPR der *lex fori* durch das erkennende Gericht zu ermitteln ist. Ein sinnvoller Gleichlauf von materiellrechtlicher Drittwirkung und prozessualer Drittbindung kann nur erreicht werden, wenn bei fraglicher Drittbindung immer das prorogierte Gericht entscheidet. Die Regel findet zudem keine Anwendung, wenn die Drittwirkung in der Gerichtsstandsvereinbarung ausgeschlossen wurde oder die Vereinbarung auf persönlichen Motiven der Parteien beruht.

Im Bereich des Gesellschaftsrechts, insbesondere bei der Wirkung von Satzungen gegenüber Gesellschaftern, besteht in den Mitgliedsstaaten eine einheitliche

Bewertung. Eine Gerichtsstandsvereinbarung, die in der Satzung einer Gesellschaft enthalten ist bzw. später in diese eingeführt wird, wirkt immer auch gegenüber dritten Gesellschaftern, die am Abschluss der Vereinbarung nicht beteiligt waren. Dafür muss die Satzung nach anwendbarem nationalen Recht eine solche Wirkung gegenüber den Gesellschaftern vorsehen und schriftlich für Dritte einsehbar hinterlegt sein. Der EuGH hat diesen Grundsatz in der Entscheidung *Powell Duffryn* aufgestellt, und seitdem wird er ohne weitere Entscheidungen oder Fortentwicklungen angewendet. Die Drittbindung aufgrund der nationalen Regelungen zu Gesellschaftssatzungen wurde im Gegensatz zu den Substitutionsverhältnissen nicht kritisiert. Dies vermag nicht zuletzt mit der einheitlichen Wirkung von Satzungen in den Mitgliedsstaaten zusammenhängen. Durch diese einheitliche Behandlung wird die durch die Kritiker gewünschte gemeinschaftsautonome Lösung suggeriert. Trotzdem erfolgt die Drittbindung durch die Wirkung der Satzung aufgrund des jeweiligen nationalen Gesellschaftsrechts.

Schließlich können die Grundsätze auch auf andere juristische Personen angewendet werden, die eine vergleichbare Satzung haben. Demgegenüber wird die Bindung von Gesellschaftern durch eine Gerichtsstandsvereinbarung, die sie als Organ der Gesellschaft mit Wirkung für und gegen die Gesellschaft abgeschlossen haben, einheitlich abgelehnt.

Ob die hier gefunden Ergebnisse zur Wirkung von Gerichtsstandsvereinbarungen zulasten Dritter und die daraus abgeleiteten allgemeinen Grundsätze der Drittwirkung zu sinnvollen Lösungen führen, wird nunmehr gemeinsam mit den im 3. Abschnitt der Arbeit gefunden Ergebnissen überprüft werden.

5. Abschnitt: Überprüfung der gefundenen Ergebnisse

Die im 3. und 4. Abschnitt dieser Untersuchung gefundenen Ergebnisse und die aus diesen abgeleiteten allgemeinen Grundsätzen der Drittwirkung sollen in diesem Abschnitt anhand von unterschiedlichen Konstellationen überprüft werden. Dabei werden solche materiell-rechtliche Konstellationen, in denen Dritte ebenso mit einer im Vertrag enthaltenen Gerichtsstandsvereinbarung in Berührung kommen können, die aber nicht zu den bereits besprochenen Konstellationen zählen, kurz vorgestellt. Danach soll anhand der unterschiedlichen allgemeinen Grundsätze der Drittwirkung geprüft werden, ob die materiell-rechtliche Drittwirkung eine prozessuale Drittbindung zur Folge hat.

Abschließend können allgemeine Grundlagen der Drittwirkung von Gerichtsstandsvereinbarungen gemäß Art. 25 Brüssel Ia-VO, die zu interessengerechten Ergebnissen führen und auf eine Vielzahl von Fallgruppen angewendet werden können, herausgearbeitet werden.

A. Überprüfung der ermittelten Grundsätze der Drittwirkung

Im Folgenden soll für unterschiedliche materiell-rechtliche Konstellationen anhand von kleinen Beispielfällen erläutert werden, ob eine Drittbindung mit den hier festgestellten Grundsätzen der drittbegünstigenden Bindung oder drittbelastenden Bindung in Betracht kommt. So kann ermittelt werden, ob über die im 3. und 4. Abschnitt überprüften und auf der EuGH-Rechtsprechung basierenden Fallgruppen die Anwendung der allgemeinen Grundsätze der Drittwirkung in anderen Konstellationen ebenso zu interessengerechten Ergebnissen führt. Die überprüften Konstellationen stammen teilweise aus sehr komplexen Rechtsgebieten. Eine detaillierte Darstellung dieser mit eingehender Analyse der materiell-rechtlichen Konstellationen, würde den Rahmen dieser Untersuchung überschreiten. Für die einzelnen Fallgruppen soll dennoch die materiell-rechtliche Wirkung kurz erläutert werden, denn nur so können diese unter die hier ermittelten Grundsätze der Drittwirkung subsumiert werden.

I. Frachtverträge

Ein Frachtvertrag, bei dem Güter aufgrund eines Vertrags zwischen Absender und Frachtführer zum Empfänger transportiert werden, stellt einen Vertrag zugunsten Dritter dar.[850] Dem Empfänger, der hier Dritter ist, steht gemäß § 421 HGB u.a. ein eigenständiger Anspruch auf Ablieferung der transportierten Güter zu.[851] Anhand des folgenden Beispiels soll nun geprüft werden, in welchem Umfang der Empfänger an eine Gerichtsstandsvereinbarung gemäß Art. 25 Brüssel Ia-VO nach den hier herausgearbeiteten Grundsätze gebunden ist.

Der Absender A mit Sitz in Deutschland und der Frachtführer B mit Sitz in Frankreich schließen einen Frachtvertrag über den Transport von Gütern zum Empfänger C, ebenfalls mit Sitz in Frankreich. In dem Vertrag enthalten ist eine ausschließliche Gerichtsstandsvereinbarung zugunsten der deutschen Gerichte. Zudem soll deutsches Recht anwendbar sein. Alle Beteiligten sind juristische Personen.

1. Bindung Dritter nach den Grundsätzen der begünstigenden Drittbindung

Die hier herausgearbeiteten Grundsätze der Drittwirkung von Gerichtsstandsvereinbarungen sehen eine Bindung vor, wenn diese dem Dritten lediglich einen zusätzlichen konkurrierenden Gerichtsstand zugestehen (einfache Drittbindung). Im Beispiel wird eine ausschließliche Gerichtsstandsvereinbarung zwischen Absender und Frachtführer vereinbart. Dem Empfänger wird daher, falls eine Drittbindung bestehen sollte, zumindest ein möglicher Gerichtsstand am Sitz des Frachtführers Art. 4 Brüssel Ia-VO, genommen. Daher liegt kein Fall der einfachen Drittbindung vor, und der Dritte kann nicht anhand dieser Grundsätze an die Gerichtsstandsvereinbarung gebunden werden.

Weiterhin könnte der Dritte durch die Grundsätze der umfassenden Drittbindung an die Gerichtsstandsvereinbarung im Frachtvertrag gebunden sein. Dies ist immer dann der Fall, wenn bei einem Vertrag zugunsten Dritter der Dritte alle seine Rechte inklusive des Gerichtsstands aus dem Vertrag zwischen den Parteien ableitet und nicht zu einer durch die Brüssel Ia-VO besonders geschützten Gruppe wie Versicherungsnehmern, Verbrauchern oder Arbeitnehmern gehört.

Der hier geschlossene Frachtvertrag ist ein Vertrag zugunsten Dritter und der Empfänger leitet seine Rechte als Dritter aus diesem Vertrag ab. Der Empfänger muss die Regelungen aus dem Frachtvertrag gegen sich gelten lassen, so wie sie zwischen dem Absender und Frachtführer vereinbart wurden. Das bedeutet auch, dass der Dritte den Gerichtsstand aus dem Vertrag zwischen Absender und Frachtführer ableitet. Ein besonderer Gerichtsstand für den Dritten ergibt

---

850 *Gottwald*, in: MüKo BGB, § 328, Rn. 68 ff.; *Koller*, TranspR, § 421 HGB, Rn. 1.

851 *Koller*, TranspR, § 421 HGB, Rn. 1.

sich aus der Verordnung nicht, denn es handelt sich weder um eine Konstellation im Versicherungsrecht noch ist der Dritte Verbraucher oder Arbeitnehmer. Der Empfänger ist also nach den Grundsätzen der umfassenden Bindung zugunsten Dritter an die Gerichtsstandsvereinbarung im Frachtvertrag gebunden. Er kann hier den Frachtführer zur Geltendmachung von Ansprüchen aus dem Frachtvertrag ausschließlich vor den vereinbarten deutschen Gerichten verklagen.

Die Parteien des Vertrags haben sich gemäß Art. 25 Brüssel Ia-VO auf den Gerichtsstand in Deutschland auch in dem Bewusstsein geeinigt, dass der Frachtvertrag ein Vertrag zugunsten Dritter ist und man sich so Ansprüchen Dritter aussetzt. Im Rahmen einer vorausschauenden Planung und einer Risikoabwägung haben die Parteien vereinbart, für Ansprüche aus dem Vertrag nicht in Frankreich, sondern in Deutschland ein Verfahren führen zu wollen. Der Empfänger des Frachtvertrags kann seine Begünstigung nur so annehmen, wie diese durch die Parteien ausgestaltet wurde. Es steht dem Empfänger gerade nicht frei, sich einerseits für die Begünstigung zu entscheiden, also Ansprüche aus dem Vertrag im eigenen Namen gegen den Frachtführer zu verfolgen und andererseits die im Vertrag vereinbarte Gerichtsstandsvereinbarung nicht zu beachten. Der Empfänger muss seine Begünstigung nicht annehmen, sondern kann sich auch dagegen entscheiden die Rechte aus dem Frachtvertrag im eigenen Namen zu verfolgen.[852] Nimmt der Empfänger die Begünstigung an und verfolgt die Rechte aus dem Frachtvertrag im eigenen Namen, muss er sich zur Klärung dieser Ansprüche an das prorogierte Gericht verweisen lassen. Der Gleichlauf von materiell-rechtlicher Drittwirkung (Anspruch aus dem Frachtvertrag) und der prozessualen Drittbindung kann auch bei der begünstigenden Drittwirkung nur sinnvoll hergestellt werden, wenn das prorogierte Gericht über den Anspruch entscheidet. Macht also der Empfänger Ansprüche aus dem Frachtvertrag gegen den Frachtführer an den derogierten französischen Gerichten geltend, muss der Empfänger gezwungenermaßen im Rahmen der Zulässigkeit der Klage zur eigenen Anspruchsberechtigung aufgrund der Drittwirkung des Frachtvertrags vortragen. Diese schlüssige Darlegung der Drittberechtigung muss, vergleichbar mit der Prüfung von doppelrelevanten Tatsachen, zur Unzuständigkeit des

852 Regelmäßig erfolgt die Lieferung von Gütern aufgrund eines gesonderten Vertrags zwischen dem Absender und dem Empfänger. Dem Empfänger steht es also ebenso frei, sich im Streitfall an den eigenen Vertragspartner zu halten und keine Ansprüche aus dem Vertrag zugunsten Dritter zu verfolgen. Ansprüche aus dem Vertragsverhältnis zwischen Absender und Empfänger bleiben von diesen Ausführungen unberührt.

französischen Gerichts führen, um den Empfänger an die deutschen Gerichte zu verweisen.[853]

Dieses Ergebnis erscheint auf den ersten Blick befremdlich, hat es doch zur Folge, dass in dem Beispielsfall ein französischer Empfänger einen Anspruch aus dem Frachtvertrag gegen den ebenso französischen Frachtführer an deutschen Gerichten verfolgen muss. Dieses Ergebnis ist nach dem hier ermittelten allgemeinen Ansatz der Drittbindung zugunsten Dritter jedoch interessengerecht.

Nach dem Prinzip der Privatautonomie können die Parteien den Gerichtsstand, wenn die Voraussetzungen gemäß Art. 25 Brüssel Ia-VO erfüllt sind, frei wählen. Es ist nicht ersichtlich, warum dem Begünstigten hier gestattet werden sollte, den Frachtführer am Sitz in Frankreich verklagen zu können, nur weil dieser zufälligerweise seinen Sitz im gleichen Mitgliedsstaat hat.[854] Dem begünstigten Dritten soll bei der Verfolgung der Ansprüche aus dem Vertrag gerade nicht die Wahlmöglichkeit zwischen den unterschiedlichen Gerichtsständen gewährt werden. Um das Risiko einer in Inanspruchnahme an diesen Gerichtsständen auszuschließen, haben die Parteien im Vertrag gerade deswegen eine ausschließliche Gerichtsstandsvereinbarung vereinbart. Diese Privatautonomie der Parteien darf lediglich in den durch die Verordnung angeordneten besonderen Konstellationen aufgehoben werden.

2. *Bindung Dritter nach den Grundsätzen der belastenden Drittbindung*

Darüber hinaus könnte der Empfänger ebenso nach den Grundsätzen der belastenden Drittwirkung gebunden sein. Dies wäre zumindest dann der Fall, wenn der Begünstigte im Rahmen eines Substitutionsverhältnisses nach anwendbarem nationalen Recht vollständig in die Rechte und Pflichten einer Partei eingetreten ist.

Der Begünstigte müsste also nach anwendbarem deutschen Recht vollständig in die Rechte und Pflichten des Absenders aus dem Frachtvertrag eintreten. Die Rechte und Pflichten des Absenders im Frachtvertrag sind durch diesen und

853 Siehe dazu der modifizierte Ansatz von *Gebauer* im 4. Abschnitt B. I. 4.

854 Der Frachtführer mit Sitz in Frankreich könnte sich natürlich auf das Verfahren gemäß Art. 26 Brüssel Ia-VO ohne Rüge der internationalen Zuständigkeit einlassen. Dadurch wird immer die Zuständigkeit des erkennenden Gerichts begründet, denn die rügelose Einlassung geht auch Gerichtsstandsvereinbarungen vor: EuGH, Urteil vom 24.06.1981, Rs. 150/80 – *Elefanten Schuh*, Rn. 10 ff.; *Staudinger*, in: Rauscher EuZPR/EuIPR, Art. 26 Brüssel Ia-VO, Rn. 12 m.w.N.

durch das jeweils anwendbare Recht – hier das deutsche HGB – eindeutig geregelt. Dagegen sind die Rechte und Pflichten des Absenders gerade nicht dieselben, wie die des Empfängers. Den Absender trifft etwa im Frachtvertrag gemäß § 412 Abs. 1 HGB die Pflicht, das transportierte Gut zu verladen.[855] Der Empfänger tritt daher gerade nicht aufgrund des Frachtvertrags in die Rechte und Pflichten der Partei aus dem Frachtvertrag ein.

Eine Besonderheit im Frachtrecht ist, dass der Empfänger durch die Verfolgung der Ansprüche gemäß § 421 Abs. 2 HGB durch einen Schuldbeitritt auch (Gesamt-)Schuldner der Fracht wird.[856] In welchem Umfang die Gesamtschuldner bei einem Schuldbeitritt an eine Gerichtsstandsvereinbarung nach den Grundsätzen der belastenden Drittwirkung gebunden sind, soll in den Konstellationen zum Schuldbeitritt geklärt werden.[857]

Da der Empfänger bereits nach den Grundsätzen der drittbegünstigenden Bindung umfassend an die Gerichtsstandsvereinbarung im Frachtvertrag gebunden wird, kann im Ergebnis dahinstehen, ob der Dritte auch aufgrund der Grundsätze der drittbelastenden Bindung gebunden werden soll.

3. Zwischenergebnis: Umfassende Drittbindung des Empfängers

Im Ergebnis wird also ein dritter Empfänger, der Begünstigter eines Frachtvertrags ist, an eine Gerichtsstandsvereinbarung im Vertrag nach den hier entwickelten Grundsätzen umfassend gebunden. Der privatautonomen Entscheidung der Parteien des Vertrags zugunsten Dritter gebührt hier der Vorrang, da der Empfänger nicht gesondert geschützt wird und er alle seine Rechte aus dem Frachtvertrag ableitet. Dieses Ergebnis ist für alle Parteien interessengerecht und insbesondere auch bei Vertragsschluss voraussehbar.

II. Reiseverträge

Ein Reisevertrag, mit dem Leistungen zwischen Reiseveranstalter und Leistungsträger vereinbart werden, kann einen Vertrag zugunsten Dritter darstellen. Dem Reisenden wird dann durch den Vertrag ein direkter Anspruch gegen den Leistungsträger zugestanden.[858] Im Folgenden soll nun an einem beispielhaften

---

855 Vgl. *Merkt*, in Baumbach/Hopt HGB, § 412, Rn. 1.

856 Dabei ist umstritten, in welchem Umfang der Empfänger der Schuld des Absenders beitritt: *Koller*, TranspR, § 421 HGB, Rn. 23.

857 Siehe dazu in diesem Abschnitt IV.

858 BGH, NJW 1987, S. 1931 (1935); *Gottwald*, in: MüKo BGB, § 328, Rn. 63.

Reisevertrag geprüft werden, in welchem Umfang der Reisende an eine Gerichtsstandsvereinbarung gemäß Art. 25 Brüssel Ia-VO nach den hier herausgearbeiteten Grundsätzen gebunden ist.

Der Reiseveranstalter A mit Sitz in Deutschland schließt mit der Hotelgesellschaft B mit Sitz in Spanien einen Vertrag über die Beherbergung von Reisenden ab. In dem Vertrag enthalten ist eine ausschließliche Gerichtsstandsvereinbarung zugunsten der deutschen Gerichte. Zudem soll deutsches Recht anwendbar sein.
Der Reisende C mit Wohnsitz in den Niederlanden hat beim Reiseveranstalter A eine Pauschalreise gebucht, die unter anderem den Aufenthalt im Hotel der B beinhaltet.

1. Bindung Dritter nach den Grundsätzen der begünstigenden Drittbindung

Der Dritte könnte anhand der Grundsätze der umfassenden Drittbindung an die Gerichtsstandsvereinbarung im Vertrag gebunden sein. Dies ist immer dann der Fall, wenn bei einem Vertrag zugunsten Dritter der Dritte alle seine Rechte inklusive des Gerichtsstands aus dem Vertrag zwischen den Parteien ableitet und nicht zu einer durch die Brüssel Ia-VO besonders geschützten Gruppe wie Versicherungsnehmern, Verbrauchern oder Arbeitnehmern gehört.

Dem Reisenden C steht durch den als Vertrag zugunsten Dritter zu beurteilenden Vertrag zwischen Reiseveranstalter und Hotelgesellschaft ein unmittelbarer Anspruch auf die Beherbergung im Hotel zu. Der Reisende leitet also seine Rechte aus dem Vertrag zwischen Reiseveranstalter und Hotelgesellschaft ab und könnte auch an die Gerichtsstandsvereinbarung gebunden werden.

Hier kommt zugunsten des Reisenden allerdings das Schutzregime für Verbraucher im 4. Abschnitt der Verordnung zum Tragen. Der Reisende C ist eine natürliche Person, die hier zur Deckung des privaten Eigenbedarfs eine Reise gebucht hat, die keiner beruflichen oder gewerblichen Tätigkeit entspricht und ist mithin Verbraucher im Sinne von Art. 17 Abs. 1 Brüssel Ia-VO.[859] Der Reisevertrag, der sowohl die Beförderung als auch die Unterbringung am Reiseziel beinhaltet, ist auch vom Anwendungsbereich der Vorschriften im 4. Abschnitt der Verordnung umfasst.[860]

---

859 EuGH, Urteil vom 20.01.2005 Rs. C-464/01 - *Gruber/BayWa*, Rn. 31 ff.; *Staudinger*, in: Rauscher EuZPR/EuIPR, Art. 17 Brüssel Ia-VO, Rn. 1; *Gottwald*, in: MüKo ZPO, Art. 17 EuGVVO, Rn. 2; *Schlosser/Hess*, EU-Zivilprozessrecht, Art. 17 EuGVVO, Rn. 3.

860 *Staudinger*, in: Rauscher EuZPR/EuIPR, Art. 17 Brüssel Ia-VO, Rn. 22; *Gottwald*, in: MüKo ZPO, Art. 17 EuGVVO, Rn. 15; *Schlosser/Hess*, EU-Zivilprozessrecht, Art. 17 EuGVVO, Rn. 10.

Dem Reisenden steht daher gemäß Art. 18 Brüssel Ia-VO sowohl der eigene Wohnsitz als auch der Sitz des Vertragspartners als Wahlgerichtsstand zur Verfügung. Daher soll der Reisende hier durch die eigenen besonderen Gerichtsstände geschützt werden und den Gerichtsstand gerade nicht aus dem Vertrag zu seinen Gunsten ableiten müssen. Zudem findet sich in Art. 19 Brüssel Ia-VO eine Vorschrift, die ebenso wie im Versicherungsrecht die Möglichkeiten zum Abschluss von Gerichtsstandsvereinbarungen mit Verbrauchern limitiert. Letztere sollen im gleichen Umfang wie auch Versicherungsnehmer, Versicherte und Begünstigte geschützt werden. Beide Vorschriften werden parallel ausgelegt und angewendet. Daher wird in den Kommentierungen zu Art. 19 Brüssel Ia-VO lediglich auf die Ausführungen zu Art. 15 Brüssel Ia-VO verwiesen.[861] Der Reisende wird als Verbraucher gleichermaßen geschützt, weshalb eine umfassende Bindung an die Gerichtsstandsvereinbarung im Vertrag zu seinen Gunsten ebenso wie im Bereich des Versicherungsrechts ausgeschlossen ist. In dem Sinne deutete auch der Gerichtshof. in der Entscheidung *Delay Fix* an, dass der Schutz von Fluggäste, die den Anspruch an eine Inkassogesellschaft abgetreten haben, so umfassend ist, dass sogar der Inkassogesellschaft eine Gerichtsstandsklausel nicht entgegengehalten werden kann.[862]

Dem Reisenden C steht es daher frei, an welchem Gerichtsstand er die Ansprüche aus dem Vertrag zugunsten Dritter verfolgt, denn er kann nach den hier ermittelten Grundsätzen nicht umfassend an die Gerichtsstandsvereinbarung gebunden werden.

Hier kommt auch die Ausnahme vom entwickelten Prinzip des Gleichlaufs von materiell-rechtlicher Drittwirkung und prozessualer Drittbindung zum Tragen. Macht C die Ansprüche aus dem Reisevertrag an einem der Verbrauchergerichtsstände geltend, dann muss er in der internationalen Zuständigkeit lediglich zur Verbrauchereigenschaft vortragen und das eigentlich durch die Gerichtsstandsvereinbarung im anspruchsbegründenden Vertrag derogierte Gericht ist zuständig.

---

861 *Staudinger*, in: Rauscher EuZPR/EuIPR, Art. 19 Brüssel Ia-VO, Rn. 1; *Stadler*, in: *Musielak/Voit* ZPO, Art. 19 EuGVVO n.F., Rn. 1.

862 EuGH, *Delay Fix*, Rn. 56 ff.

2. *Bindung des Dritten nach den Grundsätzen der belastenden Drittbindung*

Der Reisende kann hier dann ebenso wenig nach den Grundsätzen der belastenden Drittwirkung gebunden sein, denn auch hier stünde das Schutzregime für Verbraucher einer Bindung entgegen.

3. *Zwischenergebnis: Keine umfassende Drittbindung des Reisenden*

Der Dritte, der als Reisender in einem Vertrag zwischen Reiseveranstalter und Leistungsträger begünstigt wird, kann nach den hier festgestellten Grundsätzen nicht an eine darin enthaltende Gerichtsstandsvereinbarung gebunden werden. Dem Reisenden steht als Verbraucher ein eigener Gerichtsstand in der Verordnung zu, sodass er den Gerichtsstand gerade nicht aus dem Vertrag zu seinen Gunsten ableiten muss. Das Schutzregime für Verbraucher überwiegt in dieser Konstellation die privatautonome Vereinbarung der Vertragsparteien, die Gerichtspflichtigkeit abschließend zu regeln.

III. Schuldübernahme

Unter dem Oberbegriff „Schuldübernahme“ können unterschiedliche Rechtsinstitute zusammengefasst werden, durch die ein Dritter in ein bestehendes Vertragsverhältnis eintritt und mit einer im Vertrag zwischen Schuldner und Gläubiger enthaltene Gerichtsstandsvereinbarung in Berührung kommt.

Dazu zählen insbesondere die kumulative Schuldübernahme (auch als Schuldbeitritt bezeichnet), die privative Schuldübernahme sowie die Bürgschaft.

1. *Kumulative Schuldübernahme*

Im Rahmen einer kumulativen Schuldübernahme, die im deutschen Recht nicht normiert ist, jedoch allgemein anerkannt ist, wird durch einen Dritten die Schuld so übernommen, dass dieser zusammen mit dem ursprünglichen Schuldner Gesamtschuldner im Sinne der §§ 421 ff. BGB wird.[863] Anhand des folgenden Beispiels soll nunmehr geklärt werden, ob ein solcher neu eintretender Schuldner, der am Abschluss des Vertrags nicht beteiligt war, nach den hier ermittelten Grundsätzen an eine Gerichtsstandsvereinbarung im Vertrag gebunden ist.

---

863 *Heinemeyer*, in: MüKo BGB, vor § 414, Rn. 10; *Schreiber*, in: Soergel BGB, vor § 414, Rn. 6.

In einem Vertrag zwischen dem Gläubiger A mit Sitz in Deutschland und dem Schuldner B mit Sitz in Frankreich ist eine Gerichtsstandsvereinbarung zugunsten der deutschen Gerichte vereinbart und deutsches Recht gewählt. Zur Sicherung der Forderung soll C mit Sitz in Frankreich der Schuld beitreten, sodass B und C Gesamtschuldner werden. Alle Beteiligten sind juristische Personen.

a. *Bindung Dritter nach den Grundsätzen der begünstigenden Drittbindung*

Eine Bindung im Wege der Grundsätze der begünstigenden Drittwirkung kann nicht erfolgen, da kein Vertrag zugunsten Dritter ersichtlich ist.

b. *Bindung Dritter nach den Grundsätzen der belastenden Drittbindung*

Der neue Schuldner (auch als Beitrittsschuldner bezeichnet) könnte nach den Grundsätzen der belastenden Drittwirkung an die Gerichtsstandsvereinbarung im Vertrag gebunden sein. Dies wäre zumindest dann der Fall, wenn der Beitrittsschuldner im Rahmen eines Substitutionsverhältnisses nach anwendbarem nationalen Recht vollständig in die Rechte und Pflichten einer Partei eingetreten ist.

Als Substitutionsverhältnis kommt hier die Vereinbarung über den Schuldbeitritt in Betracht. Nach dem anwendbaren deutschen Recht wird der Beitrittsschuldner neben dem Ursprungsschuldner Gesamtschuldner, es kommt gerade nicht zu einem Schuldnerwechsel.[864] Dadurch erlangt der Beitrittsschuldner zwar einige Rechte, die auch der Ursprungsschuldner hat, tritt aber nicht vollständig im Sinne einer echten Substitution in dessen Rechte und Pflichten ein. Der Beitrittsschuldner übernimmt zwar die gesamte Schuld, tritt aber dazu neben und nicht anstelle des Ursprungsschuldners. Daher muss dieser auch nach der Ratio der hier entwickelten Grundsätze die Gerichtsstandsvereinbarung nicht gegen sich gelten lassen. Es besteht kein schutzwürdiges Interesse des Gläubigers. Nur wenn der Dritte vollständig in die Rechte der Partei eintritt, muss der Dritte, der wie eine Partei behandelt wird, auch die Pflichten der Partei achten. Tritt der Dritte lediglich im Rahmen einer kumulativen Schuldübernahme als Beitrittsschuldner neben die ursprüngliche Partei, kann dieser auch nicht an die Gerichtsstandsvereinbarung im Vertrag gebunden werden.[865]

---

864 *Heinemeyer*, in: MüKo BGB, § 421, Rn. 35 f.; *Looschelders*, in: Staudinger BGB, § 427, Rn. 15 ff.; *Schreiber*, in: Soergel BGB, vor § 414, Rn. 7.

865 Ebenso: OHG (AT), Urteil vom 05.06.2007 Court (UK), Urteil vom 07.02.2008, [2008] EWHC 156 (Pat) *Knorr-Bremse Systems for Commercial Vehicles Limited v. Haldex Brake Products* Az. 10Ob40/07s; High *Gmbh; Auer*, in: Geimer/Schütze Int.

Der Gläubiger A erhält durch den Schuldbeitritt zusätzlich zu dem Schuldner B noch den Beitrittsschuldner C, von dem er als Gesamtschuldner auch die gesamte Schuld fordern kann. Die Gerichtsstandsvereinbarung gilt jedoch nur im Verhältnis zum Ursprungsschuldner; im Verhältnis zum Beitrittsschuldner gilt diese nicht. Der Gläubiger A hat im Verhältnis zum Schuldner B eine Gerichtsstandsvereinbarung vereinbart, die beide Parteien auch nach dem Schuldbeitritt bindet und für beide Parteien voraussehbar ist. Daher besteht auch kein schützenswertes Interesse des Gläubigers A daran, dass die Gerichtsstandsvereinbarung auch im Verhältnis zu C gilt.

Im Ergebnis wird also der Beitrittsschuldner nicht an eine Gerichtsstandsvereinbarung gebunden, da er als Gesamtschuldner zumindest nicht vollständig in die Rechte und Pflichten des Ursprungsschuldners eintritt. Diese Ausführungen zur Rechtsfolge des kumulativen Schuldbeitritts sind auf alle weiteren gesetzlich angeordneten Fälle der Gesamtschuld übertragbar. Man kann also verallgemeinernd feststellen, dass nach den hier ermittelten Grundsätzen keine Bindung des Dritten erfolgt, sobald nach anwendbarem nationalem Recht der Dritte als Gesamtschuldner neben den Schuldner tritt.

2. *Privative Schuldübernahme*

Durch einen privativen Vertrag können ein Dritter und der Gläubiger vereinbaren, dass die Schuld des Ursprungsschuldners auf den Dritten gemäß § 414 BGB als Übernehmer übergehen soll. Dabei wird abstrakt über das Forderungsrecht des Gläubigers verfügt. Es handelt sich gewissermaßen um das Gegenstück zur Forderungsabtretung.[866] Die Frage, ob ein Dritter, der als Übernahmeschuldner die Schuld des Ursprungsschuldners übernimmt, nach den hier ermittelten Grundsätzen der Drittwirkung an die Gerichtsstandsvereinbarung gebunden ist, soll anhand des folgenden Beispiels beantwortet werden.

Rechtsverkehr, Art. 23 EuGVVO, Rn. 57; *Stadler*, in: Musielak/Voit ZPO, Art. 25 EuGVVO, Rn. 4a; *Hausmann*, in: Simons/Hausmann/Althammer Brüssel I-VO, Art. 23, Rn. 133; Zum gleichen Ergebnis kommt auch *Jungermann* durch Anwendung der vertragsautonomen Kriterien: *Jungermann*, Drittwirkung, S. 198 f. Wohl bezüglich der kumulativen Schuldübernahme unentschlossen: *Geimer*, in: Geimer/Schütze Europäisches Zivilprozessrecht, Art. 23, Rn. 202. Dagegen: *Schlosser/Hess*, EU-Zivilprozessrecht, Art. 25, Rn. 43; OLG Hamburg, Urteil vom 21.12.2007 Az. 12 U 11/05.

866 *Rieble*, in: Staudinger BGB, § 414 Rn. 1; *Heinemeyer*, in: MüKo BGB, § 414, Rn. 2; *Schreiber*, in: Soergel BGB, vor § 414, Rn. 2.

In einem Vertrag zwischen dem Gläubiger A mit Sitz in Deutschland und dem Schuldner B mit Sitz in Frankreich ist eine Gerichtsstandsvereinbarung zugunsten der deutschen Gerichte vereinbart und deutsches Recht gewählt. Der Dritte C mit Sitz in Frankreich übernimmt die Schuld des B und ist nunmehr Schuldner des A. Alle Beteiligten sind juristische Personen.

a. Bindung Dritter nach den Grundsätzen der begünstigenden Drittwirkung

Eine Bindung anhand der Grundsätze der begünstigenden Drittwirkung kann nicht erfolgen, da kein Vertrag zugunsten Dritter ersichtlich ist.

b. Bindung Dritter nach den Grundsätzen der belastenden Drittwirkung

Der Übernahmeschuldner könnte nach den Grundsätzen der belastenden Drittwirkung an die Gerichtsstandsvereinbarung im Vertrag gebunden sein. Dies wäre zumindest dann der Fall, wenn der Beitrittsschuldner im Rahmen eines Substitutionsverhältnisses nach anwendbarem nationalen Recht vollständig in die Rechte und Pflichten einer Partei eingetreten ist.

Als Substitutionsverhältnis kommt hier die Vereinbarung über die Schuldübernahme in Betracht. Die Schuldübernahme führt nach dem anwendbaren deutschen Recht im Gegensatz zum Schuldbeitritt zu einem Wechsel der Schuldnerstellung, sodass der Übernahmeschuldner unter Wahrung der Schuldidentität in die Stellung des Ursprungsschuldners einrückt.[867] Dadurch tritt der Übernahmeschuldner vollständig im Sinne einer echten Substitution in die Rechte und Pflichten des Ursprungsschuldners ein. Der Übernahmeschuldner ist nunmehr alleine dazu verpflichtet, die Forderung des Gläubigers zu begleichen und der Ursprungsschuldner wird durch die Übernahme von der Schuld befreit. Daher bezeichnet man die privative Schuldübernahme auch teilweise als befreiende Schuldübernahme.[868] Die Wahrung der Schuldidentität bedeutet, dass der Übernahmeschuldner die Schuld so akzeptieren muss, wie sie im Vertrag zwischen Gläubiger und Ursprungsschuldner ausgestaltet wurde. Also tritt der Übernahmeschuldner vollständig im Sinne einer echten Substitution in die Rechte und Pflichten des Ursprungsschuldners ein und wird an eine Gerichtsstandsvereinbarung im Vertrag nach den hier ermittelten Grundsätzen gebunden. Nur so

867 *Rieble*, in: Staudinger BGB, § 414 Rn. 1; *Schreiber*, in: Soergel BGB, vor § 414, Rn. 2.
868 *Schreiber*, in: Soergel BGB, vor § 414, Rn. 2.

kann die privatautonome Vereinbarung zwischen Gläubiger und Schuldner über einen Gerichtsstand ausreichend geachtet werden.[869]

Der Gläubiger A, der mit seinem Vertragspartner, dem Ursprungsschuldner B, einen Vertrag mit Gerichtsstandsvereinbarung geschlossen hat, erhält durch die privative Schuldübernahme den Übernahmeschuldner C als alleinigen neuen Schuldner. Der Ratio der hier entwickelten Grundsätze entsprechend muss der Übernahmeschuldner C, der vollständig in die Rechte und Pflichten des Ursprungsschuldners eintritt, sich ebenso an die Gerichtsstandsvereinbarung binden lassen. Die Interessen des Gläubigers an der Beachtung der privatautonomen Vereinbarung mit dem Ursprungsschuldner überwiegen hier. Dem Gläubiger verbleibt, anders als beim Schuldbeitritt, nicht die Möglichkeit einen (Gesamt-)Schuldner weiterhin am vereinbarten Gerichtsstand in Anspruch nehmen zu können.[870]

Der Übernahmeschuldner wird daher anhand der hier ermittelten Grundsätze an die im Vertrag enthaltene Gerichtsstandsvereinbarung gebunden. Die Ausführungen gelten erst recht für den Vertragsübernehmer.[871]

3. *Bürgschaft*

Durch einen Bürgschaftsvertrag wird ein am Vertrag nicht beteiligter Dritter als Sicherheit für den Gläubiger dazu verpflichtet, für die Erfüllung der Verbindlichkeit des Hauptschuldners einzustehen.[872] Ob ein Dritter als Bürge nach den hier ermittelten Grundsätzen der Drittwirkung an die Gerichtsstandsvereinbarung gebunden ist, soll mithilfe des folgenden Beispiels beantwortet werden.

---

869 Ebenso: *Hausmann,* in: Simons/Hausmann/Althammer Brüssel I-VO, Art. 23, Rn. 133; *Geimer,* in: Geimer/Schütze Europäisches Zivilprozessrecht, Art. 23, Rn. 202; *Schlosser/Hess*, EU-Zivilprozessrecht, Art. 25, Rn. 43; *Stadler,* in: Musielak/Voit ZPO, Art. 25 EuGVVO, Rn. 4a.
Zum gleichen Ergebnis kommt auch *Jungermann* durch Anwendung der vertragsautonomen Kriterien: *Jungermann,* Drittwirkung, S. 201 f. Zustimmend auch bezüglich der Bindung des Übernahmeschuldners an eine Schiedsvereinbarung: *Schreiber*, in: Soergel BGB, vor § 414, Rn. 2.

870 Dieser Unterschied wird bei *Schlosser* nicht ausreichend deutlich: *Schlosser/Hess*, EU-Zivilprozessrecht, Art. 25, Rn. 43.

871 Bei der Vertragsübernahme findet eine Auswechselung der Person des Vertragspartners statt:. *Heinemeyer*, in: MüKo BGB, vor § 414, Rn. 7 ff.

872 *Stürner*, in: Staudinger BGB, Vorbem. zu § 765 - 778, Rn. 1; *Schreiber*, in: Soergel BGB, vor § 414, Rn. 2.

In einem Vertrag zwischen dem Gläubiger A mit Sitz in Deutschland und dem Schuldner B mit Sitz in Frankreich ist eine Gerichtsstandsvereinbarung zugunsten der deutschen Gerichte vereinbart und deutsches Recht gewählt. Der Dritte C mit Sitz in Frankreich übernimmt eine Bürgschaft für die Schuld des B. Alle Beteiligten sind juristische Personen.

a. Bindung Dritter nach den Grundsätzen der begünstigenden Drittwirkung

Eine Bindung anhand der Grundsätze der begünstigenden Drittwirkung kann nicht erfolgen, da kein Vertrag zugunsten Dritter ersichtlich ist.

b. Bindung Dritter nach den Grundsätzen der belastenden Drittwirkung

Der Bürge könnte nach den Grundsätzen der belastenden Drittwirkung an die Gerichtsstandsvereinbarung im Vertrag gebunden sein. Dies wäre zumindest dann der Fall, wenn der Bürge im Rahmen eines Substitutionsverhältnisses nach anwendbarem nationalen Recht vollständig in die Rechte und Pflichten des Hauptschuldners eingetreten ist.

Durch eine Bürgschaft – § 765 BGB – wird eine (neue) Schuld auf der Seite des Bürgen begründet, die neben der Hauptschuld des Schuldners besteht. Der Bürge verspricht gerade nicht die Erfüllung der Hauptschuld, sondern lediglich ein „Einstehen" für diese.[873] Der Bürge wird nicht Gesamtschuldner, da Hauptschuld und Bürgschaftsschuld keine gleichstufigen Verpflichtungen darstellen.[874]

Ebenso wie bei der kumulativen Schuldübernahme tritt der Dritte, wenn er aufgrund einer Bürgschaft mit dem Vertrag in Berührung kommt, nicht vollständig in die Rechte und Pflichten der Partei ein. Bei der Bürgschaft ist dies noch deutlicher zu erkennen als beim Schuldbeitritt: Während beim Schuldbeitritt der Beitrittsschuldner neben den Ursprungsschuldner tritt, also als Gesamtschuldner alleine für die Hauptschuld haftet, entsteht im Verhältnis zum Bürgschaftsschuldner eine komplett neue Schuld, die unabhängig von der Hauptschuld subsidiär zu dieser ist. Der Bürge tritt also nicht neben den Hauptschuldner, sondern hinter diesen. Daher kann eine Gerichtsstandsvereinbarung, die im Vertrag mit dem Hauptschuldner enthalten ist, nicht nach den Grundsätzen der

873 *Horn*, in: Staudinger BGB, Vorbem. zu § 765 - 778, Rn. 12; *Gröschler*, in: Soergel BGB, vor § 765, Rn. 7.

874 *Gröschler*, in: Soergel BGB, vor § 765, Rn. 8; Zur Abgrenzung der Bürgschaft vom Schuldbeitritt siehe ausführlich, *Heinemeyer*, in: MüKo BGB, vor § 414, Rn. 21.

belastenden Drittbindung auch gegen den Bürgen wirken, da dieser nicht vollständig in die Rechte und Pflichten der Partei eintritt.[875]

Der Gläubiger A hat mit dem Hauptschuldner einen Vertrag inklusive Gerichtsstandsvereinbarung geschlossen. Mit dem Bürgen C, der aufgrund des Bürgschaftsvertrags selbständig für die Erfüllung der Hauptschuld einstehen muss, wurde keine Gerichtsstandsvereinbarung vereinbart. Der Gläubiger A kann bei der subsidiären Haftung des Bürgen gerade nicht davon ausgehen, dass diese Gerichtsstandsvereinbarung auch gegenüber dem Bürgen wirksam ist. Es besteht insoweit kein schützenswertes Interesse des Gläubigers. Wenn der Gläubiger einen Gleichlauf erreichen möchte, muss er eine parallele Gerichtsstandsvereinbarung auch mit dem Bürgen vereinbaren.[876]

Der Bürge wird insgesamt also nach den hier ermittelten Grundsätzen der drittbelastenden Drittwirkung nicht an die Gerichtsstandsvereinbarung gebunden. Diese Ausführungen lassen sich ebenso auf weitere gesetzlich angeordnete Fälle übertragen, bei denen ein Dritter akzessorisch für die Erfüllung der Verbindlichkeiten eines Hauptschuldners haftet. Wenn im Gesellschaftsrecht also ein Gesellschafter gemäß § 128 HGB ähnlich eines Bürgen akzessorisch für die Verbindlichkeiten der Gesellschaft haftet,[877] dann wird auch dieser nach den hier ermittelten Grundsätzen nicht an eine Gerichtsstandsvereinbarung, die die Gesellschaft abgeschlossen hat, gebunden.

4. *Zwischenergebnis: Überprüfung anhand Schuldübernahme bestätigt ermittelte Grundsätze*

Das Ergebnis der Untersuchung des ermittelten Grundsatzes zur Drittwirkung von Gerichtsstandsvereinbarungen unter dem Oberbegriff „Schuldübernahme“ zeigt deutlich, dass der Grundsatz der belastenden Drittwirkung zu vertretbaren Ergebnissen führt. Wendet man diese Grundsätze konsequent an, wird ein Dritter nur in den Konstellationen an die Gerichtsstandsvereinbarung gebunden, in denen dies auch interessengerecht ist.

---

875 Ausdrücklich gegen eine Bindung des Bürgen: *Mankwoski*, in: Rauscher EuZPR/EuIPR, Art. 25 Brüssel Ia-VO, Rn. 388; *Geimer*, in: Geimer/Schütze Europäisches Zivilprozessrecht, Art. 23, Rn. 202; *Hausmann*, in: Simons/Hausmann/Althammer Brüssel I-VO, Art. 23, Rn. 133; *Auer*, in: Geimer/Schütze Int. Rechtsverkehr, Art. 23 EuGVVO, Rn. 61; *Gottwald*, in: MüKo ZPO, Art. 25 EuGVVO, Rn. 60.

876 Ebenso: *Mankwoski*, in: Rauscher EuZPR/EuIPR, Art. 25 Brüssel Ia-VO, Rn. 388.

877 *Schmidt*, in: MüKo HGB, § 128, Rn. 16 m.w.N.

In den Konstellationen, in denen der Dritte als Gesamtschuldner neben dem Schuldner gegenüber dem Gläubiger für die gesamte Schuld selbstständig haftet, tritt dieser gerade nicht im Rahmen einer Substitution vollständig in die Rechte und Pflichten des Schuldners ein. Dem Gläubiger verbleibt der Anspruch am vereinbarten Gerichtsstand gegen den Schuldner, sodass kein schützenswertes Interesse an der Bindung des Dritten besteht. Noch deutlicher wird dies bei der Bürgschaft und anderen Formen der akzessorischen Haftung. Hier tritt der Dritte nicht neben, sondern hinter den Schuldner und kann vom Gläubiger lediglich subsidiär in Anspruch genommen werden.

In den Konstellationen, in denen der Dritte als neuer Schuldner dem Gläubiger gegenüber allein haftet, also ein Schuldnerwechsel stattfindet, tritt der Dritte vollständig in die Rechte und Pflichten des Schuldners ein. Der Eintritt ist „vollständig", weil nach der materiell-rechtlichen Wirkung dem Gläubiger lediglich der Dritte als neuer Schuldner bleibt. Hier besteht auch im Verhältnis zum Dritten ein schützenswertes Interesse des Gläubigers am Fortbestand der Gerichtsstandsvereinbarung, denn der Gläubiger soll bei Vertragsschluss die möglichen Gerichtsstände überblicken und planen können. Dies würde vollständig entwertet, wenn dem Gläubiger durch einen Schuldnerwechsel der Gerichtsstand entzogen werden würde. Zudem wird der Dritte bei einer vollständigen Substitution wie eine Partei behandelt und muss sich daher auch an die Gerichtsstandsvereinbarung binden lassen.

Teilweise wird diese Unterscheidung in der Literatur zur Problematik der Drittwirkung nicht ausreichend beachtet. Dies mag daran liegen, dass die Tilly-Russ-Regel teilweise so verstanden wird, dass der Dritte gebunden wird, sobald ein Eintritt in Rechte und Pflichten nach anwendbarem nationalen Recht erfolgt. Ob der Eintritt auch vollständig ist, also zu einer echten Substitution führt oder lediglich ein Beitritt auf Seiten des Schuldners erfolgt, scheint keine Rolle zu spielen. Daran zeigt sich, dass die hier ermittelte Konkretisierung der Tilly-Russ-Regel wichtig ist, um auch in anderen Konstellationen ausgeglichene Ergebnisse zu finden.

IV. Stellvertreter ohne Vertretungsmacht

Wird ein Vertrag durch Stellvertretung geschlossen und handelt der Stellvertreter dabei ohne Vertretungsmacht, kann der Stellvertreter gemäß § 179 BGB persönlich für die Verbindlichkeit haften. Dabei handelt es sich um eine gesetzliche Vertrauenshaftung, durch die für den Gläubiger eine Wahlschuld auf Erfüllung oder Schadensersatz gegen den Vertreter entsteht.[878]

---

878 *Schilken*, in: Staudinger BGB, § 179, Rn. 12 ff.; *Schubert*, in: MüKo BGB, § 179,

Der Stellvertreter, der für die Verbindlichkeit aus einem Vertrag haftet, könnte nach den hier ermittelten Grundsätzen an eine Gerichtsstandsvereinbarung im Vertrag gebunden sein.

In einem Vertrag zwischen dem Gläubiger A mit Sitz in Deutschland und dem Schuldner B mit Sitz in Frankreich, der durch den Stellvertreter C ausgehandelt wurde, ist eine Gerichtsstandsvereinbarung zugunsten der deutschen Gerichte vereinbart und deutsches Recht gewählt. Im Nachhinein stellt sich heraus, dass der Stellvertreter C ohne Vertretungsmacht handelte und der Vertrag zwischen A und B nicht zustande gekommen ist.

1. Bindung Dritter nach den Grundsätzen der begünstigenden Drittbindung

Eine Bindung anhand der Grundsätze der begünstigenden Drittwirkung kann nicht erfolgen, da kein Vertrag zugunsten Dritter ersichtlich ist.

2. Bindung Dritter nach den Grundsätzen der belastenden Drittbindung

Der Stellvertreter ohne Vertretungsmacht könnte nach den Grundsätzen der belastenden Drittwirkung an die Gerichtsstandsvereinbarung im Vertrag gebunden sein. Dies wäre zumindest dann der Fall, wenn der Vertreter im Rahmen eines Substitutionsverhältnisses nach anwendbarem nationalen Recht vollständig in die Rechte und Pflichten einer Partei eingetreten ist.

Durch die Haftung gemäß § 179 BGB wird der Stellvertreter nicht nachträglich Vertragspartei, da der Wille der Gegenpartei bei Vertragsschluss nicht auf den Abschluss eines Vertrags mit dem Stellvertreter gerichtet war.[879] Allerdings muss sich der Stellvertreter – zumindest bezüglich des Erfüllungsanspruchs der Gegenpartei – kraft Gesetzes wie eine Partei behandeln lassen.[880] Dies bedeutet zum einen, dass der Vertreter Gegenrechte aus dem Vertrag geltend machen kann,[881] zum anderen aber auch, dass der Gegenpartei die Ansprüche aus dem Vertrag so zustehen, als wäre dieser wirksam.[882]

Daher tritt der Stellvertreter nach den hier gefundenen Grundsätzen kraft Gesetzes auch vollständig in die Rechte und Pflichten des Vertretenen ein. Dabei

Rn. 37 ff.

879 *Schilken*, in: Staudinger BGB, § 179, Rn. 14.

880 BGH NJW 1971, S. 429 (430); *Leptien*, in: Soergel BGB, § 179, Rn. 16.

881 So ausdrücklich: BGH NJW 1971, S. 429 (430).

882 *Leptien*, in: Soergel BGB, § 179, Rn. 16; *Schilken*, in: Staudinger BGB, § 179, Rn. 15.

ist es unerheblich, ob der Stellvertreter hier Partei des Vertrags wird. Bei der privativen Schuldübernahme wird der Übernahmeschuldner ebenso wenig Vertragspartei.[883] Der einzige Unterschied zu den bisher geprüften Konstellationen ist, dass der Dritte hier durch gesetzliche Anordnung in die Rechte und Pflichten einer Partei eintritt, anstatt durch vertragliche Vereinbarung. Ansonsten ist die Interessenlage vergleichbar und die Interessen des Gläubigers am Bestand der Gerichtsstandsvereinbarung überwiegen. Daher wird der Stellvertreter ohne Vertretungsmacht nach den hier ermittelten Grundsätzen der belastenden Drittwirkung an die Gerichtsstandsvereinbarung gebunden.[884] Der Gläubiger A hat mit dem Vertragspartner B (vermeintlich) einen Vertrag geschlossen, für den der Gerichtsstand abschließend bestimmt werden sollte. Da dieser Vertrag nunmehr wegen fehlender Vertretungsmacht unwirksam ist, der Gläubiger jedoch auf die Vertretungsmacht des Stellvertreters C vertrauen durfte, wird dem Gläubiger durch das Gesetz die Person des Stellvertreters als Haftungsschuldner zur Verfügung gestellt. Die Gerichtsstandsvereinbarung, die im Vertrag vereinbart wurde, muss dann auch gegenüber dem Stellvertreter C gelten, der bei der Erfüllung im gleichen Umfang wie der ursprüngliche Vertragspartner B haftet. In dieser Konstellation hat der Stellvertreter regelmäßig den Vertrag mit dem Gläubiger ausgehandelt und somit sogar positive Kenntnis von der Gerichtsstandsvereinbarung.

V. Insolvenzverwalter

Wird das Insolvenzverfahren über das Vermögen eines Unternehmens eröffnet, wird der Insolvenzverwalter Partei kraft Amtes und ist für die Verwaltung der Insolvenzmasse und für alle auf die Insolvenzmasse bezogenen Klagen zuständig.[885]

Der Insolvenzverwalter könnte nach den hier ermittelten Grundsätzen an eine Gerichtsstandsvereinbarung im Vertrag gebunden sein.

In einem Vertrag zwischen dem Gläubiger A mit Sitz in Deutschland und dem Schuldner B mit Sitz in Frankreich ist eine Gerichtsstandsvereinbarung zugunsten der deutschen

---

883 Siehe dazu in diesem Abschnitt A. III. 2.

884 Im Ergebnis ebenso: OLG Hamburg MDR 1975, S. 227; *Leptien*, in: Soergel BGB, § 179, Rn. 16; *Schilken*, in: Staudinger BGB, § 179, Rn. 15; *Gottwald*, in: MüKo ZPO, Art. 25 EuGVVO, Rn. 62; *Hausmann*, in: Simons/Hausmann/Althammer Brüssel I-VO, Art. 23, Rn. 135; *Kropholler/von Hein*, Europäisches Zivilprozessrecht, Art. 23, Rn. 64. Dagegen: OLG Saarbrücken NJW 1992, S. 987 (988); *Schlosser/Hess*, EU-Zivilprozessrecht, Art. 25, Rn. 46; *Jungermann*, Drittwirkung, S. 215.

885 Vgl. *Patzina*, in: MüKo ZPO, § 19a, Rn. 3.

Gerichte vereinbart und deutsches Recht gewählt. Das Insolvenzverfahren über das Vermögen des B wird eröffnet und der Insolvenzverwalter C wird vom Gericht bestellt.

1. *Bindung Dritter nach den Grundsätzen der begünstigenden Drittbindung*

Eine Bindung anhand der Grundsätze der begünstigenden Drittwirkung kann nicht erfolgen, da kein Vertrag zugunsten Dritter ersichtlich ist.

2. *Bindung Dritter nach den Grundsätzen der belastenden Drittbindung*

Der Insolvenzverwalter könnte nach den Grundsätzen der belastenden Drittwirkung an die Gerichtsstandsvereinbarung im Vertrag gebunden sein. Dies wäre zumindest dann der Fall, wenn der Insolvenzverwalter im Rahmen eines Substitutionsverhältnisses nach anwendbarem nationalen Recht vollständig in die Rechte und Pflichten einer Partei eingetreten ist.

Mit der Eröffnung des Insolvenzverfahrens gemäß § 27 InsO erlangt der Insolvenzverwalter die Verwaltungs- und Verfügungsbefugnis über das zur Insolvenzmasse gehörende Vermögen, § 80 InsO. Bezüglich der genauen rechtlichen Stellung des Insolvenzverwalters wird ein dogmatischer Streit geführt, der jedoch im Ergebnis von geringer praktischer Bedeutung ist.[886] Jedenfalls tritt der Insolvenzverwalter in die Rechte und Pflichten des Schuldners ein und Lasten und Beschränkungen des Vermögens des Schuldners setzen sich in der Insolvenz fort.[887]

Der Insolvenzverwalter tritt also im Sinne einer Substitution aufgrund der Vorschriften der InsO vollständig in die Rechte und Pflichten des Schuldners ein. Dem Schuldner, über dessen Vermögen ein Insolvenzverfahren eröffnet wurde, verbleiben lediglich limitierte Rechte, die ebenso in der InsO normiert sind. Daher wird der Insolvenzverwalter als Partei kraft Amtes an eine Gerichtsstandsvereinbarung des Insolvenzschuldners gebunden.[888]

886 Ebenso: *Sternal*, in: K. Schmidt InsO, § 80, Rn. 17 ff.; Eine gute Übersicht über die unterschiedlichen Ansichten bei *Vuia*, in: MüKo InsO, § 80, Rn. 26 ff.

887 Allgemeine Ansicht: *Vuia*, in: MüKo InsO, § 80, Rn. 43 m.w.N.

888 Im Ergebnis ebenso: *Hausmann,* in: Simons/Hausmann/Althammer Brüssel I-VO, Art. 23, Rn. 132; *Vuia*, in: MüKo InsO, § 80, Rn. 43; *Schlosser/Hess*, EU-Zivilprozessrecht, § 25 EuGVVO, Rn. 46; *Gottwald*, in: MüKo ZPO, Art. 25 EuGVVO, Rn. 55; *Schultzky,* in: Zöller ZPO § 38, Rn. 13.

Der Insolvenzverwalter tritt hier wiederum durch gesetzliche Anordnung in die Rechte und Pflichten einer Partei ein, nicht durch vertragliche Vereinbarung. Die Interessenlage ist daher mit der Bindung des Vertreters ohne Vertretungsmacht vergleichbar, und die Interessen des Gläubigers am Bestand der Gerichtsstandsvereinbarung überwiegen auch in dieser Konstellation. Der Gläubiger A hat sich mit dem Schuldner B bei Vertragsschluss auf einen Gerichtsstand in Deutschland verständigt. Nunmehr ist über das Vermögen des B das Insolvenzverfahren eröffnet worden, die Verfügungsbefugnis über das Vermögen geht durch gesetzliche Anordnung auf den Insolvenzverwalter C über. Der Insolvenzverwalter C kann dadurch alle Rechte des B gegen den Gläubiger A geltend machen, muss sich aber dann auch die Gerichtsstandsvereinbarung entgegenhalten lassen.

VI. Erbschaft

Mit der Erbschaft gehen die Rechte und Pflichten des verstorbenen Erblassers als Ganzes auf die Erben über.[889] Der Erbe könnte nach den hier ermittelten Grundsätzen an eine Gerichtsstandsvereinbarung im Vertrag zwischen Gläubiger und Erblasser gebunden sein.

In einem Vertrag zwischen dem Gläubiger A mit Sitz in Deutschland und dem Schuldner B mit Sitz in Frankreich ist eine Gerichtsstandsvereinbarung zugunsten der deutschen Gerichte vereinbart und deutsches Recht gewählt. Der B verstirbt und hinterlässt den Erben C.

1. Bindung Dritter nach den Grundsätzen der begünstigenden Drittbindung

Eine Bindung anhand der Grundsätze der begünstigenden Drittwirkung kann nicht erfolgen, da kein Vertrag zugunsten Dritter ersichtlich ist.

2. Bindung Dritter nach den Grundsätzen der belastenden Drittbindung

Der Erbe könnte nach den Grundsätzen der belastenden Drittwirkung an die Gerichtsstandsvereinbarung im Vertrag gebunden sein. Dies wäre zumindest dann der Fall, wenn der Erbe im Rahmen eines Substitutionsverhältnisses nach

889 Vgl. *Leipold*, in: MüKo BGB, § 1922, Rn. 3.

anwendbarem nationalen Recht vollständig in die Rechte und Pflichten einer Partei eingetreten ist.

Der Übergang der Rechtsposition als Ganzes (Gesamtrechtsnachfolge) gemäß § 1922 BGB bedeutet, dass alle vererblichen Rechte und Verbindlichkeiten nunmehr dem Erben bzw. den Miterben zustehen.[890]

Der Erbe tritt daher vollständig im Sinne einer echten Substitution aufgrund der gesetzlichen Anordnung in § 1922 BGB in die Rechte und Pflichten des Erblassers ein. Alle Verbindlichkeiten des Erblassers gehen auf den Erben über, sodass auch etwaige durch den Erblasser geschlossene Verträge auf den Erblasser übergehen, sofern sie keine durch den Erblasser in Person zu erbringenden Leistungen zum Gegenstand haben.[891] Die gesamte Rechtsstellung des Erblassers geht auf den Erben über. Daher wird der Erbe auch an eine Gerichtsstandsvereinbarung in Verträgen gebunden, die der Erblasser geschlossen hat.[892]

B. Gesamtergebnis zum 5. Abschnitt: Allgemeine Grundsätze der Drittwirkung bestätigt

Die Überprüfung der Ergebnisse anhand der hier ermittelten Grundsätze der Drittwirkung zeigt deutlich, dass die Anwendung der Grundsätze für die unterschiedlichen Konstellationen zu insgesamt interessengerechten Ergebnissen führen.

1. Der Grundsatz der drittbegünstigenden Bindung

Bei der Ermittlung des Grundsatzes der drittbegünstigenden Bindung wurde diese als Sonderkonstellation identifiziert, bei der lediglich in drei Fallgruppen eine begünstigende Drittbindung möglich ist. Wenn der Dritte beim Vertrag zu seinen Gunsten einen weiteren konkurrierenden Gerichtsstand erhält (einfache Drittbindung), wenn der Dritte beim Vertrag zu seinen Gunsten alle seine Rechte aus dem Vertrag ableitet und ihm kein eigener Gerichtsstand durch die

---

890 *Leipold*, in: MüKo BGB, § 1922, Rn. 183; *A. Stein*, in: Soergel BGB, § 1922, Rn. 14 ff.
891 *A. Stein*, in: Soergel BGB, § 1922, Rn. 34.
892 Im Ergebnis ebenso: OLG Köln NJW-RR 1992, S. 571; *Mankowski*, in: Rauscher EuZPR/EuIPR, Art. 25 Brüssel Ia-VO, Rn. 387; *Bork*, in: Stein/Jonas ZPO, § 38 ZPO, Rn. 50; *Leipold*, in: MüKo BGB, § 1922, Rn. 217; *Hausmann*, in: Simons/Hausmann/Althammer Brüssel I-VO, Art. 23, Rn. 131; *Auer* in: Geimer/Schütze Int. Rechtsverkehr, Art. 23 EuGVO, Rn. 57; *Schultzky*, in: Zöller ZPO § 38, Rn. 13. Dagegen allein: LG Trier NJW 1982, S. 286 (287).

Verordnung zugestanden wird (umfassende Drittbindung) oder wenn im Rahmen der Begründung eines *trust* im Sinne von Art. 25 Abs. 4 Brüssel Ia-VO ein Gerichtsstand vereinbart wird. Die besondere Konstellation der Drittwirkung durch den *trust* allgemein anerkannt und lässt sich nicht auf andere Fallgruppen übertragen.[893] Für *trust* Begünstigte gilt daher, dass diese stets umfassend an eine Gerichtsstandsvereinbarung gebunden sind, an deren Abschluss sie nicht beteiligt waren.

Die hier als „einfache Drittbindung“ bezeichnete Konstellation ist kein echter Fall der Drittbindung, denn der Dritte beruft sich selbst auf den für sich günstigen Gerichtsstand. Dennoch ist eine Bindung erforderlich, um den Gerichtsstand nach Art. 25 Brüssel Ia-VO zu begründen. Die Auslegung von Art. 25 Brüssel Ia-VO steht einer solchen Bindung im Ergebnis nicht entgegen. Daher wird der Begünstigte, der sich auf eine Gerichtsstandsvereinbarung im Vertrag zugunsten Dritter beruft, an diese gebunden. Dies gilt insbesondere dann, wenn der Dritte zu einer durch die Verordnung besonders geschützten Gruppe wie Versicherungsnehmern, Verbrauchern oder Arbeitnehmern gehört.

Für die schwierigere Konstellation der „umfassenden Drittbindung“ wurde nach eingehender Analyse der Rechtsprechung und Literatur ebenso ein allgemeiner Grundsatz entwickelt. Dabei sprechen vor allem Argumente für eine umfassende Drittbindung, die sich aus der Struktur des Vertrags zugunsten Dritter ableiten lassen. Dieser wird in den unterschiedlichen Rechtsordnungen in den Mitgliedsstaaten, die hier beispielhaft in Österreich, Frankreich und England überprüft wurden, gleichbehandelt.

Durch die „umfassende Bindung“ wird der Dritte nicht nur an den Gerichtsstand gebunden, wenn er sich selbst darauf beruft, sondern die Gerichtsstandsvereinbarung kann ihm auch von der Partei entgegengehalten werden.

Der Dritte wird umfassend an die Gerichtsstandsvereinbarung gebunden, wenn die folgenden Voraussetzungen erfüllt sind:

Die Parteien haben in einem Vertrag zugunsten Dritter wirksam im Sinne von Art. 25 Brüssel Ia-VO eine Gerichtsstandsvereinbarung abgeschlossen.

Der Dritte leitet alle seine Rechte aus diesem Vertrag zwischen den Parteien ab.

Der Dritte zählt nicht zu einer durch die Brüssel Ia-VO besonders geschützten Gruppe wie Versicherungsnehmern, Verbrauchern oder Arbeitnehmern, oder ihm steht sonst durch die Verordnung ein eigener Gerichtsstand zu.

Dieser Grundsatz hat sich durch die Überprüfung anhand der Beispiele aus dem Transport- und Reiserecht bestätigt und führt zu interessengerechten

---

893 Siehe dazu im 3. Abschnitt B. II. 3.

Ergebnissen. Während der Frachtvertrag zugunsten des Empfängers mit einer Gerichtsstandsvereinbarung den Empfänger umfassend bindet, da dieser alle seine Rechte inklusive des Gerichtsstands aus dem Frachtvertrag ableitet, wird der Reisende nicht umfassend an eine Gerichtsstandsvereinbarung gebunden, da ihm die Verordnung einen eigenen Verbrauchergerichtsstand zugesteht und er daher schützenswert ist. Das hier entwickelte und auf dem Ansatz *Gebauers* beruhende Prinzip des Gleichlaufs von materiell-rechtlicher Drittwirkung und prozessualer Drittbindung, nach dem stets das prorogierte Gericht über die Zuständigkeit aufgrund einer fraglichen Drittbindung entscheiden sollte, konnte mit der Modifizierung für drittbegünstigende Gerichtsstandsvereinbarungen ebenso bestätigt werden. Wenn der Reisende an einem nach der Gerichtsstandsvereinbarung mit potenzieller Drittwirkung derogierten Gericht klagt, das aber nach dem Verbrauchergerichtsstand zuständig ist, dann muss dieses die Zuständigkeit annehmen. Nur so kann ein umfassender Schutz erreicht werden.

2. *Der Grundsatz der drittbelastenden Bindung*

Die Ermittlung eines allgemeinen Grundsatzes der Drittbindung auch zulasten eines Dritten hat zunächst gezeigt, dass drittbelastende Gerichtsstandsvereinbarungen den Standardfall von Gerichtsstandsvereinbarungen darstellten, da durch die Vereinbarung einer ausschließlichen Zuständigkeit den Parteien zumindest ein Gerichtsstand genommen wird.

Aus den unterschiedlichen materiell-rechtlichen Konstellationen, bei denen eine Drittwirkung der Vereinbarung in Betracht kommt, konnten dann zwei Oberkategorien gebildet werden. Zum einen die Fallgruppe, bei denen eine Drittwirkung durch eine hier als „Substitutionsverhältnis“ bezeichnete Konstellation begründet wird und zum anderen die Fallgruppe, bei der eine Drittwirkung aufgrund der Gesellschafterstellung in einer juristischen Person erfolgt.

Durch eine ausführliche Betrachtung der materiell-rechtlichen Konstellationen, zu denen bereits Entscheidungen des EuGH bezüglich der Drittwirkung ergangen sind, haben sich in den unterschiedlichen Mitgliedsstaaten teilweise Unterschiede ergeben. Während einige Konstellationen in den hier überprüften Mitgliedsstaaten die Drittwirkung größtenteils gleich behandeln (Forderungsabtretungen, Gesellschaftersatzungen und Seefrachtverträge) besteht bei anderen Konstellationen ein größerer Unterschied (Haftung in der Vertragskette). Diese Unterschiede spiegeln sich auch in den Entscheidungen des Gerichtshofs wider. In den Bereichen, in denen eine große Übereinstimmung zu verzeichnen ist, wurde durch den EuGH auch eine Bindung des Dritten angenommen. Im problematischen Bereich der Haftung in der Vertragskette wurde eine Drittbindung durch den Gerichtshof indes versagt.

a. *Allgemeiner Grundsatz der Drittbindung bei Substitutionsverhältnissen*

Aufgrund dieser Betrachtung und den Entscheidungen des EuGH konnte ein allgemeiner Grundsatz der Bindung zulasten Dritter bei Substitutionsverhältnissen entwickelt werden. Dieser basiert auf der Tilly-Russ-Regel, die der EuGH in seiner Grundsatzentscheidung zur Drittwirkung aufgestellt hat, musste aber weiter konkretisiert und modifiziert werden, um für möglichst viele Konstellationen zu interessengerechten Ergebnissen zu führen. Die Tilly-Russ-Regel stellt für die Drittwirkung auf das anwendbare nationale Recht ab. Dies wird heftig kritisiert und teilweise werden gemeinschaftsautonome Kriterien, die aus Art. 25 Brüssel Ia-VO selbst abgeleitet werden sollen, für die Drittwirkung bevorzugt. Dieser Ansatz ist jedoch, wie auch die Überprüfung der Ergebnisse gezeigt hat, nicht zielführend. Insbesondere immer wieder vorgebrachter Kritik, die Bestimmung des anwendbaren Rechts über das IPR des erkennenden Gerichts führe zu divergierenden Entscheidungen, konnte durch eine nähere Betrachtung des weitgehend vereinheitlichten IPR in Europa begegnet werden.

Durch die eingehende Betrachtung der komplexen Entscheidung *Refcomp* konnte die Tilly-Russ-Regel sinnvoll konkretisiert werden. Demnach liegt ein echtes Substitutionsverhältnis nur dann vor, wenn der Dritte vollständig in die Rechte und Pflichten der Partei eingetreten ist. Dadurch können sowohl solche Konstellationen vom Anwendungsbereich ausgeschlossen werden, bei denen eine Substitution lediglich suggeriert wird, der Dritte jedoch seine eigene Rechtsposition im vollen Umfang beibehält (wie beispielsweise bei der *action directe* nach französischem Recht der Fall) oder wenn die Partei weiterhin im Rechtsverhältnis neben dem Dritten verbleibt (wie beispielsweise beim Schuldbeitritt nach deutschem Recht der Fall). Wie sinnvoll diese Konkretisierung ist, hat sich durch die Überprüfung der Ergebnisse gezeigt. Die Gläubigerinteressen am Fortbestand der Gerichtsstandsvereinbarung überwiegen nur dann, wenn dem Gläubiger nur noch der Dritte zur Verfolgung der Ansprüche aus dem Vertrag verbleibt. Für diese hat der Gläubiger durch die Vereinbarung den Gerichtsstand zum Zeitpunkt des Vertragsschlusses vereinbart, die privatautonome Entscheidung muss also geachtet werden. Tritt der Dritte jedoch nicht vollständig in die Rechte und Pflichten der Partei ein, etwa weil er lediglich als Gesamtschuldner gemeinsam mit der Partei für die Schuld haftet, dann besteht dieses schützenswerte Interesse nicht. Der Gläubiger kann die Ansprüche aus dem Vertrag gegen seinen Vertragspartner immer noch an dem vereinbarten Gerichtsstand verfolgen. Noch deutlicher wurde dies anhand des Beispiels der Bürgschaft. Hier haftet der Bürge lediglich akzessorisch für die Hauptschuld der Vertragspartei, tritt also nicht neben, sondern hinter den Schuldner. Möchte der Gläubiger für diese Fälle eine Bindung an dem vereinbarten Gerichtsstand erreichen, muss er diesen erneut mit dem Dritten aushandeln und vereinbaren.

Zudem hat sich durch die Überprüfung des entwickelten Grundsatzes der drittbelastenden Bindung gezeigt, dass es keinen Unterschied macht, ob das Substitutionsverhältnis auf einem Rechtsgeschäft mit dem Dritten oder aufgrund von Gesetz erfolgt. Das Interesse am Fortbestand der Gerichtsstandsvereinbarung auch gegenüber dem Dritten hängt davon nicht ab. Daher sind auch solche Dritte an die Gerichtsstandsvereinbarung gebunden, die kraft Gesetzes für die Verbindlichkeiten der Partei einzustehen haben. Schließlich kann nach der Überprüfung ebenso geschlossen werden, dass die vollständige Substitution nicht bedeutet, dass der Dritte neuer Vertragspartner einer Partei werden muss.

b. Bewertung nach gemeinschaftsautonomen Kriterien führt zu nicht vertretbaren Ergebnissen

Bei der Überprüfung der Ergebnisse hat sich zudem gezeigt, dass der Ansatz, der auf gemeinschaftsautonomes Recht zurückgreift und eine Bindung des Dritten aufgrund einer Gebotenheit durch Gesamtbetrachtung vorsieht, teilweise zu anderen Ergebnissen kommt.[894] Geboten ist nach diesem Ansatz die Drittwirkung immer dann, wenn „der Fortbestand der Identität der materiellen Rechte und/oder Pflichten oder der gesamten Rechtsposition im Vordergrund steht oder aber keine reine Belastung erworben wurde."[895] Wann dies der Fall ist, soll nach den gemeinschaftsautonomen Kriterien, die aus Art. 25 Brüssel Ia-VO selbst und der Verordnung insgesamt zu entwickeln seien, bestimmt werden.[896] Unter Anwendung dieser etwas ungenauen Kriterien kommt *Jungermann* zu dem Ergebnis, dass der Dritte bei der privativen Schuldübernahme gebunden wird, da die Schuld vollständig auf ein neues Rechtssubjekt übergeht. Der Fortbestand der Identität der Verpflichtung trete in den Vordergrund.[897] Bei einem Vertreter ohne Vertretungsmacht hingegen soll eine Bindung nicht geboten sein,

894 *Jungermann*, Drittwirkung, S. 194.
895 *Jungermann*, Drittwirkung, S. 194.
896 *Jungermann*, Drittwirkung, S. 194 f.
897 *Jungermann*, Drittwirkung, S. 201 f.

da der Vertrag zwischen den Parteien keine rechtliche Wirkung habe und so keine Pflicht entstünde, die fortbestehen könne.[898]

Dabei verkennt *Jungermann* allerdings, dass es für den Fortbestand der Verpflichtung aus der Perspektive des Gläubigers keinen Unterschied macht, ob der Dritte kraft Gesetzes oder durch Rechtsgeschäft für die Verpflichtung des Schuldners einzustehen hat. Bei der Stellvertretung ohne Vertretungsmacht muss sich der Stellvertreter bezüglich des Erfüllungsanspruchs wie eine Partei behandeln lassen. Die Verpflichtung soll so fortbestehen, wie sie zwischen den Parteien vermeintlich entstanden ist. Dabei kommt es nicht darauf an, dass der Vertrag durch die fehlende Vertretungsmacht keine rechtliche Wirkung entfaltet. Hier wird durch eine gesetzliche Regelung der Gläubiger bezüglich der Erfüllung so gestellt, wie er es bei wirksamem Vertragsschluss erwarten durfte. Die im Vertrag enthaltene Gerichtsstandsvereinbarung sollte aus Sicht des Gläubigers für das Vertragsverhältnis abschließend die Gerichtspflichtigkeit regeln. Wenn nunmehr der Stellvertreter kraft Gesetzes auf Erfüllung haften soll und ihm ebenso die Gegenrechte zustehen, wie sie der Partei bei wirksamem Vertragsschluss zustünden, dann ist nicht einzusehen, warum die Gerichtsstandsvereinbarung nicht fortbestehen soll. Das Schutzinteresse des Gläubigers überwiegt an dieser Stelle.

Daher führt der Ansatz von *Jungermann* teilweise zu kaum vertretbaren Ergebnissen. Der hier entwickelte allgemeine Grundsatz der belastenden Drittbindung, der eine Modifikation der Tilly-Russ-Regel darstellt, ist daher vorzugswürdig, denn er führt zu vertretbaren Ergebnissen.

c. Allgemeiner Grundsatz der Drittbindung bei Satzungen

Ferner konnte durch die Entscheidung *Powell Duffryn* und der Betrachtung der Problematik ein allgemeiner Grundsatz der Drittbindung bei Satzungen von juristischen Personen ermittelt werden. Dieser musste im Zuge der Überprüfung der Ergebnisse in diesem Abschnitt nicht anhand anderer Beispiele geprüft werden, da die Bindungswirkung aufgrund der Satzung für die unterschiedlichen juristischen Personen in den Mitgliedsstaaten überwiegend gleich ist.[899]

Nach dem allgemeinen Grundsatz der Drittwirkung wirkt eine Gerichtsstandsvereinbarung, die in der Satzung einer Gesellschaft enthalten ist bzw. später in diese eingeführt wird, immer auch gegenüber Dritten. Voraussetzung dafür ist, dass die Satzung nach anwendbarem nationalen Recht eine solche

898 *Jungermann*, Drittwirkung, S. 215.

899 Siehe dazu im 4. Abschnitt A. II. 5.

Wirkung gegenüber den Gesellschaftern vorsieht. Dies ist in den hier überprüften Mitgliedsstaaten für verschiedene Gesellschaftsformen der Fall. Zudem muss die Satzung schriftlich für Dritte einsehbar an einer öffentlichen Stelle hinterlegt sein.

Gesamtergebnis

Bei der Untersuchung der Problematik der Drittbindung von Gerichtsstandsvereinbarungen im Anwendungsbereich der Brüssel Ia-VO hat sich gezeigt, dass sich aus der viel kritisierten und komplexen Rechtsprechung durchaus allgemeine Grundsätze der Drittbindung ableiten lassen. Diese Grundsätze können auf eine Vielzahl von unterschiedlichen Fällen angewendet werden und führen bei konsequenter Anwendung zu interessengerechten Ergebnissen. Nichtsdestotrotz wird es immer auch Konstellationen der Drittbindung geben, die auch mit den hier ermittelten Grundsätzen nur schwer zu lösen sind. Wie die Untersuchung aber ebenso gezeigt hat, können durch die Interpretation, Modifikation und Konkretisierung der durch die EuGH-Rechtsprechung entwickelten Prinzipien die Grundsätze stetig fortentwickelt werden.

Abschließend werden die in der Untersuchung gefundenen Ergebnisse als Thesen wiedergegeben:

1. Die Bestimmung, wer „Partei" und wer „Dritter" einer Gerichtsstandsvereinbarung ist, erfolgt durch Art. 25 Brüssel Ia-VO selbst. Obwohl der Wortlaut von Art. 25 Brüssel Ia-VO nur die formelle Einigung regelt, kann aufgrund der engen Verbindung zwischen formeller und materieller Einigung nur eine Bewertung anhand Art. 25 Brüssel Ia-VO selbst erfolgen. Parteien der Vereinbarung sind diejenigen, zwischen denen eine wirksame Einigung über einen abweichenden Gerichtsstand im Sinne von Art. 25 Brüssel Ia-VO zustande gekommen ist. Dritte sind dagegen diejenigen, mit denen eine solche Einigung nicht zustande gekommen ist.
2. Die unterschiedlichen Wirkungen einer Gerichtsstandsvereinbarung richten sich nach der privatautonomen Vereinbarung der Parteien, die lediglich durch die Prorogations- und Derogationsverbote in der Brüssel Ia-VO beschränkt werden. Die Wirkungen einer Gerichtsstandsvereinbarung treffen grundsätzlich nur die Parteien. Dritte können sich nicht auf die Vereinbarungen berufen und sind nicht an diese gebunden.
3. Dieser Grundsatz der *inter partes*-Wirkung einer Gerichtsstandsvereinbarung muss teilweise durchbrochen werden, damit die Interessen der Parteien und Dritter gewahrt werden können. Der korrespondierende Grundsatz der Relativität der Schuldverhältnisse wird auf der materiell-rechtlichen Ebene für Dreipersonenkonstellationen durchbrochen. Diese Durchbrechungen sind für unterschiedliche Rechtsinstitute wie die Abtretung oder den Vertrag zugunsten Dritter auch innerhalb der Mitgliedsstaaten gleichermaßen

anerkannt. Dabei muss stets das Interesse der Partei am Bestand der Gerichtsstandsvereinbarung gegen die Schutzinteressen des Dritten, der keinen Einfluss auf die Vereinbarung nehmen konnte, ausgeglichen werden.

4. Die prozessuale Drittbindung an eine Gerichtsstandsvereinbarung hängt entscheidend von der materiell-rechtlichen Drittwirkung ab. Ein möglicher Anspruch des Dritten, der materiell-rechtlich besteht und mit einer Gerichtsstandsvereinbarung versehen ist, muss auch diesen Gerichtsstand begründen. Nur durch die prozessuale Drittbindung ist ein solcher Anspruch auch durchsetzbar.
5. Der EuGH hat in seiner Rechtsprechung in unterschiedlichen Fällen Dritte an Gerichtsstandsvereinbarungen gebunden. Diese Fälle lassen sich in die Kategorien Gerichtsstandsvereinbarungen zugunsten Dritter und zulasten Dritter aufteilen.
6. Für die begünstigende Drittwirkung kommt als materiell-rechtliche Grundkonstellation für eine Drittwirkung lediglich der Vertrag zugunsten Dritter in Betracht. In dieser Konstellation wird der Dritte zwar nicht Vertragspartei, der gewährte Anspruch ist jedoch so eng mit dem Vertrag verknüpft, dass etwaige Beschwernisse auch für und gegen den Dritten wirken. Dies ist sowohl in Deutschland als auch in den hier überprüften Mitgliedsstaaten anerkannt.
7. Die Gerichtsstandsvereinbarung zugunsten Dritter stellt eine Sonderkonstellation dar, zu der nur drei Fälle zählen: Die isolierte Klageerweiterung zugunsten des Dritten, die Klageerweiterung zugunsten Dritter mit Einschränkungen beim Vertrag zugunsten Dritter und die Gerichtsstandsvereinbarung zugunsten *trust* Begünstigter im Sinne von Art. 25 Abs. 3 Brüssel Ia-VO.
8. Die Bindung Dritter an eine Gerichtsstandsvereinbarung im Vertrag zu ihren Gunsten kann in einfache und umfassende Drittbindung unterteilt werden. Bei der einfachen Drittbindung beruft sich der Dritte selbst auf den vereinbarten Gerichtsstand, ist also nicht im engeren Sinne gebunden. Dennoch muss der Gerichtsstand gemäß Art. 25 Brüssel Ia-VO begründet werden, wodurch eine Bindung des Dritten auch hier erforderlich ist. Bei der umfassenden Drittbindung kann auch die Partei dem Dritten den Gerichtsstand aus der Vereinbarung als Einrede entgegenhalten.
9. Für die einfache Drittbindung ergibt eine Auslegung von Art. 25 Brüssel Ia-VO, dass weder der Wortlaut noch der Sinn und Zweck dagegen sprechen, den Dritten zu binden. Dies gilt umso mehr für Dritte, die zu einer besonders geschützten Gruppe wie Versicherungsnehmern, Arbeitnehmern oder Verbrauchern gehören.

10. Für die umfassende Drittbindung lässt sich ebenso ein allgemeiner Grundsatz der Drittbindung ermitteln. Insbesondere die Struktur des Vertrags zugunsten Dritter spricht dafür, den Dritten, der durch einen Vertrag zu seinen Gunsten einen eigenen Anspruch erhält, umfassend an die Gerichtsstandsvereinbarung zu binden. Dies gilt allerdings nur, soweit der Dritte nicht zu einer durch die Verordnung gesondert geschützten Gruppe gehört. Wie die Auswertung der weitgehend zum Versicherungsrecht ergangenen Literatur und Rechtsprechung gezeigt hat, soll diesen Gruppen ein umfassender Schutz gewährt werden. Dieser Schutz beinhaltet einen eigenen Gerichtsstand, der auch nicht durch eine ausschließliche Gerichtsstandsvereinbarung derogiert werden kann.
11. Der Schutz des Dritten im Versicherungsrecht ist jedoch durch die Ausnahme für Großrisikoversicherungen gemäß Art. 15 Nr. 5 Brüssel Ia-VO einzuschränken. Diese Ausnahme, die Gerichtsstandsvereinbarungen in solchen Versicherungsverträgen privilegiert, muss für Versicherte, Versicherungsnehmer und Begünstigte gleichermaßen gelten und so auch auf Dritte angewendet werden. Dies bedeutet, dass für einen Versicherungsvertrag zugunsten Dritter, der die Kriterien für eine Großrisikoversicherung im Sinne von Art. 15 Brüssel Ia-VO erfüllt, der Dritte ebenso umfassend gebunden wird.
12. Der EuGH hat sich zwar in der Entscheidung *Balta* gegen diese Ausweitung entschieden, jedoch sprechen die besseren Argumente dafür, den Dritten in dieser Konstellation umfassend zu binden, um nicht ganze Teile des Versicherungssektors von der Privilegierung auszuschließen. Die Problematik besteht ebenso bei Gruppenversicherungsverträgen und D&O-Versicherungen, die jedoch häufig nicht unter die Ausnahme von Art. 15 Brüssel Ia-VO fallen. In diesem Bereich muss daher die Zustimmung der Dritten eingeholt werden, um eine umfassende Drittbindung zu erreichen.
13. Die Konstellation der drittbelastenden Gerichtsstandsvereinbarungen stellt in Abgrenzung zu der begünstigenden Gerichtsstandsvereinbarung dagegen den Standardfall dar. Eine Gerichtsstandsvereinbarung wirkt zulasten des Dritten, wenn einzelne Gerichtsstände derogiert werden. Dies ist bei ausschließlichen Gerichtsstandsvereinbarungen immer der Fall.
14. Aus der Rechtsprechung des EuGH lassen sich zwei Kategorien von materiell-rechtlichen Konstellationen ableiten, in denen eine umfassende Bindung auch zulasten Dritter interessengerecht ist. Bei materiellrechtlichen Konstellationen, die Substitutionsverhältnisse darstellen und bei solchen im Gesellschaftsrecht.

15. Bei den Substitutionsverhältnissen kann aus der vom EuGH in der *Tilly Russ*-Rechtsprechung entwickelten Grundregel der Drittwirkung ein allgemeiner Grundsatz der Drittbindung abgeleitet werden. Dieser Grundsatz muss jedoch modifiziert und konkretisiert werden, damit für möglichst viele Fallgruppen interessengerechte Ergebnisse gefunden werden können. Zudem muss die Abhängigkeit der prozessualen Drittbindung von der materiell-rechtlichen Drittwirkung prozessrechtlich durch eine Regelung ausgestaltet werden. Dazu wird der Ansatz von *Gebauer* mit eigenen Konkretisierungen zugrunde gelegt.
16. Eine Gerichtsstandsvereinbarung bindet den Dritten immer dann, wenn dieser im Rahmen einer echten Substitution vollständig in die Rechte und Pflichten einer Partei eingetreten ist. Die Bewertung des Substitutionsverhältnisses erfolgt anhand des anwendbaren nationalen Rechts (*lex causae*), das über das jeweilige IPR der *lex fori* zu ermitteln ist. Dieser Grundsatz kann nur dann zu interessengerechten Ergebnissen führen, wenn der Gleichlauf zwischen materiell-rechtlicher Drittwirkung und prozessrechtlicher Drittbindung auch bei den möglichen Klagen beachtet wird. Bei einer potenziellen Drittbindung aufgrund einer Gerichtsstandsvereinbarung muss immer das prorogierte Gericht über die fragliche Drittbindung entscheiden. Dies bedeutet, dass der Vortrag des Klägers zur materiell-rechtlichen Drittwirkung als doppelrelevante Tatsache am prorogierten Gericht zur Zuständigkeit und am derogierten Gericht zur Unzuständigkeit führt. Nur so kann die Gerichtsstandsvereinbarung umfassend beachtet werden, und falsche Anreize zur Klage an derogierten Gerichten verhindert werden.
17. Im Gesellschaftsrecht sind Dritte durch den besonderen Charakter der Satzung stets umfassend an diese gebunden. Die in der Satzung einer Gesellschaft enthaltene Gerichtsstandsvereinbarung wirkt auch gegenüber Dritten. Voraussetzung dafür ist, dass die Satzung nach anwendbarem nationalen Recht eine solche Wirkung gegenüber den Gesellschaftern vorsieht. Die Satzung muss schriftlich für Dritte einsehbar an einer öffentlichen Stelle hinterlegt sein. Dies ist in den hier überprüften Mitgliedsstaaten für verschiedene Gesellschaftsformen der Fall.
18. Im Rahmen der Überprüfung der Ergebnisse konnten diese umfassend bestätigt werden und die allgemeinen Grundsätze der Drittwirkung um weitere Einzelheiten ergänzt werden. Insbesondere kommt es nicht darauf an, ob das Substitutionsverhältnis durch Rechtsgeschäft oder aufgrund von Gesetz entsteht. Aus der Perspektive der anderen Partei, deren Vertrauen auf den Fortbestand der Gerichtsstandsvereinbarung hier geschützt werden

soll, kommt es nicht darauf an, ob der Dritte freiwillig oder aufgrund von Gesetz in die Rechte und Pflichten der Partei einzutreten hat.

19. Bei den hier dargestellten Grundsätzen der Drittbindung handelt es sich um Ausnahmen von der Grundregel der *inter partes*-Wirkung von Gerichtsstandsvereinbarungen. Daher sollten diese auch mit Zurückhaltung angewendet werden. Wie auch bei den einzelnen Fallgruppen müssen die Schutzinteressen des Dritten, der nicht Partei der Vereinbarung ist und keinerlei Einfluss nehmen konnte, stets gegen die Interessen der Partei am Fortbestand der Gerichtsstandsvereinbarung abgewogen werden.

Literaturverzeichnis

Adolphsen, Jens: Anmerkungen zur Entscheidung *Castelletti* Az. C-159/97, in: ZZP Int. 1999, S. 233.

Andrews, Neil: Strangers to Justice no longer: The Reversals of the Privity Rule under the Contracts (Rights of Third Parties) Act 1999, in: CLJ 60 (2), S. 353.

Antonomo, Jennifer: Aufwind für internationale Gerichtsstandsvereinbarungen – Inkrafttreten des Haager Übereinkommens, in: NJW 2015, S. 299.

Arnold, Stefan/Unberath, Hannes: Die Umsetzung der Richtlinie über den Verbrauchsgüterkauf in England, in: ZEuP 2004, S. 366.

Aubry, Charles/Rau, Frédéric /Esmein, Paul: Droit Civil Francais II De Biens. 7. Auflage Paris, 1961. (Zitiert als: *Aubry/Rau/Esmein*, Droit Civil)

Baatz, Yvonne: Maritime law. 4. Auflage, Abingdon 2018. (Zitiert als: *Baatz*, Maritime law)

Bamberger, Heinz Georg/Roth, Herbert: Bürgerliches Gesetzbuch: Kommentar. 4. Auflage, 2019. (Zitiert als: *Verfasser*, in: Bamberger/Roth BGB)

Basedow, Jürgen: Das forum conveniens der Reeder im EUGVÜ, in: IPRax 1985, S. 133.

Bauerreis, Jochen: Das französische Rechtsinstitut der action directe und seine Bedeutung in internationalen Vertragsketten. Untersuchungen zum Europäischen Privatrecht, Diss. 2001. (Zitiert als: *Bauerreis*, Vertragsketten)

Baumbach, Adolf: Zivilprozessordnung: mit GVG und anderen Nebengesetzen. 78. Auflage 2020. (Zitiert als: *Verfasser* in Baumbach/Lauterbach/Albers/Hartmann ZPO)

Ders./Hueck, Alfred: Gesetz betreffend die Gesellschaften mit beschränkter Haftung, 22. Auflage 2019. (Zitiert als: *Verfasser*, in: Baumbach/Hueck GmbH-Gesetz)

Bayer, Walter: Der Vertrag zugunsten Dritter: neuere Dogmengeschichte, Anwendungsbereich, dogmatische Strukturen, Diss. 1995. (Zitiert als: *Bayer*, Vertrag zugunsten Dritter)

Beaumart, Markus: Haftung in Absatzketten im französischen Recht und im europäischen Zuständigkeitsrecht, Diss. 1999. (Zitiert als: *Beaumart*, Haftung in Absatzketten)

Beckmann, Roland Michael/Matusche-Beckmann, Annemarie/Armbrüster, Christian: Versicherungsrechts-Handbuch. 3. Auflage 2015. (Zitiert als: *Verfasser*, in: Beckmann/Matuschke-Beckmann, Versicherungsrechts-Handbuch)

Bens, T.A.G.: Preach What You Practice. The Allocation of Claims in Cross-Border Multi-Party Disputes, in: Rupp, Carolin: IPR zwischen Tradition und Innovation, 2020. (Zitiert als: *Bens*, Multi-Party Disputes)

Birks, Peter: Oxford English Law. Oxford, 2000. (Zitiert als: *Birks*, English Privat Law)

Blackaby, Nigel/Partasides, Constantine/Redfern, Alan/Hunter, Martin: Redfern and Hunter on International Arbitration. 6. Auflage 2015, Oxford. (Zitiert als: *Blackaby/Partasides* in: Redfern and Hunter on international arbitration)

Bork, Reinhard: Gerichtsstandsklauseln in Satzungen von Kapitalgesellschaften, in: ZHR 1993 S. 48.

Burrows, Andrew. S.: English private law, 3. Auflage Oxford, 2013. (Zitiert als: *Burrows*, English private law)

Chitty, Joseph/Beale, Huge: Chitty on contracts. 32. Auflage London, 2015. (Zitiert als: *Verfasser*, in: Chitty on contracts)

Cornu, Gérard: Vocabulaire juridique, 11. Auflage Paris, 2018. (Zitiert als: *Cornu*, Vocabulaire juridique)

Danelzik, Kai Stefan: Die Gerichtsstandsvereinbarung zwischen ZPO, EuGVVO und HGÜ, Diss. 2019. (Zitiert als: *Danelzik*, Die Gerichtsstandsvereinbarung)

Deshayes, Béatrice: Durchsetzbarkeit der mit dem Versicherungsnehmer vereinbarten Gerichtsstandsklausel aus einem Vertrag über die Versicherung von „Großrisiken" gegenüber dem Versicherten, in: IWRZ 2020, S. 141.

Dickinson, Andrew/Lein, Eva/James, Andrew: The Brussels I Regulation recast Oxford, 2015. (Zitiert als: *Verfasser*, in: Dickinson/Lein/James Brussels I Regulation)

Doralt, Peter/Nowotny, Christian /Kalss, Susanne: Kommentar zum Aktiengesetz. 2. Auflage Wien, 2012. (Zitiert als: *Verfasser*, in: Doralt/Nowotny/Kalss AktG)

Dörner, Heinrich: Dynamische Relativität: der Übergang vertraglicher Rechte und Pflichten, Habil., 1985. (Zitiert als: *Dörner*, Dynamische Relativität)

Egler, Philipp: Seeprivatrechtliche Streitigkeiten unter der EuGVVO, Diss. 2011. (Zitiert als: *Egler*, Seeprivatrechtliche Streitigkeiten)

Feltl, Christian: UGB: mit Anmerkungen, Literaturangaben und einer Judikatur in Leitsätzen. Manz große Ausgabe der österreichischen Gesetze, 73. Band, Wien, 2018. (Zitiert als: *Feltl*, UGB)

Ferrari, Franco: Internationales Vertragsrecht: Rom I-VO, CISG, CMR, FactÜ: Kommentar, 3. Auflage 2018. (Zitiert als: *Verfasser*, in: Ferrari Int. Vertragsrecht)

Fleischer, Holger/Goette, Wulf: Münchener Kommentar zum Gesetz betreffend die Gesellschaften mit beschränkter Haftung – GmbHG, 3. Auflage 2018. (Zitiert als: *Verfasser*, in: MüKo GmBHG)

Fricke, Martin: Europäisches Gerichtsstands- und Vollstreckungsübereinkommen revidiert, in: VersR 1999 S. 1055.

Ders.: Gerichtsstandsvereinbarung: Voraussetzungen der Bindung eines aus dem Versicherungsvertrag begünstigten Versicherten an einer Gerichtsstandsvereinbarung nach dem EuGVÜ, in: VersR 2006, S. 1283.

Ders.: Der Abschnitt über Versicherungssachen (Art. 8-14) in der Revision der EuGVVO, in: VersR 2009 S. 432

Gaudemet-Tallon, Hélène: Les conventions de Bruxelles et de Lugano: compétence internationale, reconnaissance et exécution des jugements en Europe. 2e éd, Paris, 1996. (Zitiert als: *Gaudement-Tallon*, Les Conventions)

Gaudemet-Tallon, Hélène: Anmerkungen zur Entscheidung *Powell Duffryn* Az. C-214/89 in: Rev. Crit. DIP 1999, S. 538.

Gebauer, Martin: Zur Drittwirkung von Gerichtsstandsvereinbarungen bei Vertragsketten in: IPRax 2001, S. 471.

Ders.: Zur subjektiven Reichweite von Schieds- und Gerichtsstandsvereinbarungen: Maßstab und anwendbares Rech in: Geimer, Reinhold: Ars aequi et boni in mundo: Festschrift für Rolf A. Schütze zum 80. Geburtstag, 2014. (Zitiert als: *Gebauer*, Zur subjektiven Reichweite, in: FS Schütze)

Ders.: Relativität und Drittwirkung von Verträgen im Europäischen Kollisionsrecht am Beispiel der Vertragskette, in: Martiny, Dieter, und Normann Witzleb, Festschrift für Dieter Martiny zum 70. Geburtstag, 2014. (Zitiert als: *Gebauer*, Relativität und Drittwirkung, in: FS Martiny)

Geimer, Reinhold: Zuständigkeitsvereinbarungen zugunsten und zu Lasten Dritter, in NJW 1985, S. 533.

Ders./Schütze, Rolf A./Bülow, Arthur/Böckstiegel, Karl-Heinz: Internationaler Rechtsverkehr in Zivil- und Handelssachen: Loseblatt-Handbuch mit Texten, Kommentierungen und Länderberichten, 1973 (Stand: 2020). (Zitiert als: *Verfasser*, in: Geimer/Schütze Int. Rechtsverkehr)

Ders./Schütze, Rolf A: Internationale Urteilsanerkennung Bd. 1, Halbbd. 1: Das EWG-Übereinkommen über die gerichtliche Zuständigkeit und die Vollstreckung gerichtlicher Entscheidungen in Zivil- und Handelssachen, 1983. (Zitiert als: *Geimer/Schütze*, Int. Urteilsanerkennung)

Ders./Rolf A. Schütze/Geimer, Ewald: Europäisches Zivilverfahrensrecht: Kommentar zur EuGVVO, EuEheVO, EuZustellungsVO, EuInsVO, EuVTVO, zum Lugano-Übereinkommen und zum nationalen Kompetenz- und

Anerkennungsrecht. 4. Auflage 2020. (Zitiert als: *Geimer/Schütze*, Europäisches Zivilverfahrensrecht)

Ders./Geimer, Ewald/Geimer, Gregor: Internationales Zivilprozessrecht. 8. Auflage, 2020. (Zitiert als: *Geimer/Geimer/Geimer*, Int. Zivilprozessrecht)

Gernhuber, Joachim: Das Schuldverhältnis: Begründung und Änderung, Pflichten und Strukturen, Drittwirkungen, 1989. (Zitiert als: *Gernhuber*, Das Schuldverhältnis)

Girsberger, Daniel: Gerichtsstandsklausel im Konnossement: Der EuGH und der internationale Handelsbrauch, in: IPRax 2000, S. 87.

Girvin, Stephen: Carriage of goods by sea, 2. Auflage, New York 2011. (Zitiert als: *Girvin*, Carriage of goods)

Goette, Wulf/Habersack, Mathias/Kalss, Susanne: Münchener Kommentar zum Aktiengesetz 5. Auflage 2018. (Zitiert als: *Verfasser*, in: MüKo AktG)

Gottwald, Peter: Grenzen internationaler Gerichtsstandsvereinbarungen, in: Firsching, Karl, Dieter Henrich, und Bernd von Hoffmann, Hrsg. Festschrift für Karl Firsching zum 70. Geburtstag, 1985.

Gruber, Michael/Harrer, Friedrich: GmbHG: Gesetz über Gesellschaften mit beschränkter Haftung, Kommentar, 2. Auflage Wien 2018. (Zitiert als: Gruber/Harrer GmbHG)

Grubmann, Michael: Das Versicherungsvertragsgesetz: Bundesgesetz vom 2. Dezember 1958, BGBl 1959/2, über den Versicherungsvertrag: mit erläuternden Anmerkungen und einer Übersicht der Rechtsprechung auch zu den Allgemeinen Versicherungsbedingungen. 8. Auflage Wien, 2017. (Zitiert als: *Grubmann*, Versicherungsvertragsgesetz)

Grunewald, Barbara/Maier-Reimer Georg /Westermann, Harm Peter: Erman, Bürgerliches Gesetzbuch, Handkommentar, 16. Auflage, 2020. (Zitiert als: *Verfasser*, in: Erman BGB)

Harris, Jonathan: The Trust in Privat International Law in: Fawcett, James J. Hrsg. Reform and Development of Private International Law: Essays in Honour of Sir Peter North. Oxford 2002. (Zitiert als: *Harris*, The Trust, in: FS North)

Hassemer, Michael. Heteronomie und Relativität in Schuldverhältnissen: zur Haftung des Herstellers im europäischen Verbrauchsgüterkaufrecht, Diss., 2007. (Zitiert als: *Hassemer*, Heteronomie und Relativität in Schuldverhältnissen)

Haß Detlef: EuGH: Gerichtsstandsvereinbarungen gem. Art. 17 EuGVÜ, in: EuZW 1999, S. 444.

Hau, Wolfgang/Poseck, Roman: Beck'sche Online-Kommentare BGB, 54. Auflage 2020. (Zitiert als: *Verfasser*, in: BeckOK BGB)

Heiss, Helmut: Gerichtsstandsfragen in Versicherungssachen nach europäischem Recht in: Reichert-Facilides, Fritz, Hrsg. Versicherungsrecht in Europa - Kernperspektiven am Ende des 20. Jahrhunderts: Referate und Diskussionsbeiträge eines in Basel am 24./25. September 1998 durchgeführten internationalen Symposiums. Bibliothek zur Zeitschrift für schweizerisches Recht Beiheft 34. Basel: Helbing und Lichtenhahn, 2000. (Zitiert als: *Heiss*, Gerichtsstandsfragen in Versicherungssachen in: Reichert-Facilides/Fritz (Hrsg) Versicherungsrecht in Europa)

Ders.: Gerichtsstandsvereinbarungen zulasten Dritter, insbesondere in Versicherungsverträgen zu ihren Gunsten in: IPRax 2005, S. 497.

Henrich, Dieter/Huber, Peter: Einführung in das englische Privatrecht. 3. Auflage, 2003. (Zitiert als: *Henrich/Huber*, Englisches Privatrecht)

Herber, Rolf: Seehandelsrecht: systematische Darstellung, 2. Auflage 2016. (Zitiert als: *Herber*, Seehandelsrecht)

Heribert, Hirte/Mülbert, Peter O./Roth, Markus: Aktiengesetz: Grosskommentar. 5. Auflage 2015. (Zitiert als: *Verfasser* in: Hirte/Müllbert Großkomm. AktG)

Heß, Burkhard: Gerichtsstandsvereinbarungen zwischen EuGVÜ und ZPO, in: IPRax 1992, S. 358

Ders.: Cross-border Collective Litigation and the Regulation Brussels, in: IPRax 2010, S. 116.

Honsell, Heinrich/Vogt, Nedim Peter/Wiegand, Wolfgang: Obligationenrecht. 6. Auflage. Basler Kommentar. Basel, 2015. (Zitiert als: *Verfasser* in: Honsell/Vogt/Wiegand Obligationsrecht)

Hopt, Klaus J.: Handelsgesetzbuch: mit GmbH & Co., Handelsklauseln, Bank- und Kapitalmarktrecht, Transportrecht (ohne Seerecht). 39. Auflage 2020. (Zitiert als: *Verfasser*, in: Baumbach/Hopt HGB)

Hub, Torsten: Internationale Zuständigkeit in Versicherungssachen nach der VO 44/01/EG (EuGVVO), Diss, 2005. (Zitiert als: *Hub*, Internationale Zuständigkeit in Versicherungssachen)

Huber, Peter: Neues aus England zu Artt 21, 22 EuGVÜ, in: IPRax 1993, S. 114.

Huber, Roman: Gerichtsstands- und Schiedsgerichtswahl in trustrechtlichen Angelegenheiten: Unter Besonderer Berücksichtigung der schweizerischen Rechtslage. Zürich, 2013. (Zitiert als: *Huber*, Gerichtsstands- und Schiedsgerichtswahl)

Hübner, Ulrich: Der Umfang des Schrifttumerfordernisses des Art. 17 EGVÜ bei (Versicherungs-)Verträgen zugunsten Dritter und die Folgen der hilfsweisen Einlassung nach Rüge der Zuständigkeit im Hinblick auf Art. 18 EGVÜ, in: IPRax 1984, S. 237.

Jackson, David C.: Enforcement of Maritime Claims. 3. AuflageLondon, 2000. (Zitiert als: *Jackson,* Enforcement of Maritime Claims)

Jagmann, Rainer/Klumpp, Steffen/Rieble, Volker/Löwisch, Manfred/von Staudinger, Julius/Albrecht, Karl-Dieter: J. von Staudingers Kommentar zum Bürgerlichen Gesetzbuch: mit Einführungsgesetz und Nebengesetzen. Buch 2. Recht der Schuldverhältnisse §§ 328 - 345 (Vertrag zugunsten Dritter, Draufgabe, Vertragsstrafe) Neubearbeitung 2020. (Zitiert als: *Verfasser*, in: J. von Staudingers Kommentar BGB)

Jamin, Christophe: La notion d'action directe. Paris: Libr. générale de droit et de jurisprudence, (Zitiert als: *Jamin,* Action directe)

Jowitt, William/Jowitt, Allen/Greenberg, Daniel/Banaszak, Klara: Jowitt's Dictionary of English Law, 5. Auflage London, 2019. (Zitiert als: *Greenberg/Banaszak*, Jowitt's Dictionary of English Law)

Jung, Stefanie/Krebs, Peter/Stiegler, Sascha: Gesellschaftsrecht in Europa: Handbuch, 2019. (Zitiert als: *Verfasser*, in: Jung/Krebs/Stiegler, Gesellschaftsrecht in Europa)

Jungermann, Julia: Die Drittwirkung internationaler Gerichtsstandsvereinbarungen nach EuGVÜ/EuGVO und LugÜ. Diss. 2006. (Zitiert als: *Jungermann*, Drittwirkung)

Kaye, Peter: Civil Jurisdiction and Enforcement of Foreign Judgments: The Application in England and Wales of the Brussels Convention of 1968 on Jurisdiction and the Enforcement of Judgements in Civil and Commercial Matters under the Civil Jurisdiction and Judgements Act 1982. Abingdon, 1987. (Zitiert als: *Kaye,* Civil Jurisdiction and Enforcement of Foreign Judgments)

Kershaw, David: Company law in context: text and materials. 2. Auflage, Oxford, 2012. (Zitiert als: *Kershaw,* Company law)

Killias, Laurent: Die Gerichtsstandsvereinbarungen nach dem Lugano-Übereinkommen. Diss. Zürich,1993. (Zitiert als: *Killias*, Gerichtsstandsvereinbarung)

Kim, Yong Jin: Internationale Gerichtsstandsvereinbarungen, Diss. 1995. (Zitiert als: *Kim*, Gerichtsstandsvereinbarungen)

Kletečka, Andreas,/Schauer, Martin: ABGB-ON: Kommentar zum Allgemeinen bürgerlichen Gesetzbuch. Wien, 2010. (Zitiert als: *Verfasser*, in: Kletecka/Schauer AGBG-ON)

Koch, Harald: Internationale Prorogation im Statut einer Aktiengesellschaft? in: IPRax 1993, S. 19.

Kodek, Georg E./Schwimann, Michael: ABGB Praxiskommentar. 4. Auflage Wien, 2012. (Zitiert als: *Verfasser* in: Kodek/Schwimann ABGB)

Kohler, Christian: Internationale Gerichtsstandsvereinbarungen: Liberalität und Rigorismus im EuGVÜ, in: IPRax 1983, S. 256.

Ders.: Pathologisches im EuGVÜ: Hinkende Gerichtsstandsvereinbarungen nach Art. 17 Abs. 3, in: IPRax 1986, S. 340

Ders./Jayme, Erik: Das Internationale Privat- und Verfahrensrecht der EG nach Maastricht in: IPRax 1992, S. 346.

Koller, Ingo: Transportrecht: Kommentar zu Land-, Luft- und Binnengewässertransport von Gütern, Spedition und Lagergeschäft. 10. Auflage 2020. (Zitiert als: *Koller*, TranspR)

Koppensteiner, Hans-Georg/Rüffler, Friedrich: GmbH-Gesetz: Kommentar. 3. Auflage Wien, 2007. (Zitiert als: *Koppsteiner/Rüffler*, GmbHG)

Krauskopf, Patrick: Der Vertrag zugunsten Dritter, Freiburg, Schweiz, Diss. 2000. (Zitiert als: *Krauskopf*, Vertrag zugunsten Dritter)

Kröll, Stefan: Gerichtsstandsvereinbarungen aufgrund Handelsbrauchs im Rahmen des GVÜ, in: ZZP 2000, S. 135

Kropholler, Jan: Handbuch des internationalen Zivilverfahrensrechts, Band I, 1982. (Zitiert als: *Kropholler*, Int. Zivilverfahrensrecht)

Ders./Pfeiffer, Axel: Das neue europäische Recht der Zuständigkeitsverordnungen in: Habscheid, Walther J., Schwab, Karl Heinz: Beiträge zum internationalen Verfahrensrecht und zur Schiedsgerichtsbarkeit: Festschrift für Heinrich Nagel zum 75. Geburtstag,1987. (Zitiert als: *Kropholler/Pfeifer* Das neue europäische Recht der Zuständigkeitsverordnungen in: FS Nagel)

Ders.: Europäisches Zivilprozeßrecht - Kommentar zu EuGVO und Lugano-Übereinkommen, 5. Auflage 1996. (Zitiert als: *Kropholler*, Zivilprozeßrecht (Vorauflage, 5. Auflage))

Ders./Hein, Jan von: Europäisches Zivilprozessrecht: Kommentar zu EuGVO, Lugano-Übereinkommen 2007, EuVTVO, EuMVVO und EuGFVO. 9. Auflage, 2011. (Zitiert als: *Kropholler/von Hein* Europäisches Zivilprozessrecht)

Ders., Neuhaus/Paul Heinrich: Internationales Privatrecht: einschliesslich der Grundbegriffe des internationalen Zivilverfahrensrechts. 6. Auflage 2006. (Zitiert als: *Kropholler*, Internationales Privatrecht)

Langheid, Theo/Rixecker, Roland: Versicherungsvertragsgesetz: mit Einführungsgesetz und VVG-Informationspflichtenverordnung, 6. Auflage 2019. (Zitiert als: *Verfasser*, in: Langheid/Rixecker Versicherungsvertragsgesetz).;

Larenz, Karl: Lehrbuch des Schuldrechts, Band 1, 14. Auflage 1987. (Zitiert als: *Larenz*, Schukdrecht)

Lehmann Matthias/Zetzsche, Dirk A.: Die Auswirkungen des Brexit auf das Zivil- und Wirtschaftsrecht, in: JZ 2017, S. 62.

Lefebvre, Francis/Charvériat, Anne/Dondero, Bruno/Sébire, Marc-Étienne/Gilbert, François /Mercadal, Barthélemy-Antoine: Sociétés commerciales 20, 51. Auflage Paris, 2019. (Zitiert als: Lefebvre/Charvériat, Sociétés commerciales)

Leuthold, David Felix: Keine Wirkung einer Gerichtsstandsvereinbarung in einem Großrisikoversicherungsvertrag gegenüber drittem Versicherungsnehmer („Balta“), in: EWiR 2020, S. 731.

Looschelders, Dirk: Schuldrecht Allgemeiner Teil, 18. Auflage 2020. (Zitiert als *Looschelders,* Schuldrecht AT)

Lubrich, Mirjam: Der Gesamtschuldnerrückgriff im Zuständigkeitssystem der EuGVVO, Diss. 2018. (Zitiert als: *Lubrich,* Der Gesamtschuldnerrückgriff)

Lutter, Marcus/Hommelhoff, Peter: GmbH-Gesetz: Kommentar, 20. Auflage 2020. (Zitiert als: *Verfasser*, in: Lutter/Hommelhoff, GmbHG)

Magnus, Ulrich/Mankowski, Peter: Brussels I Ibis Regulation: Commentary. 2. Auflage 2012. (Zitiert als: *Verfasser* in: Magnus/Mankowski)

Ders.: Gerichtsstandsvereinbarungen im Vorschlag zur Reform der EuGVO in: Kronke, Herbert, Thorn, Karsten: Grenzen überwinden - Prinzipien bewahren: Festschrift für Bernd von Hoffmann zum 70. Geburtstag, 2011. (Zitiert als: *Magnus*, Gerichtsstandsvereinbarungen im Vorschlag zur Reform in: FS Hoffmann)

Malaurie, Philippe/Aynès, Laurent/Stoffel-Munck, Philippe: Les obligations. 5. Auflage Paris, 2011. (Zitiert als: Malaurie/Aynès/Stoffel-Munck Les obligations)

Mankowski, Peter: Seerechtliche Vertragsverhältnisse im Internationalen Privatrecht, 1995. (Zitiert als: *Mankowski*, Seerechtliche Vertragsverhältnisse)

Ders.: Versicherungsverträge zu Gunsten Dritter, Internationales Privatrecht und Art. 17 EuGVÜ, in: IPRax 1996, S. 427

Ders.: Ist eine vertragliche Absicherung von Gerichtsstandsvereinbarungen möglich? In: IPRax 2009, S. 23

Ders.: Eine Gerichtsstandsvereinbarung im Haftpflichtversicherungsvertrag entfaltet keine Derogationswirkung gegen den geschädigten Direktkläger in: IPRax 2018, S. 233.

Ders.: Keine Bindungswirkung einer Gerichtsstandsklausel in einem Versicherungsvertrag über Großrisiken gegenüber versicherten Dritten in: VersR 2020, S. 708.

Melcher, Martina: Zur Drittwirkung von Gerichtsstandsvereinbarungen nach der EuGVVO nF, in: GPR 2017, S. 246, 2017, S. 246

Michalski, Lutz/Heidinger, Andreas,/Leible, Stefan/Schmidt, Jessica: Kommentar zum Gesetz betreffend die Gesellschaften mit beschränkter Haftung

(GmbH-Gesetz). 3., Auflage 2017. (Zitiert als: *Verfasser*, in: Michalski/Heidinger/Leible/Schmidt, GmbH-Gesetz)

Moebus, Christine: EuGVVO: Unwirksamkeit einer Gerichtsstandsvereinbarung zwischen Hersteller und Ersterwerber gegenüber späteren Erwerbern, in: EuZW 2013, S. 316.

Müller, Michael: EuGVVO: Internationale Zuständigkeit bei Streitigkeiten im Zusammenhang mit Emissionsprojekten, EuGH, Urteil vom 20.4.2016 - C-366/13 (Profit Investment SIM/Ossi ua) in: EuZW 2016, S. 419.

Musielak, Hans-Joachim/Voit, Wolfgang: Zivilprozessordnung mit Gerichtsverfassungsgesetz, 15. Auflage 2018. (Zitiert als: *Verfasser* in: Musielak/Voit ZPO)

Nagel, Heinrich, /Gottwald, Peter: Internationales Zivilprozessrecht. 4. Auflage 1997. (Zitiert als: *Nagel/Gottwald.* Internationales Zivilprozessrecht (Vorauflage, 4. Auflage))

Ders./Gottwald, Peter: Internationales Zivilprozessrecht. 7. Auflage 2013. (Zitiert als: *Nagel/Gottwald.* Int. Zivilprozessrecht)

Nunner-Krautgasser, Bettina: Die Neuregelung der ausschließlichen Gerichtsstands-vereinbarung in der EuGVVO, in: ZZP 127 (2014), S. 461.

O'Sullivan, Janet: O'sullivan & Hilliard's the law of contract. 8th edition. New York, 2018. (Zitiert als: *O'Sullivan,* Law of Contract)

Oetiker, Christian /Weibel, Thomas: Lugano-Übereinkommen. 2. Auflage, Basel 2016. (Zitiert als: *Verfasser* in: *Oetiker/Weibel* Lugano-Übereinkommen)

O'Malley, Stephen /Layton, Alexander: European Civil Practice London, 2. Auflage 2004. (Zitiert als: *OḾalley/Layton/Mercer,* European Civil Practice)

Palandt, Otto: Bürgerliches Gesetzbuch: mit Nebengesetzen: insbesondere mit Einführungsgesetz (Auszug). 79. Auflage 2020.(Zitiert als. *Verfasser*, in: Palandt BGB)

Papanikolaou, Panagiōtēs Al.: Schlechterfüllung Beim Vertrag Zugunsten Dritter: Ein Beitrag zu der Dogmatik des Vertrags zugunsten Dritter, Diss. 1977. (*Papanikolaou*, Schlechterfüllung)

Parker, David B./Mellows, Anthony/Oakley, A. J.: The Modern Law of Trusts. 7. Auflage, London 1998. (Zitiert als: *Parker/Mellows/Oakley,* The Modern Law of Trusts, (Vorauflage, 7. Auflage))

Peel, Edwin,/Treitel, Guenther: The law of contract, 14. Auflage, London 2015. (Zitiert als: *Peel/Treitel*, Contracts)

Piette, Gaël: Droit maritime Études internationales, Paris 2017. (Zitiert als: *Piette,* Droit maritime)

Polak, Maurice V.: Case C-214/89, Powell Duffryn PLC v. Wolfgang Petereit, Judgment of 10 March 1992, in: CML Rev. 1993, S. 412.

Prölss, Erich Robert/Martin, Anton/Armbrüster, Christian: Versicherungsvertragsgesetz: mit Nebengesetzen, Vermittlerrecht und allgemeinen Versicherungsbedingungen. 30. Auflage 2018. (Zitiert als: *Verfasser*, in: Prölss/Martin Versicherungsvertragsgesetz)

Rabe, Dieter: Drittwirkung von Gerichtsstandsklauseln nach Art 17 EuGVÜ, in: TranspR 2000, S. 389.

Ders./Bahnsen Kay Uwe /Rittmeister, Sabine: Seehandelsrecht: fünftes Buch des Handelsgesetzbuches mit Nebenvorschriften und Internationalen Übereinkommen. 5. Auflage 2018. (Zitiert als: *Rabe/Bahnsen*, Seehandelsrecht)

Rammeloo, Stephan: Jurisdiction Clauses in Transnational Company Relationships, in: MJECL 1993, S. 426.

Ramming, Klaus: Der neue Art. 6 EGHGB, in: RdTW 2013, S. 173.

Ratkovic, Tena /Zgrabljic, Rotar: Choice-of-Court Agreements under the Brussels I Regulation (Recast), JPIL, Vol. 9 No. 2, 2013, S. 245

Rauscher, Thomas /Krüger, Wolfgang: Münchener Kommentar zur Zivilprozessordnung mit Gerichtsverfassungsgesetz und Nebengesetzen, 5. Auflage 2016. (Zitiert als: *Verfasser* in: MüKo ZPO)

Rauscher, Thomas: Prorogation und Vertragsgerichtsstand gegen Rechtsscheinhaftende, in: IPRax 1992, S. 143.

Ders.: Europäisches Zivilprozess- und Kollisionsrecht: EuZPR/EuIPR: Kommentar. 5. Auflage 2021. (Zitiert: *Verfasser in* Rauscher EuZPR/EuIPR)

Ders.: Internationales Privatrecht: mit internationalem Verfahrensrecht. 5. Auflage, 2017. (Zitiert als: *Rauscher*, Internationales Privatrecht)

Reiser, Hans: Gerichtsstandsvereinbarungen nach IPR-Gesetz und Lugano-Übereinkommen. Diss. Zürich, 1995. (Zitiert als: *Reiser*, Gerichtsstandsvereinbarunge)

Reithmann, Christoph /Martiny, Dieter: Internationales Vertragsrecht: das internationale Privatrecht der Schuldverträge. 8. Auflage 2015. (Zitiert als: *Verfasser*, in: Reithmann/Martiny, Int. Vertragsrecht)

Rémond-Gouilloud, Martine: Droit maritime Etudes internationales, Paris, 1988. (Zitiert als: *Rémond-Gouilloud,* Droit maritime)

Roach, Lee: Company Law. Oxford, 2019. (Zitiert als: *Roach,* Company law)

Säcker, Franz-Jürgen/Rixecker, Roland/Oetker, Hartmut /Limperg, Bettina: Münchener Kommentar Zum Bürgerlichen Gesetzbuch. 8. Auflage 2018. (Zitiert als: *Verfasser* in: Münchener Kommentar BGB)

Schack, Haimo: Internationales Zivilverfahrensrecht, 5. Auflage 2010. (Zitiert als: *Schack,* Int. Zivilverfahrensrecht)

Schirmer, Helmut: Zur Vereinbarung von Obliegenheiten zu Lasten Dritter insbesondere in Verträgen zu ihren Gunsten in: Reichert-Facilides, Fritz, Ritter, Fritz und Sasse, Jürgen: Festschrift für Reimer Schmidt, 1976. (Zitiert als: *Schirmer*, Obliegenheiten zu Lasten Dritter in: FS Schmidt)

Schlosser, Peter: Anmerkung zur Entscheidung *Tilly Russ*, Az. 71/83 in: RIW 1984, S. 909.

Ders./Hess Burkhard: EU-Zivilprozessrecht: EuGVVO, EuVTVO, EuMahnVO, EuBagVO, HZÜ, EuZVO, HBÜ, EuBVO, EuKtPVO: Kommentar. 4. Auflage 2015. (Zitiert als *Schlosser/Hess* EU-Zivilprozessrecht)

Schmidt, Karsten: Münchener Kommentar zum Handelsgesetzbuch. 4. Auflage 2016. (Zitiert als: *Verfasser*, in: MüKo HGB)

Ders.: Insolvenzordnung: InsO mit EuInsVO, 19. Auflage 2016.(Zitiert als: *Verfasser*, in: K. Schmidt InsO)

Ders./Lutter, Marcus: Aktiengesetz Kommentar, 4. Auflage 2020. (Zitiert als: *Verfasser*, in: K. Schmidt/Lutter AktG)

Schnyder, Anton K. /Acocella, Domenico: Lugano-Übereinkommen (LugÜ) zum internationalen Zivilverfahrensrecht: Kommentar. Zürich 2011. (Zitiert als: *Verfasser* in: *Schnyder/Acocella* Lugano-Übereinkommen)

Schulz, Sabine U. E.: Die französische action directe: Modell für einen Gewährleistungsdurchgriff im deutschen Kaufrecht? Diss, 1999. (Zitiert als: *Schulz*, Die französische action directe)

Schumacher, Jörn: Der Lieferantenregress gemäss §§ 478, 479 BGB, Diss. 2004. (Zitiert als: *Schumacher*, der Lieferantenregress)

Schütze, Rolf A.: Deutsches internationales Zivilprozessrecht unter Einschluss des europäischen Zivilprozessrechts. 2. Auflage, 2011.

Simons, Thomas/Hausmann, Rainer/Althammer Christoph: Brüssel I-Verordnung: Kommentar zur VO (EG) 44/2001 und zum Übereinkommen von Lugano, 2012. (Zitiert als: *Verfasser* in: Simons/Hausmann/Althammer Brüssel I-VO)

Simotta, Daphne-Ariane: Die Gerichtsstandsvereinbarung nach der neuen EuGVVO, in: IJPL Vol. 3 2013, S. 58.

Dies.: Zur materiellen Nichtigkeit von Gerichtsstandsvereinbarungen, in: Reinhold Geimer. Ars aequi et boni in mundo: Festschrift für Rolf A. Schütze zum 80. Geburtstag, 2014. (Zitiert als: *Simotta*, Zur materiellen Nichtigkeit in: FS Schütze)

Rummel, Peter/Lukas, Meinhard: Kommentar zum Allgemeinen bürgerlichen Gesetzbuch, mit wichtigen Nebengesetzen und EU-Verordnungen, 4. Auflage, Wien 2015. (Zitiert als: *Verfasser* in: Rummel/Lukas ABGB)

Schwab, Karl Heinz/Walter, Gerhard /Baumbach, Adolf: Schiedsgerichtsbarkeit: systematischer Kommentar zu den Vorschriften der Zivilprozessordnung, des Arbeitsgerichtsgesetzes, der Staatsverträge und der Kostengesetze über das privatrechtliche Schiedsgerichtsverfahren. 6., Auflage 2000. (Zitiert als: *Schwab/Walter* Schiedsgerichtsbarkeit)

Soergel, Hans Theodor/Pfeiffer, Thomas/Siebert, Wolfgang: Bürgerliches Gesetzbuch: mit Einführungsgesetz und Nebengesetzen. Schuldrecht §§ 328 - 432. 13. Auflage, 2010. (Zitiert als: *Verfasser* in: Soergel BGB)

Spindler, Gerald/Stilz, Eberhard: Kommentar zum Aktiengesetz, 4. Auflage 2019. (Zitiert als: *Verfasser*, in: Spindler/Stilz AktG)

Stadler, Astrid/Klöpfer, Matthias: Die Reform der EuGVVO - von Umwegen, Irrwegen und Sackgassen in: ZEuP 2015, S. 732.

Staehelin, Matthias: Gerichtsstandsvereinbarungen im internationalen Handelsverkehr Europas: Form und Willenseinigung nach Art. 17 EuGVÜ/LugÜ, Diss. Basel, 1994. (Zitiert als: *Staehelin*, Gerichtsstandsvereinbarungen)

Staudinger, Ansgar: Ausgewählte Probleme der D&O Versicherung im Internationalen Zivilverfahrens-, Kollissions- und Sachrecht in: Habersack, Mathias, Staudinger Ansgar und Lorenz, Egon, Managerhaftung: Karlsruher Forum 2009. Schriftenreihe der Zeitschrift Versicherungsrecht 43. Ausgabe, 2010. (Zitiert als: *Staudinger*, Ausgewählte Probleme der D&O Versicherung in: Habersack/Staudinger/Lorenz Karlsruher Forum 2009)

Stein, Friedrich/Jonas, Martin: Kommentar zur Zivilprozessordnung: Band 9: -- 916-945; 960-1024; EGZPO; GVG. 23. Auflage 2020. (Zitiert als: *Verfasser*, in: Stein/Jonas ZPO)

Stöve, Elisabeth: Gerichtsstandsvereinbarungen nach Handelsbrauch, Art. 17 EuGVÜ und § 38 ZPO: unter besonderer Berücksichtigung des kaufmännischen Bestätigungsschreibens, des Konnossements und der Faktura, Diss. 1993. (Zitiert als: *Stöve*, Gerichtsstandsvereinbarung nach Handelsbrauch)

Stürner, Rolf/Eidmüller, Horst: Münchener Kommentar zur Insolvenzordnung, 4. Auflage 2019. (Zitiert als: *Verfasser*, in: MüKo InsO)

Tebbens, Henricus Duintjer/Kennedy, Tom/Kohler, Christian/Capotorti, Francesco: Internationale Zuständigkeit und Urteilsanerkennung in Europa: Berichte und Dokumente des Kolloquiums "Die Auslegung des Brüsseler Übereinkommens durch den Europäischen Gerichtshof und der Rechtsschutz im Europäischen Raum", Luxemburg, 11. und 12. März 1991, 1993. (Zitiert als: *Verfasser* in: Tebbens/Kennedy/Kohler/Capotorti, Internationale Zuständigkeit)

Tereszkiewicz, Piotr: Begriff eines Geschädigten in Versicherungssachen nach Brüssel Ia-Verordnung, in: GPR 2018, S. 280.

Terré, Francois/Simler, Philippe/Lequette, Yves: Droit civil: les obligations. 10. Auflage 2009. (Zitiert als: *Terré/Simler/Lequette*, Droit civil)

Thévenoz, Luc/Werro, Franz: Code Des Obligations: Commentaire. Commentaire Romand, Genf, 2003. (Zitiert als: *Verfasser* in: Thévenoz/Werro Code des Obligations)

Topaloğlu Binnaz: Le Connaissement Maritime Et Conflit De Lois, in: Annales XLIII, N. 60, 2011, S. 283. (Zitiert als: *Topaloğlu*, Le Connaissement Maritime)

Triebel, Volker: Englisches Handels- und Wirtschaftsrecht. 3. Auflage 2012. (Zitiert als: *Verfasser*, in: Triebel Englisches Handels- und Wirtschaftsrecht)

Ulmer, Peter/Habersack, Mathias/Löbbe, Marc/Casper, Matthias: GmbHG - Gesetz betreffend die Gesellschaften mit beschränkter Haftung Großkommentar, 3. Auflage 2019. (Zitiert als: *Verfasser*, Ulmer/Habersack GmbH-Gesetz)

Vlas, Paul: Note on Court of Justice of the European Communities, 10. March 1992 (C-214/89), in: NILR 1993, S. 508.

Vorwerk, Volkert/Wolf, Christian: Beck'scher Online Kommentar ZPO, 37. Auflage 2020. (Zitiert als: *Verfasser*, in: BeckOK ZPO)

Watt Muir, Horatia: Brussels I and Aggregate Litigation or the Case for Redesigning the Common Judicial Area in Order to Respond to Changing Dynamics, Functions and Structures in Contemporary Adjudication and Litigation, in: IPRax 2010, S. 111

Weller, Martin: Auslegung internationaler Gerichtsstandsvereinbarungen als ausschließlich und Wirkungserstreckung auf die Klage des anderen Teils gegen den falsus procurator, in: IPRax 2006, S. 444.

Wilson, John Furness: Carriage of goods by sea, 3. Auflage, London 1998. (Zitiert als: *Wilson*, Carriage of goods)

Wittwer Alexander: Gerichtsstandsvereinbarungen „zu Lasten Dritter" im Versicherungsvertrag (SFIP, C-112/03), in: ELR 2005, S. 488.

Zöller, Richard: Zivilprozessordnung mit FamFG (§§ 1-185, 200-270) und Gerichtsverfassungsgesetz, den Einführungsgesetzen, mit Internationalem Ziviprozessrecht, EuGVVO und weiteren EU-Verordnungen, 33. Auflage 2020. (Zitiert als: *Verfasser*, in: Zöller ZPO)

Zweigert, Konrad/Kötz, Hein: Einführung in die Rechtsvergleichung auf dem Gebiete des Privatrechts. 3. Auflage, 1996. (Zitiert als: *Zweigert/Kötz*, Rechtsvergleichung)

www.ingramcontent.com/pod-product-compliance
Ingram Content Group UK Ltd.
Pitfield, Milton Keynes, MK11 3LW, UK
UKHW021835290926
8980IPUK00004B/476

9 783631 861844